U0930011

乌鲁木齐
统计年鉴
2017 URUMQI STATISTICAL YEARBOOK

乌鲁木齐市统计局
URUMQI MUNICIPAL BUREAU OF STATISTICS
国家统计局乌鲁木齐调查队
NBS SURVEY OFFICE IN URUMQI
编

图书在版编目（CIP）数据

乌鲁木齐统计年鉴. 2017 / 乌鲁木齐市统计局编
北京：中国统计出版社, 2017.7
ISBN 978-7-5037-8161-2
Ⅰ. ①乌… Ⅱ. ①乌… Ⅲ. ①统计资料—乌鲁木齐—2017—年鉴 Ⅳ. ①C832.451-54
中国版本图书馆CIP数据核字(2017)第150034号

乌鲁木齐统计年鉴-2017

作　　者 / 乌鲁木齐市统计局
责任编辑 / 陈越月
装帧设计 / 张晋庆
出版发行 / 中国统计出版社
地　　址 / 北京市丰台区西三环南路甲6号 邮政编码/100073
电　　话 / 邮购（010）63376909 书店（010）68783171
网　　址 / http://csp.stats.gov.cn
印　　刷 / 新疆新华华龙印务有限责任公司
经　　销 / 新华书店
开　　本 / 890mm × 1240mm 1/16
字　　数 / 950千字
印　　张 / 37.5印张
版　　别 / 2017年8月第1版
版　　次 / 2017年8月第1版印刷
定　　价 / 350元

如有印装差错，由本社发行部调换。

《乌鲁木齐统计年鉴2017》编辑委员会

编者说明

一、《2017年乌鲁木齐统计年鉴》（以下简称《年鉴》）是一本资料全面系统的、信息高度密集的全方位反映乌鲁木齐市国民经济、社会和科技发展状况的大型工具书，本书全面系统地汇集了2016年乌鲁木齐市经济和社会各方面的数据，以及历史重要年份的主要统计数据。《年鉴》是党政领导和各部门了解“市情”、“市力”、进行定量分析、宏观调控、微观策划、科学决策的重要依据，也是社会各界了解乌鲁木齐市经济、社会状况的指南。

二、本《年鉴》内容分为二大部分：（一）文字部分，即由乌鲁木齐市2017年政府工作报告、乌鲁木齐市2016年国民经济和社会发展统计公报及新疆维吾尔自治区2016年国民经济和社会发展统计公报等组成；（二）统计资料部分，即由2016年乌鲁木齐社会与经济发展统计资料和主要指标的历年数据组成，在资料内容上分为十八个部分：1、综合；2、基本单位；3、国民经济核算；4、人口与就业；5、固定资产投资；6、财政、金融、保险；7、人民生活和物价；8、农业；9、工业和能源；10、建筑业；11、交通运输、邮电通信业；12、国内贸易、对外经济贸易和旅游；13、规模以上服务业；14、教育、文化和科技；15、城市公用事业及环境保护；16、卫生、社会福利、体育及其他；17、区县主要经济指标；18、附录。为了方便读者正确使用资料，每一部分资料后附有主要统计指标解释。

三、本《年鉴》收录的统计数据，以2016年为主，为方便读者使用，部分主要指标还列入了建国以来主要年份的统计数据。

四、本《年鉴》所使用的计量单位均采用国家法定计量单位。

五、本《年鉴》部分数据由于统计口径和计算方法等原因，有的资料不尽相同，我们在表后加了注释，使用时请注意。

六、本《年鉴》使用符号说明：“#”表示其中项；“空”表示没有或未掌握该指标数据。

七、读者在使用统计资料时，凡与以前资料有出入的，均以本《年鉴》为准。

八、《乌鲁木齐统计年鉴》自1996年公开出版以来，受到社会各界的广泛关注和支持，对此我们深表谢意。由于时间仓促，错误和不足之处在所难免，竭诚欢迎广大读者对本《年鉴》的结构、指标体系提出宝贵意见，使《乌鲁木齐统计年鉴》更趋于完美，更好地为社会服务。

目 录
Utiliztion

特载
Special Article

一、综合
Chapter1 General Survey

二、基本单位
Chaper2　Basic Unit

三、国民经济核算
Chapter3　National Accounts

四、人口与就业
Chapter4 Population and Employment

五、固定资产投资

Chapter5 Investment in Fixed Assets

六、财政、金融、保险

Chapter6 Government Finance Financial Intermediation and Insurance

七、人民生活和物价
Chapter7 Level of Peoples Livelihood and Price Indices

八、农业
Chapter8 Agriculture

九、工业和能源
Chapter9 Industry and Energy

十、建筑业

Chapter10 Construction

十一、交通运输、邮电通信业
Chapter11 Transportation，Postal and Telecommunications Services

十二、国内贸易、对外经济贸易和旅游
Chapter12 Domestic Trade，Foreign Trade and Economic and Economic Cooperation，Tourism

十三、规模以上服务业
Chapter13 The Service Enterprises above Designated Size

十四、教育、文化及科技
Chapter14 Education Culture and Science & Technology

十五、城市公用事业及环境保护

Chapter15 Urban Public Utilities and Environment Protections

十六、卫生、社会福利、体育和其他
Chapter16 Health，Welfare，Sports and other

十七、区县主要经济指标
Chapter17 Main Economic Indicators of District Counties

附录
Appendix

特　　载

SPECIAL ARTICLE

资料整理：潘世锦　刘艳梅

乌鲁木齐市2017年政府工作报告

——2017年2月15日在乌鲁木齐市第十六届人民代表大会第一次会议上

市 长 伊力哈木·沙比尔

各位代表：

现在，我代表市十五届人民政府，向大会报告工作，请予审议，并请各位政协委员、列席代表提出意见。

市十五届人民政府工作回顾和2016年工作

过去的五年，是全市上下克难攻坚、奋力开创首府改革发展稳定新局面的五年，是在全面建成小康社会、实现社会稳定和长治久安伟大征程中阔步前进的五年。在自治区党委、自治区人民政府和市委的坚强领导下，在市人大、市政协的监督支持下，我们以党的十八大和第二次中央新疆工作座谈会精神为指引，坚定不移贯彻以习近平同志为核心的党中央治疆方略，紧紧围绕社会稳定和长治久安总目标，全面落实自治区党委、自治区人民政府和市委的重大决策部署，解放思想、开拓创新、奋力拼搏，圆满完成了市十五届人大确定的各项目标任务，首府经济社会发展取得了瞩目成绩，实现了“十三五”良好开局。

——五年来，我们着力持续完善维稳工作机制、强化维稳工作措施，稳定的基础不断夯实。牢固树立社会稳定和长治久安总目标，坚持主动进攻、先发制敌，有力地将“三股势力”暴恐活动摧毁在行动之前，严打暴恐斗争成效明显。持续加强以人员密集场所为主的安全防范，强化以流动人口为主的社会管理，形成社会面“三查、三巡、三结合”和社区“四化”管理等防控模式。持续加强以社区为主的基层阵地建设，社区条件显著改善。深入开展民族团结宣传教育，依法加强宗教事务管理，“去极端化”工作扎实推进。广泛发动各族群众参与综治维稳和平安建设，扎实开展“访惠聚”活动，全市稳定的基础不断巩固，确保了庆祝自治区成立60周年、中国—亚欧博览会、全国第十三届冬季运动会等重大活动的安全有序。反恐维稳的实践再次告诉我们：人民群众是反分裂斗争和维护社会稳定的主力军，只要我们紧紧团结和依靠各族群众，就一定能够取得最后的胜利！

——五年来，我们着力转方式调结构促发展，经济实现持续健康发展。主动适应经济发展新常态，紧贴民生、紧抓机遇加快发展，为首府转方式调结构、保持经济持续健康发展提供了强大动力。2016年主要经济指标较2011年均实现大幅增长，其中地区生产总值由1520亿元增长到2459亿元（按可比口径计算），年均增长12.1%；一般公共预算收入由206.2亿元增长到369.7亿元，年均增长12.4%；固定资产投资由635.1亿元增长到1607亿元，年均增长20.4%；社会消费品零售总额由695亿元增长到1238亿元，年均增长12.2%；全口径外贸进出口总额由569亿元增长到873亿元，年均增长8.9%。经济转型升级步伐加快，科技创新能力持续提升，三个国家级开发区引领作用增强，先进装备制造业、战略性新兴产业、高新技术产业快速发展，现代服务业比重大幅上升，具有首府特色的现代产业体系基本形成。

——五年来，我们着力推进创新驱动战略，改革开放取得重大突破。完成新一轮机构改革任务，两个国家级开发区与新市区、头屯河区“区政合一”深入推进，区域融合与兵地融合取得新进展。中心城区“大建委”体制不断完善，街道社区管理体制改革不断突破。实行规划土地市级统一管理，率先公布权责清单，下放市级管理权限515项，市级行政审批项目缩减50%以上。深入实施注册登记制度改革，多元化投融资格局基本形成。国有资产监管体系日趋完善，国企改革不断深化，国有经济活力进一步增强，财税、工商和社会领域改革均取得重要进展。积极融入丝绸之路经济带核心区建设，“五大中心”建设加快推进，成功举办五届中国—亚欧博览会，发起并举办四届丝绸之路经济带城市合作发展论坛。对外交流日益频繁，引进区外到位资金2966亿元，实际利用外资78亿元，乌鲁木齐区域影响力大幅提升。

——五年来，我们着力抓好民生工程建设，各族群众生产生活条件持续改善。每年办好100件以上民生实事，市财政用于民生领域支出达1394亿元，占同期一般公共预算支出的72.7%。坚持就业第一，累计新增城镇就业48.43万人，城镇登记失业率始终控制在3.7%以内。城镇居民人均可支配收入和农村居民人均可支配收入分别达到34200元和16400元，增长1.12倍和94.4%。建成540个肉菜副食品直销点，累计投放储备肉菜19.2万吨，实现稳价惠民；实施大规模棚户区和老旧小区改造，新建棚改房、保障房和农村“两居”住房15.15万套；建成国内一流的快速公交BRT系统7条线120公里，城乡公交网络体系日益完善。义务教育阶段学校标准化建设、均衡化发展任务全面完成，各类教育教学水平稳居全疆第一。在全疆率先开展新农合与城镇居民基本医疗保险并轨，基本药物制度全覆盖，实现了人人享有基本公共卫生服务目标。社会养老、福利、救助、慈善等事业取得长足发展，社保覆盖面不断扩大、保障水平不断提升。文化、广播电视等服务体系日益完善，各族群众精神文化需求得到有效保障。在全疆率先完成脱贫攻坚任务，2015年全面建成小康社会总体指标实现程度达到97%，荣获“全国十大幸福城市”称号。

——五年来，我们着力抓好城乡规划建设管理，城乡面貌明显改观。投入2000多亿元用于城市建设，城市环境和品质持续优化提升。“田”字路高架、东绕城高速、兰新高铁及乌鲁木齐站等重大工程相继建成，地铁、城际铁路、国际机场改扩建等重大项目加快实施，现代综合交通枢纽日臻完善。高铁、会展等新区基本建成，各类大型城市综合体和现代居住小区大量涌现，五年拓展城市空间200多平方公里。实施“煤改气”工程，我市成为全国首个气化城市，大气污染治理取得历史性突破。持续开展环境综合整治，生态治理保护深入推进，新增绿化面积23.32万亩，新建小游园小绿地小水面664个，城市绿化覆盖率达40.5%。超额完成污染物总量减排任务，万元GDP能耗大幅下降。成功创建国家园林城市、节水型城市和节能减排财政政策综合示范城市。

2016年是“十三五”规划的开局之年。我们认真贯彻落实市委十届十四次全委（扩大）会议和市第十一次党代会精神，紧紧围绕社会稳定和长治久安总目标，坚持稳中求进、改革创新，圆满完成了市十五届人大五次会议确定的目标任务，全市经济社会保持了持续稳定发展。

一、稳定基础日益牢固

一是严打严防措施不断强化。扎实开展严打专项行动，及时打掉了一批预谋行动的危安暴恐团伙。推进一体化联合作战平台建设，高标准规划建设使用956个便民警务站，强化卡点检查、社区清查、街面盘查和车巡、步巡、网巡，保持高见警率、高控制力和高震慑力。制定人员密集场所安全防范技术标准和规范要求，强化流动人口和出租房屋精细化管理。严格落实寄递物流行业验视封箱、实名收寄、过机安检三个百分百制度，强化危爆物品、管制刀具和加油（气）站治安管控工作。扎实开展“访惠聚”活动，持续堵塞漏洞、消除隐患，社会稳定的基层基础不断巩固。

二是民族团结氛围日益浓厚。大力开展民族团结进步年活动，坚持不懈加强民族团结宣传教育，“两模范”创建率达到90%，“双五好”创建率达到72%，命名表彰民族团结模范社区（村）771个、模范单位1463个，“五好”宗教活动场所355个，“五好”宗教人士344名。推进各民族嵌入式小区示范工程，掀起“民族团结一家亲”活动热潮，促进了各族群众相互尊重、相互学习、相互帮助。

三是宗教工作深入推进。依法加强宗教事务管理，建立住村管寺管委会152个。开展“去极端化”大型宣讲活动3719场次、微宣讲7100余场次，培训基层干部、宗教人士、寺管会成员7400余人次，切实提高各族干部群众对宗教极端思想的辨别力和免疫力。充分发挥爱国宗教人士和信教群众作用，编印发放《乌鲁木齐市伊斯兰教教务指导》，规范解经讲经，引导信教群众抵制极端。依法治理“三非”活动，坚决取缔地下讲经学经活动，有效遏制了宗教极端思想传播。

二、经济保持稳定增长

预计全年地区生产总值增长7.6%；固定资产投资总额与上年持平；社会消费品零售总额增长7.5%；全口径外贸进出口总额增长5%；一般公共预算收入增长0.27%；城镇居民人均可支配收入增长8.2%；农村居民人均可支配收入增长9.2%；居民消费价格指数101.5%。

一是“五大任务”落实成效明显。制定“两方案一通知”“12方面110条”等措施，完成63万吨煤炭产能退出任务，关停4家自备电厂，淘汰8家落后产能企业。实施契税财政补贴等优惠政策，房地产去库存工作稳步推进。加强政府债务管理，积极防范金融风险。继续执行工商用电同价，推进落实直接交易电价政策。积极落实“营改增”等结构性减税、普遍性降费和降低社会保险费率政策，有效降低企业经营成本。行政审批、国资国企、能源资源、财税金融等九大行业领域薄弱环节不断完善和加强，经济社会发展短板得到有效弥补。

二是工业转型升级步伐加快。高新技术产业实现增加值131.7亿元，增长3%；战略性新兴产业实现增加值125.7亿元，增长3.4%。铁建重工高端装备基地、神华新疆年产68万吨煤基新材料、莱沃科技等重点项目建成投产，中国中车、广汽乘用车、金昇智能机械等一批先进装备制造业项目开工建设。“两化”融合快速推进，建成国家级“两化”融合示范企业7家、自治区级示范企业及“两化”融合支撑单位73家。智慧乌鲁木齐建设全面推进，天山云乌鲁木齐云计算产业基地项目开工，曙光云计算中心正式投用。

三是现代服务业加快发展。电子商务、软件信息、互联网金融等新兴业态加速集聚，新疆软件园入驻企业220余家。建成国家、自治区电子商务示范基地3个、示范企业26家，“惠民网”签约超市8500余家。互联网金融中心交易量突破40亿元，占全疆90%。举办各类展会132场，增长17.9%。新增特色美食街（区）5条。检验检测认证产业园开工建设，纺织品服装商贸中心、服务外包基地等项目加快建设，获批中国服务外包示范城市。旅游业提档升级步伐加快，丝绸之路经济带旅游集散中心主体完工，南山国际旅游区核心区、丝绸之路欢乐大世界等一批旅游项目加快建设。全年接待游客2533万人次，增长15%；实现旅游总收入340亿元，增长14%。

四是农业农村工作取得新进展。播种各类农作物67万亩，完成设施农业提质增效5000亩。创建“一村一品”示范村16个。培育各级规范化合作社201家，认定家庭农场18家。建设安居富民住房10520户，启动10个新农村示范村创建工作，建成农村公路95公里，实施了一批供排水、污水处理、园林绿化、环境卫生等基础设施配套项目，农业农村发展水平进一步提高。

五是科技创新能力进一步增强。组织实施127项重点产业关键技术研究和成果转化项目，新增高新技术企业45家、创新型（试点）企业44家，新建工程技术研究中心（重点实验室）6家。丝绸之路经济带创新驱动发展试验区、国家技术转移东部中心新疆分中心等项目落地建设。实施“红山众创行动计划”，深入推进“双创”工作，获得国家“双创示范城市”奖补资金2亿元。高新区（新市区）、经开区（头屯河区）成功创建首批全国科普示范区。

三、改革开放全面深化

一是重点领域改革深入推进。国资国企改革、属地注册改革、商事制度改革取得积极进展。行政审批制度改革步伐加快，市政务服务中心建成启用，在全疆率先公布市级部门责任清单，确立了3265项职权事项。大力推广政府和社会资本合作模式，签约13个PPP项目，投资总规模达773亿元。企业上市工作取得新进展，2家企业成功上市，6家企业成功登陆“新三板”。城管体制改革全面启动，人才管理和出租车行业体制改革全面深化。

二是对内对外开放进一步扩大。综合保税区顺利通过国家验收，国际贸易服务区启动建设。多式联运海关监管中心建成使用，国际陆港区与国内外多个主要海陆港、铁路港实现战略合作。铁路西站口岸、机场进境免税店成功获批，国际快件监管中心建成启用。西行国际货运班列实现常态化运行，面向中欧、中亚班列乌鲁木齐集结中心初步形成。跨境电子商务综合试验区申报工作加快推进。首家外国银行—巴基斯坦哈比银行落户我市。以国际医院、友爱医院为标志的丝绸之路经济带核心区医疗服务中心建设加快推进，成功举办一系列丝绸之路经济带健康论坛，签署国际国内各类医疗合作协议51项，跨境远程医疗服务平台建成启用，跨境云医院集群建设初具规模。

四、民生改善取得新成效

一是就业和社会保障工作成效显著。新增城镇就业11.16万人，城镇登记失业率控制在3%。实施大学生创业扶持计划，423名大学生实现创业。帮扶困难群体就业6642人，农村富余劳动力转移就业6991人。完成各类职业培训12.21万人。实施全民参保计划，社会保险覆盖面持续扩大，五项社会保险净增12.65万人。全面启动机关事业单位养老保险制度改革，建立城镇职工基本医疗保险门诊统筹制度和城镇职工大病保险制度，与8省市实现异地就医结算。连续第12年调整企业退休人员养老金，人均月养老金提高到2839元。城乡居民最低生活保障标准分别提高到每人每月410元和240元。

二是教育、卫生、体育等各项社会事业加快发展。投入53.74亿元，新（改）建中小学校21所、城乡学校少年宫64个。市青少年综合实践教育中心投入使用。优质资源北扩工程加快推进，市第130中学招生办学、第1中学新校区主体完工。城乡教师交流活动有序推进，边远薄弱学校师资力量不断加强。落实各类城乡义务教育保障资金4.29亿元，发放普惠性、公益性民办幼儿园奖补资金3482万元，新建公办幼儿园5所，实现农村适龄儿童免费入园。市属3

家医院通过三甲医院评审，分级诊疗和医师多点执业稳步推进，优质医疗资源加快向基层流转。全面启动全民健康工程，提前完成第一轮全民体检工作。基本公共卫生服务均等化水平稳步提高，免费向城乡居民提供15类51项基本公共卫生服务，人均补助标准达到85元。圆满完成全国第十三届冬季运动会乌鲁木齐赛区的赛事组织和服务保障工作，我市代表队取得12金9银12铜的好成绩。启动乌鲁木齐奥林匹克体育中心项目建设。人口和计划生育服务管理不断加强，人口出生率为9.86‰。食品药品专项整治扎实开展，群众饮食用药安全得到保障。安全生产应急管理能力显著提升，各类生产安全事故下降8.32%。新闻出版、防灾减灾、质监、气象、地震、地方志、档案等工作取得新进展，妇女儿童、残疾人和红十字事业取得新成绩。

三是文化建设取得新进展。大力开展精神文明创建活动，深入推进社会主义核心价值观和中国梦宣传教育。“文明承诺”“文明接力”“文明交通出行”等活动成效显著，学雷锋社会志愿服务注册人数达29.7万人，市民文明素质明显提升。顺利通过中央文明委第二年度全国文明城市创建检查验收，荣膺全国双拥模范城“八连冠”。深入开展文化惠民活动，政府购买文化惠民演出280场次。开展“我们的中国梦”文化进万家惠民活动520余场次、百日广场文化活动3500余场次，放映公益电影1.13万场次。市文化中心及区（县）文化馆、图书馆等基层文化基础设施建设快速推进。新增自治区级（市级）文化产业示范基地29个、特色文化街区4条。我市在第十二届深圳文博会签约28.9亿元，增长30.1%。

四是百件民生实事全面完成。新建13个社区蔬菜副食品直销点。投入65亿元实施棚户区改造项目22个、建设房屋10690套。回购900套商品房和经济适用房作为公租房，降低保障房申请门槛，4000户中低收入家庭圆了“住房梦”。建成BRT6号线支线，新增和优化公交线路30条，试点开通定制公交线路2条。落实残疾人免费乘坐公交车政策。新设立养老机构3个，新增养老床位307张。建成“儿童之家”19个，符合条件的困境儿童全部纳入城乡低保。

五、城市规划建设管理和生态建设再上新水平

一是城乡规划进一步完善。城市总体规划2016年修改版获国务院批复。完成“五大中心”专项规划，组织开展近期建设规划及老城区改造提升规划设计方案。开展会展片区提升、城市风貌特色建设、城市山水风貌保护等详细规划和城市设计。完成综合管廊、海绵城市、慢行系统等专项规划。

二是基础设施建设取得新进展。国际机场改扩建征收工作加快推进。地铁1号线14座车站封顶，贯通区间17.3公里，首列电动客车接车进场；2号线（一期）建设加快推进，3、4号线（一期）开工建设，5、6号线启动前期工作。珠江路立交改造、九家湾立交改造、苏州路东延、三屯碑路西延等项目建成通车，疏通了城市重要交通节点。国道216线提升改造、喀什路东延、新医路西延等道路建设项目快速推进，城市主干路网体系不断完善。地下综合管廊等重点基础设施建设加快推进，城镇供水、供热、供气和污水、垃圾处理等基础设施服务能力显著提升。

三是老城区改造和新区建设加快推进。按照“一年开工、两年见效、三年完善”的要求，制定老城区改造提升规划实施意见、工作方案和征收补偿安置工作导则，全面启动并加快推进老城区改造提升工作。加快构建“多中心、组团式”城市发展格局，高铁、会展、白鸟湖、高新区北区等新区公共设施更趋完善，城南经贸合作区、古牧地新区建设加快推进。

四是城市管理水平进一步提高。持续开展环境综合整治，规范外立面色彩，粉刷沿街建筑1400余栋、146万平方米，整治背街小巷115条，创建标准化示范街8条，打造景观照明示范街5条。城市出入口及城乡结合部重点整治初见成效。拆除违法建筑101.7万平方米。建立“以奖代补、以奖促治”的城市运行管理综合考核体系，城市管理服务水平进一步提升。

五是环保和生态建设持续加强。不断巩固大气污染治理成果，深化工业企业污染治理，完成重点企业脱硫、脱硝配套污染防治设施及封闭料仓建设。完成加油站、储油库油气回收治理改造191座。改造换热站116座、老旧供热管网190公里。实施既有建筑供热计量及节能改造506万平方米，新增电采暖面积92万平方米，完成燃气锅炉烟气余热回收改造1715蒸吨。淘汰“黄标车”及老旧车辆1.12万辆。深化排污权有偿使用交易试点，减排二氧化硫3740吨、氮氧化物7758吨。全年空气优良天数达246天，优良率达67.2%，环境空气质量持续改善。新增绿化面积3万亩，完成森林抚育2万亩。新增街旁绿地、小游园100个，实施荒山绿化改造提升公园项目8个。一号冰川、柴窝堡湖等重点水源涵养区生态修复治理工作持续加强。大浦沟生活垃圾填埋场关停，大黑沟垃圾综合处理场投入运营。严格落实取水许可和水资源论证制度，合理配置有限水资源。加强生态环境保护是造福子孙万代的大事，必须坚定不移地保护好我们的生存环境，呵护好首府的蓝天、白雪、绿水、青山！

六、政府自身建设迈上新台阶

坚定正确政治方向，严守政治纪律和政治规矩，扎实开展“两学一做”学习教育。切实推进法治政府、创新政府、廉洁政府和服务型政府建设，各级政府服务能力和水平显著提高。加强政风行风建设，坚持不懈落实中央八项规定、自治区党委和市委十条规定，坚决纠正“四风”，实施作风建设“三项治理”，干部作风持续改善。深入开展法治宣传教育，获得全国法治宣传教育先进城市称号。依法治市工作不断深化，编制完成“十三五”依法治市规划纲要和“七五”普法规划，实施修订政府规章5件。自觉接受市人大及其常委会的依法监督和市政协的民主监督，积极听取各民主党派、工商联、无党派人士和人民团体意见，办理自治区、市人大代表议案、建议和政协提案447件，办复率100%。政务公开和网络问政工作不断加强，信访和行政调解工作机制进一步完善。扎实开展人民调解化解矛盾纠纷工作，调解成功率达99%。行政监察、审计监督工作扎实推进，严肃查处一批贪污受贿、损害群众利益的违法违纪案件，预防和惩治腐败取得新成效。

各位代表，回顾本届政府的工作，我们深深体会到：做好乌鲁木齐工作，必须牢固树立政治意识、大局意识、核心意识、看齐意识，始终如一地向以习近平同志为核心的党中央看齐，在政治上、思想上、行动上同以习近平同志为核心的党中央保持高度一致，坚定坚决地落实自治区党委和市委各项决策部署；必须全面贯彻落实社会稳定和长治久安这一总目标，各项事业都要服从服务于总目标，所有工作都要以此为着眼点着力点；必须看到发展的后发优势，注重发挥比较优势，深入挖掘潜在优势，积极转化相对劣势，加快转方式调结构促增长，发展培育多元支柱产业，不断夯实经济发展的产业基础；必须始终坚持创新的理念，深化改革和扩大开放，激发内在活力，以宽广的视野谋划发展、推动发展；必须立足发挥中心带动作用，同步推进老城区改造提升和新区建设，拓展城市空间和完善城市功能；必须坚持一切为了人民、一切依靠人民，想方设法保障和改善民生，以为民服务的实效赢得民心，让各族群众过上更加幸福安定的生活；必须坚持不懈地转作风、促落实，把提高行政效能作为根本保障，加强制度建设和流程再造，提高政府的执行力、创新力、公信力和约束力。

各位代表，回顾本届政府的工作，我们深深感到：所有这一切，都是自治区党委、自治区人民政府和市委正确领导的结果，是全市各族人民共同努力和各方面大力帮助支持的结果。在此，我代表市人民政府，向全市广大工人、农民、干部和知识分子、兵团职工，向各民主党派、工商联、无党派人士，向人民团体和社会各界人士，向驻乌人民解放军和武警部队指战员、公安干警，向中央驻乌单位、所有援乌干部，向人大代表、政协委员表示衷心的感谢并致以崇高的敬意！

在肯定成绩的同时，我们也清醒地看到工作中还存在着问题和不足：一是对反分裂斗争长期性复杂性尖锐性的认识需要不断强化，维护稳定能力有待进一步提升，长治久安深层次问题亟待有效解决；二是产业发展层次总体偏低，实体经济支撑力不足，创新驱动能力较弱，保持经济快速增长的难度加大；三是对外开放深度广度不够，城市国际化水平不高，基础设施建设相对滞后；四是优质公共服务供给不足，城乡一体化步伐缓慢，改善民生离各族群众期望还有差距；五是大气污染防治工作任重道远，区域联防联控难度较大，人居生态环境有待进一步改善；六是政府作风建设还需进一步加强，服务群众的能力仍需提高。对此，我们将在今后的工作中采取有效措施，认真加以解决。

今后五年目标任务和2017年主要工作

今后五年，是我们深入贯彻落实以习近平同志为核心的党中央治疆方略，实现社会稳定和长治久安总目标的关键时期，也是我们持续推进稳定与发展，全面建成更高水平小康社会，加快建设现代化国际城市的重要阶段。

今后五年政府工作的指导思想是：高举中国特色社会主义伟大旗帜，深入贯彻第二次中央新疆工作座谈会和自治区第九次党代会精神，树牢社会稳定和长治久安总目标，全面落实自治区党委决策部署，坚定市第十一次党代会确定的奋斗目标和工作思路不动摇，统筹推进“五位一体”总体布局，协调推进“四个全面”战略布局，牢固树立和贯彻落实新发展理念，积极融入自治区丝绸之路经济带核心区建设，坚定不移维护社会大局稳定，坚定不移保障和改善民生，坚定不移推动经济持续健康快速发展，坚定不移推进现代化国际城市建设，坚定不移促进民族团结宗教和谐，加快打造和谐稳定、既优又强、民族融合、宗教和睦、独具魅力、干净美丽的首府，努力把乌鲁木齐建设成为西北地区特色鲜明、绿色健康、宜居和谐的现代化国际城市。

今后五年我市经济社会发展的主要目标是：到2021年地区生产总值达到4000亿元左右，年均增长7.5%左右。固定资产投资年均实现两位数增长；社会消费品零售总额年均增长8%左右；一般公共预算收入年均增长5%左右；全口径外贸进出口总额年均增长5%左右。城镇居民人均可支配收入年均增长8%左右，农村居民人均可支配收入年均增长9%左右。

为实现上述目标，我们将重点把握好以下六个方面：

一是加快打造和谐稳定首府。深刻认识社会稳定和长治久安总目标的重大意义、基本要求和主要举措，坚持把总目标作为统领首府各项工作的总纲，所有工作都要服从服务于总目标，围绕总目标来开展、来谋划、来推动。认真贯彻自治区党委出台的各项维稳措施，打好维护稳定“组合拳”，做到“六个抓好”“五个管住”“四个全覆盖”，筑牢维护稳定的坚强防线和铜墙铁壁，确保社会大局稳定。优秀平安区（县）创建命名达到70%以上，争创自治区平安市，人民群众安全感和满意度达到95%以上，让各族群众感觉到安全、感受到和谐与温暖。

二是加快打造既优又强首府。以推进供给侧结构性改革为主线，深入推进“三去一降一补”五大任务，全力稳增长、促改革、调结构、惠民生、补短板、防风险，争当全疆改革发展排头兵。坚持“一产上水平、二产抓重点、三产大发展”，着力打造商贸物流、现代金融、先进装备制造、智慧安防、化工、新材料六个千亿级产业集群，文化旅游、信息、特色餐饮、新能源、纺织服装、健康六个百亿级产业集群，加快特色农业产业集群建设，加快构建主业突出、特色鲜明、竞争力强的现代产业体系。强化创新驱动发展，推动大众创业、万众创新，力争科技研发投入占GDP比重达2.5%、高新技术产业总产值翻一番。加快丝绸之路经济带核心区“五大中心”建设，强化首府交通枢纽、商贸物流、金融、文化科教、医疗服务功能，着力构建全方位开放新格局，提升首府对外影响力辐射力。以争取人心、赢得民心为目标，全力落实安全、就业、教育、医疗、社保、扶贫、安居、暖心、文化“九大惠民工程”，千方百计增加公共服务和社会福利，让各族群众有更多的参与感、获得感和幸福感。

三是加快打造民族融合首府。高举各民族大团结旗帜，坚持中国特色解决民族问题的正确道路，大力促进各民族共同团结奋斗、共同繁荣发展，努力打造民族团结之城，力争用3年时间创建成全国民族团结进步示范市。坚持把加强民族团结纳入国民教育、干部教育、社会教育，引导各族干部群众牢固树立“三个离不开”思想，增强“五个认同”，促进各民族和睦相处、和衷共济、和谐发展。加快构建各民族相互嵌入式的社会结构和社区环境，广泛开展民族团结进步创建、“民族团结一家亲”等活动，促进各民族交往交流交融。

四是加快打造宗教和睦首府。坚定不移贯彻党的民族宗教政策，坚持保护合法、制止非法、遏制极端、抵御渗透、打击犯罪的原则，依法加强宗教事务管理，抓好“五好”宗教活动场所、“五好”宗教人士创建活动，发挥好爱国宗教人士和信教群众在社会稳定和长治久安中的作用，积极引导宗教与社会主义社会相适应。加强清真寺民主管理组织建设和干部住寺工作，完善管理运行服务模式，实现清真寺管理服务全覆盖。

五是加快打造独具魅力首府。坚持“三区七组团”发展格局，加快“南控北扩、西延东进”步伐，全面推进老城区改造提升和新区建设工作，完善现代化国际城市框架。加快推进以地铁为骨干的现代综合交通枢纽建设，确保“十三五”期间地铁1号线、2号线（一期）建成运营。加强建筑特色风貌建设、山水特色风貌保护，精心做好城市“水文章”，系统规划打造水系景观。创新城市管理服务体系，提高精细化管理水平，推广电子政务服务、城市智能管理和智慧民生服务，基本建成智慧城市。

六是加快打造干净美丽首府。大力推进生态建设和环境保护，着力构建“四区、四廊、一环”的生态保护空间格局，努力让首府天蓝地绿水清。打好大气污染治理攻坚战，强力推进大气污染联防联控，持续改善首府环境空气质量。加快城市“双修”工作，推进重大生态修复工程，加快绕城生态圈防护绿带建设，构建首府绿色生态屏障。促进绿色循环低碳发展，扩大清洁能源应用覆盖范围，推进全社会节能减排。积极申办中国国际园林博览会。实现创建国家生态园林城市、卫生城市、环保模范城市和全国文明城市目标。

2017年，是新一届政府的开局之年，做好各项工作意义重大。全市经济社会发展的主要目标是：地区生产总值增长7.5%，固定资产投资增长50%，社会消费品零售总额增长8%，全口径外贸进出口总额增长5%，一般公共预算收入增长5%，城镇居民人均可支配收入增长8%，农村居民人均可支配收入增长9%，城镇登记失业率控制在3.7%以内，居民消费价格涨幅控制在3.5%左右。

围绕这一目标，我们将重点做好以下几个方面工作：

一、全面落实各项维稳措施，筑牢社会稳定和长治久安根基

稳定是发展的前提基础，没有稳定一切都无从谈起。坚决落实自治区党委维稳“组合拳”，构建维稳常态，为全市经济健康快速发展创造良好环境。

一是严打严防保稳定。继续保持严打高压态势，坚持主动出击，毫不手软，坚定坚决依法打击非法组织、犯罪团伙和暴恐分子，坚决遏制“三股势力”。进一步完善指挥体系和处突机制，不断提升预警预防、快速反应和精准打击水平。全面落实社会面安全防控措施，严格落实“三查、三巡、三结合”巡防模式，把好航空、铁路和公路三个进出关口，抓好重点场所、重点部位、重点要素、重点人员的安全防控。进一步完善便民警务站运行机制，开展全天候全时段的警务巡控和便民服务。深入推进反分裂斗争教育，强化意识形态领域阵地建设，加强互联网管理和敏感舆论管控。积极打造“智慧安防”首府，大幅提升社会治理体系和治理能力现代化水平。

二是加强基层基础建设。推行社区阵地标准化建设，进一步充实社区工作者队伍，完善社区警务管理模式，加强群防群治和巡逻队伍建设，健全考核奖惩和激励保障机制，不断激发社区工作活力，提升维稳工作能力和服务管理水平。广泛开展“民声大走访、矛盾大调处、隐患大整治”活动，切实把矛盾纠纷消除在萌芽状态。加强流动人口精细化服务管理和出租房屋分类管理，让流动人口更好融入社区生活，增强归属感和责任感。深化“访惠聚”工作，坚决落实好“八项任务”，让各族群众更多享受发展成果，切实感受到党和政府的关怀，形成共同建设美丽首府的强大力量，筑牢社会稳定和长治久安的钢铁长城。

三是巩固民族团结良好局面。进一步深化“两模范”创建工作，推动民族团结宣传教育进机关、进单位、进学校、进企业、进社区、进乡村、进军营、进清真寺，全面掀起民族团结热潮。深入开展“民族团结一家亲”活动，促进各族干部群众结对子、认亲戚，勤走访、常团聚，互学语言，关爱帮扶，多层次多形式交往互动。推动建立各民族相互嵌入式的社会结构和社区环境，促进各民族交往交流交融，使各族群众学习在一起、生活在一起、工作在一起，形成你中有我、我中有你、密不可分的大好局面，让各族群众像石榴籽一样紧紧抱在一起！

四是促进宗教和睦和谐。认真落实“三管两制一负责”制度，进一步创新清真寺和宗教活动教育管理服务工作，确保宗教领域和谐稳定、宗教活动规范有序，营造平等团结、遵纪守法、爱国感恩的良好氛围。继续深化“双五好”创建活动，年内创建率达到90%以上。扎实推进“去极端化”工作，加大“三非”治理力度，大力批驳宗教极端思想，引导各族群众擦亮眼睛、树立正信、抵制极端。充分发挥伊斯兰教协会和爱国宗教人士作用，引导信教群众确立正道正信，与宗教极端势力作坚决斗争。

二、围绕构建现代产业体系，推动经济提质增效升级

实体经济是经济发展的根基。加大产业、基础设施等项目建设力度，加快三次产业发展，着力振兴实体经济，引领带动全市经济持续健康发展。

一是加大项目建设和投融资力度。全力推进2400亿元重点项目建设，迅速启动和实施一批重点产业、民生、基础设施建设等重大项目，力争在短期内形成对经济增长的拉动效应。紧紧围绕壮大产业集群和补齐发展短板，谋划一批新项目、好项目，积极落实项目建设条件，确保项目顺利实施。加大融资和资金争取工作力度，积极落实与各金融机构达成的3600亿元战略合作协议，确保完成全年融资1200亿元的目标任务。坚持“招大引强”和“招商选资”，吸引更多国内外企业特别是跨国公司进驻投资。在降低准入门槛、引导市场预期、增强企业投资意愿上下功夫，加强政策资源集聚和服务协同，根据企业类别精准施策，推动小微企业向“多、精、优”升级，鼓励骨干企业做大做强，调动民营企业积极性，扩大社会投资规模。

二是做强做优现代服务业。围绕打造千亿级商贸物流产业集群，深入推进传统商贸流通业升级改造，促进电子商务、连锁便利等新业态发展，鼓励商贸企业培育自有品牌、引进知名品牌，满足各族群众消费需求。加快国际陆港区、空港物流区等重大项目和城南经贸合作区建设，加大物流资源整合力度，加快物流设施现代化，推进城市共同配送。围绕打造千亿级现代金融产业集群，积极吸引各类金融机构入驻，推动科技金融创新中心等重大金融产业项目建设，促进金融产品和服务创新。围绕打造百亿级文化旅游产业集群，推进文化旅游深度融合，突出全域旅游发展理念，推动特色旅游项目建设，扶持培育旅游龙头企业，着力打造一批精品景区、特色旅游乡镇（村）。按照夏季搞活、冬季搞火、四季发展的要求，加快南山国际旅游区核心区改造提升，大力发展冰雪产业和现代马产业，推进丝绸之路经济带旅游集散中心、丝绸之路欢乐大世界、达坂城西部歌城小镇等项目建设，启动冰雪产业园建设，高水平办好丝绸之路冬夏两季冰雪风情节。加快推进乌鲁木齐县康养产业试点工作，抓好总投资500亿元1700公里旅游道路建设。力争全年接待游客2786万人次，增长10%，实现旅游总收入374亿元，增长10%。围绕打造百亿级信息产业集群，加快信息产业及软件等衍生产业发展，推进新疆软件园、国家电子商务基地、“一带一路”大数据分析中心、亚欧大数据交易中心等项目建设，启动物联网产业园建设，加快“三网融合”和智慧城市建设步伐。围绕打造百亿级特色餐饮产业集群，加快实施中央厨房、冷链配送等项目建设，抓好美食街区改造提升，引导特色餐饮企业走集团化、连锁化道路。推进会展业向品牌化、国际化发展，办好丝绸之路国际食品展交会、安防博览会等重点展会，力争全年办展150个以上，增长18%。

三是推动工业经济转型跨越发展。围绕打造千亿级先进装备制造产业集群，全力推动重汽、广汽、中车、金昇等项目建成投产，鼓励零部件企业与总装企业同步发展，力争关键零部件配套企业落户我市，填补和延展化工、汽车、工程机械、轨道交通等产业配套链条。围绕打造千亿级智慧安防产业集群，依托智慧安防产业园建设，重点在安防视频监控设备、安防设备制造等领域率先突破。围绕打造千亿级化工产业集群，加大“两化”融合力度，推动传统支柱产业技术改造、转型升级，加快建设石油化工集群、绿色煤化工集群和先进氯碱化工集群。围绕打造千亿级新材料产业集群，以众和股份、新特能源、紫晶光电等企业为龙头，做大做强铝基、硅基等新材料以及高分子材料、高性能复合材料等产业。围绕打造百亿级新能源产业集群，加快开展发电核心技术、关键材料和设备研究，推进达坂城区氢能源开发应用试点，继续扩大新能源产品的推广应用范围和规模。围绕打造百亿级纺织服装产业集群，加快乌鲁木齐国际纺织品服装商贸中心建设，积极推动纺织服装产品交易和集散平台发展，促进纺织服装产业升级。围绕打造百亿级健康产业集群，充分利用高新区（新市区）生物医药和健康产业优势，加快地方特色药研制开发和新型药物产业化进程，构建生物医药、生物制造产业链。

四是推进都市现代精致农业发展。围绕打造特色农业产业集群，加快农业产业化进程，积极培育现代农业园区。积极扶持特色种养业发展，推进设施农业提质增效，打造“米袋子”“菜篮子”“肉案子”工程。健全现代畜禽良种和蔬菜育苗繁育体系，加强农产品流通设施和市场建设，提高农业综合生产能力和效益。开发农业生态观光旅游、休闲康养体验功能，积极推进高新区（新市区）北区特色小镇和万亩水塘乡村采摘游、米东都市休闲农业区、达坂城生态观光旅游区发展。扎实推进新农村建设，打造一批旅游文化、特色养殖示范村、示范乡，建设环境优美、和谐宜居、具有首府特色的社会主义新农村。

五是强化创新驱动发展。增强科技创新的支撑引领作用，鼓励技术引进，加快提升关键核心技术攻关能力，开展促进企业科技成果转化行动计划，推动创新链和产业链融合发展。实施新兴产业培育壮大工程，推动配套延伸，为产业集群的格局重构提供强力支撑。推动丝绸之路经济带创新驱动发展试验区、小微企业创业创新示范基地建设，深入推进“红山众创行动计划”，推进知识产权保护工程，办好“第三届创新创业大赛”，加快打造创新型城市。鼓励设立国家级工程技术研究中心、院士工作站、博士后工作站等研究机构，组建市级工程技术研究中心（重点实验室）6家，新增高新技术企业和创新型（试点）企业30家。加快引进各类专业技术人才，推进职称互通互认，促进人才合理流动和科学配置。

三、全面深化改革开放，争当全疆改革发展排头兵

“改革开放只有进行时没有完成时”。聚焦党中央和自治区党委全面深化改革重大部署，坚持以改革破解突出矛盾、以开放赢得发展先机，努力建成丝绸之路经济带核心区支撑点、桥头堡。

一是加快重点领域改革步伐。坚持以深化供给侧结构性改革为主线，抓好“三去一降一补”五大任务落实。坚持“加减乘除法”并举，积极化解煤炭产业过剩产能。着力规范房地产市场秩序，激活市场有效需求，减少商品房库存。有效降低企业杠杆率，防范金融领域风险。打好降成本“组合拳”，采取减税、降费、让利和优化服务等措施，推进补短板、添动能，不断提高实体经济竞争力。全面深化行政管理体制改革，完成新一轮市、区（县）两级政府机构改革任务，实现政府工作高效流畅运转。加快推进城管体制改革，构建市级统筹、区（县）为主、权责统一、精细管理的智慧城管新体系。加快行政审批制度改革，规范优化政务服务事项，加快推进“互联网+政务服务”，加大“放管服”改革力度，推进“一门式、一网式”政务服务模式改革，着力打造全疆营商示范窗口。加快三个国家级开发区改革，重点在管理体制、政策优势、人才创新上放手、放松、放宽，进一步擦亮国字号金字招牌，在首府创新发展中先行先试、探路领跑。深化国资国企改革，积极推动资源类央企属地注册，加快股权多元化、资产证券化步伐，推动国有企业主动参股央企和自治区企业，支持乌鲁木齐银行上市。扎实推动国企统一监管，完善行政事业单位国有资产集中统一管理工作机制，合理配置和有效利用国有资产。深化投融资体制、财税体制、商事制度、农村产权制度及重点领域价格改革。推进非公经济配套改革试验区试点，大力支持非公有制企业创业创新、转型升级，推动民营企业依法平等参与市场活动，促进非公有制经济快速发展。

二是以“五大中心”建设为重点，全方位扩大对外开放。落实好自治区推进丝绸之路经济带核心区建设实施意见和行动计划。加快集装箱中心站建设和北站物流资源整合，推进机场改扩建四期工程，加快跨境电子商务综合试验区申报建设，推进陆港、空港、海港、信息港等多港联动，全面打通境内外联通“动脉”。完善多式联运海关监管中心和综合保税区运行机制，提升中欧国际货运班列集结中心常态化运营水平。加快信息基础设施建设，积极参与连接亚欧非的西向国际通信、信息传输和光缆大通道建设。加强与国际性金融组织、周边国家金融机构的沟通交流，推动取得更多务实合作成果。优化提升跨境远程医疗服务平台功能，加快医疗旅游推介平台等一批重点项目建设，打造一批具有国际服务水平的重点医疗机构。加快推进亚欧商贸物流职业教育培训中心建设，办好第五届丝绸之路经济带城市合作发展论坛、首届丝绸之路卫生合作论坛，不断提升对外影响力辐射力。积极发展出口导向型经济，促进特色农产品、资源深加工、高新技术产品出口。加快推进跨境电子商务服务平台、“丝贸通”一站式外贸服务平台建设，促进外贸转型升级。以服务外包产业园和多语种服务平台等项目为重点，加快推进服务外包示范城市建设。鼓励支持企业“走出去”投资建厂办园区，加快我市企业境外园区建设。

四、深入落实九大惠民工程，大幅提升各族群众幸福指数

“人民对美好生活的向往，就是我们的奋斗目标”。要通过持续推进各项重大惠民工程，让各族群众不断增强获得感，让各族人民生活的更幸福、更和谐、更美好！

一是推进安全惠民。深入开展平安首府建设，实施“平安细胞”工程，平安区（县）创建率达到100%，优秀率达到50%以上，人民群众安全感和满意度达到90%以上。加强食品药品安全监管，积极推动国家食品安全示范城市创建工作。完善防灾减灾救灾体系，建立电梯应急救援平台。强化安全生产风险防控体系建设，有效防范各类事故发生。

二是推进就业惠民。坚持以产业带动就业、创业促进就业、政策扶持就业，创造更多就业机会。做好高校毕业生、就业困难人员等重点群体就业，实现城镇人员就业10万人，城镇登记失业率控制在3.7%以内。建设“一站式”就业和社会保障服务大厅60个，农村富余劳动力转移就业6000人，完成各类职业培训11万人。培育5个具有聚集效应的创业孵化基地，新增创业4000人，带动就业1.2万人。建立高校“就业创业指导服务中心”和“创业苗圃”，大中专应届毕业生就业率达到85%以上，扶持400名高校毕业生自主创业，企业新吸纳大中专毕业生8500人以上。

三是推进教育惠民。深入推进教育强区（县）工作，提高中小学标准化建设和均衡化发展水平，义务教育阶段实施教科书免费政策，高中阶段实施免费教育。全面普及农村学前三年免费双语教育，建设42所农村双语幼儿园，逐步实现全市学前免费教育。推动优质教育资源北扩和普通高中扩容提质，启动第130中学高中招生，推动第1中学新校区使用，筹建第20、23中学分校。启动市职业教育城（园区）建设，推动职业教育集团化办学、特色化建设、订单式培养。积极推进双语教育，完善特殊教育体系，支持和规范民办教育发展。

四是推进医疗惠民。深化医药卫生体制改革，实行医疗医保医药联动，推动分级诊疗和区域医疗联合体系建设。促进基本公共卫生服务均等化，年内全面完成乡镇卫生院和村卫生室标准化建设任务，加快社区卫生服务机构标准化建设。全面实施全民健康工程，每年为各族群众提供一次免费健康体检。着力发展特色专科医疗服务，高标准打造国际医院、友爱医院、儿童医院城北新院等一批面向全疆、辐射周边国家和地区的现代化医院。坚持计划生育基本国策，促进人口长期均衡发展。促进妇女儿童和红十字事业发展。

五是推进社保惠民。健全覆盖城乡的社会保障体系，大力推进全民参保计划，持续扩面提标，确保各险种征缴率达95%以上。实行大病保险和门诊统筹，减轻各族群众看病负担。推进智慧（电子）社保建设，扩大基本医疗保险异地就医结算范围，实现个人缴费网上办理。

六是推进扶贫惠民。进一步提高城乡低保标准，完善特困人员救助供养制度，实施鳏寡孤独、残疾人等特殊困难群体精准帮扶，兜住兜牢困难群众生活底线。继续加大对口扶贫工作力度，积极发展慈善事业。

七是推进安居惠民。以老城区改造提升为契机，加快惠及13万群众的保障性住房建设，完成5.2万户棚户区改造和5000户农牧民“两居”工程建设任务。完善住房保障体系，适度放宽住房保障申请条件，解决4000户中低收入家庭住房困难问题。推行物业企业分类评定、诚信管理等制度，提升物业市场管理水平。

八是推进暖心惠民。加快推进“医养结合”试点，完善养老服务设施，建成15个农村幸福互助院、社区日间照料中心。规划建设城市慢行系统，发展定制公交等新型服务业态，试点公交半小时优惠换乘。鼓励社会力量投资建设公共停车场，试点小区对外错峰停车和企事业单位对外开放停车场。加强国防教育，深入开展双拥共建活动，推进军民融合发展，落实优抚安置政策，提高重点优抚对象抚恤标准，争创全国双拥模范城“九连冠”，共同谱写军政军民双拥共建新篇章。

九是推进文化惠民。着力提升公共文化服务能力，完成市文化中心“六馆”主体工程，加快推进基层文化设施建设，进一步完善政府购买文化演出机制，将更多公共文体设施免费向群众开放。大力发展少数民族文化事业，鼓励创作更多反映少数民族现代文明生活的文艺精品。实施戏剧振兴、文学艺术提升、影视精品打造、网络文艺发展、文艺领军人才培育“五大工程”，全面丰富优质文化产品供给。积极培育城市特色文化，打造3个特色文化产业示范园、2个特色文化街区、10家市级文化产业示范基地。加快推进奥林匹克体育中心和城乡公共体育设施建设，办好市第四届运动会。广泛开展全民健身活动，加快促进体育产业发展。大力培育现代都市文明，不断提高市民文明素质和社会文明程度，全力争创全国文明城市。推动统计、外事、工商、质监、人防、气象、档案、新闻出版、史志编纂等各项社会事业蓬勃发展。

五、围绕建设现代化国际城市，大力提升城市功能品质

按照“尊重一个规律，坚持五个统筹”要求，高起点、高标准、高水平、大手笔推进城市规划建设管理，提升城市综合服务功能和辐射带动能力。

一是提升城市规划水平。发挥规划引领指导和调控作用，开展2030年新一轮城市总体规划修编，加强重点地段控规和城市设计，完善提升各类专项规划和控制性详规，做到控规全覆盖。推动以城市总体规划为龙头的“多规合一”，促进经济社会发展目标、城市空间坐标、土地利用指标等协调一致。提高城市设计水平，编制完成建筑特色风貌建设规划、山水特色风貌保护规划，控制和保护好城市天际线、山际线和水际线，精心精细精致管控城市建筑体量风格和整体布局，彰显民族特色、现代特色和宜居特色。

二是推进老城区改造和新区建设。把老城区改造提升作为“一号工程”，按照“一个调整、两个减少、三个提升、四个增加、五个结合”的思路，采取市场化运作方式，加快推进征收工作和安置新区建设，改造一批凸显城市特色的街区，完善老城区公共服务和基础设施，鼓励和引导多民族嵌入式居住，提升老城区整体品质与发展活力，让各族群众生活的更方便、更舒适、更美好。按照打造产城融合、宜业宜居现代化新城区的要求，加快推进会展、高铁、空港、白鸟湖、城北新区、国际陆港区、城南经贸合作区等新区建设，提升城市国际化水平，展现首府独特魅力。注重挖掘历史文化、地域风情和民族特色元素，精心打造达坂城镇、水西沟镇、长山子镇等一批特色小城镇。加快乌昌新区规划申报建设，积极构建兵地协调机制，坚持优势互补，探索兵地融合发展新模式，提升兵地合作区发展水平，实现双赢、共同发展。

三是加强城市基础设施建设。加快推进轨道交通建设，力争地铁1号线北段年底试通车，5、6号线具备开工条件。启动西二环快速路、东进场路高架等工程，继续推进新医路西延、城北主干道机场高速互通立交等项目，建成跃进街东延、卫星路南延、天津路北延、喀什路东延二期。继续实施南部集中供热、天然气三期等工程，推进苏州路西延、卫星路、新医路西延等城市地下综合管廊建设。实施BRT延伸工程，建设公交专用道50公里。加快推进水源地和水库监控系统建设、河东再生水厂扩建及提标改造，启动“500”水库二期供水工程建设，确保城市供水安全。

四是提升城市精细化管理水平。大力实施市容市貌改善工程，推进卫生整治、立面改造和夜景亮化，抓好背街小巷改造和重点区域景观提升，展现干净美丽的城市形象。加快智慧城市建设，优化大数据平台功能，推动市政设施智能化感知和公共服务智能化共享。加快公交都市建设，推进交通智能化精细化管理，实施快速公交信号优先、公交智能化提升改造和公交线网优化调整。按照现代化国际城市建设标准，创新城市管理服务体系，推进行政综合执法规范化。增强城市建设管理透明度，完善社会参与机制，实现全民共治共管、共建共享。

五是全力推进大气污染治理。坚决落实治污、减煤、降尘、增电、改气“组合拳”，深入推进大气污染联防联控，确保全年空气质量优良天数达到250天以上。现有电厂实行“夏限产、冬减半”，逐步关停小电厂，最大限度控制原煤使用。继续加大城市天然气输配管网、场站和调峰储备设施建设，实施燃气锅炉烟气余热回收改造1000蒸吨，实施既有建筑供热计量及节能改造80万平方米。加快“电化”“气化”城市进程，实施750千伏输变电工程、风电光伏等清洁能源供暖示范项目和电动汽车充电基础设施建设，新增电采暖供热面积50万平方米。加大重点行业、企业污染治理力度，狠抓建筑工地、散装物料运输扬尘污染，强化机动车尾气治理。推进米东区、甘泉堡等重点区域综合治理，规划建设城市通风廊道，持续改善环境空气质量。

六是营造绿色宜居城市环境。围绕创建国家生态园林城市目标，按照“三区、四线”要求，守住生态资源底线，争取将我市打造成为“双城、双修”推广城市。全面提升城市生态绿化水平，加快东绕城生态圈和城北防护林绿带建设，新建5个荒山绿化改造提升公园，新增绿化面积1.12万亩，完成退耕还林1.76万亩，森林抚育1万亩，新建小游园及街旁绿地100个。完成水磨河景观改造，加快雅玛里克山绿化及景观大道建设，启动城北水景绿化项目建设。加强城市周边生态治理修复，做好矿山地质环境保护与恢复治理工作，加大森林和草原保护力度，加快柴窝堡湖国家级湿地公园建设，抓好一号冰川、十七户湿地、白鸟湖、头屯河谷、北部沙漠等生态环境综合治理。加强水资源保护和节约利用，严守水资源“三条红线”，扩大再生水推广使用规模。加强土壤污染防控，严格落实耕地保护制度，推动城市土地集约高效利用。加快发展循环经济，推广清洁能源和新能源汽车，促进绿色建筑及建筑产业化发展，新增装配式建筑70万平方米。建立项目准入负面清单，严格控制污染项目落地。健全生态环境监管和政绩考核制度，实行生态环境损害责任终身追究制和环境保护“一票否决”，确保生态环境安全。

六、进一步加强政府自身建设，提高服务能力和水平

为人民服务，对人民负责，受人民监督，让人民满意，是政府工作必须始终坚守的信念。面向打造“六个首府”和建设现代化国际城市的新征程，面对各族群众对美好生活的新期盼，我们要进一步加强政府自身建设，努力建设人民满意的政府。

一是坚持党的领导，践行为民服务宗旨。坚持党的领导是做好政府工作的根本保证。严格落实党内政治生活准则，严守政治纪律、政治规矩，始终坚持在党的领导下开展政府各项工作，以强烈的政治意识、大局意识、核心意识、看齐意识，不忘初心，奋力前行，确保党中央、自治区党委和市委的决策部署不折不扣贯彻落实。牢固树立全心全意为人民服务的宗旨，切实把以人民为中心的发展思想贯穿政府工作始终，体现在政府工作的方方面面，以实际行动和满腔为民情怀，实现好、维护好、发展好最广大人民的根本利益。

二是坚持依法行政，自觉接受监督。严格遵守宪法和法律，自觉运用法治思维和法治方式维护稳定、推动发展，坚持法定职责必须为，法无授权不可为，推进法治首府、法治政府、法治社会一体建设，进一步提高政府工作法治化水平。依法接受人大及其常委会的监督，自觉接受人民政协的民主监督，及时办理人大代表议案、政协提案。主动接受社会舆论和人民群众监督，保障群众知情权、参与权和监督权。坚持科学决策、民主决策、依法决策。扎实推进“七五”普法和依法治理工作。加快覆盖城乡居民的公共法律服务体系建设，拓展法律援助服务范围。健全依法维权和纠纷调解化解联动工作机制。深入推进政务公开，让权力在阳光下运行。

三是坚持强化纪律，切实转变作风。认真开展“学讲话、转作风、促落实”专项活动，聚焦总目标，树立问题导向，坚决果敢地向“四风”“四气”开刀，及时发现、坚决惩处“两面派”“两面人”，着力解决总目标认识不到位、从严治党有缺失、各项政策棚架、干部作风漂浮、失职渎职、基层基础薄弱、群众工作不到位、麻痹松懈厌战情绪等方面问题，推动广大干部作风有根本性转变，让“做老实人、说老实话、干老实事”成为各级干部干事创业的主旋律，着力打造忠诚干净担当的干部队伍。

四是坚持“严”字当头，狠抓廉洁政府建设。加强党风廉政教育，巩固深化党的群众路线教育实践活动、“三严三实”专题教育和“两学一做”学习教育成果，锲而不舍抓好中央八项规定和自治区党委、市委十条规定落实。坚持过紧日子，严格控制“三公”经费，进一步降低行政成本。加强行政监察、执法监察、效能监察，推进审计监督全覆盖，坚决纠正侵害群众利益的不正之风，积极营造风清气正的政治生态。牢固树立红线底线意识，坚定不移推进反腐倡廉工作，健全惩治和预防腐败体系，加大对权力运行的制约和监督，以零容忍的态度惩治腐败。

五是坚持强化责任，狠抓工作落实。牢固树立责任意识，始终做到守土有责、守土负责、守土尽责，自觉把岗位当阵地守、把工作当事业干、把奉献当本分，以强烈的事业心、责任心、使命感，全力完成党和人民交付的任务。坚持深入基层、深入实际，求真务实、开拓创新、真抓实干，一项一项工作地推进，一个环节一个环节地抓牢，一个问题一个问题地解决，一件事情一件事情地办好，坚决防止工作棚架、浮在面上，确保党中央、自治区党委和市委决策部署落地生根，各项惠民政策开花结果。

各位代表，实现社会稳定和长治久安总目标，是党中央赋予我们的神圣责任，是时代赋予我们的光荣使命，是首府各族市民的热切期盼。展望未来，我们重任在肩、信心满怀。让我们更加紧密地团结在以习近平同志为核心的党中央周围，在自治区党委、自治区人民政府和市委的坚强领导下，奋勇拼搏、团结奋进，为把首府建成西北地区特色鲜明、绿色健康、宜居和谐的现代化国际城市而不懈奋斗，以优异成绩迎接党的十九大胜利召开！

注释：

[1] 三股势力：暴力恐怖势力、民族分裂势力、宗教极端势力。

[2] 三查、三巡、三结合：卡点检查、社区清查、街面盘查，车巡、步巡、网巡，点线面相结合。

[3] 社区“四化”：庭院化管理、网格化覆盖、社会化服务、数字化支撑。

[4] 五大中心：交通枢纽中心、商贸物流中心、金融中心、科教文化中心、医疗服务中心。

[5]“两模范”“双五好”：“两模范”指：民族团结模范单位、民族团结模范社区（村）；“双五好”指：“五好”宗教活动场所，指遵纪守法好、民族团结好、场所管理好、宗教和谐好、环境卫生好；“五好”宗教人士，指讲经解经好、民族团结好、维护稳定好、文明风尚好、发挥作用好。

[6] 三非：非法宗教活动、非法宗教宣传品、非法宗教网络传播。

[7] 两方案、一通知：《关于做好我市当前经济工作重点任务分工方案》、《乌鲁木齐市工业经济稳增长调结构增效益“一企一策”工作方案》和《关于进一步加强招商引资工作的通知》。

[8] 12方面110条：我市围绕供给侧结构性改革，突出“三去一降一补”出台的《关于做好下半年重点经济工作促进经济持续稳定增长工作实施方案》中提出的促进全市经济持续稳定增长12个方面110条具体措施。

[9] 三去一降一补：去产能、去库存、去杠杆，降成本，补短板。

[10]“两化”融合：信息化和工业化高层次深度结合。

[11] 地下综合管廊：是指通过统一规划设计、建设，将电力、通讯、供水等市政公用管线集于敷设在一个构筑物内的一种现代化、集约化的城市公用基础设施。

[12] 海绵城市：指城市能够像海绵一样，在适应环境变化和应对自然灾害等方面具有良好的“弹性”，下雨时吸水、蓄水、渗水、净水，需要时将蓄存的水“释放”出来并加以利用。

［13］城市慢行系统：把步行、自行车、公交车等慢速出行方式作为城市交通的主体，有效解决快慢交通冲突、慢行主体行路难等问题，引导居民采用“步行+公交”、“自行车+公交”的出行方式。

［14］三项治理：即治理“四风”及隐形变异“四风”问题、党政机关干部不作为问题、基层干部损害群众利益问题。

［15］“五位一体”总体布局：即经济建设、政治建设、文化建设、社会建设、生态文明建设五位一体总体布局。

［16］“四个全面”战略布局：即全面建成小康社会、全面深化改革、全面依法治国、全面从严治党的战略布局。

［17］六个抓好：抓好严打斗争、抓好民族团结、抓好宗教工作、抓好民生改善、抓好意识形态、抓好基层基础。

［18］五个管住：管住网络、管住边境、管住社会面、管住重点、管住内地新疆籍务工人员。

［19］四个全覆盖：党组织全覆盖、群众工作全覆盖、抓作风转变全覆盖、基层处置能力全覆盖。

［20］五个认同：对伟大祖国的认同、对中华民族的认同、对中华文化的认同、对中国共产党的认同、对中国特色社会主义的认同。

［21］三区七组团：“三区”指老城区、城北新区、甘泉堡工业区；“七组团”指会展片区组团、高铁片区组团、空港片区组团、白鸟湖新区组团、高新区北区和古牧地组团、米东区化工园组团、城南经贸合作区组团。

［22］四区、四廊、一环：山地森林生态保育区、山前丘陵森林草地生态敏感区、绿洲农业和城镇生态建设区、荒漠沙漠生态恢复区；头屯河、乌鲁木齐河、水磨河、白杨河四条河流生态廊道；以实施防风固沙林、荒山造林、湿地保护等生态防护和绿化景观建设为重点，打造环绕城市中心城区的绿色生态屏障。

［23］双城、双修：“双城”指海绵城市和综合管廊建设综合试点城市；“双修”指生态修复、城市修补。

［24］三管两制一负责：“三管”指宗教活动管理、宗教人士管理、宗教场所管理；“两制”指领导干部联系宗教活动场所制度、与宗教人士谈心制度；“一负责”指领导干部负责制度。

［25］三网融合：电信网、广播电视网、互联网融合应用。

［26］智慧城市：借助物联网、云计算等新一代信息技术，通过建立智能化、互联互通、交换共享、关联应用的信息平台，改变政府、企业和人们相互交往方式，有效提高城市综合管理运行效率，实现安全、高效、便捷、绿色的现代城市运行模式。

［27］一个调整、两个减少、三个提升、四个增加、五个结合：调整用地性质和用地结构；减少人口密度和住宅建设量；提升建筑品质、环境质量和市民幸福感；增加公共绿地和道路广场、基层组织阵地建设、基础设施和公共服务设施、安全防范设施；与疏解城市功能、优化城市布局相结合，与传承历史文脉、彰显地域特色相结合，与保障改善民生、夯实基层基础相结合，与构建嵌入式社会结构、加强各民族团结相结合，与强化城市经营理念、健全完善市场参与机制相结合。

［28］三区、四线：“三区”指禁建区、限建区、适建区，“四线”指绿线、蓝线、黄线、紫线。

［29］“放管服”改革：即简政放权、放管结合、优化服务改革。

［30］四风、四气：“四风”指形式主义、官僚主义、享乐主义、奢靡之风；“四气”指“官油子”之气、不作为之气、漂浮之气、“两面人”之气。

乌鲁木齐市2016年国民经济和社会发展统计公报

乌鲁木齐市统计局

二〇一七年三月

2016年，面对错综复杂的国内外经济环境，市委、市政府团结带领全市各族人民，紧紧围绕社会稳定和长治久安总目标，坚定不移地全面贯彻落实中央、自治区的重大决策部署，坚持稳中求进、改革创新，全市经济社会保持持续稳定发展，实现了“十三五”良好开局。

一、综合

初步核算，全年实现地区生产总值（GDP）2458.98亿元，按可比价计算，比上年增长7.6%。其中，第一产业增加值28.37亿元，增长3.0%；第二产业增加值704.94亿元，增长1.7%；第三产业增加值1725.67亿元，增长10.4%。二、三产业分别拉动经济增长0.6和7.0个百分点；三次产业结构为1.1：28.7：70.2。按常住人口计算，全年人均地区生产总值69565元，增长3.6%。

2011-2016年地区生产总值及增速

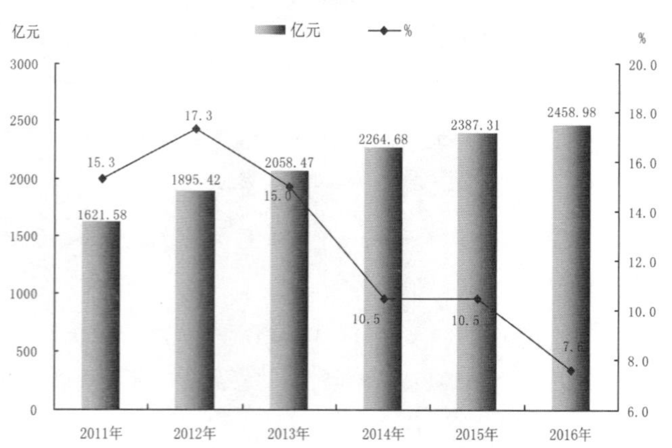

2011-2016年三次产业增加值占地区生产总值比重

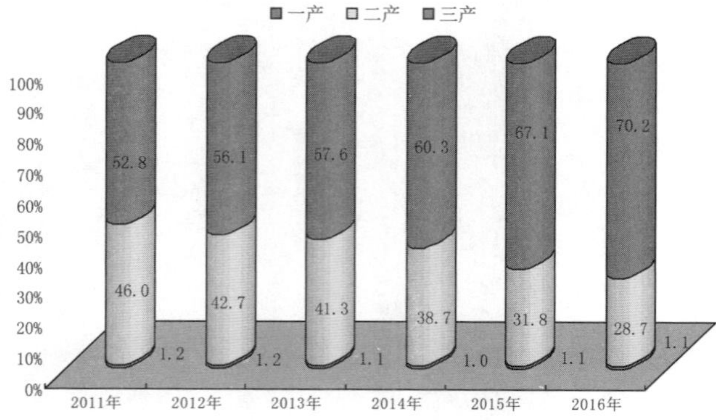

全年居民消费价格比上年上涨1.5%。其中，食品烟酒类、居住类、生活用品及服务类、教育文化及娱乐类、医疗保健类、其他用品和服务类分别上涨2.9%、1.0%、1.2%、2.2%、0.7%和3.7%；衣着类、交通和通讯类分别下降0.1%和0.5%（见表1）。

表1　2016年居民消费价格变动情况

指标	涨跌幅度(%)
居民消费价格	1.5
食品烟酒	2.9
#食品	2.4
茶及饮料	-0.2
烟酒	1.9
在外餐饮	4.5
衣着	-0.1
居住	1.0
生活用品及服务	1.2
交通和通信	-0.5
教育文化和娱乐	2.2
医疗保健	0.7
其他用品及服务	3.7

2016年居民消费价格月度变化情况

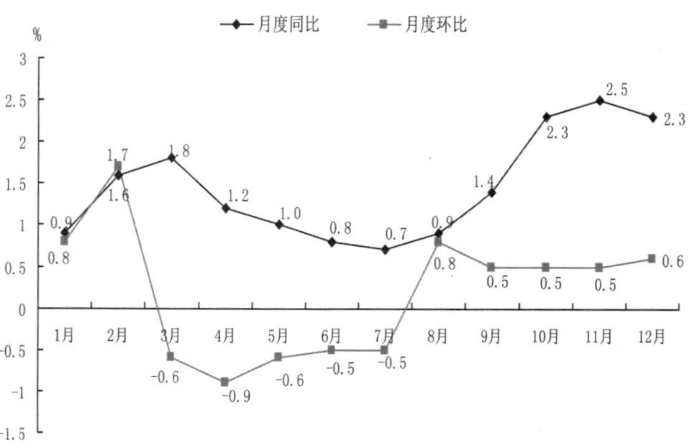

据国家统计局70个大中城市住宅销售价格资料显示，年末全市新建住宅价格比上年同月下降1.3%，新建商品住

宅价格下降1.4%，二手住宅价格下降3.7%。

据国家统计局新疆调查总队资料显示，全年工业生产者出厂价格比上年同期下降5.5%，其中，轻工业增长1.8%，重工业下降6.6%。工业生产者购进价格比上年同期下降4.5%。

全年乌鲁木齐地区用电量215.04亿千瓦时，比上年下降10.7%。其中，全行业用电195.95亿千瓦时，下降11.9%；城乡居民生活用电19.09亿千瓦时，增长3.7%（见表2）。

表2　　　　2016年用电量及变动情况

指　标	绝对数（亿千瓦时）	比上年增长（%）
全社会用电量	215.04	-10.7
全行业用电	195.95	-11.9
第一产业	1.91	-2.3
第二产业	160.64	-15.4
#工业	157.00	-15.9
#制造业	138.75	-16.9
第三产业	33.40	9.5
城乡居民生活用电	19.09	3.7

二、农业

全年完成农林牧渔业总产值62.73亿元，按可比价计算，比上年增长1.8%，其中，农业产值31.08亿元，下降1.6%；林业产值2.64亿元，增长3.2%；畜牧业产值25.44亿元，增长5.6%；渔业产值1亿元，增长2.5%；农林牧渔服务业产值2.57亿元，增长2.9%。

全年农作物播种面积79.21万亩，下降6.7%。其中，粮食22.70万亩，下降10.7%；棉花0.56万亩，下降15.2%；油料4.99万亩，增长1.0%；蔬菜（含薯类）32.82万亩，下降3.6%。

全年粮食产量11.41万吨，下降9.6%；棉花0.07万吨，下降38.7%；油料1万吨，下降8.3%；蔬菜（含薯类）97.59万吨，下降3.8%。

年末牲畜存栏91.92万头（只），比上年增长0.9%；其中羊存栏66.39万头（只），增长0.2%。年末肉类总产量7万吨，下降3.4%，其中，牛肉产量2.41万吨，增长16.8%；羊肉产量1.65万吨，下降17.5%；猪肉产量2.08万吨，下降14.1%。禽蛋产量0.92万吨，下降1.7%。牛奶产量8.03万吨，下降4.5%。水产品产量0.85万吨，下降1.7%。

年末农业机械总动力38.45万千瓦，增长27.2%。拥有大中型拖拉机0.36万台，增长20.5%；小型拖拉机0.26万台，增长23.7%。化肥施用量（实物量）4.43万吨，增长3.3%。农村用电量2.68千瓦时，增长4.3%。

启动10个新农村示范村创建工作，建成农村公路95公里，实施了一批供排水、污水处理、园林绿化、环境卫生等基础设施配套项目，农业农村发展水平进一步提高。

三、工业和建筑业

全年实现全部工业增加值535.20亿元，按可比价计算，与上年同期基本持平。其中，规模以上工业实现增加值508.44亿元，下降2%。在规模以上工业中，按轻重工业划分，轻工业增加值71.95亿元，下降6.3%；重工业436.49亿元，下降1.3%。按隶属关系划分，中央企业工业增加值345.72亿元，下降2.6%；地方企业162.72亿元，增长0.3%。按企业规模划分，大型企业工业增加值398.23亿元，下降0.2%；中型企业66.15亿元，下降10.9%；小型企业41.70亿元，下降3.6%；微型企业2.36亿元，下降19.4%。按石油非石油工业划分，石油工业增加值157.17亿元，下降3.0%；非石油工业351.27亿元，下降1.4%。

2011-2016年工业增加值及增速

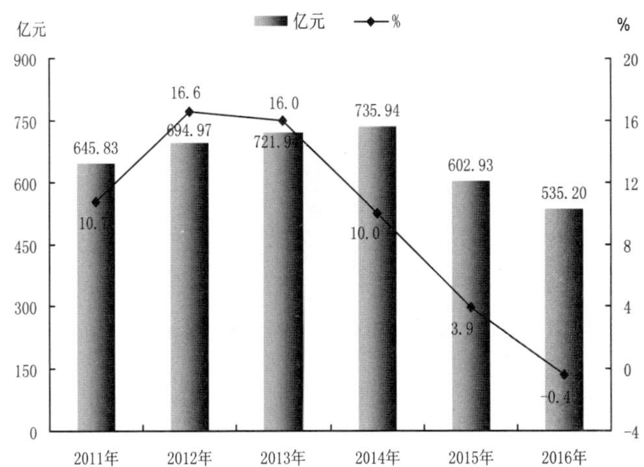

在支柱行业中，石油工业增加值157.17亿元，下降3.0%；电力工业122.48亿元，下降2.3%；装备制造工业57.91亿元，增长11.1%；化学工业44.32亿元，下降3.0%；烟草工业34.27亿元，下降6.4%；煤炭工业20.71亿元，增长0.7%；钢铁工业5.77亿元，增长8.2 %；有色金属工业5.76亿元，下降1.1%。

2016年规模以上工业增加值中十大重点产业增加值的比重（%）

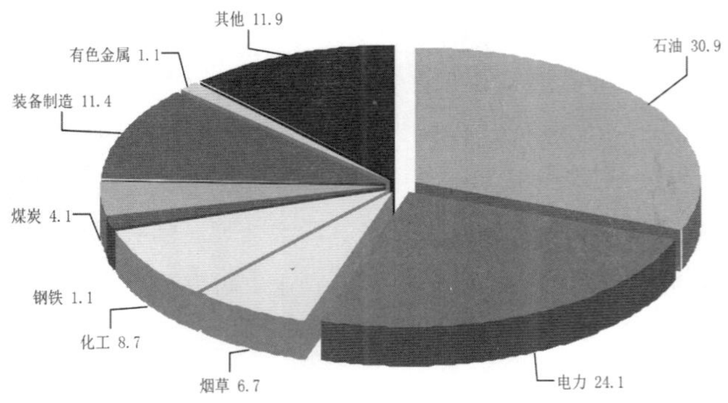

全年规模以上工业企业产品销售率99.1%，比上年回落0.6个百分点。完成工业品出口交货值233.91亿元，增长4.1%。实现主营业务收入1856.81亿元，下降8.3%；亏损企业亏损额74.91亿元，下降3.5%；利润总额10.73亿元，增长6.0倍；税金总额163.43亿元，下降13.5%。

规模以上工业企业经济效益综合指数为100.2%。其中，资产负债率65.2%，总资产贡献率5.3%，成本费用利润率0.6%，流动资产周转次数1.45次，资本保值增值率102.8%，全员劳动生产率5.89万元/人。

全年实现建筑业增加值169.74亿元，比上年增长10.1%。建筑企业完成总产值636.01亿元，增长7.2%。建筑房屋施工面积3776.24万平方米，增长2.5%；竣工面积1146.63万平方米，增长15.7%。建筑企业按施工产值计算的全员劳动生产率人均24.37万元，增长3.4%。

四、固定资产投资及房地产

全年完成固定资产投资（不含农户，下同）1607.78亿元，与上年同期持平。其中，第一产业投资20.27亿元，增长2.5倍；第二产业投资356.89亿元，下降16.4%，其中，工业投资310.70亿元，下降24.5%；第三产业投资1230.62亿元，增长4.8%。

2011-2016年固定资产投资额及增速

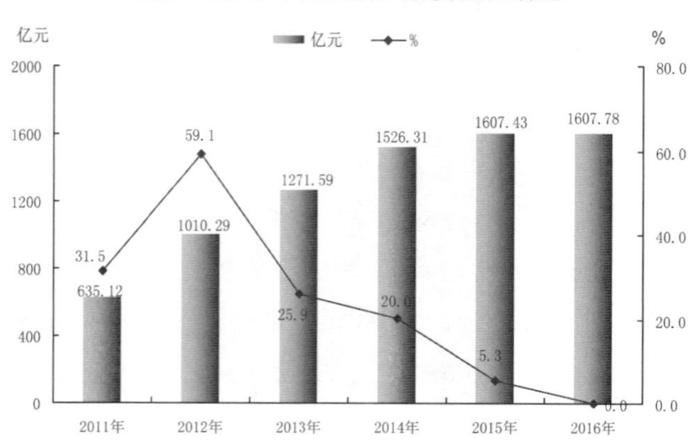

在固定资产投资中，国有及国有控股投资1166.62亿元，增长9.6%，占固定资产投资的比重为72.6%；民间投资527.47亿元，增长1.0%，占固定资产投资的比重为32.8%；基础设施投资744.68亿元，下降5.8%，占固定资产投资的比重为46.3%。

2016年按领域分固定资产投资（不含农户）及其占比

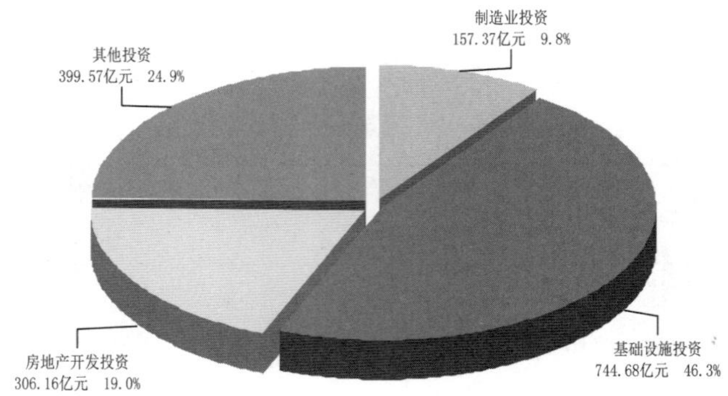

在固定资产投资中，房地产开发投资306.16亿元，下降4.4%，其中，住宅投资175.08亿元，下降15.1%。商品房施工面积3537.82万平方米，增长8.3%；房屋竣工面积368.44万平方米，增长46.1%。商品房销售面积535.56万平方米，增长15.7%；销售额338.02亿元，增长5.3%。

五、国内贸易

全年实现社会消费品零售总额1236.69亿元，比上年增长7.5%。按行业划分，批发和零售业零售额1100.37亿元，增长7.0%；住宿和餐饮业零售额136.32亿元，增长10.7%。按经营地划分，城镇消费品零售额1231.50亿元，增长7.4%；乡村消费品零售额5.19亿元，增长10.4%。按消费形态划分，餐饮收入135.17亿元，增长8.9%；商品零售1101.52亿元，增长7.3%。

2011-2016年社会消费品零售总额及增速

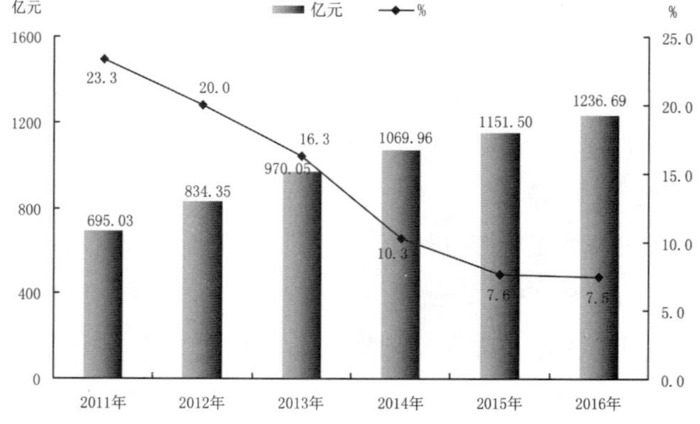

按商品类别划分，限额以上批零贸易业零售额中，家具类增长41.0%，汽车类增长15.0%，书报杂志类增长

0.9%，中西药品类增长9.8%，烟酒类增长9.8%，粮油、食品类下降5.2%，服装、鞋帽、针纺织品类下降7.1%，日用品类下降8.8%，通讯器材类下降15.4%。

全年建成国家、自治区电子商务示范基地3个、示范企业26家，“惠民网”签约超市8500余家。新增特色美食街（区）5条。新建13个社区蔬菜副食品直销点。

六、对外经济和旅游

据海关统计资料显示，全年实现外贸进出口总额49.03亿美元，比上年下降16.1%，其中，出口42.06亿美元，下降12.6%；进口6.96亿美元，下降32.6%。

2011-2016年外贸进出口总额及增速

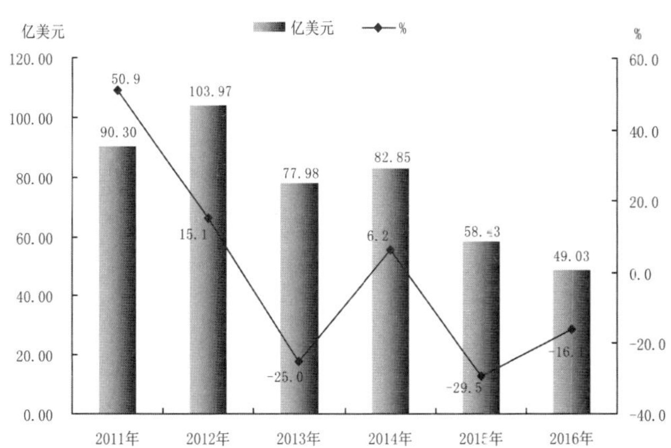

从贸易对象国看：对哈萨克斯坦进出口总额14.67亿美元，增长11.5%；吉尔吉斯斯坦11.88亿美元，下降11.5%；俄罗斯联邦3.61亿美元，增长1.9倍；塔吉克斯坦3.17亿美元，下降19.6%；乌兹别克斯坦2.68亿美元，下降21.3%；美国2.04亿美元，下降56.2%；澳大利亚0.77亿美元，增长67.1%。

表3　　2016年货物进出口总额及变动情况

指　标	绝对数（亿美元）	比上年增长（%）
货物进出口总额	49.03	-16.1
货物出口额	42.06	-12.6
其中:一般贸易	13.83	-28.8
边境小额贸易	26.10	6.5
加工贸易	0.14	-34.8
其中:机电产品	11.32	-6.1
服装及衣着附件	10.43	-12.9
鞋类	5.24	-30.0
纺织纱线、织物及制品	4.43	3.9
高新技术产品	1.47	30.3
货物进口额	6.96	-32.6
其中:一般贸易	6.40	-26.9
边境小额贸易	0.22	15.8
加工贸易	0.11	-37.8
其中:机电产品	2.17	-53.1
农产品	1.05	-41.4
高新技术产品	0.80	-45.1
未锻轧铜及铜材	0.26	8.5倍
纺织机械及零件	0.16	3.7倍

全年实施招商引资项目304项，其中新增项目92项。区外到位资金741.65亿元，比上年增长6.9%。新设立外商投资项目24个，实际利用外资16.27亿元，增长3.3%。

全年接待国内外游客（含一日游）2533.54万人次，较上年增长15.0%，其中国外游客31.79万人次，增长1.6%。全年实现旅游总收入340亿元，增长14.1%，其中国际旅游收入12.01亿元，增长2.2%。

七、交通、邮电

年末全市公路总里程2942公里，比上年增加96公里。其中，高速公路270公里，增加78公里。

年末各种机动车保有量94.31万辆，比上年增长14.2%。其中私人拥有汽车保有量77.71万辆，增长18.8%；年末私人轿车保有量75.13万辆，增长20.5%。

全年货运周转量296.67亿吨公里，比上年增长2.2%。其中，铁路68.54亿吨公里，下降2.9%；公路225.42亿吨公里，增长3.9%；民航2.71亿吨公里，下降0.7%。

全年客运周转量340.88亿人公里，比上年增长6.5%。其中，铁路38.76亿人公里，增长5.8%；公路29.91亿人公里，下降11.6%；民航272.21亿人公里，增长9.1%。

全年实现邮电业务总收入66.67亿元，比上年增长4.4%，其中，邮政业务收入4.84亿元，下降0.6%；电信业务收入61.83亿元，增长4.8%。

年末全市固定电话用户127.49万户，比上年末减少7.85万户。固定电话普及率每百人47.6部。年末移动电话用户

503.49万户，增加46.38万户，其中，3G移动电话用户300.27万户，减少4.78万户。移动电话普及率每百人187.9部。互联网宽带接入用户111.44万户，增加14.42万户。

八、财政、金融、保险

全年完成地方财政收入466.91亿元，比上年增长0.4%。其中，一般公共预算收入369.67亿元，增长0.3%；政府性基金预算收入97.23亿元，增长0.8%。在一般公共预算收入中，增值税（含改征增值税）和企业所得税分别增长78.2%和3.5%；营业税、契税和个人所得税分别下降54.7%、12.3%和0.7%。

2011-2016年地方财政收入及增速

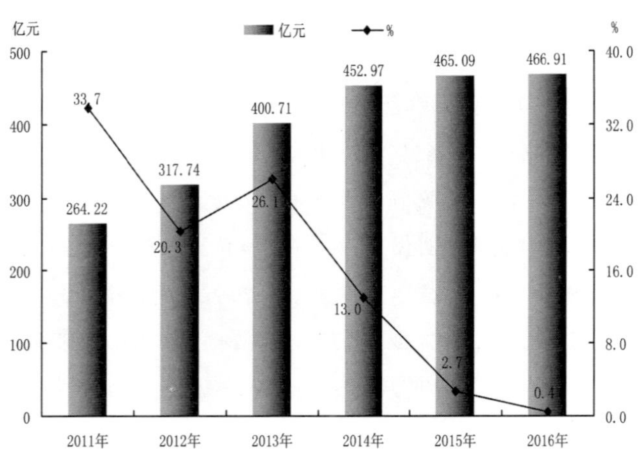

全年地方财政支出520.86亿元，比上年下降4.3%。其中，一般公共预算支出417.56亿元，下降6.5%；政府性基金预算支出103.29亿元，增长5.9%。全年财政用于民生领域支出308.01亿元，占一般公共预算支出的比重为73.8%。

年末金融机构（含外资）人民币各项存款余额7406.60亿元，比上年增长6.0%。其中，企业存款2638.21亿元，下降0.1%；住户存款2295.69亿元，增长6.4%；政府存款2376.31亿元，增长12.6%。

年末金融机构各项贷款余额5287.20亿元，比上年增长6.7%，其中，短期贷款1402.55亿元，下降3.7%；中长期贷款2937.60亿元，增长8.1%。

年末全市拥有保险机构210个，全年保险公司各项保费收入150.33亿元，比上年增长23.4%，其中，财产险39.70亿元，增长11.2%；人身险110.63亿元，增长28.4%。全年支付各类保险赔款及给付46.59亿元，比上年增长16.4%，其中，财产险19.84亿元，增长8.7%；人身险26.75亿元，增长22.9%。

九、教育和科学技术

年末共有普通高等学校25所；全年招生5.16万人，下降1.6%；在校生17.38万人，下降3.7%；毕业生3.71万人，下降6.3%。

中等职业教育学校38所；全年招生2.61万人，增长4.6%；在校生6.29万人，增长3.4%；毕业生1.58万人，下降8.6%。

普通高中58所；全年招生2.19万人，下降6.3%；在校生6.68万人，下降1.4%；毕业生2.19万人，增长0.2%。

初中95所；全年招生3.38万人，增长1.8%；在校生10.04万人，下降1.2%；毕业生3.42万人，增长0.2%。

小学132所；全年招生3.98万人，增长1.9%；在校生22.14万人，增长4.7%；毕业生3.09万人，增长1.5%。

特殊教育学校4所；全年招生60人，下降38.1%；在校生425人，下降13.4%；毕业生122人，增长19.6%。

幼儿园400所；全年招生3.30万人，增长27.1%；在园幼儿8.50万人，增长12.8%；毕业幼儿2.63万人，增长5.2%。

小学学龄儿童净入学率100%；小学毕业升入初中升学率100%；初中毕业升入高中阶段升学率64.1%。

全年投入市级教育经费71.75亿元，比上年增长1.9%。其中，落实各类城乡义务教育保障资金4.29亿元，发放普惠性、公益性民办幼儿园奖补资金3482万元。新（改）建中小学校21所、城乡学校少年宫64个。新建公办幼儿园5所，实现农村适龄儿童免费入园。

全年争取自治区各类科技计划项目支持830项，支持资金1.3亿元。年末拥有各类科研机构78个，各类重点实验室72个，其中，国家级重点实验室1个，自治区级重点实验室47个，市级重点实验室24个。批准成立的工程技术研究中心70个，其中国家级3个，自治区级22个，市级45个。组织实施127项重点产业关键技术研究和成果转化项目，新增高新技术企业45家、创新型（试点）企业44家，新建工程技术研究中心（重点实验室）6家。

全年受理专利申请5769件，比上年增长14.3%；专利授权总量2926件，其中，发明483件，占专利授权量的比重为16.5%。技术市场登记技术合同647份，合同成交金额3.86亿元，其中，技术交易额3.79亿元。

十、文化、卫生和体育

年末共有文化馆10个，公共图书馆7个，博物馆2个。全市广播综合人口覆盖率92.1%。电视综合人口覆盖率93.9%。深入开展文化惠民活动，政府购买文化惠民演出280场次。开展“我们的中国梦”文化进万家惠民活动520余场次、百日广场文化活动3500余场次，放映公益电影1.13万场次。新增自治区级（市级）文化产业示范基地29个、特色文化街区4条。

年末全市医疗卫生机构1743个，比上年下降2.3%。其中：医院125个，基层医疗卫生机构1587个，专业公共卫生机构29个，其他卫生机构2个。卫生机构床位数2.94万张，增长4.8%，其中医院床位数2.64万张，基层医疗卫生机构床位数0.23万张，平均每千人拥有床位数8.35张。卫生技术人员3.83万人，增长7.9%，其中执业（助理）医师1.44万人，注册护士1.66万人；全年总诊疗2317.55万人次。疾病预防控制中心11个。卫生监督检验机构10个。

圆满完成全国第十三届冬季运动会乌鲁木齐赛区的赛事组织和服务保障工作，我市代表队取得12金9银12铜的好成绩。启动乌鲁木齐奥林匹克体育中心项目建设。

十一、人口与人民生活

据第六次人口普查和2016年公安人口年报资料测算，年末全市常住人口351.96万人。

据公安年报资料显示，全市年末总人口267.87万人，其中，城镇人口218.46万人，乡村人口49.41万人。全年人口出生率10.93‰，死亡率3.35‰，自然增长率7.58‰。

全年城镇居民人均可支配收入34190元，比上年增长8.2%。其中，工资性收入20932元，增长7.1%；经营净收入2503元，增长4.9%；财产净收入2342元，增长2.9%；转移净收入8413元，增长13.8%。城镇居民人均消费支出27915元，增长12.8%；其中食品烟酒8089元，占消费支出的比重为29.0%。

农村居民人均可支配收入16351元，比上年增长9.0%。其中，工资性收入4754元，增长21.2%；经营净收入6901元，增长0.5%；财产净收入1862元，增长17.2%；转移净收入2834元，增长7.9%。农村居民人均消费支出17423元，增长8.5%；其中食品烟酒4950元，占消费支出的比重为28.4%。

十二、劳动就业和社会保障

新增城镇就业11.16万人，城镇登记失业率控制在3%。实施大学生创业扶持计划，423名大学生实现创业。帮扶困难群体就业6642人，农村富余劳动力转移就业6991人。完成各类职业培训12.21万人。

年末参加城镇职工基本养老保险124.17万人，比上年增加11.77万人，其中，在职人员97.57万人，增加8.19万人；离退休人员26.60万人，增加3.58万人。参加城乡居民社会养老保险11.51万人，减少1058人。城乡居民养老保险参保率98.2%。

参加基本医疗保险206.03万人，比上年增加3.07万人；其中，城镇职工119.71万人，增加1.14万人；城乡居民86.31万人，增加1.93万人。参加失业保险78.85万人，增加0.79万人。参加工伤保险77.10万人，增加0.54万人；其中，参加工伤保险农民工19.22万人。参加生育保险69.12万人，增加2.08万人。

连续第12年调整企业退休人员养老金，人均月养老金提高到2839元。城乡居民最低生活保障标准分别提高到每人每月410元和240元。

年末城市居民最低生活保障人数1.80万人，乡村居民最低生活保障人数6385人。年末全市拥有社会福利院40个，比上年末增加2个；社会福利院床位数5599张，增加746张。城市社区综合服务设施覆盖率71.6%。

十三、城市建设、环境保护和安全生产

全市建成区面积达到436平方公里，比上年增加6.04平方公里。其中：居住用地148.80平方公里，公共管理与公共服务用地29.40平方公里，工业用地80.20平方公里，道路与交通设施用地68.60平方公里，公用设施用地21.90平方公里。

城区绿化覆盖面积2.93万公顷，比上年增长2.1%，建成区园林绿地面积2.83万公顷，增长2.1%。建成区绿化覆盖率达40.9%，比上年提高0.6个百分点；建成区绿地率37.6%，提高0.6个百分点。

城市供水总量2.97亿立方米，比上年下降0.5%，用水普及率99.96%。天然气供气总量30.78亿立方米，增长11.0%，燃气普及率99.85%。供热总量6685.06万吉焦，增长12.5%，供热面积15003.30万平方米，其中住宅10100.70

万平方米，增长15.6%。

道路长度2314.03公里，增长3.5%；道路面积3345.85万平方米，增长3.8%；道路照明灯13.46万盏，增长4.3%。桥梁179座，增加5座；其中立交桥60座，增加2座。

道路保洁面积3311万平方米，增长9.5%。生活垃圾清运量145.06万吨，增长4.7%；无害化处理量138.81万吨，增长4.6%；生活垃圾无害化处理率达95.7%。

营业性客货运输车辆6.97万辆。其中，出租汽车1.23万辆；城市公交车辆0.47万辆。每万人拥有公共汽车17.29标台。建成BRT6号线支线，新增和优化公交线路30条，试点开通定制公交线路2条。地铁1号线14座车站封顶，贯通区间17.3公里，首列电动客车接车进场。

完成加油站、储油库油气回收治理改造191座。改造换热站116座、老旧供热管网190公里。实施既有建筑供热计量及节能改造506万平方米，新增电采暖面积92万平方米，完成燃气锅炉烟气余热回收改造1715蒸吨。淘汰“黄标车”及老旧车辆1.12万辆。深化排污权有偿使用交易试点，减排二氧化硫3740吨、氮氧化物7758吨。全年空气优良天数达246天，优良率达67.2%，环境空气质量持续改善。

全年共发生各类生产经营性安全事故638起，死亡92人。亿元GDP安全生产事故死亡人数0.036人，下降20.0%；工矿商贸企业就业人员十万人生产安全事故死亡人数2.054人，增长17.0%；道路交通万车死亡人数1.996人，下降24.0%；煤矿百万吨死亡人数为0。

注释：

[1] 本公报中数据为初步统计数。

[2] 地区生产总值（GDP）、总产值及各产业增加值绝对数按现价计算，增长速度按可比价格计算。

[3] 乌鲁木齐地区用电量包含自备电厂用电量。

[4] 医疗卫生机构数不含兵团、武警、军队驻乌医疗卫生机构。

[5] 科学技术资料为乌鲁木齐地区、不含兵团数据。

资料来源：

本公报中主要经济指标数据来源于乌鲁木齐市统计局、国家统计局乌鲁木齐调查队、兵团农十二师驻乌团场，其他数据来源于相关部门。其中，住宅销售价格数据来源于国家统计局；工业生产者出厂价格、购进价格数据来源于国家统计局新疆调查总队；用电量数据来源于市电业局；农业机械动力来源于市农机局；林业数据来源于市林业局；牧业数据来源于市农牧局；货物进出口数据来源于乌鲁木齐海关、市商务局；招商引资数据来源于市招商局；利用外资数据来源于市商务局；公路里程数据来源于自治区公路管理局；旅游数据来源于市旅游局；铁路客货运周转量数据来源于自治区统计局工交处；公路客货运周转量数据来源于市道路运输管理局；民航客货运周转量数据来源于新疆机场集团，民用汽车数据来源于市车管所；电信业务数据来源于自治区通信管理局；财政数据来源于市财政局；金融信贷数据来源于中国人民银行乌鲁木齐中心支行；保险业数据来源于中国保监会新疆监管局；教育数据来源于自治区教育厅和市教育局；科技数据来源于市科技局；博物馆、公共图书馆、文化馆数据来源于市文化局；广播、电视、电影数据来源于市广播电影电视局；卫生数据来源于市卫生计生委；体育数据来源于市体育局；年末总人口数据来源于市公安局；就业与社会保障数据来源于市人力资源和社会保障局；最低生活保障及社会福利院数据来源于市民政局；城市建设相关数据来源于市建委；营业性客货运输车辆数据来源于市交通局；环境治理数据来源于市环保局；安全生产数据来源于市安全生产监督管理局。

新疆维吾尔自治区2016年国民经济和社会发展统计公报

2016年，面对错综复杂的宏观经济环境和艰巨繁重的改革发展任务，自治区党委、人民政府团结带领全区各族人民，始终坚持以社会稳定和长治久安总目标为引领，坚持稳中求进工作总基调，牢固树立和贯彻五大发展理念，主动引领经济发展新常态，积极推进供给侧结构性改革，着力创新宏观调控，奋力激发市场活力，努力培育创新动力，国民经济在新常态下平稳运行，结构调整出现积极变化，民生事业持续改善，经济社会持续稳定发展，实现了“十三五”良好开局。

一、综 合

初步核算，全年实现地区生产总值（GDP）9617.23亿元，按可比价计算，比上年增长7.6%。其中，第一产业增加值1648.97亿元，增长5.8%；第二产业增加值3585.22亿元，增长5.9%；第三产业增加值4383.04亿元，增长9.7%。三次产业结构为17.1∶37.3∶45.6。按常住人口计算，全年人均地区生产总值40427元，增长5.3%，按2016年全年平均汇率折算为6086美元。

全年居民消费价格（CPI）比上年上涨1.4%，其中，食品烟酒价格上涨1.9%。工业生产者出厂价格(PPI)下降5.5%，其中，轻工业上涨1.8%，重工业下降6.6%。工业生产者购进价格下降4.5%。固定资产投资价格下降0.1%。农业生产资料价格下降1.8%。

二、农 业

全年实现农林牧渔业总产值2969.70亿元，按可比价计算，比上年增长6.0%，其中，农业产值2163.11亿元，增长6.1%；林业产值50.28亿元，增长7.2%；畜牧业产值653.15亿元，增长5.4%；渔业产值22.18亿元，增长6.6%；农林牧渔服务业产值80.98亿元，增长6.9%。

全年农作物播种面积9348.42万亩，增长1.7%。其中，粮食（含薯类）3601.70万亩，增长0.3%；棉花3232.36万亩，同口径对比下降5.2%；油料382.82万亩，增长16.9%；甜菜115.69万亩，增长26.0%；蔬菜489.84万亩，增长0.9%（工业番茄97.02万亩，下降6.8%；工业辣椒76.87万亩，增长4.8%）。特色林果2475.48万亩，增长3.3%，其中，园林水果1490.64万亩，增长2.3%。

全年粮食产量(含薯类)1512.28万吨，下降0.6%。棉花420万吨，同口径对比增长2.6%。油料75.89万吨，增长20.7%。甜菜554.99万吨，增长23.8%。蔬菜1966.45万吨，增长0.8%（工业番茄709.03万吨，下降6.9%；工业辣椒214.24万吨，增长8.2%）。特色林果产量1790.88万吨，增长4.8%，其中，园林水果1011.02万吨，增长5.2%。

年末猪牛羊存栏4621.35万头（只），比上年下降1.4%。全年猪牛羊出栏4341.90万头（只），增长4.5%。猪牛羊肉总产量134.70万吨，增长4.4%，其中，牛肉产量42.48万吨，增长5.0%；羊肉产量58.32万吨，增长5.2%；猪肉产量33.90万吨，增长2.5%。禽肉产量15.92万吨，增长11.4%。禽蛋产量36.13万吨，增长10.7%。牛奶产量156.08万吨，增长0.2%。水产品产量16.16万吨，增长6.7%。

年末农业机械总动力2581.96万千瓦，增长4.0%。拥有大中型拖拉机48.68万台，增长3.5%；小型拖拉机26.74万台，下降4.8%。农作物机耕率99.27%，农作物机播率94.49%。化肥施用量（折纯）250.21万吨，增长0.9%。农村用电量108.16亿千瓦时，增长3.9%。

拥有农业产业化经营组织12682家，比上年增加820家。自治区级以上农业产业化重点龙头企业507家。农产品加工（流通）企业14165家（其中规模以上企业达到1030家），增加407家；实现农产品加工（流通）业总产值1895.02亿元，增长9.6%；自治区级以上休闲观光农业示范点达到183家，其中，国家级示范点达到19家。

三、工业和建筑业

全区规模以上工业企业2894家，比上年增长6.9%。全年规模以上工业实现增加值2440.94亿元，按可比价计算，增长3.7%。按轻重工业划分，轻工业增加值366.20亿元，增长11.7%；重工业2074.74亿元，增长2.5%。按石油非石油工业划分，石油工业增加值741.44亿元，下降0.3%；非石油工业1699.50亿元，增长5.9%。按经济类型划分，公有制经济增加值1507.78亿元，下降1.1%；非公有制经济933.16亿元，增长13.4%。按隶属关系划分，中央企业增加值1165.40亿元，下降2.2%；地方企业1275.54亿元，增长10.6%。按企业规模划分，大型企业增加值1305.16亿元，下降4.1%；中型企业367.89亿元，增长1.2%；小型企业728.85亿元，增长27.0%；微型企业39.04亿元，下降12.2%。

在自治区重点监测的十大产业中，石油工业增加值741.44亿元，下降0.3%；有色工业233.18亿元，增长9.2%；电力工业320.46亿元，增长4.6%；化学工业273.02亿元，增长12.1%；钢铁工业11.40亿元，增长9.0%；煤炭工业129.37亿元，增长1.6%；纺织工业80.40亿元，增长47.1%；农副食品加工工业91.49亿元，增长10.0%；装备制造工业101.55亿元，增长5.6%；建材工业120.31亿元，增长3.2%。

全年规模以上工业企业产品销售率98.1%，比上年提高0.7个百分点。完成工业品出口交货值68.66亿元，增长6.4%。实现利润总额345.11亿元，下降4.8%。

全年实现建筑业增加值1049.92亿元，增长9.6%。具有资质等级的总承包和专业承包建筑企业实现利润总额49.15亿元，增长2.1%。

四、固定资产投资

全年完成固定资产投资（不含农户）9983.86亿元，比上年下降6.9%。其中，第一产业投资498.01亿元，增长35.9%；第二产业投资3879.67亿元，下降25.1%；第三产业投资5606.18亿元，增长8.1%。在第二产业投资中，工业投资3738.46亿元，下降26.1%。

在固定资产投资（不含农户）中，国有及国有控股投资6519.17亿元，增长3.7%，占固定资产投资（不含农户）的比重为65.3%。民间投资3411.30亿元，下降21.7%，占固定资产投资（不含农户）的比重为34.2%。基础设施投资3814.72亿元，下降13.2%，占固定资产投资（不含农户）的比重为38.2%。

房地产开发投资923.40亿元，下降7.6%，其中，住宅投资518.83亿元，下降14.1%。房屋施工面积11530.59万平方米，增长0.6%；房屋竣工面积1695.91万平方米，增长5.4%。商品房销售面积1828.22万平方米，增长0.2%；商品房销售额846.84亿元，下降0.3%。

五、国内贸易

全年实现社会消费品零售总额2825.90亿元，比上年增长8.4%，扣除价格因素，实际增长7.9%。

按经营地划分，城镇消费品零售额2569.14亿元，增长8.2%；乡村消费品零售额256.76亿元，增长10.6%. 按消费形态划分，餐饮收入366.71亿元，增长11.2%；商品零售2459.19亿元，增长8.0%。按规模划分，限额以上单位消费品零售额1218.60亿元，增长6.0%；限额以下单位消费品零售额1607.30亿元，增长10.3%。按商品类别划分，限额以上单位粮油、食品类零售额增长5.2%，烟酒类增长10.0%，饮料类增长10.0%，服装、鞋帽、针纺织品类下降2.5%，家用电器和音像制品类增长0.5%，汽车类增长14.2%，金银珠宝类下降11.9%，石油及制品类下降3.4%。

全年疆内企业通过网购实现零售额44.40亿元，比上年下降2.6%；新疆本地消费者通过网购实现零售额437.40亿元，增长34.6%，占同期新疆社会消费品零售总额15.5%。

六、对外经济

全年货物进出口总额179.63亿美元，比上年下降8.7%。其中，出口159.12亿美元，下降9.1%；进口20.51亿美元，下降5.6%。

全年拥有162个贸易伙伴国家和地区，其中，对哈萨克斯坦进出口额63.29亿美元，增长10.1%；吉尔吉斯斯坦39.42亿美元，增长21.7%；塔吉克斯坦12.67亿美元，下降9.1%；俄罗斯13.33亿美元，增长42.0%；美国12.10亿美元，下降41.6%。

按登记注册类型划分，国有企业进出口22.21亿美元，下降23.2%；集体企业0.94亿美元，下降6.9%；外商投资企业1.96亿美元，下降22.2%；私营企业154.44亿美元，下降5.9%。新批准设立外商直接投资企业74个，增长48.0%；外商直接投资合同金额4.97亿美元，下降42.0%；实际利用外商直接投资4.01亿美元，下降11.4%。

七、交通、邮电和旅游

全年完成货运量79104.84万吨，比上年增长1.9%。其中，铁路货运量6901万吨，增长10.7%；公路货运量65140万吨，增长1.0%；民航货运量18.22万吨，增长2.4%；管道货运量7045.62万吨，增长2.1%。

全年完成客运量34961.74万人，比上年下降2.4%。其中，铁路客运量3188万人，增长15.9%；公路客运量28993万人，下降12.7%；民航客运量2780.74万人，增长9.6%。

年末铁路营业里程6166.40公里，与上年持平；民航通航里程22.99万公里，增长9.8%；公路线路年末里程18.21万公里，增长2.1%，其中，高速公路4395公里，增长1.8%。

年末民用汽车保有量329.94万辆（包括三轮车和低速货车），增长10.6%。其中，年末私人汽车保有量268.05万辆，增长14.3%。年末私人轿车保有量146.19万辆，增长12.5%。

全年完成邮电业务总量564.50亿元，比上年增长41.4%，其中，邮政业务总量27.50亿元，增长23.6%；电信业务总量537亿元，增长41.4%。年末固定电话用户491万户，下降3.8%。固定电话普及率每百人10.8部。年末移动电话用户2132.10万户，增长6.9%，其中，移动电话普及率每百人90.30部，增长0.3%。互联网宽带接入用户468.40万户，增长6.9%。

全年接待旅游总人数8102万人次，增长24.3%。其中，接待入境旅游201万人次，增长19.6%；国内旅游7901万人次，增长24.5%。实现旅游总消费1401亿元，增长24.6%。其中，国内旅游消费1340亿元，增长24.8%；入境旅游消费9.01亿美元，增长23.4%。

八、财政和金融

全年全口径财政收入2344.62亿元，比上年下降3.9%。地方财政收入1637.05亿元，下降1.7%。其中，一般公共预算收入1298.95亿元，下降2.4%。

全年地方财政支出4496.73亿元，增长7.9%。其中，一般公共预算支出4138.25亿元，增长8.8%。全年民生财政支出3090.35亿元，增长9.9%，占一般公共预算支出的74.7%。

年末金融机构（含外资）人民币各项存款余额18747.64亿元，比上年增长9.5%。其中，非金融企业存款余额5742.29亿元，增长8.0%；住户存款余额7498.27亿元，增长10.4%。

年末金融机构（含外资）人民币各项贷款余额14552.71亿元，比上年增长11.6%。其中，短期贷款4124.02亿元，增长1.5%；中长期贷款8548.35亿元，增长13.1%。个人消费贷款1819.24亿元，增长16.7%。

年末拥有境内上市公司47家，比上年增长9.3%。其中，H股上市公司4家。总股本768.66亿股，增长33.6%；股票市价总值6605.20亿元，下降4.8%。全年通过发行、配售股票共筹集资金266.44亿元，增长17.8%。拥有法人证券公司2家，证券营业部94家，证券交易额14499亿元，下降55.6%。拥有期货公司2家，期货营业部8家，期货交易额9254.10亿元，下降51.8%。

全年保险公司各项保费收入439.90亿元，比上年增长19.7%。其中，人寿险214.75亿元，增长26.7%；财产险153.38亿元，增长7.3%；健康险57.59亿元，增长37.6%；意外伤害险14.18亿元，增长7.6%。

全年各类保险赔款及给付支出154.95亿元，增长13.2%。其中，财产险赔款83.63亿元，增长8.8%；寿险赔付47.77亿元，增长17.4%；健康险赔付19.50亿元，增长26.2%；意外伤害险赔付4.04亿元，增长6.5%。

九、教育和科学技术

年末共有普通高等学校41所。全年研究生教育招生0.67万人，增长3.9%；在校研究生1.92万人，增长6.7%；毕业研究生0.56万人，增长2.2%。本专科招生9.60万人，增长6.4%；在校生31.99万人，增长5.0%；毕业生7.37万人，增长5.8%。

中等职业教育学校167所，全年招生8.89万人，下降0.6%；在校生23.51万人，增长6.1%；毕业生5.49万人，下降15.7%。

普通高中354所，全年招生19.30万人，增长2.8%；在校生53.77万人，增长8.0%；毕业生14.43万人，增长3.8%。

初中1062所，全年招生29.59万人，下降1.1%；在校生89.48万人，下降1.4%；毕业生30.33万人，增长1.9%。

小学3526所，全年招生40.51万人，增长1.9%；在校生215.94万人，增长5.4%；毕业生29.71万人，下降1.1%。

特殊教育学校28所，全年招生582人，下降11.6%；在校生3021人，增长6.2%；毕业生350人，增长31.1%。

幼儿园4643所，全年招生46.79万人，增长20.0%；在园幼儿91.96万人，增长13.5%；毕业幼儿36.17万人，增长6.7%。

小学学龄儿童净入学率99.87%；小学毕业生升入初中升学率99.60%；初中阶段适龄少年净入学率98.84%；初中毕业升入高中阶段升学率92.15%。

全年安排自治区级科技计划项目1419项，其中，自治区重大科技专项7项，自治区重点研发专项56项，自治区科技成果转化示范专项465项，自治区创新条件（人才、基地）建设专项708项，自治区区域协同创新专项164项，自治区科技成果转化引导基金19项。共获得省部级以上科技成果182项。

年末拥有县以上部门属研究与技术开发机构120个。其中，自然科学研究与技术开发机构96个，科技信息与文献机构7个，社会与人文科学领域研究与技术开发机构6个，转制科学研究与技术开发机构11个。重点实验室53个，其中，国家重点实验室1个。工程技术研究中心20个，其中，国家级5个，已挂牌的自治区级工程技术中心15个，组建期内的工程技术中心109个。高新技术企业465个。高新技术工业园区18个，其中，国家级2个，自治区级16个。星创天空3个，众创空间16个，科技兴新众创基地7个，科技企业孵化器16个，其中，国家级科技企业孵化器8个。

全年受理专利申请14105项，其中，受理发明专利申请3598项，占25.5%；获得专利授权7116项，其中，获得发明专利授权910项，占12.8%。登记技术合同504项，技术合同成交金额3.99亿元，其中，技术交易额3.85亿元。

十、文化、卫生和体育

年末共有文化馆119个，公共图书馆107个，博物馆90个，艺术表演团体110个。国家综合档案馆111个，开放档案62.75万卷。全区拥有广播电台6座，电视台8座，广播电视台91座，中、短波广播发射台和转播台68座。广播综合人口覆盖率96.82%。电视综合人口覆盖率97.25%。有线电视用户198.39万户，其中，有线数字电视用户193.16万户。广播电视农村直播卫星用户340.67万户。

年末共有医疗卫生机构15721个，其中，医院、卫生院1637个，妇幼保健院（所、站）91个，专科疾病防治院（所、站）3个。医院、卫生院拥有床位13.64万张，增长11.0%。卫生技术人员14.44万人，增长6.7%，其中，执业医师和执业助理医师5.09万人，注册护士5.63万人。疾病预防控制中心121个。卫生监督检验机构1个。乡镇卫生院929个，拥有床位2.68万张，乡镇卫生院卫生技术人员2.10万人。82个县（市）开展了新型农村合作医疗试点工作，覆盖农村人口1129.81万人。实际参加农村合作医疗农民1125.75万人，参合率为99.64%。

全区运动健儿在国际比赛中荣获金牌1枚，银牌4枚，铜牌2枚。在全国比赛中荣获金牌75枚，银牌94枚，铜牌99枚。

十一、人口与人民生活

年末常住总人口2398.08万人，其中，城镇人口1159.47万人，乡村人口1238.61万人。城镇人口占总人口比重（常住人口城镇化率）为48.35%。全年人口出生率15.34‰，死亡率4.26‰，自然增长率11.08‰。

全年城乡居民人均可支配收入18354.65元，比上年增长8.9%，扣除价格因素，实际增长7.4%。按常住地分，城镇居民人均可支配收入28463.43元，比上年增长8.3%，扣除价格因素，实际增长6.8%。其中，工资性收入19173.37元，增长6.9%；经营净收入2940.52元，增长9.2%；财产净收入1279.28元，增长0.9%；转移净收入5070.26元，增长16.0%。农村居民人均可支配收入10183.18元，增长8.0%，扣除价格因素，实际增长6.7%。其中，工资性收入2527.11元，增长18.6%；经营净收入5641.98元，增长4.5%；财产净收入222.75元，增长6.3%；转移净收入1791.33元，增长6.2%。

十二、劳动就业和社会保障

年末就业人员1263.11万人。全年通过各种途径实现城镇就业再就业45.5万人，其中，就业困难人员实现就业5.78万人。城镇登记失业率3.22%。

年末参加职工基本养老保险463.31万人，增长31.2%，其中，在职人员330.11万人，增长31.9%；离退休人员133.21万人，增长40.0%。参加城乡居民基本养老保险539.58万人，增长1.7%。参加城镇基本医疗保险687.55万人，增长4.7%，其中，城镇职工386.62万人，增长2.7%；城镇居民300.93万人，增长7.3%。参加失业保险233.62万人，增长1.8%。参加工伤保险257.27万人，增长1.5%，其中，参加工伤保险农民工43.55万人。参加生育保险248万人，增长2.9%。

年末城市居民最低生活保障人数78.65万人，农村居民最低生活保障人数166.52万人。年末各类收养性社会服务机构及设施4004个，拥有床位数7.15万张，收养人数2.64万人。社区服务机构2263个，其中，综合性社区服务中心308个。全年销售福利彩票41.95亿元，增长5.4%；筹集公益金12.61亿元，增长8.9%。

十三、资源、环境和安全生产

全区已发现矿种142种。查明资源储量的矿种98种，其中，能源矿产7种，金属矿产34种，非金属矿产57种。

全年完成造林面积21.60万公顷，其中，退耕还林面积1.30万公顷。森林覆盖率4.9%。

全年在监测的19个城市中，空气质量超过国家Ⅱ级以上标准城市16个，空气质量达到国家Ⅱ级以上标准城市3个；城市空气质量好于Ⅱ级的优良天数占67.0%，首府乌鲁木齐市空气质量好于Ⅱ级的优良天数占67.2%，比上年提高2.0个百分点。在监测的78条河流169个断面中，Ⅰ～Ⅲ类优良水质断面比例为97.6%，比上年提高1.7个百分点；Ⅳ～Ⅴ类轻中度污染水质断面比例为1.2%，降低1.7个百分点；劣Ⅴ类重度污染水质断面比例为1.2%，与上年持平。在监测的31座湖库中，Ⅰ～Ⅲ类优良水质的湖库比例为71.0%，比上年提高7.7个百分点；Ⅳ～Ⅴ类轻中度污染水质湖库比例为9.7%，降低3.7个百分点；劣Ⅴ类重度污染水质的湖库比例为19.3%，降低4.0个百分点。

自治区级以上自然保护区29个，其中，国家级自然保护区13个，自治区级自然保护区16个，保护区总面积1963.75万公顷。

年末城市污水处理厂日处理能力204.60万立方米，比上年增长4.3%；城市污水处理率89.3%，提高1.9个百分点。城市生活垃圾无害化处理率为82.7%，下降2.77个百分点。城市集中供热面积32572.14万平方米，增长18.4%。城市建成区园林绿地面积3.75万公顷，增长3.9%；建成区绿地率为35.38%，提高0.64个百分点；人均公园绿地面积12.59平方米，增加0.96平方米。

全年共发生各类生产经营性安全事故1254起，比上年下降16.9%；死亡696人，下降26.5%。亿元GDP生产安全事故死亡人数0.072人，下降29.4%；工矿商贸十万从业人员生产安全事故死亡人数2.547人，下降23.5%；道路交通万车死亡人数3.876人，下降12.3%；煤矿百万吨死亡人数0.177人，增长90.3%。

注释：

[1] 本公报中数据为初步统计数。

[2] 地区生产总值（GDP）、总产值及各产业增加值绝对数按现价计算，增长速度按可比价格计算。

[3] 科技、卫生、文化、劳动就业、社会保障及环境数据不含兵团。

资料来源：

本公报中主要经济指标数据来源于自治区统计局和国家统计局新疆调查总队，其他数据来源于相关部门。其中，农业机械动力来源于自治区农机局；农业产业化数据来源于自治区农业产业化发展局；林业数据来源于自治区林业厅；利用外资数据来源于自治区商务厅；货物进出口数据来源于乌鲁木齐海关；铁路客货运量及年末营业里程数据来源于乌鲁木齐铁路局；公路客货运量及公路线路年末营业里程数据来源于自治区交通运输厅；民航客货运量来源于中国南方航空股份有限公司新疆分公司；民用汽车数据来源于自治区公安厅；邮政业务数据来源于新疆邮政管理局；电信业务数据来源于自治区通信管理局；旅游数据来源于自治区旅游发展委员会；财政数据来源于自治区财政厅；金融信贷数据来源于中国人民银行乌鲁木齐中心支行；上市公司数据来源于中国证券监督管理委员会新疆监管局；保险业数据来源于中国保监会新疆监管局；教育数据来源于自治区教育厅；艺术表演团体、博物馆、公共图书馆、文化馆数据来源于自治区文化厅；科技数据来源于自治区科技厅；广播、电视、电影数据来源于自治区广播电视总局；档案数据来源于自治区档案局；卫生数据来源于自治区卫生计生委；体育数据来源于自治区体育局；就业与社会保障数据来源于自治区人力资源和社会保障厅；销售福利彩票及筹集公益金数据来源于自治区福利彩票发行中心；矿产资源数据来源于自治区国土资源厅；环境监测及自然保护区数据来源于自治区环境保护厅；安全生产数据来源于自治区安全生产监督管理局。

1 综　合

GENERAL SURVEY

资料整理：潘世锦　高思梅　刘艳梅

1—1 行政区划

（2016年）

单位：个

地 名	乡	镇	街道办事处	居民委员会	村民委员会	乡、镇、街道名称
乌鲁木齐市	**12**	**10**	**87**	**872**	**174**	
市辖区	9	7	87	858	133	
天山区			21	199	1	燕儿窝、新华南路、大小西门、团结路、青年路、东门、和平路、幸福路、胜利路、解放南路、解放北路、翠泉路、延安路、南草滩、东泉路、大湾、二道桥、黑甲山、红雁、赛马场、南湾街
沙依巴克区			18	184	1	八一、友好南路、友好北路、扬子江路、环卫路、骑马山路、长江路、西山、炉院街、平顶山、和田街、仓房沟、雅玛里克山、红庙子、长胜南、长胜东、长胜西、火车南站
高新技术开发区（新市区）	4	1	13	153	23	杭州路、石油新村、北京路、二工、三工、迎宾路、高新街、长春中路、安宁渠镇、青格达湖乡、六十户乡、八家户、喀什东路、二工乡、地窝堡乡、银川路、南纬路、北站东路
水磨沟区			14	156	5	六道湾、八道湾、苇湖梁、新民路、七纺、南湖南路、七道湾、南湖北路、石人子沟、榆树沟、振安街、华光街、水塔山、龙盛街
经济技术开发区（头屯河区）			11	83	1	火车西站、王家沟、乌昌路、北站西路、中亚北路、中亚南路、嵩山街、友谊路、钢城、高铁、白鸟湖
达坂城区	3	1	4	17	21	艾维尔沟、乌拉泊、盐湖、东沟乡、西沟乡、阿克苏乡、达坂城镇、柴窝堡
米东区	2	5	6	66	81	石化、地磅、卡子湾、芦草沟乡、柏杨河哈萨克族乡、古牧地镇、长山子镇、羊毛工镇、三道坝镇、铁厂沟镇、古牧地东路、古牧地西路、米东南路
乌鲁木齐县	3	3		14	41	水西沟镇、板房沟乡、萨尔达坂乡、永丰镇、甘沟乡、托里乡

1—2 自然资源

位置：乌鲁木齐市位于亚欧大陆腹地，地处北天山北坡，准噶尔盆地南缘，地处东经86°37′33″~88°58′24″，北纬42°45′32″~44°08′00″。

面积：全市面积按新区划调整后为13788平方公里，其中建成区面积436平方公里。海拔680米~920米。自然坡度12‰~15‰。

冰川河流：永久性积雪面积164平方千米，固定储量73.9亿立方米。水资源总量约为14.33亿立方米，其中地表水资源量13.67亿立方米。

气候：乌鲁木齐市属于中温带半干旱大陆性气候区。年平均气温8.4 ℃，年降水量32.3mm，年平均日照时数226.7小时。

1—3 城市平均气温、降水量、日照时数

（2016年）

月　份	平均气温（摄氏度）	降水量（毫米）	日照时数（小时）
全年月平均	**8.4**	**32.3**	**226.7**
一月	-11.0	12.6	90.4
二月	-9.5	6.2	182.5
三月	2.9	14.2	246.5
四月	13.5	48.5	268.4
五月	15.8	46.0	317.6
六月	23.6	70.5	334.9
七月	24.4	40.6	304.2
八月	23.3	24.4	258.8
九月	20.9		314.7
十月	5.3	64.6	173.9
十一月	-3.2	43.6	149.7
十二月	-5.1	15.9	78.2

1—4 国有土地使用权出让、划拨情况

项　　目	2005年	2010年	2011年	2012年
国有土地使用权出让				
出让地块(宗)	1061	1035	910	686
协议	779	863	734	540
招标				
拍卖	14		1	1
挂牌交易	268	172	175	145
出让面积(公顷)	627.66	1073.27	735.13	788.73
土地使用权出让总收入(万元)	88427	409668	293016	401040
国有土地使用权划拨				
划拨地块(宗)	261	226	240	203
划拨面积(公顷)	254.81	841.37	514.78	632.96

项　　目	2013年	2014年	2015年	2016年
国有土地使用权出让				
出让地块(宗)	955	869	716	552
协议	735	727	504	428
招标				
拍卖	8			
挂牌交易	212	142	212	124
出让面积(公顷)	1776.39	1339.87	1153.98	537.25
土地使用权出让总收入(万元)	881665	515798	1094223	858413
国有土地使用权划拨				
划拨地块(宗)	178	205	114	145
划拨面积(公顷)	294.33	1445.83	558.22	998.12

1—5 主要年份国民经济主要指标

指 标	1950年	1955年	1965年	1978年	1980年
人口(公安数据,万人)					
年末总人口	12.17	22.03	62.62	114.84	119.05
#城镇人口					
#少数民族人口	4.41	8.68	15.18	28.06	29.47
年平均人口	11.47	21.13	59.81	104.99	117.53
人口自然增长率(‰)		26.42	37.21	11.18	9.04
地区生产总值(当年价、万元)		**17771**	**39453**	**86153**	**112446**
第一产业		1214	2098	4723	5649
第二产业		5220	20067	37851	55763
第三产业		11337	17288	43579	51034
主要产品产量					
农产品产量					
粮食(吨)	28564	44914	63783	77455	87918
油料(吨)	779	2014	1049	3573	4101
蔬菜(含薯类、吨)	6846	14782	70541	196579	136037
猪牛羊肉(吨)	642	1194	1509	2545	4022
工业产品产量					
原煤(万吨)	2.85	21.73	178.21	368.7	374.21
发电量(亿千瓦时)		0.31	2.26	9.47	10.07
汽油(万吨)					8.21
塑料制品(万吨)				0.29	0.19
水泥(万吨)		1.59	22.54	35.77	39.86
成品钢材(万吨)		0.66	3.95	6.83	8.59
棉布(万米)		2826	6888	7176	7847
固定资产投资完成额(万元)	**350**	**11707**	**10064**	**25760**	**38389**
第一产业	257	79	619	595	2184
第二产业	12	6367	5512	20221	20965
第三产业	81	5261	3933	4944	15240
本年新增固定资产	108	13706	8726	19565	27513
交通运输、邮电业					
公路货物运输量(万吨)	11	180	612	1085	1307

1-5续表1

指　　标	1990年	1995年	2000年	2005年	2006年
人口(公安数据,万人)					
年末总人口	146.26	160.65	181.69	212.95	221.03
#城镇人口					
#少数民族人口	40.88	45.18	50.83	57.87	58.09
年平均人口	143.87	158.19	178.82	208.77	216.99
人口自然增长率(‰)	10.22	7.71	5.58	4.56	3.98
地区生产总值(当年价、万元)	**634562**	**1859640**	**2898465**	**5857034**	**6836782**
第一产业	21151	62357	70529	130947	142375
第二产业	303608	702786	1040230	2252464	2662538
第三产业	309803	1094497	1787706	3473623	4031869
主要产品产量					
农产品产量					
粮食(吨)	166380	183092	157118	121170	142398
油料(吨)	7309	48083	10156	4330	3965
蔬菜(含薯类、吨)	272269	326359	680286	949523	1012330
猪牛羊肉(吨)	7167	11892	20739	43235	49329
工业产品产量					
原煤(万吨)	650.14	924.92	860.07	1203.27	1417.39
发电量(亿千瓦时)	24.85	27.43	51.02	101.05	110.52
汽油(万吨)	43.86	56.62	73.25	94.59	110.65
塑料制品(万吨)	1.79	3.77	4.86	9.12	10.21
水泥(万吨)	96.29	166.04	264.69	280.44	321.28
成品钢材(万吨)	28.33	65.47	130.34	308.84	391.86
棉布(万米)	9564	9126	6982	1530	1535
固定资产投资完成额(万元)	**138786**	**919280**	**1250455**	**2131195**	**2331943**
第一产业	3015	4012	1439	14034	10443
第二产业	69913	412379	266510	753675	725397
第三产业	65858	502889	982506	1363486	1596103
本年新增固定资产	112339	522514	1121883	1462157	1956120
交通运输、邮电业					
公路货物运输量(万吨)	1963	2664	6437	8257	8531

1-5续表2

指　　标	2007年	2008年	2009年	2010年	2011年
人口(公安数据,万人)					
年末总人口	231.30	236.05	241.19	243.03	249.35
#城镇人口					
#少数民族人口	62.52	63.71	66.26	67.62	68.20
年平均人口	226.16	233.67	238.62	242.11	246.19
人口自然增长率(‰)	5.42	5.50	4.89	4.08	5.88
地区生产总值(当年价、万元)	**8105705**	**9823703**	**10727645**	**13027147**	**16215843**
第一产业	162659	151631	160015	186918	202163
第二产业	3165857	4208279	4642542	5934955	7458323
第三产业	4777189	5463793	5925089	6905274	8555356
主要产品产量					
农产品产量					
粮食(吨)	124569	140054	174951	195690	172769
油料(吨)	6554	11714	13403	11145	10231
蔬菜(含薯类、吨)	992246	881659	934418	809423	905902
猪牛羊肉(吨)	49929	46468	49186	52058	55911
工业产品产量					
原煤(万吨)	1399.59	2276.99	2205	2169	1930
发电量(亿千瓦时)	118.41	130.31	133	181	241
汽油(万吨)	131.95	132.77	129	117	79
塑料制品(万吨)	12.6	18.85	18	31	27
水泥(万吨)	366.83	359.1	395	476	552
成品钢材(万吨)	440.96	522.14	594	754	792
棉布(万米)	2020	1837	1615	578	444
固定资产投资完成额(万元)	**2816095**	**3496566**	**3958829**	**4830248**	**6351243**
第一产业	16302	20034	37029	53986	25424
第二产业	979562	1470906	1531035	1710480	2274335
第三产业	1820231	2005626	2390765	3065782	4051484
本年新增固定资产	1900989	2265484	3044033	3003642	3399199
交通运输、邮电业					
公路货物运输量(万吨)	8677	8687	11988	13140	14472

1-5续表3

指　　标	2012年	2013年	2014年	2015年	2016年
人口(公安数据,万人)					
年末总人口	257.80	262.93	266.91	266.83	267.87
#城镇人口				245.35	218.46
#少数民族人口	70.61	71.55	74.49	69.47	69.34
年平均人口	253.58	260.37	264.92	266.87	267.35
人口自然增长率(‰)	6.00	6.89	7.59	6.08	7.58
地区生产总值(当年价、万元)	**18954206**	**20584716**	**22646800**	**23873124**	**24589766**
第一产业	218498	226434	235787	265262	281353
第二产业	8099657	8500177	8755677	7582317	7040837
第三产业	10636050	11858105	13655336	16025545	17267576
主要产品产量					
农产品产量					
粮食(吨)	152524	171566	147452	126243	113371
油料(吨)	9222	16720	11094	10933	10022
蔬菜(含薯类、吨)	863735	1031966	1085957	1014579	975935
猪牛羊肉(吨)	57970	56061	65879	64887	61427
工业产品产量					
原煤(万吨)	2316	1545	1186	1230	1002
发电量(亿千瓦时)	255	259	284	283	267
汽油(万吨)	66	60	97	128	113
塑料制品(万吨)	40	63	58	55	33
水泥(万吨)	342	436	313	268	318
成品钢材(万吨)	914	896	823	603	564
棉布(万米)	584	359	21	70	65
固定资产投资完成额(万元)	**10102899**	**12715924**	**15263119**	**16074304**	**16077843**
第一产业	55807	54480	71583	57732	202685
第二产业	4711451	3957987	4167154	4268755	3568868
第三产业	5335641	8703457	11024382	11747817	12306290
本年新增固定资产	6845112	6504512	10146269	7445705	11460698
交通运输、邮电业					
公路货物运输量(万吨)	16142	17853	14851	14739	14938

1-5续表4

指标	速度指标(%)					
	指数(2016年为以下各年)		平均增长速度			
	2010年	2015年	“十五”时期	“十一五”时期	“十二五”时期	“十三五”时期第一年
人口						
年末总人口	110.22	100.39	3.23	2.68	1.89	0.39
#城镇人口		89.04				-10.96
#少数民族人口	102.54	99.81	2.63	3.16	0.54	-0.19
年平均人口	110.43	100.18	3.15	3.01	1.97	0.18
地区生产总值(当年价、万元)	**204.34**	**107.60**	**11.78**	**12.52**	**11.78**	**7.60**
第一产业	139.23	100.80	10.08	7.37	10.08	0.80
第二产业	173.76	102.00	10.70	13.56	10.70	2.00
第三产业	228.68	110.40	12.64	11.97	12.64	10.40
主要产品产量						
农产品产量						
粮食(吨)	57.93	89.80	-5.06	10.06	-8.39	-10.20
油料(吨)	89.92	91.67	-15.68	20.81	-0.38	-8.33
蔬菜(含薯类、吨)	120.57	96.19	6.90	-3.14	7.41	-3.81
猪牛羊肉(吨)	118.00	94.67	15.83	3.78	2.00	-5.33
工业产品产量						
原煤(万吨)	46.20	81.46	6.95	12.51	-10.73	-18.54
发电量(亿千瓦时)	147.51	94.35	14.65	12.39	9.33	-5.65
汽油(万吨)	96.58	88.28	5.25	4.26	1.90	-11.72
塑料制品(万吨)	106.45	60.00	13.42	28.11	11.81	-40.00
水泥(万吨)	66.81	118.66	1.16	11.17	-10.86	18.66
成品钢材(万吨)	74.80	93.53	18.83	19.53	-4.36	-6.47
棉布(万米)	11.25	92.86	-26.18	-17.68	-34.44	-7.14
固定资产投资完成额(万元)	**332.86**	**100.02**	**11.25**	**17.78**	**27.18**	**0.02**
第一产业	375.44	351.08	57.70	30.92	1.35	251.08
第二产业	208.65	83.60	23.11	17.78	20.07	-16.40
第三产业	401.41	104.75	6.77	17.59	30.82	4.75
本年新增固定资产	381.56	153.92	5.44	15.49	19.91	53.92
交通运输、邮电业						
公路货物运输量(万吨)	113.68	101.35	5.11	9.74	2.32	1.35

1-5续表5

指　　标	1950年	1955年	1965年	1978年	1980年
公路货物周转量(万吨公里)	805	15792	39378	82823	96824
公路旅客运输量(万人)	8	44	143	190	180
公路客运周转量(万人公里)	10872	16352	24612	58107	46027
邮电业务总收入(万元)	33	147	485	910	1167
社会消费品零售总额(万元)	**3497**	**14331**	**22757**	**45302**	**63802**
#国有经济	370	10660	20453	40233	50748
财政、金融(万元)					
地方财政收入	264	4661	8639	13153	14347
#工商税收	255	4280	7934	11177	12063
地方财政支出	71	631	2186	10309	11200
金融机构存款余额	1271	16979	51806	131872	156643
#住户存款	31	1948	5869	16214	24727
金融机构贷款余额	126	14354	24546	63571	74027
物价					
居民消费价格总指数			97.4	99.6	105.1
城乡人民生活(元)					
城镇居民人均可支配收入				446	530
城镇居民人均生活消费支出				389	469
农村居民人均可支配收入	151	163	112	158	242
教育、卫生					
高等学校在校学生(人)	336	2125	5360	6579	9453
普通中等职业学校在校学生(人)	294	2616	4419	5507	6435
普通中学在校学生(人)	1034	4587	19032	105407	102574
小学在校学生(人)	10894	17444	89858	165127	173147
卫生机构数(个)	11	76	179	494	478
#医院	2	5	27	51	56
卫生机构床位数(张)	170	684	3515	7760	8553
#医院	165	195	2653	6195	7080
卫生技术人员(人)	163	1257	3307	10144	11391
#医生	49	431	1311	3565	4098

1-5续表6

指　　标	1990年	1995年	2000年	2005年	2006年
公路货物周转量(万吨公里)	226746	267156	359593	840018	967600
公路旅客运输量(万人)	825	875	805	1966	2193
公路客运周转量(万人公里)	104487	102696	122237	396815	515300
邮电业务总收入(万元)	6643	35592	191234	487274	497674
社会消费品零售总额(万元)	**297736**	**810636**	**1265431**	**2403308**	**2811383**
#国有经济	185148	375987	295862	143307	219237
财政、金融(万元)					
地方财政收入	82681	141296	287654	607671	679035
#工商税收	76988	119681	237602	430205	495775
地方财政支出	46023	139805	223115	524749	613740
金融机构存款余额	671400	2339247	6072345	10400700	16855400
#住户存款	289889	1247555	2548648	5957300	6781600
金融机构贷款余额	687223	1858728	5435565	7282200	10455400
物价					
居民消费价格总指数	105.2	117.4	100.7	99.5	100.1
城乡人民生活(元)					
城镇居民人均可支配收入	1650	4593	7252	9605	10432
城镇居民人均生活消费支出	1359	3616	5644	7052	7381
农村居民人均可支配收入	894	2135	3398	4249	4651
教育、卫生					
高等学校在校学生(人)	19722	28136	45029	94932	99119
普通中等职业学校在校学生(人)	15444	27770	68207	35967	43525
普通中学在校学生(人)	87928	66822	88330	136843	154766
小学在校学生(人)	104098	128112	169051	189680	196471
卫生机构数(个)	681	694	1127	1478	1554
#医院	59	80	71	134	143
卫生机构床位数(张)	12167	13587	14114	17750	18765
#医院	9847	11173	11697	16169	17467
卫生技术人员(人)	16356	18378	18317	19875	20856
#医生	6794	8085	9163	9470	9163

1-5续表7

指　　标	2007年	2008年	2009年	2010年	2011年
公路货物周转量(万吨公里)	1043400	1085630	1649300	1842100	2039300
公路旅客运输量(万人)	2414	2411	2521	2676	2915
公路客运周转量(万人公里)	558400	576934	552500	586400	642000
邮电业务总收入(万元)	381086	410687	399953	450966	513400
社会消费品零售总额(万元)	**3323964**	**4186355**	**4734172**	**5636665**	**6950278**
#国有经济	387149	404880	171592	195985	613270
财政、金融(万元)					
地方财政收入	958012	1311227	1455887	1975743	2642249
#工商税收	610412	876205	975432	1270432	1720625
地方财政支出	874059	1290856	1635941	2082271	2997068
金融机构存款余额	20560900	23719600	29351800	35892900	40833400
#住户存款	6795300	8722200	10407100	12410500	14855700
金融机构贷款余额	11455400	12173200	16268800	20654000	25429000
物价					
居民消费价格总指数	104.6	107.0	100.4	102.7	104.5
城乡人民生活(元)					
城镇居民人均可支配收入	11373	12328	13075	14402	16141
城镇居民人均生活消费支出	8123	8752	9045	10239	11756
农村居民人均可支配收入	5663	6116	6666	7471	8436
教育、卫生					
高等学校在校学生(人)	112218	124949	130264	127139	131222
普通中等职业学校在校学生(人)	95966	99123	92614	91006	92879
普通中学在校学生(人)	158887	164261	163986	166373	166612
小学在校学生(人)	197916	197556	192785	193869	197244
卫生机构数(个)	1606	1491	1630	1768	1685
#医院	147	136	137	139	143
卫生机构床位数(张)	20204	20659	23296	24204	25453
#医院	19103	19473	21267	21128	22504
卫生技术人员(人)	24410	24345	26854	28639	30402
#医生	9220	9407	10264	10908	11420

1-5续表8

指　　标	2012年	2013年	2014年	2015年	2016年
公路货物周转量(万吨公里)	2288000	2534800	2121448	2168765	2254158
公路旅客运输量(万人)	3194	3481	2170	2012	1805
公路客运周转量(万人公里)	645000	768600	392081	338500	299125
邮电业务总收入(万元)	585425	655300	631600	638800	671375
社会消费品零售总额(万元)	**8343507**	**9700498**	**10699649**	**11515000**	**12366940**
#国有经济	735024	850423	935017	998760	1060653
财政、金融(万元)					
地方财政收入	3177363	4007126	4529667	4650895	4669058
#工商税收	2041847	2405482	2623578	2642107	2568371
地方财政支出	3638926	4500998	5161532	5442455	5208570
金融机构存款余额	48152200	56221400	62416100	69846000	74066010
#住户存款	17357200	19760700	20735300	21573100	22956888
金融机构贷款余额	33297300	39384200	45023300	49574300	52872036
物价					
居民消费价格总指数	103.4	103.5	102.8	100.7	101.5
城乡人民生活(元)					
城镇居民人均可支配收入	18385	24095	26890	31604	34190
城镇居民人均生活消费支出	13785	15548	21614	24748	27915
农村居民人均可支配收入	10032	11723	13306	15007	16351
教育、卫生					
高等学校在校学生(人)	135954	146066	172388	180484	173847
普通中等职业学校在校学生(人)	88209	82119	67917	60772	63006
普通中学在校学生(人)	168909	169403	170816	169427	167197
小学在校学生(人)	200248	198708	202295	211467	221390
卫生机构数(个)	1691	1682	1726	1784	1743
#医院	143	136	142	148	125
卫生机构床位数(张)	25579	25983	27636	28052	29405
#医院	22589	22835	24834	25256	26426
卫生技术人员(人)	31418	32961	33783	35516	38326
#医生	12037	12902	12990	13425	14410

1-5续表9

指 标	速度指标(%)					
	指数(2016年比以下各年)		平均增长速度			
	2010年	2015年	"十五"时期	"十一五"时期	"十二五"时期	"十三五"时期第一年
公路货物周转量(万吨公里)	122.37	103.94	18.49	17.01	3.32	3.94
公路旅客运输量(万人)	67.45	89.71	19.55	6.36	-5.54	-10.29
公路客运周转量(万人公里)	51.01	88.37	26.55	8.12	-10.41	-11.63
邮电业务总收入(万元)	148.87	105.10	20.57	-1.54	7.21	5.10
社会消费品零售总额(万元)	**219.40**	**107.40**	**13.69**	**18.59**	**15.36**	**7.40**
#国有经济	541.19	106.20	-13.50	6.35	38.50	6.20
财政、金融(万元)						
地方财政收入	236.32	100.39	16.13	26.59	18.68	0.39
#工商税收	202.17	97.21	12.61	24.18	15.77	-2.79
地方财政支出	250.14	95.70	18.65	31.74	21.19	-4.30
金融机构存款余额	206.35	106.04	11.36	28.11	14.24	6.04
#住户存款	184.98	106.41	18.51	15.81	11.69	6.41
金融机构贷款余额	255.99	106.65	6.02	23.18	19.14	6.65
城乡人民生活(元)						
城镇居民人均可支配收入	237.40	108.18	6.41	8.44	17.02	8.18
城镇居民人均生活消费支出	272.63	112.80	4.56	7.74	19.30	12.80
农村居民人均可支配收入	218.86	108.96	4.57	11.95	14.97	8.96
教育、卫生						
高等学校在校学生(人)	136.74	96.32	16.09	6.02	7.26	-3.68
普通中等职业学校在校学生(人)	69.23	103.68	-12.01	20.4	-7.76	3.68
普通中学在校学生(人)	100.50	98.68	9.15	3.99	0.36	-1.32
小学在校学生(人)	114.20	104.69	2.33	0.44	1.75	4.69
卫生机构数(个)	98.59	97.70	5.57	1.27	0.18	-2.30
#医院	89.93	84.46	13.55	0.74	1.26	-15.54
卫生机构床位数(张)	121.49	104.82	4.69	6.40	2.99	4.82
#医院	125.08	104.63	6.69	5.50	3.63	4.63
卫生技术人员(人)	133.82	107.91	1.65	7.58	4.40	7.91
#医生	132.10	107.34	6.61	4.03	4.24	7.34

1—6 各计划时期国民经济主要指标年均增长速度

单位：%

指 标	“一五”时期	“二五”时期	1963-1965年	“三五”时期	“四五”时期
人口					
年末总人口	23.46	5.47	6.76	4.06	6.54
#少数民族人口	20.82	-1.38	6.53	2.15	8.55
地区生产总值	**27.53**	**3.77**	**16.86**	**2.01**	**2.66**
第一产业	5.46	1.99	13.70	1.76	6.16
第二产业	33.96	5.51	28.96	0.26	0.46
第三产业	31.17	2.82	5.80	4.37	4.36
主要产品产量					
农产品产量					
粮食	-1.30	-7.50	33.61	1.93	1.25
油料	-1.74	-20.31	49.96	10.5	7.95
蔬菜(含薯类)	12.03	32.50	9.12	6.36	11.99
猪牛羊肉	3.70	13.35	-9.04	7.84	-0.18
工业产品产量					
原煤	43.05	17.53	14.44	1.95	0.67
水泥	64.07	26.09	48.96	-2.69	1.19
成品钢材	87.73	1.35	36.85	1.31	-12.20
发电量	69.60	27.95	11.03	10.49	9.04
汽油					
固定资产投资	**10.28**	**-23.96**	**56.85**	**4.22**	**2.72**
第一产业	-22.49	2.64	67.81	-3.61	7.58
第二产业	-1.14	-20.46	56.87	12.20	-1.01
第三产业	38.05	-28.62	55.35	-12.18	14.77
交通运输、邮电					
公路货物运输量	20.42	11.84	25.72	2.10	0.02
公路货物周转量	20.23	16.47	5.17	4.08	1.65
公路旅客运输量	40.61	8.98	-4.85	-3.61	0.33
公路客运周转量	13.79	4.74	-7.53	-3.06	4.49
邮电业务收入	24.23	16.45	-2.06	2.17	6.62
社会消费品零售总额	**26.92**	**1.32**	**0.03**	**5.39**	**2.66**
#国有经济	40.45	1.70	1.27	6.62	1.85
财政、金融					
地方财政收入	44.79	3.97	6.12	-1.14	-0.85
地方财政支出	14.61		26.81	6.61	12.54
金融机构存款余额	14.05	21.09	14.67	11.21	-1.17
#住户存款	59.65	6.22	2.53	4.14	11.41
金融机构贷款余额	63.87	1.75	-23.21	13.3	3.47
物价					
居民消费价格总指数	-4.73	-0.58	-2.24	-0.81	-0.81
人民生活					
城镇居民人均可支配收入					
城镇居民人均消费支出					
农村居民人均可支配收入					

1-6续表1

单位：%

指 标	"五五"时期	"六五"时期	"七五"时期	"八五"时期
人口				
年末总人口	2.57	1.94	2.22	1.90
#少数民族人口	2.99	3.74	2.91	2.03
地区生产总值	**15.96**	**16.73**	**11.69**	**8.67**
第一产业	0.87	8.60	6.39	5.90
第二产业	18.22	20.75	9.73	5.21
第三产业	16.06	12.61	14.76	12.45
主要产品产量				
农产品产量				
粮食	3.32	6.64	6.54	1.93
油料	10.12	13.89	-1.44	45.76
蔬菜（含薯类）	-4.26	3.91	10.57	3.69
猪牛羊肉	13.02	6.28	5.62	10.66
工业产品产量				
原煤	13.01	7.97	3.44	7.30
水泥	9.41	14.41	4.26	11.51
成品钢材	22.82	14.26	11.12	18.24
发电量	8.39	12.94	6.07	2.00
汽油		35.80	2.96	5.24
固定资产投资	**22.09**	**28.08**	**0.96**	**45.96**
第一产业	24.10	-4.41	11.58	5.88
第二产业	17.61	23.34	3.16	42.61
第三产业	30.08	35.93	-1.42	50.17
交通运输、邮电				
公路货物运输量	13.97	9.64	-1.06	5.65
公路货物周转量	13.16	6.81	11.00	3.33
公路旅客运输量	8.19	23.39	9.90	1.18
公路客运周转量	11.89	16.60	1.05	-0.35
邮电业务收入	9.43	12.22	26.17	39.89
社会消费品零售总额	**13.60**	**15.94**	**17.37**	**22.18**
#国有经济	10.44	12.52	15.13	15.22
财政、金融				
地方财政收入	12.91	21.05	17.26	11.31
地方财政支出	15.56	8.25	22.56	24.88
金融机构存款余额	13.53	9.63	22.03	28.36
#住户存款	14.91	25.89	29.97	33.90
金融机构贷款余额	6.38	21.63	28.38	22.02
物价				
居民消费价格总指数	1.34	2.71	10.54	16.11
人民生活				
城镇居民人均可支配收入		9.37	14.75	22.73
城镇居民人均消费支出		9.95	12.51	21.61
农村居民人均可支配收入			7.90	19.00

1-6续表2

单位：%

指　　标	“九五”时期	“十五”时期	“十一五”时期	“十二五”时期	“十三五”时期第一年
人口					
年末总人口	2.49	3.23	2.68	1.89	0.39
#少数民族人口	2.38	2.63	3.16	0.54	-0.19
地区生产总值	**8.63**	**11.78**	**12.50**	**13.69**	**7.60**
第一产业	4.46	10.08	7.37	6.67	0.80
第二产业	8.46	10.70	13.40	11.24	2.00
第三产业	8.95	12.64	11.97	15.68	10.40
主要产品产量					
农产品产量					
粮食	-3.01	-5.06	10.06	-8.39	-10.20
油料	-26.73	-15.68	20.81	-0.38	-8.33
蔬菜(含薯类)	15.82	6.90	-3.14	7.41	-3.81
猪牛羊肉	11.77	15.83	3.78	2.00	-5.33
工业产品产量					
原煤	-1.44	6.95	12.51	-10.73	-18.54
水泥	9.77	1.16	11.17	-10.86	18.66
成品钢材	14.76	18.83	19.53	-4.36	-6.47
发电量	13.21	14.65	12.39	9.33	-5.65
汽油	5.29	5.25	4.26	1.90	-11.72
固定资产投资	**6.35**	**11.25**	**17.78**	**27.18**	**0.02**
第一产业	-18.54	57.70	30.92	1.35	251.08
第二产业	-8.36	23.11	17.78	20.07	-16.40
第三产业	14.33	6.77	17.59	30.82	4.75
交通运输、邮电					
公路货物运输量	19.30	5.11	9.74	2.32	1.35
公路货物周转量	6.12	18.49	17.01	3.32	3.94
公路旅客运输量	-1.65	19.55	6.36	-5.54	-10.29
公路客运周转量	3.55	26.55	8.12	-10.41	-11.63
邮电业务收入	39.97	20.57	-1.54	7.21	5.10
社会消费品零售总额	**9.32**	**13.69**	**18.59**	**15.36**	**7.40**
#国有经济	-4.68	-13.50	6.35	38.50	6.20
财政、金融					
地方财政收入	15.28	16.13	26.59	18.68	0.39
地方财政支出	9.80	18.65	31.74	21.19	-4.30
金融机构存款余额	21.02	11.36	28.11	14.24	6.04
#住户存款	15.36	18.51	15.81	11.69	6.41
金融机构贷款余额	23.94	6.02	23.18	19.14	6.65
物价					
居民消费价格总指数	2.08	0.88	2.96	2.98	1.50
人民生活					
城镇居民人均可支配收入	9.57	6.41	8.44	17.02	8.18
城镇居民人均消费支出	9.31	4.56	7.74	19.30	12.80
农村居民人均可支配收入	9.74	4.57	11.95	14.97	8.96

1—7 主要年份国民经济主要比例关系

单位：%

指 标	1952年	1955年	1965年	1978年	1980年	1985年
地区生产总值中三次产业比例						
第一产业	11.5	6.8	5.3	5.5	5.0	4.5
第二产业	23.7	29.4	50.9	43.9	49.6	54.4
第三产业	64.8	63.8	43.8	50.6	45.4	41.1
农林牧渔业总产值比例						
农业	80.5	78.8	69.5	81.3	71.8	63.4
林业	0.1	0.1	3.1	1.4	1.9	2.6
牧业	19.4	21.1	27.4	17.2	26.3	33.8
渔业				0.1		0.2
农林牧渔服务业						
工业总产值比例						
轻工业	67.4	60.7	59.5	42.3	37.3	36.3
重工业	32.6	39.3	40.5	57.7	62.7	63.7
社会消费品零售总额比例						
批发零售贸易业	78.1	80.9	93.9	95.7	92.6	85.1
住宿餐饮业	7.3	19	5.3	2.1	3.6	11.0
固定资产投资比例						
第一产业	6.5	0.7	6.2	2.3	5.7	1.3
第二产业	75.5	54.4	54.8	78.5	54.6	45.2
第三产业	18.0	44.9	39.0	19.2	39.7	53.5
固定资产投资占地区生产总值比例	**79.2**	**65.9**	**25.5**	**29.9**	**34.1**	**56.3**
地方财政收入占地区生产总值比例	**11.8**	**26.2**	**21.9**	**15.3**	**12.8**	**15.9**

1-7续表　　单位：%

指　　标	1990年	2000年	2005年	2010年	2015年	2016年
地区生产总值中三次产业比例						
第一产业	3.3	2.4	2.2	1.4	1.1	1.1
第二产业	47.9	35.9	38.5	45.6	31.8	28.7
第三产业	48.8	61.7	59.3	53.0	67.1	70.2
农林牧渔业总产值比例						
农业	57.6	60.4	50.0	53.3	50.8	50.1
林业	1.1	0.9	0.7	0.9	2.9	3.3
牧业	39.2	36.0	38.9	42.1	40.5	40.9
渔业	2.1	2.7	2.0	2.0	1.7	1.6
农林牧渔服务业			8.4	1.7	4.1	4.1
工业总产值比例						
轻工业	38.0	23.4	11.4	8.0	12.4	12.0
重工业	62.0	76.6	88.6	92.0	87.6	88.0
社会消费品零售总额比例						
批发零售贸易业	84.0	76.3	82.1	89.2	89.3	89.0
住宿餐饮业	8.9	13.0	14.5	10.8	10.7	11.0
固定资产投资比例						
第一产业	3.0	0.1	0.6	1.1	0.4	1.3
第二产业	30.3	21.3	33.7	35.4	26.6	22.2
第三产业	66.7	78.6	65.7	63.5	73.0	76.5
固定资产投资占地区生产总值比例	**21.9**	**43.1**	**35.1**	**36.1**	**65.4**	**65.4**
地方财政收入占地区生产总值比例	**13.0**	**9.9**	**10.4**	**14.8**	**17.7**	**19.0**

1—8 平均每天主要社会经济活动

指　　标	1952年	1980年	1990年	1995年	2000年	2010年	2015年	2016年
每天创造的财富								
地区生产总值(万元)	21.76	308.07	1738.53	5094.90	7941.00	35690.81	65405.82	67369.22
农林牧渔业总产值(万元)		24.38	103.30	294.22	336.02	1027.41	1614.58	1702.93
工业总产值(万元)	8.95	310.78	1760.27	5299.87	7652.54	47247.13	62275.87	58285.49
地方财政收入(万元)	2.56	39.31	226.52	387.11	788.09	5412.99	12742.18	12791.94
原煤(吨)		10252.33	17812.05	25340.27	23563.56	59431.51	33706.85	27445.75
发电量(万千瓦小时)		275.95	680.82	751.58	1397.81	4963.99	7748.61	7309.59
水泥(吨)	4.93	1092.05	2638.08	4549.04	7251.78	13045.48	7333.70	8717.26
成品钢材(吨)	1.69	235.22	776.05	1793.81	3570.98	20648.59	16520.00	15450.15
棉布(万米)	0.90	21.50	26.15	25.00	19.13	1.58	0.19	0.18
粮食(吨)	115.50	240.87	455.84	501.62	430.46	536.14	345.87	310.61
蔬菜(含薯类、吨)	20.64	372.70	745.94	894.13	1863.80	2217.60	3170.70	2673.79
猪牛羊肉(吨)	2.45	11.02	19.64	32.58	56.82	142.62	177.77	168.29
每天消费量								
社会消费品零售额(万元)	17.72	174.80	815.72	2220.92	3466.93	15442.92	31547.95	33882.03
公路货物运输量(万吨)		3.58	5.38	7.30	17.64	36.00	40.38	40.93
公路旅客运输量(万人)		0.49	2.26	3.83	2.21	7.33	5.51	4.95
固定资产投资额(万元)	0.96	105.18	380.24	2518.58	3425.90	13233.56	46805.13	44048.88
家庭液化气使用量(吨)					238.31	50.91	86.88	86.15
供水总量(万吨)					44.45	76.92	81.66	81.25
每天人口变动								
出生(人)		41.94	52.16	45.77	55.32	57.79	69.52	80.03
死亡(人)		9.63	11.87	12.35	25.08	30.73	25.08	24.53

1—9 乌鲁木齐市主要经济指标在全疆的比重

（2016年）

指　　标	全　　疆	乌鲁木齐市	乌鲁木齐市占全疆的比重(%)
总人口(万人)	2398.08	267.87	11.2
地区生产总值(当年价、亿元)	9650.45	2458.98	25.5
第一产业	1648.97	28.14	1.7
第二产业	3647.76	704.08	19.3
#工业	2634.64	535.26	20.3
第三产业	4353.72	1726.76	39.7
地方财政收入(亿元)	1637.05	466.91	28.5
地方财政支出(亿元)	4496.73	520.86	11.6
金融机构贷款余额(亿元)	14552.71	5287.20	36.3
农林牧渔业总产值(亿元)	2969.70	62.16	2.1
主要农产品产量			
粮食(万吨)	1490.34	11.34	0.8
油料(万吨)	71.39	1.00	1.4
肉类(万吨)	159.73	7.00	4.4
规模以上工业总产值(亿元)	8270.02	1969.18	23.8
主要工业产品产量			
发电量(亿千瓦小时)	2719.13	266.80	9.8
水泥(万吨)	4250.00	318.18	7.5
钢材(万吨)	1096.10	563.93	51.4
棉布(万米)	17600.00	65.00	0.4
固定资产投资(亿元)	9983.86	1607.78	16.1
货运量(万吨)	87044.00	17100.46	19.6
客运量(万人)	34961.00	4411.26	12.6
社会消费品零售额(亿元)	2825.90	1236.69	43.8
进出口总额(亿美元)	179.63	49.03	27.3
#出口	159.12	42.06	26.4
普通高校在校学生(万人)	33.91	17.38	51.3
中等专业学校在校学生(万人)	23.51	6.30	26.8
普通中学在校学生(万人)	143.25	16.72	11.7
卫生技术人员(人)	144400	38326	26.5
#医生	50900	14410	28.3
#注册护士	56300	16583	29.5

1—10 城市基本情况

（2016年）

指 标	单 位	全 市	#市辖区
一、行政区划			
所辖行政区数	个	7	
所辖行政县(旗)数	个	1	
所辖行政县级市数	个		
二、土地面积及水资源			
行政区域土地面积	平方公里	13788	9576
建成区面积	平方公里	436	436
城市现状建设用地面积	平方公里	436.00	436.00
居住用地	平方公里	148.80	148.80
公共管理与公共服务用地	平方公里	29.40	29.40
商业服务业设施用地	平方公里	26.70	26.70
工业用地	平方公里	80.20	80.20
物流仓储用地	平方公里	17.60	17.60
道路交通设施用地	平方公里	68.60	68.60
公用设施用地	平方公里	21.90	21.90
绿地与广场用地	平方公里	42.80	42.80
本年征用土地面积	平方公里	12.38	12.38
#耕地	平方公里	4.29	4.29
水资源总量	万立方米	143337	
三、人口与就业			
(一)人口			
年末户籍人口	万人	267.87	261.57
#女	万人	132.01	128.81
#城镇人口	万人	218.46	218.46
年平均人口	万人	267.35	261.25
年出生人口	人	29212	28308
年死亡人口	人	8954	8692
年末总户数	万户	84.43	81.93
常住人口	万人	351.96	345.66
(二)从业人员			
从业人员期末人数(城镇)	人	726744	722683
第一产业(农、林、牧、渔业)	人	10683	10593
第二产业	人	238141	237896
#采矿业	人	14978	14802
制造业	人	74231	74175
电力、热力、燃气及水生产和供应业	人	43931	43918
建筑业	人	105001	105001

1-10续表1 （2016年）

指　　标	单　　位	全　　市	#市辖区
第三产业	人	477920	474194
#批发和零售业	人	37847	37847
交通运输、仓储及邮政业	人	100834	100823
住宿和餐饮业	人	10774	10774
信息传输、软件和信息技术服务业	人	9459	9459
金融业	人	23083	22842
房地产业	人	19734	19734
租赁和商业服务业	人	21795	21769
科学研究和技术服务业	人	26442	26394
水利、环境和公共设施管理业	人	6620	6620
居民服务、修理和其他服务业	人	1507	1507
教育	人	54433	53404
卫生和社会工作	人	39069	38743
文化、体育和娱乐业	人	11888	11884
公共管理、社会保障和社会组织	人	114435	112394
国际组织	人		
城镇私营和个体从业人员	人	955349	949562
城镇登记失业人数	人	34835	34745
四、综合经济			
（一）地区生产总值（当年价格）	万元	24589766	24380800
第一产业	万元	281353	210869
第二产业	万元	7040837	7002263
第三产业	万元	17267576	17167668
地区生产总值（2015年价格）	万元	25696961	25493659
人均地区生产总值	元	69865	71214
地区生产总值增长率	%	7.60	7.70
（二）财政			
公共财政收入	万元	3696734	3641227
#税收收入	万元	2826416	2786637
#企业所得税	万元	436106	433314
个人所得税	万元	230645	229678
公共财政支出	万元	4175628	4044023
#一般公共服务支出	万元	344678	326662
科学技术支出	万元	94672	92044
教育支出	万元	717515	693689
文化体育与传媒支出	万元	44244	42792
医疗卫生支出	万元	176480	169073
节能环保支出	万元	118072	102429

1-10续表2 （2016年）

指　　标	单　　位	全　　市	#市辖区
城乡社区事务支出	万元	834129	829186
交通运输支出	万元	123468	123202
社会保障和就业支出	万元	465891	455772
住房保障支出	万元	159600	155540
(三)金融			
年末金融机构人民币各项存款余额	万元	74066010	73428612
#城乡居民储蓄存款余额	万元	22956888	22710084
年末金融机构人民币各项贷款余额	万元	52872036	52463250
五、规模以上工业			
(一)工业企业数	个	368	364
内资企业	个	352	348
#国有企业	个	13	10
私营企业	个	141	140
港、澳、台商投资企业	个	5	5
外商投资企业	个	11	11
(二)工业总产值(当年价)	万元	19691755	19662466
内资企业	万元	19209667	19180378
#国有企业	万元	4451544	4426460
私营企业	万元	3275818	3271613
港、澳、台商投资企业	万元	116455	116455
外商投资企业	万元	365633	365633
(三)企业财务			
从业人员平均人数	万人	14.56	14.55
流动资产合计	万元	13997276	13958853
固定资产合计	万元	19931060	19576544
主营业务收入	万元	19284080	19256394
主营业务成本	万元	16315459	16296285
主营业务税金及附加	万元	1063186	1062979
本年应交增值税	万元	517060	512269
利润总额	万元	279132	274507
六、交通运输、通讯与能源			
(一)交通运输			
公路客运量(全社会)	万人	1805	
公路货运量(全社会)	万吨	14938	
民用航空客运量	万人	1042.66	
民用航空货邮运量	吨	71600	
境内公路总里程	公里	2942	
#高速公路里程	公里	270	

1-10续表3 （2016年）

指　　标	单　　位	全　市	#市辖区
民用汽车拥有量	辆	917304	
#私人汽车拥有量	辆	760229	
(二)邮电通信			
年末邮政局(所)数	处	167	153
邮政业务收入	万元	48384	
电信业务收入	万元	622991	
固定电话年末用户数	万户	127.49	
移动电话年末用户数	万户	503.49	
#3G移动电话用户	万户	300.27	
互联网宽带接入用户数	万户	111.44	
(三)能源电力			
能源消费总量	万吨标准煤	1568.09	
全社会用电量	万千瓦时	2150371	2148571
#工业用电	万千瓦时	1570011	1568211
城乡居民生活用电	万千瓦时	190923	190923
七、贸易、外经与旅游			
(一)贸易			
社会消费品零售总额	万元	12366940	12279340
限额以上批发零售贸易业商品销售总额	万元	41604317	41604317
限额以上批发零售企业数(法人数)	个	745	745
#零售业	个	246	246
(二)外经			
货物进口额(海关数)	万美元	69638	
货物出口额(海关数)	万美元	420620	
外商直接投资合同项目	个	24	24
当年实际使用外资额	万美元	23700	23700
(三)旅游			
入境游客	人次	317900	
国际旅游(外汇)收入	万美元	18081	
国内游客	人次	25017500	
国内旅游收入	万元	2930500	
八、固定资产投资			
(一)固定资产投资			
固定资产投资(不含农户)	万元	16077843	15478840
#房地产开发投资	万元	3624975	3604736
#住宅	万元	1417691	1397452
全年新增固定资产	万元	11460698	11068925

1-10续表4 （2016年）

指　　标	单　　位	全　　市	#市辖区
(二)房地产			
商品房销售面积	万平方米	595.29	592.09
#住宅	万平方米	532.08	528.88
#别墅、高档公寓	万平方米	10.46	9.06
商品房销售额	万元	3727127	3704087
#住宅	万元	3071914	3048874
#别墅、高档公寓	万元	111883	99810
待售面积	万平方米	363.69	362.89
九、教育、科技、文化与卫生			
(一)教育			
学校数			
#普通高等学校	所	25	25
中等职业教育学校	所	38	38
普通中学	所	153	144
普通小学	所	132	121
成人高等学校	所	19	19
专任教师数			
#普通高等学校	人	11485	11485
中等职业教育学校	人	2484	2484
普通中学	人	12455	12223
普通小学	人	11603	11227
成人高等学校	人	10273	10273
在校学生数			
#普通高等学校	人	173847	173847
中等职业教育学校	人	63006	63006
普通中学	万人	16.72	16.50
普通小学	万人	22.14	21.74
成人高等学校	人	44968	44968
(二)科技			
科技活动人员	人	31511	31089
R&D人员数	人	15668	15573
R&D内部经费支出	万元	246178	245378
专利申请受理量	项	5769	5659
专利申请授权量	项	2926	2879
#发明	项	483	443
(三)文化			
体育场馆数	个	6	5
剧场、影剧院数	个	6	6
公共图书馆图书总藏量	千册	3008	3007

1-10续表5 （2016年）

指　　标	单　　位	全　　市	#市辖区
订销报刊杂志累计份数	千份	69675	66190
广播节目综合人口覆盖率	%	99.80	99.80
电视节目综合人口覆盖率	%	99.80	99.80
有线电视入户率	%	95.20	95.60
(四)卫生			
医院、卫生院数	个	152	144
医院、卫生院床位数	张	26734	26659
医生数(执业医师+执业助理医师)	人	14410	14338
注册护士	人	16583	16532
十、人民生活			
在岗职工平均人数	万人	77.99	77.59
在岗职工工资总额	万元	5712852	5688639
在岗职工平均工资	元	73254	73317
(一)居民收支			
工资性收入	元	20932	
经营净收入	元	2503	
财产性收入	元	2342	
转移性收入	元	8413	
城镇居民人均可支配收入	元	34190	
城镇居民人均消费支出	元	27915	
#食品烟酒	元	8089	
衣着	元	2302	
居住	元	5410	
生活用品及服务	元	2047	
交通和通信	元	3713	
教育文化娱乐	元	3008	
医疗保健	元	2488	
其他用品及服务	元	858	
(二)居民生活			
每百户城镇居民家庭拥有量			
#家用汽车	辆	31	
消毒碗柜	台	4	
洗碗机	台	2	
固定电话	部	81	
移动电话	部	221	
#接入互联网	部	135	
计算机	台	74	
#接入互联网	台	63	

1-10续表6 （2016年）

指 标	单 位	全 市	#市辖区
电冰箱(柜)	台	100	
彩色电视机	台	102	
中高档乐器	架	7	
照相机	架	70	
摄像机	架	9	
洗衣机	台	100	
城镇居民人均住房建筑面积	平方米	32	
居民消费价格指数(上年为100)	%	101.50	101.50
十一、社会保障			
参保人数			
城镇职工基本养老保险	人	1241706	1216650
城镇居民社会养老保险	人	115090	90430
城镇职工基本医疗保险	人	1197128	1197128
城镇居民基本医疗保险	人	620148	575039
失业保险	人	788476	788476
工伤保险	人	771025	771025
生育保险	人	691213	691213
社会福利院数	个	40	39
社会福利院床位数	张	5599	5499
社区服务设施数	个	746	732
城市社区综合服务设施覆盖率	%	85.6	85.3
城市居民最低生活保障人数	人	18039	17637
十二、公共管理			
(一)事故			
交通事故死亡人数	人	181	160
交通事故损失额	万元	33.87	32.12
火灾事故死亡人数	人	19	18
火灾事故损失额	万元	1318.98	1264.68
(二)社会治安			
刑事案件立案数	起	31237	31193
刑事罪犯总数	人	4093	4013
#青少年人数(年龄14-25周岁)	人	991	14
十三、市政公用事业			
(一)基础设施			
城市维护建设资金支出	万元		379197
年末实有城市道路面积	万平方米		3346
排水管道长度	公里		1840
供水综合生产能力(包括自备水源)	万立方米/日		147.48

1-10续表7　　（2016年）

指　　标	单　　位	全　　市	#市辖区
供水总量	万吨		29655
售水量	万吨		23855
#居民家庭用水量	万吨		13665
用水人口	万人	312.20	312.20
用水普及率	%	99.96	99.96
供气总量(人工煤气、天然气)	万立方米		309599
#居民家庭用气量	万立方米		42752
用气人口	万人		297.47
液化石油气供气总量	吨		32857
#居民家庭用量	吨		31446
用液化气人口	人		144000
(二)公共交通			
年末实有公共汽(电)车营运车辆数	辆		4668
全年公共汽(电)车客运总量	万人次		114993
年末实有出租汽车数	辆		12338
(三)绿地			
绿化覆盖面积	公顷	29315	29315
#建成区	公顷	17832	17832
绿地面积	公顷	28258	28258
#建成区	公顷	16393	16393
公园绿地面积	公顷	3545	3545
公园面积	公顷	1103	1103
十四、环境保护			
工业废水排放量	万吨	4488.63	
工业废气排放量	亿立方米	2789.29	
工业二氧化硫产生量	吨	219317.97	
工业二氧化硫排放量	吨	40165.66	
工业氮氧化物产生量	吨	92218.59	
工业氮氧化物排放量	吨	43092.44	
工业烟(粉)尘产生量	吨	2073113.15	
工业烟(粉)尘排放量	吨	34023.51	
工业重金属产生量	吨	1.21	
工业重金属排放量	吨	0.11	
一般工业固体废物综合利用率	%	92.30	
污水处理率	%	90.38	
污水处理厂集中处理率	%	85.94	
生活垃圾无害化处理率	%	95.69	
空气质量达到及好于二级的天数	天	246	

主要统计指标解释

EXPLANATORY NOTES ON MAIN STATISTICAL INDICATORS

行政区划 指国家对行政区域的划分。根据有关法规规定，我国的行政区域划分如下：(1) 全国分为省、自治区、直辖市；(2) 省、自治区分为自治州、县、自治县、市；(3) 自治州分为县、自治县、市；(4) 县、自治县分为乡、民族乡、镇；(5) 直辖市和较大的市分为区、县；(6) 国家在必要时设立的特别行政区。

气温 气温指空气的温度，我国一般以摄氏度为单位表示。气象观测的温度表是放在离地面约1.5米处通风良好的百叶箱里测量的，因此，通常说的气温指的是离地面1.5米处百叶箱中的温度。计算方法：月平均气温是将全月各日的平均气温相加，除以该月的天数而得。年平均气温是将12个月的月平均气温累加后除以12而得。

降水量 指从天空降落到地面的液态或固态（经融化后）水，未经蒸发、渗透、流失而在地面上积聚的深度。计算方法为：月降水量是将全月各日的降水量累加而得。年降水量是将12个月的月降水量累加而得。

全年日照时数 指太阳实际照射地面的时数，通常以小时为单位表示。其统计方法与降水量相同。

水资源总量 指当地降水形成的地表和地下产水总量，即地表径流量与降水入渗补给量之和。

地表水资源量 指河流、湖泊以及冰川等地表水体中可以逐年更新的动态水量，即天然河川径流量。

地下水资源量 指地下饱和含水层逐年更新的动态水量，即降水和地表水入渗对地下水的补给量。

各个计划时期 表内所用各个“时期”代表的年份如下：恢复时期为1950到1952年；第一个五年计划时期（简称“一五”时期）为1953到1957年；第二个五年计划时期（简称“二五”时期）为1958到1962年；第三个五年计划时期（简称“三五”时期）为1966到1970年；第四个五年计划时期（简称“四五”时期）为1971到1975年；第五个五年计划时期（简称“五五”时期）为1976到1980年；第六个五年计划时期（简称“六五”时期）为1981到1985年；第七个五年计划时期（简称“七五”时期）为1986到1990年；第八个五年计划时期（简称“八五”时期）为1991到1995年；第九个五年计划时期（简称“九五”时期）为1996到2000年；第十个五年计划时期（简称“十五”时期）为2001到2005年；第十一个五年计划时期（简称“十一五”时期）为2006到2010年。第十二个五年计划时期（简称“十二五”时期）为2011到2015年。

平均增长速度 平均增长速度表明社会经济现象在一个较长的时期内逐期平均增长变化的程度，它不能根据各个环比增长速度直接求得，但与平均发展速度之间存在着一定的数量关系：平均增长速度=平均发展速度-1

平均发展速度 是一种根据环比发展速度计算的序时平均数，由于各时期对比的基础不同，所以计算平均发展速度不能采用一般的序时平均数的计算方法，计算方法分为水平法和累计法。水平法，又称几何平均法，即将环比发展速度按连乘法用几何平均数公式计算。累计法，也称方程法，根据一段时期内各年发展水平总和与基期水平的关系，列出方程式计算平均发展速度。水平法着重考虑最后一年所达到的发展水平；累计法着重考虑整个时期累计发展水平的总量。

基本单位

BASIC UNIT

资料整理：费　嘉　胡　凡

2—1　按登记注册类型分的法人单位和产业活动单位数

（2016年）　　　　单位：个

分　组	法人单位数	企　业	产业活动单位数	企　业
合　计	**64292**	**57724**	**8178**	**6865**
#非公有制经济	57200	55333		
内资	**64080**	**57520**	**7934**	**6623**
国有	3833	798	1994	1089
集体	334	254	135	109
股份合作	127	117	57	54
联营	78	55	48	36
国有联营	24	11	15	12
集体联营	32	29	11	6
国有与集体联营	8	6	7	6
其他联营	14	9	15	12
有限责任公司	6362	6309	1053	1042
国有独资公司	169	168	43	43
其他有限责任公司	6193	6141	1010	999
股份有限公司	591	580	585	568
私营	48212	47729	3595	3555
私营独资企业	5135	4932	189	184
私营合伙	1098	986	35	33
私营有限责任公司	41197	41038	3290	3260
私营股份有限公司	782	773	81	78
其他	4543	1678	467	170
港、澳、台商投资企业	**60**	**59**	**60**	**59**
与港、澳、台商合资经营	30	29	18	18
与港、澳、台商合作经营	1	1		
港、澳、台商独资经营	23	23	29	28
港、澳、台商独资股份有限公司	5	5	10	10
其他港、澳、台商投资	1	1	3	3
外商投资	**152**	**145**	**184**	**183**
中外合资经营	50	50	22	21
中外合作经营	10	10	3	3
外资企业	75	69	124	124
外商投资股份有限公司	4	4	23	23
其他外商投资	13	12	12	12

2—2 按国民经济行业分的法人单位和产业活动单位数

（2016年） 单位：个

行 业	法人单位数	企 业	产业活动单位数	企 业
合 计	**64292**	**57724**	**8178**	**6865**
农、林、牧、渔业	**1001**	**598**	**23**	**16**
农业	286	170	6	5
林业	79	54	4	2
畜牧业	487	279	2	2
渔业	34	14		
农、林、牧、渔服务业	115	81	11	7
采矿业	**174**	**174**	**33**	**33**
煤炭开采和洗选业	72	72	17	17
石油和天然气开采业	3	3	1	1
黑色金属矿采选业	2	2		
有色金属矿采选业	13	13		
非金属矿采选业	50	50	11	11
开采辅助活动	18	18	3	3
其他采矿业	16	16	1	1
制造业	**3281**	**3281**	**207**	**207**
农副食品加工业	94	94	10	10
食品制造业	94	94	10	10
酒、饮料和精制茶制造业	61	61	3	3
烟草制品业	1	1		
纺织业	60	60	3	3
纺织服装、服饰业	69	69		
皮革、毛皮、羽毛及其制品和制鞋业	13	13	1	1
木材加工和木、竹、藤、棕、草制品业	40	40	1	1
家具制造业	91	91	2	2
造纸及纸制品业	78	78		
印刷和记录媒介复制业	178	178	6	6
文教、工美、体育和娱乐用品制造业	38	38	3	3
石油加工、炼焦和核燃料加工业	46	46	7	7
化学原料和化学制品制造业	268	268	24	24

2-2续表1　　（2016年）　　单位：个

行　业	法人单位数	企　业	产业活动单位数	企　业
医药制造业	52	52	3	3
化学纤维制造业	6	6	1	1
橡胶和塑料制品业	355	355	10	10
非金属矿物制造业	425	425	41	41
黑色金属冶炼和压延加工业	87	87	4	4
有色金属冶炼和压延加工业	18	18	1	1
金属制品业	451	451	25	25
通用设备制造业	171	171	12	12
专用设备制造业	227	227	12	12
汽车制造业	28	28	2	2
铁路、船舶、航空航天和其他运输设备制造业	15	15	2	2
电器机械和器材制造业	213	213	12	12
计算机、通信和其他电子设备制造业	18	18	3	3
仪器仪表制造业	26	26	1	1
其他制造业	18	18	2	2
废弃资源综合利用业	13	13	1	1
金属制品、机械和设备修理业	27	27	5	5
电力、热力、燃气及水生产和供应业	**168**	**167**	**31**	**30**
电力、热力生产和供应业	141	141	26	26
燃气生产和供应业	10	10	2	2
水的生产和供应业	17	16	3	2
建筑业	**2227**	**2226**	**644**	**644**
房屋建筑业	328	328	253	253
土木工程建筑业	445	444	115	115
建筑安装业	521	521	157	157
建筑装饰和其他建筑业	933	933	119	119
批发和零售业	**28604**	**28604**	**2243**	**2243**
批发业	21305	21305	810	810
零售业	7299	7299	1433	1433

2-2续表2　（2016年）　单位：个

行　　业	法人单位数	企　业	产业活动单位数	企　业
交通运输、仓储和邮政业	**1996**	**1970**	**537**	**506**
铁路运输业	61	59	47	45
道路运输业	764	751	112	106
水上运输业	2	2	3	3
航空运输业	39	38	11	11
管道运输业	9	9	9	9
装卸搬运和运输代理业	904	901	125	123
仓储业	139	135	26	26
邮政业	78	75	204	183
住宿和餐饮业	**632**	**610**	**268**	**256**
住宿业	305	293	128	119
餐饮业	327	317	140	137
信息运输、软件和信息技术服务业	**2357**	**2316**	**319**	**304**
电信、广播电视和卫星传输服务	102	92	183	172
互联网和相关服务	300	292	22	20
软件和信息技术服务业	1955	1932	114	112
金融业	**1275**	**1261**	**932**	**881**
货币金融服务	266	260	704	658
资本市场服务	479	475	46	43
保险业	74	73	145	145
其他金融业	456	453	37	35
房地产业	**2348**	**2338**	**378**	**378**
房地产业	2348	2338	378	378
租赁和商务服务业	**8285**	**7953**	**667**	**608**
租赁业	529	524	41	41
商务服务业	7756	7429	626	567
科学研究和技术服务业	**3462**	**3174**	**490**	**450**
科研和实验发展	270	195	18	15
专业技术服务业	2122	1968	422	401
科技推广和应用服务业	1070	1011	50	34

2-2续表3 （2016年） 单位：个

行 业	法人单位数	企 业	产业活动单位数	企 业
水利、环境和公共设施管理业	**401**	**286**	**42**	**36**
水利管理业	66	38	15	13
生态保护和环境治理业	48	37	7	7
公共设施管理业	287	211	20	16
居民服务、修理和其他服务业	**1529**	**1469**	**184**	**162**
居民服务业	432	383	65	50
机动车、电子产品和日用产品修理业	636	634	76	73
其他服务业	461	452	43	39
教育	**1198**	**255**	**110**	**26**
教育	1198	255	110	26
卫生和社会工作	**485**	**145**	**322**	**42**
卫生	371	128	317	41
社会工作	114	17	5	1
文化、体育和娱乐业	**1103**	**895**	**54**	**43**
新闻和出版业	92	34	8	5
广播、电视、电影和影视录音制作业	115	97	12	11
文化艺术业	260	188	6	2
体育	70	50	6	4
娱乐业	566	526	22	21
公共管理、社会保障和社会组织	**3766**	**2**	**694**	
中国共产党机关	65		4	
国家机构	1315		570	
人民政协、民主党派	20			
社会保障	9	2	5	
群众团体、社会团体和其他成员组织	1316		113	
基层群众自治组织	1041		2	
国际组织				
国际组织				

2—3　按行政区划分的法人单位数

（2016年）　　单位：个

行　业	法人单位数	企　业
总　计	**64292**	**57724**
天山区	15697	14058
沙依巴克区	11519	10449
高新区（新市区）	16981	15680
水磨沟区	6371	5567
经济区（头屯河区）	8622	8284
达坂城区	655	321
米东区	3743	2983
乌鲁木齐县	704	382

2—4　按行政区划分的产业活动单位数

（2016年）　　单位：个

行　业	产业活动单位数	企　业
总　计	**8178**	**6865**
天山区	2121	1917
沙依巴克区	1256	1119
高新区（新市区）	1823	1615
水磨沟区	831	757
经济区（头屯河区）	1063	919
达坂城区	155	53
米东区	626	414
乌鲁木齐县	303	71

2—5　按登记注册类型分的一套表法人单位数

（2016年）　　单位：个

分　组	法人单位数	企　业
合　计	**2526**	**2518**
内资	**2484**	**2476**
国有	105	98
集体	24	24
股份合作		
联营		
国有联营		
集体联营		
国有与集体联营		
其他联营		
有限责任公司	721	721
国有独资公司	95	95
其他有限责任公司	626	626
股份有限公司	81	81
私营	1549	1549
私营独资企业	1	1
私营合伙	2	2
私营有限责任公司	1522	1522
私营股份有限公司	24	24
其他	4	3
港、澳、台商投资企业	**20**	**20**
与港、澳、台商合资经营	12	12
与港、澳、台商合作经营		
港、澳、台商独资经营	6	6
港、澳、台商投资股份有限公司	1	1
其他港、澳、台商投资	1	1
外商投资	**22**	**22**
中外合资经营	13	13
中外合作经营	1	1
外资企业	7	7
外商投资股份有限公司		
其他外商投资	1	1

2—6 按国民经济行业分的一套表法人单位数

（2016年） 单位：个

行　　业	法人单位数
合　计	**2526**
农、林、牧、渔业	
农业	
林业	
畜牧业	
渔业	
农、林、牧、渔服务业	
采矿业	**8**
煤炭开采和洗选业	4
石油和天然气开采业	1
黑色金属矿采选业	
有色金属矿采选业	
非金属矿采选业	2
开采辅助活动	1
其他采矿业	
制造业	**269**
农副食品加工业	18
食品制造业	16
酒、饮料和精制茶制造业	3
烟草制品业	1
纺织业	6
纺织服装、服饰业	6
皮革、毛皮、羽毛及其制品和制鞋业	
木材加工和木、竹、藤、棕、草制品业	1
家具制造业	2
造纸及纸制品业	9
印刷和记录媒介复制业	6
文教、工美、体育和娱乐用品制造业	1
石油加工、炼焦和核燃料加工业	5
化学原料和化学制品制造业	27
医药制造业	10
化学纤维制造业	1
橡胶和塑料制品业	22
非金属矿物制造业	38
黑色金属冶炼和压延加工业	21
有色金属冶炼和压延加工业	5
金属制品业	24
通用设备制造业	3
专用设备制造业	9

2-6续表1　　（2016年）　　单位：个

行　　业	法人单位数
汽车制造业	6
铁路、船舶、航空航天和其他运输设备制造业	1
电器机械和器材制造业	22
计算机、通信和其他电子设备制造业	1
仪器仪表制造业	1
其他制造业	
废弃资源综合利用业	2
金属制品、机械和设备修理业	2
电力、热力、燃气及水生产和供应业	**61**
电力、热力生产和供应业	53
燃气生产和供应业	5
水的生产和供应业	3
建筑业	**453**
房屋建筑业	105
土木工程建筑业	110
建筑安装业	124
建筑装饰和其他建筑业	114
批发和零售业	**745**
批发业	499
零售业	246
交通运输、仓储和邮政业	**90**
铁路运输业	5
道路运输业	31
水上运输业	
航空运输业	4
管道运输业	3
装卸搬运和运输代理业	34
仓储业	7
邮政业	6
住宿和餐饮业	**94**
住宿业	66
餐饮业	28
信息运输、软件和信息技术服务业	**53**
电信、广播电视和卫星传输服务	11
互联网和相关服务	3
软件和信息技术服务业	39
金融业	
货币金融服务	
资本市场服务	

2-6续表2　　（2016年）　　单位：个

行　　业	法人单位数
保险业	
其他金融业	
房地产业	**455**
房地产业	455
租赁和商务服务业	**124**
租赁业	7
商务服务业	117
科学研究和技术服务业	**105**
科研和实验发展	2
专业技术服务业	99
科技推广和应用服务业	4
水利、环境和公共设施管理业	**14**
水利管理业	2
生态保护和环境治理业	1
公共设施管理业	11
居民服务、修理和其他服务业	**16**
居民服务业	6
机动车、电子产品和日用产品修理业	5
其他服务业	5
教育	**2**
教育	2
卫生和社会工作	**19**
卫生	19
社会工作	
文化、体育和娱乐业	**18**
新闻和出版业	7
广播、电视、电影和影视录音制作业	9
文化艺术业	
体育	1
娱乐业	1
公共管理、社会保障和社会组织	
中国共产党机关	
国家机构	
人民政协、民主党派	
社会保障	
群众团体、社会团体和其他成员组织	
基层群众自治组织	
国际组织	
国际组织	

2—7 按行政区划分的企业一套表调查单位数

（2016年） 单位：个

区 县	规模以上工业	限额以上批发零售业	限额以上住宿餐饮业
总 计	**338**	**745**	**94**
天山区	10	115	34
沙依巴克区	17	112	23
高新区(新市区)	87	213	21
水磨沟区	10	50	11
经济区(头屯河区)	115	197	5
达坂城区	23	1	
米东区	68	57	
乌鲁木齐县	8		

区 县	资质内建筑业	房地产开发经营业	规模以上服务业
总 计	**453**	**379**	**517**
天山区	88	74	118
沙依巴克区	88	72	91
高新区(新市区)	126	76	117
水磨沟区	50	51	53
经济区(头屯河区)	72	60	114
达坂城区	1		2
米东区	25	40	18
乌鲁木齐县	3	6	4

主要统计指标解释

EXPLANATORY NOTES ON MAIN STATISTICAL INDICATORS

企业（单位）登记注册类型　是以在工商行政管理机关登记注册的各类企业为划分对象，以工商行政管理部门对企业登记注册的类型为依据，将企业登记注册类型分为内资企业、港澳台商投资企业和外商投资企业三大类。内资企业包括国有企业、集体企业、股份合作企业、联营企业、有限责任公司、股份有限公司、私营公司和其他企业；港澳台商投资企业和外商投资企业分别包括合资经营企业、合作经营企业、独资经营企业和股份有限公司。对不在工商行政管理部门进行登记注册的行政机关、事业单位和社会团体，主要按其经费来源和管理方式进行划分。

国有企业　指企业全部资产归国家所有，并按《华人民共和国企业法人登记管理条例》规定登记注册的非公司制的经济组织。不包括有限责任公司中的国有独资公司。

集体企业　指企业资产归集体所有，并按《中华人民共和国企业法人登记管理条例》规定登记注册的经济组织。

股份合作企业　指以合作制为基础，由企业职工共同出资入股，吸收一定比例的社会资产投资组建，实行自主经营，自负盈亏，共同劳动，民主管理，按劳分配与按股分红相结合的一种集体经济组织。

联营企业　指两个及两个以上相同或不同所有制性质的企业法人或事业单位法人，按自愿、平等、互利的原则，共同投资组成的经济组织。联营企业包括国有联营企业、集体联营企业、国有与集体联营企业和其他联营企业。

有限责任公司　指根据《中华人民共和国公司登记管理条例》规定登记注册，由两个以上、五十个以下的股东共同出资，每个股东以其所认缴的出资额对公司承担有限责任，公司以其全部资产对其债务承担责任的经济组织。有限责任公司包括国有独资公司以及其他有限责任公司。

股份有限公司　指根据《中华人民共和国公司登记管理条例》规定登记注册，其全部注册资本由等额股份构成并通过发行股票筹集资本，股东以其认购的股份对公司承担有限责任，公司以其全部资产对其债务承担责任的经济组织。

私营企业　指由自然人投资设立或由自然人控股，以雇佣劳动为基础的营利性经济组织。包括按照《公司法》、《合伙企业法》、《私营企业暂行条例》规定登记注册的私营有限责任公司、私营股份有限公司、私营合伙企业和私营独资企业。

合资经营企业（港或澳、台商）　指港澳台地区投资者与内地的企业依照《中华人民共和国中外合资经营企业法》及有关法律的规定，按合同规定的比例投资设立、分享利润和分担风险的企业。

港澳台商独资经营企业　指依照《中华人民共和国外资企业法》及有关法律的规定，在内地由港澳台地区投资者全额投资设立的企业。

港澳台商投资股份有限公司　指根据国家有关规定，经商务部批准设立，其中港、澳、台商的股本占公司注册资本的比例达25%以上的股份有限公司。凡其中港、澳、台商的股本占公司注册资本的比例小于25%的，属于内资企业中的股份有限公司。

中外合资经营企业　指外国企业或外国人与中国内地企业依照《中华人民共和国中外合资经营企业法》及有关法律的规定，按合同规定的比例投资设立、分享利润和分担风险的企业。

中外合作经营企业　指外国企业或外国人与中国内地企业依照《中华人民共和国中外合作经营企业法》及有关法律的规定，依照合作合同的约定进行投资或提供条件设立、分配利润和分担风险的企业。

外资企业　指依照《中华人民共和国外资企业法》及有关法律的规定，在中国内地由外国投资者全额投资设立的企业。

行政机关、事业单位和社会团体　参照企业登记注册类型，主要按其经费来源和管理方式划分。具体规定如下：

（1）行政机关：包括国家机关和政党机关，原则上均列为“国有”。但有特殊规定的，如供销社等，则列为“集体”。

（2）事业单位：包括经国家机构编制部门和有关业务主管部门批准成立的各类事业单位，不包括实行企业化管理的事业单位。

法人单位　指具备以下条件的单位：1、依法成立，有自己的名称、组织机构和场所，能够独立承担民事责任；2、独立拥有和使用（或授权使用）资产，承担负债，有权与其他单位签订合同；3、会计上独立核算，能够编制资产负债表。法人单位包括企业法人、事业单位法人、机关法人、社会团体法人和其他法人。

产业活动单位　是法人单位的组成部分，须同时具备以下三个条件：1、在一个场所从事一种或主要从事一种社会经济活动；2、相对独立组织生产经营或业务活动；3、能够掌握收入和支出等业务核算资料。

3 国民经济核算

NATIONAL ACCOUNTS

资料整理：刘　丰

3—1 总 产 出

单位：万元

年 份	总产出	第一产业	第二产业	第三产业	#工业	建筑业	交通运输、仓储及邮政业	批发和零售贸易、住餐业
1952	18090	1566	5433	11091	3277	2156	3980	2958
“一五”时期								
1953	24111	1754	7271	15086	4844	2427	4745	4691
1954	33177	2009	11760	19408	6869	4891	6880	5260
1955	41783	2076	14913	24794	10050	4863	9293	6216
1956	57223	2268	21805	33150	15037	6768	12918	7817
1957	49330	2249	19217	27864	13423	5794	7966	9463
“二五”时期								
1958	56174	2640	26253	27281	19943	6310	8662	8403
1959	108014	2830	59798	45386	47133	12665	14955	13416
1960	127398	2908	75126	47364	61914	13212	15138	15915
1961	88817	2800	49120	36897	44549	4571	10761	12449
1962	67880	2431	32867	32582	29587	3280	10168	10329
三年调整期								
1963	74464	3282	39398	31784	30356	9042	10910	8960
1964	81398	3550	43381	34467	29763	13618	11454	10100
1965	96622	3622	54255	38745	35825	18430	13802	10429
“三五”时期								
1966	109149	4248	62621	42280	49688	12933	15555	10971
1967	87969	3593	50058	34318	41225	8833	11307	10206
1968	73790	3166	39050	31574	36196	2854	9750	9973
1969	77465	3687	38233	35545	35339	2894	8998	13249
1970	109305	4172	56921	48212	47014	9907	15865	13802
“四五”时期								
1971	128743	4340	65876	58527	57689	8187	21426	14595
1972	112537	4905	49305	58327	41945	7360	19567	16349
1973	110294	4838	45537	59919	39141	6396	19588	17288
1974	109533	4877	46944	57712	38504	8440	18170	17389
1975	128976	5772	62431	60773	50771	11660	21811	15687
“五五”时期								
1976	152142	7248	74670	70224	61202	13468	26518	16873
1977	189732	7408	92402	89922	76057	16345	36665	18988
1978	215664	8075	105430	102159	85016	20414	41454	21022
1979	237186	9067	121213	106906	97511	23702	41111	24280
1980	276322	9410	146710	120202	116027	30683	44032	29517
“六五”时期								
1981	280947	12075	152789	116083	125083	27706	47568	23397
1982	334799	14168	187758	132873	150490	37268	51408	29722
1983	385877	15500	224236	146141	176089	48147	58941	30273
1984	505178	15441	326654	163083	213844	112810	67588	32013
1985	589324	18060	371426	199838	288812	82614	68256	53322

3-1续表 单位：万元

年份	总产出	第一产业	第二产业	第三产业	#工业	建筑业	交通运输、仓储及邮政业	批发和零售贸易、住餐业
"七五"时期								
1986	656849	20018	421263	215568	328316	92947	74487	57201
1987	820898	24200	474043	322655	379670	94373	100867	95921
1988	1043085	33528	608213	401344	498171	110042	117163	127637
1989	1263256	38129	728942	496185	611589	117353	143760	156756
1990	1434313	40274	797979	596060	657294	140685	188871	171574
"八五"时期								
1991	1715140	42272	956277	716591	796816	159461	205114	220327
1992	2100133	49764	1172587	877782	945544	227043	246334	266224
1993	2691251	59796	1548059	1083396	1225432	322627	331817	292238
1994	3473555	83461	2014140	1375954	1524705	489435	384280	352318
1995	4439607	114057	2392447	1933103	1911998	480449	392990	432051
"九五"时期								
1996	4892317	122002	2605310	2165005	1903792	701518	505063	539472
1997	5576194	116156	3123159	2336879	2373876	749283	578424	588079
1998	5960652	122361	3230063	2608228	2400278	829785	711631	626403
1999	6379882	126864	3382310	2870708	2507867	874443	790361	665393
2000	7419984	129598	4020032	3270354	2996079	1023953	851910	682679
"十五"时期								
2001	8521363	137227	4555440	3828696	3310242	1245198	1054103	725887
2002	9419464	155628	4829883	4433953	3504028	1325855	1193767	764864
2003	10924070	195916	5686980	5041174	4067186	1619794	1361250	862300
2004	12927223	217768	6946953	5762502	5240174	1706779	1506457	987020
2005	15455851	241825	8621198	6592828	6628485	1992713	1363570	1343069
"十一五"时期								
2006	18069865	266089	10195339	7608437	8148549	2046790	1584718	1616973
2007	21688190	303622	12458912	8925656	10127905	2331007	1759833	1934332
2008	29799156	280758	17544528	11973870	14275528	3269000	3100293	2948807
2009	30993208	303773	17807750	12881685	14116460	3691290	3414208	3096222
2010	36689215	350439	21474753	14864023	17192253	4282500	3795154	3596136
"十二五"时期								
2011	45663219	382875	26413563	18866781	21413563	5000000	4813231	4515831
2012	51672062	427021	29241670	22003371	23726670	5515000	6098681	4155721
2013	55221481	474038	31352334	23395109	25315267	6044440	6648412	3586000
2014	63611769	523284	35128425	27960060	28253757	6883966	6899404	5381753
2015	60441427	517843	30425123	29498461	24508769	5936463	6521947	4854210
"十三五"时期								
2016	63454241	594998	29872823	32986420	23460477	6430746	7216008	5018078

注：1.本表按当年价格计算

2.1978－2004年数据根据第一次经济普查资料修订。

3.2005－2008年数据根据第二次经济普查资料修订。

3—2 总产出构成

单位：%

年 份	总产出	第一产业	第二产业	第三产业	#工业	建筑业	交通运输、仓储及邮政业	批发和零售贸易、住餐业
1952	100	8.66	30.03	61.31	18.11	11.92	22.00	16.35
“一五”时期								
1953	100	7.27	30.16	62.57	20.09	10.07	19.68	19.46
1954	100	6.06	35.45	58.49	20.70	14.75	20.74	15.85
1955	100	4.97	35.69	59.34	24.05	11.64	22.24	14.88
1956	100	3.96	38.11	57.93	26.28	11.83	22.57	13.66
1957	100	4.56	38.96	56.48	27.21	11.75	16.15	19.18
“二五”时期								
1958	100	4.70	46.74	48.56	35.50	11.24	15.42	14.96
1959	100	2.62	55.36	42.02	43.64	11.72	13.85	12.42
1960	100	2.28	58.97	38.75	48.60	10.37	11.88	12.49
1961	100	3.15	55.30	41.55	50.16	5.14	12.12	14.02
1962	100	3.58	48.42	48.00	43.59	4.83	14.98	15.22
三年调整期								
1963	100	4.41	52.91	42.68	40.77	12.14	14.65	12.03
1964	100	4.36	53.29	42.35	36.56	16.73	14.07	12.41
1965	100	3.75	56.15	40.10	37.08	19.07	14.28	10.79
“三五”时期								
1966	100	3.89	57.37	38.74	45.52	11.85	14.25	10.05
1967	100	4.08	56.90	39.02	46.86	10.04	12.85	11.60
1968	100	4.29	52.92	42.79	49.05	3.87	13.21	13.52
1969	100	4.76	49.36	45.88	45.62	3.74	11.62	17.10
1970	100	3.82	52.08	44.10	43.01	9.07	14.51	12.63
“四五”时期								
1971	100	3.37	51.17	45.46	44.81	6.36	16.64	11.34
1972	100	4.36	43.81	51.83	37.27	6.54	17.39	14.53
1973	100	4.39	41.29	54.32	35.49	5.80	17.76	15.67
1974	100	4.45	42.86	52.69	35.15	7.71	16.59	15.88
1975	100	4.48	48.41	47.11	39.36	9.05	16.91	12.16
“五五”时期								
1976	100	4.76	49.08	46.16	40.23	8.85	17.43	11.09
1977	100	3.90	48.70	47.40	40.09	8.61	19.32	10.01
1978	100	3.74	48.89	47.37	39.42	9.47	19.22	9.75
1979	100	3.82	51.10	45.08	41.11	9.99	17.33	10.24
1980	100	3.41	53.09	43.50	41.99	11.10	15.94	10.68
“六五”时期								
1981	100	4.30	54.38	41.32	44.52	9.86	16.93	8.33
1982	100	4.23	56.08	39.69	44.95	11.13	15.35	8.88
1983	100	4.02	58.11	37.87	45.63	12.48	15.27	7.85

3-2续表 单位：%

年 份	总产出	第一产业	第二产业	第三产业	#工业	建筑业	交通运输、仓储及邮政业	批发和零售贸易、住餐业
1984	100	3.06	64.66	32.28	42.33	22.33	13.38	6.34
1985	100	3.06	63.03	33.91	49.01	14.02	11.58	9.05
“七五”时期								
1986	100	3.05	64.13	32.82	49.98	14.15	11.34	8.71
1987	100	2.95	57.75	39.30	46.25	11.50	12.29	11.68
1988	100	3.21	58.31	38.48	47.76	10.55	11.23	12.24
1989	100	3.02	57.70	39.28	48.41	9.29	11.38	12.41
1990	100	2.81	55.63	41.56	45.83	9.80	13.17	11.96
“八五”时期								
1991	100	2.46	55.76	41.78	46.46	9.30	11.96	12.85
1992	100	2.37	55.83	41.80	45.02	10.81	11.73	12.68
1993	100	2.22	57.52	40.26	45.53	11.99	12.33	10.86
1994	100	2.40	57.98	39.62	43.89	14.09	11.06	10.14
1995	100	2.57	53.89	43.54	43.07	10.82	8.85	9.73
“九五”时期								
1996	100	2.49	53.25	44.26	38.91	14.34	10.32	11.03
1997	100	2.08	56.01	41.91	42.57	13.44	10.37	10.55
1998	100	2.05	54.19	43.76	40.27	13.92	11.94	10.51
1999	100	1.99	53.02	44.99	39.31	13.71	12.39	10.43
2000	100	1.75	54.18	44.07	40.38	13.80	11.48	9.20
“十五”时期								
2001	100	1.61	53.46	44.93	38.85	14.61	12.37	8.52
2002	100	1.65	51.28	47.07	37.20	14.08	12.67	8.12
2003	100	1.79	52.06	46.15	37.23	14.83	12.46	7.89
2004	100	1.68	53.74	44.58	40.54	13.20	11.65	7.64
2005	100	1.56	55.78	42.66	42.89	12.89	8.82	8.69
“十一五”时期								
2006	100	1.47	56.42	42.11	45.09	11.33	8.77	8.95
2007	100	1.40	57.45	41.15	46.70	10.75	8.11	8.92
2008	100	0.94	58.88	40.18	47.91	10.97	10.40	9.90
2009	100	0.98	57.46	41.56	45.55	11.91	11.02	9.99
2010	100	0.96	58.53	40.51	46.86	11.67	10.34	9.80
“十二五”时期								
2011	100	0.84	57.84	41.32	46.89	10.95	10.54	9.89
2012	100	0.83	56.59	42.58	45.92	10.67	11.80	8.04
2013	100	0.86	56.78	42.37	45.84	10.95	12.04	6.49
2014	100	0.82	55.22	43.95	44.42	10.82	10.85	8.46
2015	100	0.86	50.34	48.81	40.55	9.82	10.79	8.03
“十三五”时期								
2016	100	0.94	47.08	51.98	36.97	10.13	11.37	7.91

3—3　地区生产总值

单位：万元

年　份	地区生产总值	第一产业	第二产业	第三产业	#工业	建筑业	人均地区生产总值(元/人)
1952	7941	916	1881	5144	1135	746	512
"一五"时期							
1953	10392	1023	2521	6848	1682	839	562
1954	14095	1173	4069	8853	2388	1681	631
1955	17771	1214	5220	11337	3498	1722	678
1956	24146	1326	7630	15190	5235	2395	806
1957	20820	1410	6908	12502	4788	2120	533
"二五"时期							
1958	23409	1664	9449	12296	7139	2310	527
1959	43805	1786	21515	20504	16892	4623	884
1960	50966	1843	27281	21842	22180	5101	750
1961	35770	1727	17751	16292	15895	1856	523
1962	27751	1446	11877	14428	10517	1360	456
三年调整期							
1963	30405	1901	14340	14164	10802	3538	526
1964	33158	2092	15748	15318	10534	5214	524
1965	39453	2098	20067	17288	12997	7070	557
"三五"时期							
1966	44408	2429	23172	18807	18116	5056	597
1967	35658	2099	18542	15017	14929	3613	449
1968	29656	1869	14387	13400	12999	1388	350
1969	31205	2142	14015	15048	12591	1424	347
1970	43370	2405	20426	20539	16412	4014	465
"四五"时期							
1971	51137	2504	23626	25007	20258	3368	552
1972	44451	2757	17348	24346	14149	3199	448
1973	43821	2769	16037	25015	13123	2914	415
1974	43475	2861	16579	24035	12877	3702	393
1975	50848	3332	22091	25425	17078	5013	450
"五五"时期							
1976	60293	4188	26533	29572	20651	5882	535
1977	75596	4385	33061	38150	25758	7302	641
1978	86153	4723	37851	43579	30154	7697	713
1979	93818	5342	42330	46146	33659	8671	781
1980	112446	5649	55763	51034	44043	11720	917
"六五"时期							
1981	112310	6641	54650	51019	44337	10313	880
1982	134188	7793	66851	59544	53384	13467	1003
1983	155370	8783	79629	66958	62328	17301	1129
1984	198696	8832	112925	76939	73452	39473	1415
1985	234882	10505	127729	96648	99040	28689	1604

3-3续表 单位：万元

年　份	地区生产总值	第一产业	第二产业	第三产业	#工业	建筑业	人均地区生产总值(元/人)
“七五”时期							
1986	264834	10973	144972	108889	112625	32347	1838
1987	344688	12892	162661	169135	130692	31969	2353
1988	443483	18730	207263	217490	170994	36269	2962
1989	537774	20466	238284	279024	197077	41207	3538
1990	634562	21151	303608	309803	246955	56653	4142
“八五”时期							
1991	733182	22883	306463	403836	247087	59376	4667
1992	872098	26665	364927	480506	299856	65071	5315
1993	1169345	31829	470224	667292	380158	90066	6780
1994	1456987	44355	541310	871322	432506	108804	8252
1995	1859640	62357	702786	1094497	548423	154363	10381
“九五”时期							
1996	2086769	68120	763609	1255040	546519	217090	11437
1997	2258063	64539	842897	1350627	626214	216683	12030
1998	2406886	68649	881775	1456462	640875	240900	12689
1999	2591823	68917	908976	1613930	668677	240299	13378
2000	2898465	70529	1040230	1787706	776459	263771	14622
“十五”时期							
2001	3279389	74564	1162574	2042251	868263	294311	15732
2002	3670592	87712	1223296	2359584	915902	307394	16990
2003	4260031	101990	1481345	2676696	1115184	366161	19085
2004	5066147	119149	1928957	3018041	1537056	391901	21990
2005	5857034	130947	2252464	3473623	1785432	467032	24444
“十一五”时期							
2006	6836782	142375	2662538	4031869	2181985	480553	27357
2007	8105705	162659	3165857	4777189	2618574	547283	30771
2008	9823703	151631	4208279	5463793	3543279	665000	35953
2009	10727645	160015	4642542	5925089	3879275	763267	37731
2010	13027147	186918	5934955	6905274	5078455	856500	41888
“十二五”时期							
2011	16215843	202163	7458323	8555356	6458323	1000000	50517
2012	18954206	218498	8099657	10636050	6949657	1150000	56411
2013	20584716	226434	8500177	11858105	7219384	1283515	59493
2014	22646800	235787	8755677	13655336	7359352	1399031	64155
2015	23873124	265262	7582317	16025545	6029284	1566916	67248
“十三五”时期							
2016	24589766	281353	7040837	17267576	5352557	1697380	69865

3—4 地区生产总值构成

单位：%

年 份	地区生产总值	第一产业	第二产业	第三产业	#工业	建筑业
1952	100	11.54	23.69	64.77	14.29	9.40
“一五”时期						
1953	100	9.84	24.26	65.90	16.19	8.07
1954	100	8.32	28.87	62.81	16.94	11.93
1955	100	6.83	29.37	63.80	19.68	9.69
1956	100	5.49	31.60	62.91	21.68	9.92
1957	100	6.77	33.18	60.05	23.00	10.18
“二五”时期						
1958	100	7.11	40.36	52.53	30.49	9.87
1959	100	4.08	49.12	46.80	38.56	10.56
1960	100	3.62	53.53	42.85	43.52	10.01
1961	100	4.83	49.63	45.54	44.44	5.19
1962	100	5.21	42.80	51.99	37.90	4.90
三年调整期						
1963	100	6.25	47.16	46.59	35.53	11.63
1964	100	6.31	47.49	46.20	31.77	15.72
1965	100	5.32	50.86	43.82	32.94	17.92
“三五”时期						
1966	100	5.47	52.18	42.35	40.79	11.39
1967	100	5.89	52.00	42.11	41.87	10.13
1968	100	6.30	48.51	45.19	43.83	4.68
1969	100	6.86	44.91	48.23	40.35	4.56
1970	100	5.55	47.10	47.35	37.84	9.26
“四五”时期						
1971	100	4.90	46.20	48.90	39.61	6.59
1972	100	6.20	39.03	54.77	31.83	7.20
1973	100	6.32	36.60	57.08	29.95	6.65
1974	100	6.58	38.13	55.29	29.62	8.51
1975	100	6.55	43.45	50.00	33.59	9.86
“五五”时期						
1976	100	6.95	44.01	49.04	34.25	9.76
1977	100	5.80	43.73	50.47	34.07	9.66
1978	100	5.48	43.93	50.59	35.00	8.93
1979	100	5.69	45.12	49.19	35.88	9.24
1980	100	5.02	49.59	45.39	39.17	10.42
“六五”时期						
1981	100	5.91	48.66	45.43	39.48	9.18
1982	100	5.81	49.82	44.37	39.78	10.04
1983	100	5.65	51.25	43.10	40.12	11.13
1984	100	4.44	56.83	38.73	36.97	19.86
1985	100	4.47	54.38	41.15	42.17	12.21

3-4续表 单位：%

年 份	地区生产总值	第一产业	第二产业	第三产业	#工业	建筑业
“七五”时期						
1986	100	4.14	54.74	41.12	42.53	12.21
1987	100	3.74	47.19	49.07	37.92	9.27
1988	100	4.22	46.74	49.04	38.56	8.18
1989	100	3.81	44.31	51.88	36.65	7.66
1990	100	3.33	47.85	48.82	38.92	8.93
“八五”时期						
1991	100	3.12	41.80	55.08	33.70	8.10
1992	100	3.06	41.84	55.10	34.38	7.46
1993	100	2.72	40.21	57.07	32.51	7.70
1994	100	3.04	37.15	59.81	29.68	7.47
1995	100	3.35	37.79	58.86	29.49	8.30
“九五”时期						
1996	100	3.26	36.59	60.15	26.19	10.40
1997	100	2.86	37.33	59.81	27.73	9.60
1998	100	2.85	36.64	60.51	26.63	10.01
1999	100	2.66	35.07	62.27	25.80	9.27
2000	100	2.43	35.89	61.68	26.79	9.10
“十五”时期						
2001	100	2.27	35.45	62.28	26.48	8.97
2002	100	2.39	33.33	64.28	24.95	8.38
2003	100	2.39	34.77	62.84	26.18	8.59
2004	100	2.35	38.08	59.57	30.34	7.74
2005	100	2.24	38.46	59.30	30.48	7.97
“十一五”时期						
2006	100	2.08	38.94	58.98	31.92	7.03
2007	100	2.01	39.06	58.93	32.31	6.75
2008	100	1.54	42.84	55.62	36.07	6.77
2009	100	1.49	43.28	55.23	36.16	7.11
2010	100	1.43	45.56	53.01	38.98	6.57
“十二五”时期						
2011	100	1.25	45.99	52.76	39.83	6.17
2012	100	1.15	42.73	56.12	36.67	6.07
2013	100	1.10	41.29	57.61	35.07	6.24
2014	100	1.04	38.66	60.30	32.50	6.18
2015	100	1.11	31.76	67.13	25.26	6.56
“十三五”时期						
2016	100	1.14	28.64	70.22	21.77	6.90

3—5 地区生产总值环比指数

（以上年为100）

单位：%

年 份	地区生产总值	第一产业	第二产业	第三产业	#工业	建筑业	人均地区生产总值
1978	115.6	87.8	118.4	118.0	115.6	125.4	112.8
1979	107.6	101.8	108.3	107.6	105.5	114.9	108.2
1980	118.2	92.0	123.2	116.6	122.0	126.0	115.9
"六五"时期							
1981	112.8	105.8	127.4	98.1	105.9	172.8	108.4
1982	119.6	113.0	122.3	116.6	118.0	128.0	114.1
1983	118.4	113.8	124.2	110.5	121.5	127.4	115.1
1984	133.6	117.0	147.1	113.7	109.7	189.5	130.9
1985	101.5	94.9	90.1	126.1	130.1	63.9	97.3
"七五"时期							
1986	108.2	107.6	105.2	112.8	108.3	101.1	110.0
1987	120.2	109.8	105.4	141.8	111.5	96.7	118.2
1988	106.8	108.3	112.8	100.4	117.5	105.1	104.5
1989	108.3	100.1	101.0	117.5	105.8	92.1	106.7
1990	115.5	106.5	125.9	105.5	118.2	142.3	114.6
"八五"时期							
1991	108.9	98.8	101.3	118.5	93.3	115.5	106.2
1992	109.9	115.8	106.2	113.4	114.7	94.0	105.2
1993	107.7	102.2	105.4	110.2	101.2	112.8	102.5
1994	107.0	104.9	106.5	107.6	102.4	112.7	104.5
1995	109.9	108.7	106.8	112.8	110.5	101.5	108.3
"九五"时期							
1996	109.2	105.4	112.3	106.7	111.3	113.9	107.2
1997	107.8	104.2	108.8	106.9	110.4	106.5	104.7
1998	109.2	107.4	108.3	110.1	107.6	109.3	108.1
1999	108.4	103.7	105.3	111.4	105.1	105.6	106.1
2000	108.6	101.8	107.7	109.7	107.7	107.7	106.2
"十五"时期							
2001	108.8	108.6	109.0	108.7	108.6	109.5	103.5
2002	110.5	113.4	107.9	112.6	108.8	106.6	106.6
2003	112.8	115.7	112.0	113.3	110.9	113.9	109.2
2004	112.6	109.4	112.5	112.8	115.3	108.1	109.1
2005	114.3	103.7	112.2	115.9	111.4	115.0	109.9
"十一五"时期							
2006	114.3	109.8	113.6	114.9	117.0	100.6	109.6
2007	115.1	107.6	115.3	115.2	117.0	108.0	109.5
2008	112.0	108.0	116.1	109.5	118.0	106.6	110.1
2009	109.0	106.0	111.7	107.2	110.8	117.0	104.7
2010	112.3	105.5	111.2	113.3	112.2	106.0	107.2
"十二五"时期							
2011	115.3	105.8	110.0	120	110.7	105.9	111.7
2012	117.3	105.4	116.4	118.3	116.6	115.0	112.0
2013	115.0	109.0	115.4	114.8	116.3	109.6	110.8
2014	110.5	107.1	109.7	111.2	109.7	109.3	107.8
2015	110.5	106.1	105.1	114.3	103.9	114.2	105.6
"十三五"时期							
2016	107.6	100.8	102.0	110.4	99.8	110.1	103.2

注：本表按可比价计算。

3—6 地区生产总值指数

（1978年=100）

单位：%

年 份	地区生产总值	第一产业	第二产业	第三产业	#工业	建筑业	人均地区生产总值
1978	100.0	100.0	100.0	100.0	100.0	100.0	100.0
1979	107.6	101.8	108.3	107.6	105.5	114.9	108.2
1980	127.1	93.6	133.5	125.4	128.7	144.8	125.4
“六五”时期							
1981	143.5	99.1	170.1	123.0	136.3	250.1	135.9
1982	171.6	111.9	208.1	143.4	160.8	320.2	155.0
1983	203.2	127.4	258.5	158.5	195.4	408.1	178.4
1984	271.5	149.0	380.2	180.1	214.3	773.3	233.6
1985	275.6	141.4	342.7	227.1	278.9	493.8	227.4
“七五”时期							
1986	298.2	152.1	360.5	256.1	302.0	499.0	250.2
1987	358.6	167.1	380.1	363.2	336.9	482.5	295.8
1988	382.9	180.9	428.9	364.6	395.9	507.1	309.2
1989	414.7	181.1	433.0	428.3	418.7	466.8	329.8
1990	478.9	192.7	545.0	452.0	494.7	664.2	377.9
“八五”时期							
1991	521.4	190.4	552.1	535.7	461.3	767.0	401.1
1992	573.0	220.4	586.2	607.6	529.3	721.2	422.1
1993	617.2	225.3	618.0	669.5	535.4	813.6	432.5
1994	660.4	236.2	658.0	720.4	548.6	917.2	452.1
1995	726.0	256.8	702.6	812.8	606.3	930.6	489.8
“九五”时期							
1996	792.7	270.6	789.3	867.0	675.1	1059.8	525.1
1997	854.2	281.8	858.9	927.0	745.3	1128.2	550.0
1998	932.7	302.6	929.8	1021.0	801.9	1232.8	594.3
1999	1011.1	313.7	978.9	1137.6	842.6	1301.9	630.8
2000	1098.4	319.4	1054.5	1247.7	907.9	1401.8	669.7
“十五”时期							
2001	1194.9	346.9	1148.9	1355.6	985.8	1535.2	692.8
2002	1320.7	393.5	1240.1	1526.5	1072.5	1637.2	738.8
2003	1489.9	455.2	1389.5	1730.0	1188.9	1864.7	806.7
2004	1677.3	498.1	1562.5	1951.3	1371.4	2015.3	879.9
2005	1917.2	516.5	1753.1	2261.6	1527.7	2317.6	967.0
“十一五”时期							
2006	2191.3	567.1	1991.5	2598.0	1787.4	2331.5	1059.8
2007	2522.2	610.2	2295.9	2992.9	2091.3	2518.0	1160.4
2008	2880.4	659.1	2665.5	3391.0	2467.7	2684.2	1277.6
2009	3139.6	698.6	2977.4	3635.2	2734.3	3140.5	1337.6
2010	3525.8	737.0	3310.9	4118.7	3067.9	3328.9	1433.9
“十二五”时期							
2011	4065.2	779.7	3642.0	4942.4	3396.2	3325.3	1601.7
2012	4768.0	821.9	4238.8	5845.3	3960.2	3824.1	1794.7
2013	5481.9	896.0	4890.4	6710.5	4604.8	4191.5	1988.3
2014	6056.9	959.4	5357.1	7462.4	5045.8	4582.4	2142.4
2015	6694.7	1017.8	5630.2	8529.3	5241.1	5232.3	2261.4
“十三五”时期							
2016	7206.2	1026.4	5741.0	9419.4	5229.1	5762.9	2332.7

注：本表按可比价格计算。

3—7　分行业地区生产总值

单位：万元

指　　标	1995年	1996年	1997年	1998年	1999年	2000年
地区生产总值	**1859640**	**2086769**	**2258063**	**2406886**	**2591823**	**2898465**
按产业分						
第一产业	62357	68120	64539	68649	68917	70529
第二产业	702786	763609	842897	881775	908976	1040230
第三产业	1094497	1255040	1350627	1456462	1613930	1787706
按行业分						
#工业	548423	546519	626214	640875	668677	776459
建筑业	154363	217090	216683	240900	240299	263771
交通运输仓储邮电业	208267	233181	274863	329503	376757	399673
批发零售贸易餐饮业	234034	254376	294538	332045	369871	398453
金融业	247251	280122	248091	225069	197036	197830
房地产业	51800	64198	67959	87915	102172	123729
其他服务业	353145	423163	465176	481930	568094	668021

指　　标	2001年	2002年	2003年	2004年	2005年	2006年
地区生产总值	**3279389**	**3670592**	**4260031**	**5066147**	**5857034**	**6836782**
按产业分						
第一产业	74564	87712	101990	119149	130947	142375
第二产业	1162574	1223296	1481345	1928957	2252464	2662538
第三产业	2042251	2359584	2676696	3018041	3473623	4031869
按行业分						
#工业	868263	915902	1115184	1537056	1785432	2181985
建筑业	294311	307394	366161	391901	467032	480553
交通运输仓储邮电业	455172	538261	610826	674958	552391	645369
批发零售贸易餐饮业	440330	483536	543234	633121	829181	976952
金融业	223045	269974	327589	342155	405375	498893
房地产业	142284	159509	181641	209821	230880	258822
其他服务业	781420	908304	1013406	1157986	1455796	1651833

注：本表按当年价格计算。

3-7续表 单位：万元

指　标	2007年	2008年	2009年	2010年	2011年
地区生产总值	**8105705**	**9823703**	**10727645**	**13027147**	**16215843**
按产业分					
第一产业	162659	151631	160015	186918	202163
第二产业	3165857	4208279	4642542	5934955	7458323
第三产业	4777189	5463793	5925089	6905274	8555356
按行业分					
#工业	2618574	3543279	3879275	5078455	6458323
建筑业	547283	665000	763267	856500	1000000
交通运输仓储邮电业	715974	868245	952116	1282584	1643627
批发零售贸易餐饮业	1161269	1309908	1370354	1516824	1871272
金融业	670456	775304	836033	1013803	1170032
房地产业	327088	413651	535339	766596	993797
其他服务业	1902402	2096685	2231247	2325467	2876628

指　标	2012年	2013年	2014年	2015年	2016年
地区生产总值	**18954206**	**20584716**	**22646800**	**23873124**	**24589766**
按产业分					
第一产业	218498	226434	235787	265262	281353
第二产业	8099657	8500177	8755677	7582317	7040837
第三产业	10636050	11858105	13655336	16025545	17267576
按行业分					
#工业	6949657	7219384	7359352	6029284	5352557
建筑业	1150000	1283515	1399031	1566916	1697380
交通运输仓储邮电业	2291021	2546538	3036898	2864235	3473602
批发零售贸易餐饮业	1906919	1961594	2357977	2343189	2488941
金融业	1445715	1692282	1978872	2329103	2597172
房地产业	1068409	1488527	1068136	1065746	1305865
其他服务业	3923986	4169164	5213453	7423272	7401996

3—8　三次产业对地区生产总值增长的贡献率

单位：%

指　　标	1995年	2000年	2001年	2002年	2003年	2004年	2005年	2006年	2007年
地区生产总值	**100.0**	**100.0**	**100.0**	**100.0**	**100.0**	**100.0**	**100.0**	**100.0**	**100.0**
按产业分									
第一产业	2.4	0.5	2.3	3.2	3.3	2.0	0.7	1.4	1.1
第二产业	28.7	37.1	36.7	27.2	33.3	34.7	30.8	36.6	38.8
第三产业	68.9	62.4	61.0	69.6	63.4	63.3	68.5	62.0	60.1
按行业分									
#工业	33.8	28.8	26.9	22.2	22.0	31.5	21.7	36.2	35.1
建筑业	−5.1	8.3	9.8	5.0	11.3	3.2	9.1	0.4	3.7
交通运输仓储邮电业	−2.3	19.2	22.6	14.0	14.8	14.8	15.9	7.4	6.2
批发零售贸易餐饮业	19.8	20.5	13.4	18.7	15.1	19.3	19.5	17.6	13.7
金融业	−0.7	−2.2	6.5	14.0	11.5	2.4	8.1	10.5	14.0
房地产业	0.8	1.6	6.3	4.1	4.5	4.0	2.4	3.0	5.4
其他服务业	51.3	23.3	12.2	18.8	17.5	22.8	22.6	23.5	20.8

指　　标	2008年	2009年	2010年	2011年	2012年	2013年	2014年	2015年	2016年
地区生产总值	**100.0**	**100.0**	**100.0**	**100.0**	**100.0**	**100.0**	**100.0**	**100.0**	**100.0**
按产业分									
第一产业	1.4	1.3	0.8	0.6	0.4	0.7	0.8	0.6	0.1
第二产业	51.5	52.0	37.0	29.3	40.6	43.6	36.7	19.4	8.2
第三产业	47.1	46.7	62.2	70.1	59.0	55.7	62.5	80.0	91.7
按行业分									
#工业	47.8	40.1	33.7	26.8	35.5	39.9	31.8	12.1	−0.8
建筑业	3.7	11.9	3.3	2.5	5.1	3.7	4.9	7.3	8.7
交通运输仓储邮电业	15.3	9.8	16.8	14.4	19.3	14.5	14.7	17.1	21.8
批发零售贸易餐饮业	4.1	9.5	15.5	17.9	5.9	1.7	−2.7	−0.7	3.9
金融业	4.1	6.9	10.0	5.3	7.5	10.2	13.5	14.0	15.1
房地产业	7.1	10.9	14.4	7.8	1.6	14.3	−5.6	2.4	12.7
其他服务业	16.5	9.6	5.5	24.7	24.7	15.0	42.7	46.5	38.2

3—9　三次产业对地区生产总值增长的拉动百分点

单位：个百分点

指　标	1995年	2000年	2001年	2002年	2003年	2004年	2005年	2006年	2007年
地区生产总值	**9.9**	**8.6**	**8.8**	**10.5**	**12.8**	**12.6**	**14.3**	**14.3**	**15.1**
按产业分									
第一产业	0.2		0.2	0.3	0.4	0.3	0.2	0.2	0.2
第二产业	2.9	3.2	3.2	2.9	4.3	4.4	4.5	5.2	5.9
第三产业	6.8	5.4	5.4	7.3	8.1	7.9	9.6	8.9	9.0
按行业分									
#工业	3.4	2.5	2.3	2.4	2.9	4.0	3.2	5.1	5.3
建筑业	−0.5	0.7	0.9	0.5	1.4	0.4	1.3	0.1	0.6
交通运输仓储邮电业	−0.2	1.7	2.0	1.5	1.9	1.9	2.3	1.1	0.9
批发零售贸易餐饮业	2.0	1.8	1.2	2.0	1.9	2.4	2.7	2.6	2.0
金融业	−0.1	−0.2	0.6	1.5	1.5	0.3	1.2	1.5	2.1
房地产业	0.1	0.1	0.6	0.4	0.6	0.5	0.3	0.4	0.8
其他服务业	5.0	2.0	1.0	1.9	2.2	2.8	3.2	3.3	3.2

指　标	2008年	2009年	2010年	2011年	2012年	2013年	2014年	2015年	2016年
地区生产总值	**12.0**	**9.0**	**12.3**	**15.3**	**17.3**	**15.0**	**10.5**	**10.5**	**7.6**
按产业分									
第一产业	0.2	0.1	0.1	0.1	0.1	0.1	0.1	0.1	
第二产业	6.2	4.7	4.5	4.5	7.0	6.6	3.8	2.0	0.6
第三产业	5.6	4.2	7.7	10.7	10.2	8.3	6.6	8.4	7.0
按行业分									
#工业	5.7	3.6	4.1	4.1	6.1	6.0	3.3	0.7	−0.1
建筑业	0.5	1.1	0.4	0.4	0.9	0.6	0.5	8.4	0.7
交通运输仓储邮电业	1.8	0.9	2.1	2.2	3.3	2.2	1.5	1.8	1.7
批发零售贸易餐饮业	0.5	0.8	1.9	2.7	1.0	0.3	−0.3	−0.1	0.3
金融业	0.5	0.6	1.2	0.8	1.3	1.5	1.4	1.5	1.1
房地产业	0.9	1.0	1.8	1.2	0.3	2.1	−0.6	0.3	1.0
其他服务业	2.0	0.9	0.7	3.8	4.3	2.2	4.6	4.9	2.9

3—10　非公有制经济增加值及比重

指　　标	非公有制经济增加值(万元)				非公有制经济增加值占比(%)			
	2013年	2014年	2015年	2016年	2013年	2014年	2015年	2016年
地区生产总值	**6094655**	**6378258**	**6789414**	**7122145**	**29.6**	**26.7**	**28.4**	**29.0**
按产业分								
第一产业	11596	12065	13773	14482	5.1	4.5	5.2	5.1
第二产业	1457532	1518744	1537497	1480466	17.1	20.0	20.3	21.0
第三产业	4625526	4847449	5238144	5627197	39.0	30.2	32.7	32.6
按行业分								
农、林、牧、渔业	11596	12065	13773	14482	5.0	5.0	5.0	5.0
工业	1104566	1118622	1088889	987547	15.3	15.2	18.1	18.5
建筑业	352967	400123	448608	492919	27.5	28.6	28.6	29.0
批发和零售业	1183183	1385112	1400680	1293728	74.6	72.8	74.2	64.4
交通运输、仓储和邮政业	376888	458572	445389	514788	14.8	15.1	15.6	14.8
住宿和餐饮业	334247	405262	441477	414742	89.0	89.0	97.0	86.3
金融业	253842	344324	280657	313479	15.0	17.4	12.1	12.1
房地产业	1400704	959186	977289	1287583	94.1	89.8	91.7	98.6
信息传输、软件和信息技术服务业	203790	232193	440399	193145	59.8	59.8	59.8	59.8
租赁和商务服务业	423033	576326	622785	823950	77.4	77.4	77.4	77.4
科学研究、技术服务和地质勘查业	142501	160536	179321	195670	39.1	39.1	39.1	39.1
水利、环境和公共设施管理业	39963	37635	39109	55299	15.3	15.3	15.3	15.3
居民服务和其他服务业	204928	204718	252628	344766	74.3	74.3	92.3	92.3
教育业	6700	6715	10323	9151	0.8	0.8	0.8	0.8
卫生、社会保障和社会福利业	25731	28047	31487	42286	4.6	4.6	4.6	4.6
文化、体育和娱乐业	30016	48824	116599	138611	29.8	29.8	55.8	55.8
公共管理和社会组织								

3—11 历年地方财政收入占地区生产总值的比重

年份	地方财政收入(万元)	地区生产总值(万元)	地方财政收入占地区生产总值比重(%)
1952	935	7941	11.8
“一五”时期			
1953	2420	10392	23.3
1954	3995	14095	28.3
1955	4661	17771	26.2
1956	5046	24146	20.9
1957	5949	20820	28.6
“二五”时期			
1958	6050	23409	25.8
1959	8433	43805	19.3
1960	10191	50966	20.0
1961	6772	35770	18.9
1962	7228	27751	26.0
三年调整期			
1963	6900	30405	22.7
1964	8132	33158	24.5
1965	8639	39453	21.9
“三五”时期			
1966	8904	44408	20.1
1967	5611	35658	15.7
1968	5392	29656	18.2
1969	4917	31205	15.8
1970	8159	43370	18.8
“四五”时期			
1971	8395	51137	16.4
1972	5435	44451	12.2
1973	4560	43821	10.4
1974	6325	43475	14.5
1975	7818	50848	15.4
“五五”时期			
1976	9225	60293	15.3
1977	11838	75596	15.7
1978	13153	86153	15.3
1979	12542	93818	13.4
1980	14347	112446	12.8
“六五”时期			
1981	15864	112310	14.1
1982	19159	134188	14.3
1983	21142	155370	13.6
1984	25060	198696	12.6
1985	37293	234882	15.9

3-11续表

年　　份	地方财政收入(万元)	地区生产总值(万元)	地方财政收入占地区生产总值比重(%)
"七五"时期			
1986	42596	264834	16.1
1987	49990	344688	14.5
1988	61194	443483	13.8
1989	74840	537774	13.9
1990	82681	634562	13.0
"八五"时期			
1991	100356	733182	13.7
1992	89430	872098	10.3
1993	118771	1169345	10.2
1994	113387	1456987	7.8
1995	141296	1859640	7.6
"九五"时期			
1996	185921	2086769	8.9
1997	212784	2258063	9.4
1998	245817	2406886	10.2
1999	261079	2591823	10.1
2000	287654	2898465	9.9
"十五"时期			
2001	356613	3279389	10.9
2002	410213	3670592	11.2
2003	472741	4260031	11.1
2004	548730	5066147	10.8
2005	607671	5857034	10.4
"十一五"时期			
2006	679035	6836782	9.9
2007	958012	8105705	11.8
2008	1311227	9823703	13.3
2009	1455887	10727645	13.6
2010	1975743	13027147	15.2
"十二五"时期			
2011	2642249	16215843	16.3
2012	3177363	18954206	16.8
2013	4007126	20584716	19.5
2014	4529667	22646800	20.0
2015	4650895	23873124	19.5
"十三五"时期			
2016	4669058	24589766	19.0

3—12 历年投资效果系数

年　份	投资效果系数	第一产业	第二产业	第三产业
"一五"时期				
1953	0.36	2.74	0.24	0.42
1954	0.35	1.88	0.27	0.42
1955	0.31	0.52	0.18	0.47
1956	0.64	0.70	0.61	0.66
1957	-0.32	0.73	-0.16	-0.47
"二五"时期				
1958	0.21	0.62	0.33	-0.05
1959	0.71	0.16	0.69	0.79
1960	0.25	0.04	0.32	0.15
1961	-1.53	-0.15	-1.67	-1.61
1962	-3.07	-2.15	-4.11	-1.78
三年调整期				
1963	0.66	2.16	1.44	-0.13
1964	0.44	0.29	0.44	0.48
1965	0.63	0.01	0.78	0.50
"三五"时期				
1966	0.41	0.21	0.41	0.50
1967	-2.13	-0.50	-1.88	-3.81
1968	-1.97	-0.43	-2.32	-2.23
1969	0.25	0.76	-0.10	0.81
1970	0.98	0.51	0.65	2.67
"四五"时期				
1971	0.55	0.11	0.32	1.35
1972	-0.54	0.50	-0.82	-0.16
1973	-0.06	0.02	-0.25	0.18
1974	-0.03	0.16	0.09	-0.25
1975	0.52	0.63	0.59	0.34
"五五"时期				
1976	0.58	0.85	0.39	1.08
1977	0.81	0.13	0.49	2.15
1978	0.41	0.57	0.24	1.10
1979	0.23	0.69	0.19	0.30
1980	0.49	0.14	0.64	0.32
"六五"时期				
1981		0.62	-0.07	
1982	0.50	0.73	0.44	0.59
1983	0.40	0.57	0.43	0.34
1984	0.45	0.02	0.62	0.25
1985	0.27	0.96	0.25	0.28

3-12续表

年　份	投资效果系数	第一产业	第二产业	第三产业
“七五”时期				
1986	0.23	0.24	0.31	0.17
1987	0.79	1.34	0.40	1.11
1988	0.85	1.67	0.82	0.83
1989	0.82	0.77	0.61	1.01
1990	0.70	0.23	0.93	0.47
“八五”时期				
1991	0.50	0.50	0.03	1.10
1992	0.48	0.80	0.38	0.59
1993	0.61	1.50	0.56	0.64
1994	0.48	3.66	0.21	0.83
1995	0.44	4.49	0.39	0.44
“九五”时期				
1996	0.22	1.48	0.15	0.27
1997	0.19	−0.41	0.33	0.14
1998	0.15	0.45	0.10	0.17
1999	0.17	0.02	0.06	0.25
2000	0.25	1.12	0.49	0.18
“十五”时期				
2001	0.26	3.81	0.43	0.22
2002	0.25	3.94	0.19	0.26
2003	0.31	0.91	0.57	0.22
2004	0.43	1.31	0.86	0.25
2005	0.32	0.84	0.43	0.33
“十一五”时期				
2006	0.42	1.09	0.57	0.35
2007	0.45	1.24	0.52	0.41
2008	0.49	−0.55	0.50	0.34
2009	0.23	0.23	0.28	0.19
2010	0.48	0.50	0.76	0.32
“十二五”时期				
2011	0.50	0.60	0.67	0.41
2012	0.27	0.29	0.14	0.39
2013	0.13	0.15	0.10	0.14
2014	0.14	0.13	0.06	0.16
2015	0.07	0.32	−0.25	0.19
“十三五”时期				
2016	0.04	0.08	−0.15	0.10

3—13 地区生产总值项目构成

（2016年）　　单位：万元

指　　标	增加值	劳动者报酬	生产税净额	固定资产折旧	营业盈余
地区生产总值	**24589766**	**11196739**	**3559109**	**5452467**	**4381450**
按产业分					
第一产业	281353	281353			
第二产业	7040837	2574941	2007793	2155183	302919
第三产业	17267576	8340445	1551316	3297284	4078531
按行业分					
农、林、牧、渔业	**289647**	**289647**			
农业	113437	113437			
林业	9957	9957			
畜牧业	153911	153911			
渔业	4048	4048			
农、林、牧、渔业服务业	8294	8294			
工业	**5352557**	**1614800**	**1677893**	**2039764**	**20099**
采矿业	780000	219400	185700	706900	-332000
#开采辅助活动	2100	1300	500	200	100
制造业	3240157	844500	1584993	501664	308999
#金属制品、机械和设备修理业	7000	5600	1100	100	200
电力、燃气及水的生产和供应业	1332400	550900	-92800	831200	43100
建筑业	**1697380**	**967041**	**331500**	**115719**	**283120**
交通运输、仓储和邮政业	**3473602**	**1070564**	**385505**	**884649**	**1132884**
铁路运输业	438549	310357	127348	75903	-75059
道路运输业	613913	441990	42648	123569	5706
航空运输业	122597	76623	20177	53381	-27584
管道运输业	1917182	73422	135223	505971	1202566
装卸搬运和运输代理业	181902	75002	29311	61209	16380
仓储业	171746	75002	29311	61209	6224
邮政业	27713	18168	1487	3407	4651

3-13续表 （2016年） 单位：万元

指　　标	增加值	劳动者报酬	生产税净额	固定资产折旧	营业盈余
信息传输、计算机服务和软件业	**322985**	**285466**	**4906**	**30560**	**2053**
批发和零售业	**2008582**	**1056628**	**422008**	**164996**	**364950**
批发业	1234394	613758	280187	133340	207109
零售业	774188	442870	141821	31656	157841
住宿和餐饮业	**480359**	**382244**	**36205**	**46655**	**15255**
住宿业	67339	39289	7200	13133	7717
餐饮业	413020	342955	29005	33522	7538
金融业	**2597172**	**545456**	**246173**	**64759**	**1740784**
银行业	2353793	357217	221270	56255	1719051
证券业	99841	70897	10246	6990	11708
保险业	135628	115917	13498	1110	5103
其他金融活动	7910	1425	1159	404	4922
房地产业	**1305865**	**234705**	**272663**	**494238**	**304259**
房地产开发经营业	658175	113431	235935	46175	262634
物业管理业	235801	108564	32569	57756	36912
房地产中介服务业	21775	10025	3008	5333	3409
自有房地产经营活动	382934			382934	
其他房地产业	7180	2685	1151	2040	1304
租赁和商务服务业	**1064535**	**461968**	**100428**	**263623**	**238516**
科学研究、技术服务和地质勘查业	**500306**	**371587**	**39481**	**47918**	**41320**
水利、环境和公共设施管理业	**360723**	**301951**	**8261**	**56270**	**-5759**
居民服务和其他服务业	**373690**	**358434**	**8317**	**4895**	**2044**
教育业	**1143829**	**1107018**	**6081**	**18568**	**12162**
卫生、社会保障和社会福利业	**927328**	**669325**	**2227**	**45054**	**210722**
文化、体育和娱乐业	**248452**	**222363**	**13491**	**20038**	**-7440**
公共管理和社会组织	**2442754**	**1257542**	**3970**	**1154761**	**26481**

注：本表按当年价格计算。

3—14 分行业可比价地区生产总值

单位：万元、%

指　　标	2015年	2016年	以上年为100的指数	
			2015年	2016年
地区生产总值	**23873124**	**25696961**	**110.5**	**107.6**
按产业分				
第一产业	265262	267516	106.1	100.8
第二产业	7582317	7731599	105.1	102.0
第三产业	16025545	17697846	114.3	110.4
按行业分				
农、林、牧、渔业	**275461**	**277336**	**107.8**	**100.7**
农业	118921	118400	105.5	99.6
林业	11530	11720	105.9	101.6
畜牧业	129504	132075	106.1	102.0
渔业	5307	5321	130.8	100.3
农、林、牧、渔业服务业	10199	9820	175.1	96.3
工业	**6029284**	**6015423**	**103.9**	**99.8**
采矿业	993842	825397	60.4	83.1
#开采辅助活动	3161	2222	158.0	70.3
制造业	3793076	3780079	126.0	99.7
#金属制品、机械和设备修理业	10722	7407		69.1
电力、燃气及水的生产和供应业	1242366	1409947	141.1	113.5
建筑业	**1566916**	**1725805**	**114.2**	**110.1**
交通运输、仓储和邮政业	**2864235**	**3261846**	**114.7**	**113.9**
铁路运输业	442123	435933	88.3	98.6
道路运输业	575896	613947	106.0	106.6
航空运输业	108614	121865	109.6	112.2
管道运输业	1426334	1754391	129.8	123.0
装卸搬运和运输代理业	147827	156781	103.9	106.1
仓储业	139574	151436	101.4	108.5
邮政业	23867	27493	103.1	115.2

3-14续表　　　　单位：万元、%

指　标	2015年	2016年	以上年为100的指数	
			2015年	2016年
信息传输、计算机服务和软件业	**406454**	**452179**	**120.8**	**111.2**
批发和零售业	**2087964**	**2151075**	**97.3**	**103.0**
批发业	1203733	1341064	95.0	111.4
零售业	884231	810011	100.2	91.6
住宿和餐饮业	**455225**	**462491**	**107.3**	**101.6**
住宿业	70262	62141	95.9	88.4
餐饮业	384963	400350	109.9	104.0
金融业	**2329103**	**2605013**	**117.7**	**111.8**
银行业	2111625	2352344	116.8	111.4
证券业	93396	103374	124.1	110.7
保险业	116309	140428	135.8	120.7
其他金融活动	7773	8867	134.5	114.1
房地产业	**1065746**	**1298244**	**105.9**	**121.8**
房地产开发经营业	444459	633169	91.9	142.5
物业管理业	211846	234232	159.6	110.6
房地产中介服务业	19808	21630	146.5	109.2
自有房地产经营活动	382934	402081	105.0	105.0
其他房地产业	6699	7132	146.1	106.5
租赁和商务服务业	**1004632**	**1146904**	**129.0**	**114.2**
科学研究、技术服务和地质勘查业	**488503**	**539018**	**112.9**	**110.3**
水利、环境和公共设施管理业	**355117**	**370969**	**113.1**	**104.5**
居民服务和其他服务业	**273822**	**366004**	**105.4**	**133.7**
教育业	**1190381**	**1242066**	**118.9**	**104.3**
卫生、社会保障和社会福利业	**790512**	**914061**	**113.7**	**115.6**
文化、体育和娱乐业	**208996**	**249448**	**115.2**	**119.4**
公共管理和社会组织	**2480773**	**2619079**	**132.0**	**105.6**

注：本表按2015年可比价计算。

主要统计指标解释

EXPLANATORY NOTES ON MAIN STATISTICAL INDICATORS

地区生产总值 （简称GDP）是按市场价格计算的,它是一个地区所有常住单位在一定时期内生产活动的最终成果。地区生产总值有三种表现形态，即价值形态、收入和产品形态。从价值形态看，它是所有常住单位在一定时期内所生产的全部货物和服务价值减去同期投入的全部非固定资产货物和服务价值的差额，即所有常住单位的增加值之和；从收入形态看，它是所有常住单位在一定时期内所创造并分配给常住单位和非常住单位的初次分配收入之和；从产品形态看，它是最终使用的货物和服务减去进口货物和服务。

在核算中，地区生产总值的三种表现形态表现为三种计算方法，即生产法、收入法和支出法。三种方法分别从不同的方面反映了地区生产总值及其构成。

按生产法计算，它等于各部门增加值之和；按收入法计算，它等于固定资产折旧、劳动者报酬、生产税净额和营业盈余之和；按支出法计算，它等于总消费、总投资和净出口之和。

在地区生产总值定义中，常住单位的概念对于确定计算地区生产总值的口径，明确各种的交易的范围具有十分重要的意义。所谓常住单位是指在一国经济领土上具有经济利益中心的经济单位。一国经济领土是由该国政府控制或拥有的地理领土组成的。若一个经济单位在一国的经济领土之内拥有一定的活动场所（住宅、厂房或其他建筑物等），从事一定规模的经济活动，并超过一定的时期（一般在一年以上），则称该经济单位在该国具有经济利益中心。地区生产总值反映了所有常住单位生产活动的最终成果。在这里，最终成果有双重含义：一是从使用价值形态上看，它包括了一切用于现期消费、投资和净出口的货物和服务，而不包括用于生产过程中的货物和服务；二是从价值形态上看，生产过程也是价值的转移过程，生产中耗用的产品（中间产品）价值随同生产过程转移到新产品价值之中，因此，必须在总产出基础上扣除一切中间产品的转移价值，以避免产品价值的重复计算。

地区生产总值的生产范围 包括（1）提供或准备提供给其他单位的货物或服务的生产；（2）生产者用于自身最终消费或固定资本形成的所有货物的自给性生产；（3）自有住房和付酬家庭雇员提供的家庭或个人服务的自给性生产。

可比价格 指计算各种总量指标所采用的扣除了价格变动因素的价格，可进行不同时期总量指标的对比。按可比价格计算总量指标有两种方法：一种是直接用产品产量乘某一年的不变价格计算；另一种是用价格指数进行缩减。

三次产业 是根据社会生产活动历史发展的顺序对产业结构的划分，产品直接取自自然界的部门称为第一产业，对初级产品进行再加工的部门称为第二产业，为生产和消费提供各种服务的部门称为第三产业。它是世界上较为通用的产业结构分类，但各国的划分不尽一致。

根据《国民经济行业分类》(GB/T4754-2002)，我国的三次产业划分是：

第一产业 农林牧渔业（包括农业、林业、牧业和渔业）。

第二产业 工业（包括采掘业，制造业，电力、煤气及水的生产和供应业）和建筑业。

第三产业 除第一、第二产业以外的其他各业。第三产业包括：交通运输、仓储和邮政业，信息传输、计算机服务和软件业，批发和零售业，住宿和餐饮业，金融业，房地产业，租赁和商务服务业，科学研究、技术服务和地质勘查业，水利、环境和公共设施管理业，居民服务和其他服务业，教育，卫生、社会保障和社会福利业，文化、体育和娱乐业，公共管理和社会组织，国际组织。

总产出 是指一定时期内一个国家（或地区）常住单位生产单位的所有货物和服务的价值，既包括新增价值，也包括转移价值。它反映常住单位生产活动的总规模。总产出按生产者价格计算。

中间投入 是指常住单位在生产或提供货物与服务过程中，消耗和使用的所有非固定资产货物和服务的价值，中间投入也称为中间消耗，一般按购买者价格计算。

增加值 是指常住单位生产过程创造的新增价值和固定资产的转移价值。

生产法 是从生产过程中生产的货物和服务总产品价值入手，剔除生产过程中投入的中间产品的价值，得到增加值的一种方法。

收入法 也称为分配法。按收入法计算国内生产总值是从生产过程创造收入的角度，对常住单位的生产活动成果进行核算。按照这种计算方法，增加值由劳动者报酬、生产税净额、固定资产折旧和营业盈余四个组成部分。

支出法地区生产总值 指一个国家（或地区）所有常

住单位在一定时期内用于最终消费、资本形成总额，以及货物和服务的净出口总额，它反映本期生产的地区生产总值的使用及构成。

劳动者报酬　指劳动者因从事生产活动所获得的全部报酬。包括劳动者获得的各种形式的工资、奖金和津贴，既包括货币形式的，也包括实物形式的；还包括劳动者所享受的公费医疗和医药卫生费、上下班交通补贴和单位支付的社会保险费等。对于个体经济来说，其所有者所获得的劳动报酬和经营利润不易区分，这两部分统一作为劳动者报酬处理。

生产税净额　指生产税减生产补贴后的余额。生产税指政府对生产单位生产、销售和从事经营活动以及因从事生产活动使用某些生产要素（如固定资产、土地、劳动力）所征收的各种税、附加费和规费。生产补贴与生产税相反，指政府对生产单位的单方面收入转移，因此视为负生产税，包括政策亏损补贴、粮食系统价格补贴、外贸企业出口退税收入等。

固定资产折旧　指一定时期内为弥补固定资产损耗按照核定的固定资产折旧率提取的固定资产折旧，或按国民经济核算统一规定的折旧率虚拟计算的固定资产折旧。它反映了固定资产在当期生产中的转移价值。各类企业和企业化管理的事业单位的固定资产折旧是指实际计提并计入成本费中的折旧费；不计提折旧的政府机关、非企业化管理的事业单位和居民住房的固定资产折旧是按照统一规定的折旧率和固定资产原值计算的虚拟折旧。原则上，固定资产折旧应按固定资产的重置价值计算，但是目前我国尚不具备对全社会固定资产进行重估价的基础，所以暂时只能采用上述办法。

营业盈余　指常住单位创造的增加值扣除劳动者报酬、生产税净额和固定资产折旧后的余额。它相当于企业的营业利润加上生产补贴，但要扣除从利润中开支的工资和福利等。

发展速度　用以反映社会经济发展程度的相对指标，根据两个不同时期发展水平的对比而得。由于比较的标准时期不同，发展速度可分为定基发展速度和环比发展速度两种。

增长速度　发展速度减1（或100%）就是增长速度。即增长速度 = 发展速度 - 1（或100%）

人口与就业

POPULATION AND EMPLOYMENT

资料整理：董玉玲 刘艳梅

4—1　历年全市人口状况

年　　份	总户数（户）	总人口（人）	男	女	平均每户人数（人）	性别比（女=100）
1949	22962	107710	66663	41047	4.69	162.41
1950	24995	121746	73352	48394	4.87	151.57
1951	25332	125275	75289	49986	4.95	150.62
1952	25432	137533	85078	52455	5.41	162.19
“一五”时期						
1953	25582	150658	93132	57526	5.89	161.9
1954	38391	202360	122113	80247	5.27	152.17
1955	41945	220296	131608	88688	5.25	148.39
1956	50332	275752	163014	112738	5.48	144.60
1957	79429	394431	235697	158734	4.97	148.49
“二五”时期						
1958	76633	408566	252494	156072	5.33	161.78
1959	97285	589337	384384	204953	6.06	187.55
1960	108234	703968	439460	264508	6.50	166.14
1961	100455	598746	356950	241796	5.96	147.62
1962	105396	514719	290994	223725	4.88	130.07
三年调整期						
1963	104456	518996	289165	229831	4.97	125.82
1964	111557	578645	322468	256177	5.19	125.88
1965	123195	626242	340130	286112	5.08	118.88
“三五”时期						
1966	128758	640836	343277	297559	4.98	115.36
1967	134971	680541	359699	320842	5.04	112.11
1968	150605	721428	379469	341959	4.79	110.97
1969	166280	769472	405666	363806	4.63	111.51
1970	157081	763979	396816	367163	4.86	108.08
“四五”时期						
1971	170667	779667	396825	382842	4.57	103.65
1972	201731	967543	502799	464744	4.80	108.19
1973	208746	1014345	528123	486222	4.86	108.62
1974	200514	987454	512594	474860	4.92	107.95
1975	221967	1048828	538906	509922	4.73	105.68
“五五”时期						
1976	231931	1098866	566143	532723	4.74	106.27
1977	204225	951330	490638	460692	4.66	106.50
1978	243306	1148440	591634	556806	4.72	106.25
1979	243076	1160109	598164	561945	4.77	106.45
1980	256672	1190511	611299	579212	4.64	105.54
“六五”时期						
1981	267704	1206337	618306	588031	4.51	105.15
1982	248680	1242716	635473	607240	5.00	104.65

4-1续表

年　份	总户数（户）	总人口（人）	男	女	平均每户人数（人）	性别比（女=100）
1983	286849	1239603	632953	606650	4.32	104.34
1984	290059	1282770	652664	630106	4.42	103.58
1985	304621	1310609	671665	638944	4.30	105.12
"七五"时期						
1986	314527	1344845	689820	655025	4.28	105.31
1987	330016	1362899	697332	665567	4.13	104.77
1988	339328	1378097	706658	671439	4.06	105.25
1989	355583	1414874	724609	690265	3.98	104.98
1990	374932	1462561	750134	712427	3.90	105.29
"八五"时期						
1991	383146	1488794	762779	726015	3.89	105.06
1992	362232	1522376	701733	664729	4.20	105.57
1993	410707	1512427	785542	748927	3.68	104.89
1994	423897	1538720	799126	757968	3.63	105.43
1995	444356	1606502	821748	784860	3.62	104.70
"九五"时期						
1996	461672	1646063	842981	803082	3.57	104.97
1997	478893	1687328	863846	823482	3.52	104.90
1998	497785	1716648	875371	841277	3.45	104.05
1999	508197	1759580	897754	861826	3.46	104.17
2000	535632	1816918	925386	891532	3.39	103.80
"十五"时期						
2001	557634	1865712	955705	910007	3.35	105.02
2002	580156	1936091	994110	941981	3.34	105.53
2003	614396	1998144	1033197	964947	3.25	107.07
2004	642222	2045955	1059206	986749	3.19	107.34
2005	662362	2129503	1103972	1025531	3.22	107.65
"十一五"时期						
2006	696176	2210302	1144339	1065963	3.17	107.35
2007	741858	2312964	1203052	1109912	3.12	108.39
2008	756224	2360527	1227890	1132637	3.12	108.41
2009	783174	2411938	1247800	1164138	3.08	107.19
2010	805514	2430315	1264929	1165386	3.02	108.54
"十二五"时期						
2011	845917	2493517	1289496	1204021	2.95	107.10
2012	857508	2578033	1336110	1241923	3.01	107.58
2013	841165	2629300	1361070	1268230	3.13	107.32
2014	854943	2669051	1368244	1300807	3.12	105.18
2015	807152	2668315	1368489	1299826	3.31	105.28
"十三五"时期						
2016	844276	2678726	1358588	1320138	3.17	102.91

注：人口数据均为乌鲁木齐市公安局统计数据。

4—2　历年全市人口变动情况

单位：人、‰

年　份	年平均人口	出　生		死　亡		自然增长率	迁入人数	迁出人数
		出生人数	出生率	死亡人数	死亡率			
1949	107710							
1950	114728							
1951	123511							
1952	131404							
"一五"时期								
1953	144096							
1954	176509	6153	34.86	1291	7.31	27.55	89506	36087
1955	211328	6860	32.46	1277	6.04	26.42	30936	27939
1956	248024	5612	22.63	494	1.99	20.64	30433	20068
1957	335092	11810	35.24	1754	5.23	30.01	87278	36313
"二五"时期								
1958	401499	12356	30.77	1962	4.89	25.88	58288	67893
1959	436208	15368	35.23	3402	7.80	27.43	100887	24593
1960	601300	21956	36.51	5184	8.62	27.89	142421	89521
1961	613738	19708	32.11	3806	6.20	25.91	46877	113128
1962	538841	24109	44.74	2780	5.16	39.58	25952	114951
三年调整期								
1963	509003	25124	49.36	2125	4.17	45.19	23706	36557
1964	540517	26204	48.48	3163	5.85	42.63	38977	29864
1965	598051	25408	41.88	2793	4.67	37.21	68075	44093
"三五"时期								
1966	633539	22484	35.49	2702	4.26	31.23	56587	49755
1967	665188	21748	32.69	2649	3.98	28.71	38967	22838
1968	709841	26888	37.88	3148	4.43	33.45	24607	15850
1969	745450	33299	44.67	2911	3.90	40.77	49808	33637
1970	766726	30362	39.6	3325	4.34	35.26	30809	67066
"四五"时期								
1971	771823	28155	36.48	2819	3.65	32.83	36808	13739
1972	967543	32349	33.44	4170	4.31	29.12	71251	30330
1973	990944	33129	33.43	4657	4.70	28.73	46846	22922
1974	1000900	28283	28.26	5044	5.04	23.22	26020	17735
1975	1018141	22893	22.49	3492	3.43	19.06	106899	39456
"五五"时期								
1976	1073847	22929	21.35	3533	3.29	18.06	43206	32500
1977	1025098	13700	13.38	3034	2.96	10.42	43160	22141
1978	1049885	14869	14.16	3129	2.98	11.18	24350	11397
1979	1154275	14081	12.2	3359	2.91	9.29	46986	28670
1980	1175310	15309	12.03	3514	2.99	9.04	41553	26587
"六五"时期								
1981	1198424	43232	36.07	3715	3.10	32.97	30938	25982
1982	1224527	17318	14.14	3661	2.99	11.15	37917	38441
1983	1241160	13569	10.93	3736	3.01	7.92	28477	21803
1984	1261187	14812	11.75	4201	3.24	8.51	19794	13515
1985	1296690	12766	9.85	3631	2.80	7.05	36118	21138

4-2续表

单位：人、‰

年　份	年平均人口	出　生		死　亡		自　然增长率	迁入人数	迁出人数
		出生人数	出生率	死亡人数	死亡率			
“七五”时期								
1986	1327727	16571	12.48	4488	3.38	9.10	36950	30580
1987	1353872	18992	14.03	3899	2.88	11.15	26961	17293
1988	1370498	19473	14.21	4235	3.09	11.12	24664	17658
1989	1396486	21968	15.73	4650	3.33	12.40	49826	29869
1990	1438718	19038	13.23	4331	3.01	10.22	34146	29419
“八五”时期								
1991	1475678	17290	11.72	4604	3.12	8.60	36663	23201
1992	1505585	16783	11.15	4682	3.11	8.04	33544	21807
1993	1528423	15981	10.46	4799	3.14	7.05	24715	17985
1994	1545782	14304	9.25	5719	3.70	5.55	29453	18897
1995	1581851	16707	10.56	4508	2.85	7.71	30300	15450
“九五”时期								
1996	1626336	17369	10.68	6099	3.75	6.92	39457	18601
1997	1666696	17087	10.25	5700	3.42	6.83	43088	18450
1998	1701988	18348	10.78	6638	3.90	6.88	52069	23030
1999	1738114	16693	9.60	3389	1.95	7.65	47002	27472
2000	1788249	20192	11.29	9156	5.12	5.58	45661	27386
“十五”时期								
2001	1841315	17662	9.60	5984	3.25	6.35	62709	30763
2002	1900902	16980	8.93	6843	3.60	5.33	54978	32256
2003	1967118	15515	7.89	5803	2.95	4.94	46841	34135
2004	2022050	16720	8.27	9483	4.69	3.58	52614	33387
2005	2087729	16065	7.70	6576	3.15	4.56	61629	30756
“十一五”时期								
2006	2169903	16851	7.78	6900	3.81	3.98	64475	39907
2007	2261633	20168	8.92	7916	3.50	5.42	75215	38963
2008	2336746	19601	8.39	6748	2.89	5.50	70067	43789
2009	2386233	19078	8.00	7420	3.11	4.89	58715	44009
2010	2421127	21095	8.71	11216	4.63	4.08	60217	45794
“十二五”时期								
2011	2461916	21033	8.54	6548	2.66	5.88	69890	41064
2012	2535775	25021	9.87	9808	3.87	6.00	58237	45953
2013	2603667	24973	9.59	7027	2.70	6.89	60394	33270
2014	2649176	27452	10.36	7349	2.77	7.59	57542	33713
2015	2668683	25375	9.51	9153	3.43	6.08	46627	30243
“十三五”时期								
2016	2673521	29212	10.93	8954	3.35	7.58	42863	42690

4—3　历年民族人口数

单位：人

年　份	汉　族	维吾尔族	回　族	哈萨克族	其　它
1949	67588	18310	19395	779	1638
1950	77554	21074	20396	763	1959
1951	78902	21955	21567	939	1912
1952	85266	25876	22656	1525	2210
"一五"时期					
1953	93782	28786	23564	1899	2627
1954	120797	32487	38533	7899	2644
1955	133500	35454	40303	8348	2691
1956	179409	42520	41477	9273	3073
1957	245781	52352	57942	20624	3644
"二五"时期					
1958	251827	51853	52640	19303	3868
1959	401365	84024	41032	15913	3640
1960	501836	87129	46433	17846	3380
1961	445649	54357	54620	13608	2617
1962	381274	52105	54995	15904	2553
三年调整期					
1963	380955	52253	59075	16304	2588
1964	428665	57615	62618	17551	3410
1965	474437	62520	65439	20405	3441
"三五"时期					
1966	489231	64201	66239	18104	3061
1967	519331	70061	70340	17349	3454
1968	552959	72525	72303	20096	3545
1969	600873	70574	73993	20766	3266
1970	595156	69712	74255	21407	3449
"四五"时期					
1971	613599	68444	73312	20766	3546
1972	621274	225649	94175	22018	51229
1973	649774	237364	100212	23221	3774
1974	640374	240513	96663	6206	3698
1975	794412	94579	126764	28592	4481
"五五"时期					
1976	840978	98020	128089	26860	4919
1977	759331	89476	90084	7483	4956
1978	857766	104219	139438	30390	6627
1979	874890	106602	140312	32285	6020
1980	895757	111582	143370	33263	6539
"六五"时期					
1981	903673	116402	144504	34275	7483
1982	921490	125302	150222	35627	10075

4-3续表

单位：人

年　份	汉　族	维吾尔族	回　族	哈萨克族	其　它
1983	915668	124032	152278	36644	10981
1984	941216	135741	155648	38075	12090
1985	956427	142362	159137	39174	13509
“七五”时期					
1986	978197	149431	161833	39751	15633
1987	981565	156490	166431	40692	17721
1988	993654	154307	168891	42476	18769
1989	1017276	163475	172041	42398	19684
1990	1053822	166218	177407	43540	21574
“八五”时期					
1991	1068544	170446	181097	45382	23325
1992	1091202	176396	184937	45724	24117
1993	1103567	178634	184772	43138	24358
1994	1123177	179517	183040	46502	24858
1995	1154665	186349	189400	48370	27824
“九五”时期					
1996	1181769	193179	192484	49787	28844
1997	1210388	197831	196336	51932	30841
1998	1231119	201065	200353	52307	31804
1999	1265297	207298	201121	52933	32931
2000	1308611	215581	205822	53425	33479
“十五”时期					
2001	1348852	222537	207511	53099	33713
2002	1404397	228771	211935	55645	35343
2003	1443652	245796	216957	56019	35720
2004	1498037	236833	218380	55987	36718
2005	1550799	258416	224327	57859	38102
“十一五”时期					
2006	1629406	259978	223825	58208	38883
2007	1687792	284058	237730	63275	40109
2008	1723448	299129	231961	64693	41296
2009	1749351	309853	243213	67483	42038
2010	1754100	315017	250933	66958	43307
“十二五”时期					
2011	1811487	314927	253371	69571	44161
2012	1871982	332620	259509	69153	44769
2013	1913803	332734	267943	68045	46775
2014	1924131	365638	264031	67389	47682
2015	1973649	339951	244210	63780	46725
“十三五”时期					
2016	1985358	335604	246586	63660	47518

4—4 分区县人口和户数

（2016年）

单位：人

地 区	总户数(户)	总人口			按性别分	
			城镇	乡村	男	女
乌鲁木齐市	**844276**	**2678726**	**2184589**	**494137**	**1358588**	**1320138**
市辖区	818955	2615716	2184589	431127	1327587	1288129
天山区	166163	568802	489037	79765	286994	281808
沙依巴克区	178977	563676	479076	84600	291060	272616
高新区(新市区)	208228	631004	536493	94511	312660	318344
水磨沟区	79966	297092	288600	8492	151060	146032
经济区(头屯河区)	67803	223793	182074	41719	116373	107420
达坂城区	13738	40326	17046	23280	20939	19387
米东区	104080	291023	192263	98760	148501	142522
乌鲁木齐县	25321	63010		63010	31001	32009

地 区	按年龄分				平均人口
	0-17岁	18-34岁	35-59岁	60岁以上	
乌鲁木齐市	**406189**	**715713**	**1163021**	**393803**	**2673521**
市辖区	391359	699482	1138592	386283	2610570
天山区	90895	178844	214523	84540	570679
沙依巴克区	80149	155908	231864	95755	557587
高新区(新市区)	89919	177180	281646	82259	636126
水磨沟区	39903	70735	146639	39815	294632
经济区(头屯河区)	30431	40765	123096	29501	221606
达坂城区	6342	8089	19227	6668	40828
米东区	53720	67961	121597	47745	289113
乌鲁木齐县	14830	16231	24429	7520	62951

4—5 分区县人口出生、死亡、自然增长情况

（2016年）

指 标	总 计	天山区	沙依巴克区	高新区（新市区）	水磨沟区
出生人口(人)	29212	5638	5690	7472	2937
#民族	11105	3368	1829	1712	925
出生率(‰)	10.93	9.88	10.20	11.75	9.97
#民族	16.00	14.15	16.56	18.04	18.90
死亡人口(人)	8954	1926	1771	2129	674
#民族	2548	679	481	334	220
死亡率(‰)	3.35	3.37	3.18	3.35	2.29
#民族	3.67	2.85	4.35	3.52	4.50
自然增长人数(人)	20258	3712	3919	5343	2263
#民族	8557	2689	1348	1378	705
自然增长率(‰)	7.58	6.50	7.03	8.40	7.68
#民族	12.33	11.30	12.20	14.52	14.41

指 标	经济区（头屯河区）	达坂城区	米东区	乌鲁木齐县
出生人口(人)	2303	362	3906	904
#民族	666	324	1634	647
出生率(‰)	10.39	8.87	13.51	14.36
#民族	15.12	14.00	17.34	16.03
死亡人口(人)	690	195	1307	262
#民族	187	121	339	187
死亡率(‰)	3.11	4.78	4.52	4.16
#民族	4.24	5.23	3.60	4.63
自然增长人数(人)	1613	167	2599	642
#民族	479	203	1295	460
自然增长率(‰)	7.28	4.09	8.99	10.20
#民族	10.87	8.77	13.74	11.40

注：以上数据为市公安局统计数据。

4—6　分区县民族人口数

（2016年）

单位：人

地　　区	合　计	汉　族	维吾尔族	哈萨克族	回　族	柯尔克孜族	蒙古族
乌鲁木齐市	**2678726**	**1985358**	**335604**	**63660**	**246586**	**1882**	**10641**
天山区	568802	333529	171932	11775	38749	906	2755
沙依巴克区	563676	453045	57871	7378	34024	431	2725
高新区(新市区)	631004	536378	38941	3720	40461	285	2499
水磨沟区	297092	247563	31004	3068	11038	110	1132
经济区(头屯河区)	223793	179578	21378	1592	17918	61	634
达坂城区	40326	17068	2274	6910	13878	11	19
米东区	291023	195690	11248	4812	75831	38	740
乌鲁木齐县	63010	22507	956	24405	14687	40	137

地　　区	锡伯族	俄罗斯族	塔吉克族	乌孜别克族	塔塔尔族	满　族	达斡尔族	其　他
乌鲁木齐市	**5740**	**3873**	**207**	**2205**	**1033**	**11344**	**663**	**9930**
天山区	1606	1153	104	1339	558	2476	175	1745
沙依巴克区	1414	1003	48	418	202	2712	162	2243
高新区(新市区)	1510	962	27	229	118	3276	186	2412
水磨沟区	574	364	12	117	32	1135	55	888
经济区(头屯河区)	454	160	10	42	17	994	43	912
达坂城区	4	3	2	4	6	55	2	90
米东区	171	224	4	9	27	682	35	1512
乌鲁木齐县	7	4		47	73	14	5	128

注：以上数据为市公安局统计数据。

4—7 出生登记情况

（2016年）

单位：人

地　　区	本期出生人数									
	合　　计					一　　孩				
	小计	计划内		计划外		小计	计划内		计划外	
		男	女	男	女		男	女	男	女
乌鲁木齐市	**26757**	**13764**	**12825**	**103**	**65**	**18531**	**9567**	**8938**	**17**	**9**
天山区	4764	2423	2327	11	3	3070	1576	1493	1	
沙依巴克区	5353	2808	2484	42	19	3946	2065	1869	9	3
高新区（新市区）	6800	3526	3253	12	9	5137	2677	2455	1	4
水磨沟区	2802	1425	1348	12	17	2022	1032	986	3	1
经济区（头屯河区）	2048	1036	989	17	6	1520	774	744	2	
达坂城区	305	152	153			135	69	66		
米东区	4109	2092	2002	6	9	2472	1263	1208		1
乌鲁木齐县	576	302	269	3	2	229	111	117	1	

地　　区	本期出生人数									
	二　　孩					三孩以上				
	小计	计划内		计划外		小计	计划内		计划外	
		男	女	男	女		男	女	男	女
乌鲁木齐市	**7610**	**3921**	**3651**	**23**	**15**	**616**	**276**	**236**	**63**	**41**
天山区	1599	802	796	1		95	45	38	9	3
沙依巴克区	1319	707	600	8	4	88	36	15	25	12
高新区（新市区）	1575	809	757	5	4	88	40	41	6	1
水磨沟区	739	384	348	2	5	41	9	14	7	11
经济区（头屯河区）	490	255	232	3		38	7	13	12	6
达坂城区	152	74	78			18	9	9		
米东区	1444	727	711	4	2	193	102	83	2	6
乌鲁木齐县	292	163	129			55	28	23	2	2

4—8　计划生育及领取独生子女证情况

（2016年）

单位：人、%

地　　区	已婚育龄妇女人数	无孩	一孩	二孩	三孩以上
乌鲁木齐市	**563235**	**175868**	**291940**	**81009**	**14418**
天山区	119064	36640	58408	18519	5497
沙依巴克区	119770	38272	65580	13812	2106
高新区(新市区)	113088	35922	64335	11570	1261
水磨沟区	73959	31369	33998	7547	1045
经济区（头屯河区）	40757	12560	22616	4987	594
达坂城区	7957	1956	3565	2134	302
米东区	79239	18092	39655	18476	3016
乌鲁木齐县	9401	1057	3783	3964	597

地　　区	计划生育率	采取各种节育措施人数	节育率	领取独生子女证人数	领取生育父母光荣证人数
乌鲁木齐市	**99.4**	**484853**	**86.1**	**192912**	**15274**
天山区	99.7	105265	88.4	39999	3086
沙依巴克区	98.9	99494	83.1	40177	4506
高新区(新市区)	99.7	94239	83.3	44312	2383
水磨沟区	99.0	65780	88.9	23140	738
经济区（头屯河区）	98.9	33827	83.0	22800	775
达坂城区	100.0	6878	86.4	2944	493
米东区	99.6	71391	90.1	17586	1874
乌鲁木齐县	99.1	7979	84.9	1954	1419

4—9 婚姻登记和离婚情况

指　　标	单位	2005年	2010年	2014年	2015年	2016年	2016年比2015年增减(%)
登记结婚件数	**件**	**16681**	**21940**	**26794**	**23863**	**21450**	**-10.1**
内地居民登记结婚件数	件	16515	21808	26650	23736	21338	-10.1
涉外及华侨、港澳台居民登记结婚件数	件	175	132	144	127	112	-11.8
港澳台同胞	件	45	12				
华侨	件		5				
外国人	件	130	115	144			
登记结婚人数	**人**	**33362**	**43880**	**53586**	**47726**	**42900**	**-10.1**
#内地居民登记结婚人数	人	33030	43166	53298	47472	42676	-10.1
#初婚人数	人	26637	34721	52569	46752	42053	-10.1
再婚人数	人	5451	9159	1019	974	847	-13.0
#恢复结婚件数	件	982	931	468	463	398	-14.0
登记离婚件数	**件**	**5775**	**7740**	**9172**	**9080**	**7653**	**-15.7**
内地居民登记离婚件数	件	5773	7719	9146	9078	7642	-15.8
涉外及华侨、港澳台居民登记离婚件数	件	2	21	26	2	11	450.0
#外国人	件	2	18	26	2	9	350.0
离结率	**%**	**34.6**	**35.3**	**34.2**	**38.1**	**26.2**	**(-11.9)**

4—10 主要年份按三次产业分的就业人员

单位：万人

年 份	就业人员合计				构 成(%)		
		第一产业	第二产业	第三产业	第一产业	第二产业	第三产业
1978	41.57	7.25	21.06	13.26	17.4	50.7	31.9
1980	50.40	7.28	26.39	16.73	14.5	52.4	33.2
1985	63.44	7.36	30.39	25.69	11.6	47.9	40.5
1990	74.88	8.98	35.85	30.05	12.0	47.9	40.1
1991	78.15	8.25	36.75	33.15	10.6	47.0	42.4
1992	80.62	8.40	37.90	34.32	10.4	47.0	42.6
1993	84.50	8.49	39.09	36.92	10.0	46.3	43.7
1994	80.17	7.86	36.25	36.06	9.8	45.2	45.0
1995	81.09	7.76	35.21	38.12	9.6	43.4	47.0
1996	82.36	7.87	33.05	41.44	9.6	40.1	50.3
1997	83.61	7.66	31.89	44.06	9.2	38.1	52.7
1998	84.61	7.39	32.73	44.49	8.7	38.7	52.6
1999	84.48	7.50	30.53	46.45	8.9	36.1	55.0
2000	77.64	6.79	24.51	46.34	8.7	31.6	59.7
2001	80.95	5.17	21.51	54.27	6.4	26.6	67.0
2002	83.85	5.30	25.31	53.24	6.3	30.2	63.5
2003	85.56	5.57	25.49	54.50	6.5	29.8	63.7
2004	86.28	5.98	25.73	54.57	6.9	29.8	63.2
2005	91.05	6.04	22.22	62.79	6.6	24.4	69.0
2006	118.20	10.50	26.20	81.50	8.9	22.2	69.0
2007	123.77	11.01	30.41	82.35	8.9	24.6	66.5
2008	128.00	11.50	33.00	83.50	9.0	25.8	65.2
2009	132.50	12.00	35.50	85.00	9.1	26.8	64.2
2010	135.30	12.51	35.80	86.99	9.3	26.5	64.3
2011	139.95	10.76	35.08	94.11	7.7	25.1	67.2
2012	142.62	10.52	35.53	96.57	7.4	24.9	67.7
2013	145.44	9.43	34.26	101.75	6.5	23.6	70.0
2014	165.25	9.64	34.31	121.30	5.8	20.8	73.4
2015	174.48	9.74	35.85	128.89	5.6	20.5	73.9
2016	181.22	9.30	36.27	135.65	5.1	20.0	74.9

4—11　主要年份城镇非私营单位在岗职工平均工资

单位：元

年　份	全　部　职　工	国有单位	城镇集体单位	其他单位
1978	887	898	803	88
1980	1086	1131	886	108
1985	1559	1641	1210	1780
1990	2660	2818	2016	2508
1991	2920	3031	2448	2725
1992	3302	3479	2621	2579
1993	4080	4248	3385	4052
1994	5370	5561	4225	5579
1995	6506	6728	4985	6780
1996	7331	7499	5947	7848
1997	7648	7770	6501	8359
1998	8028	8038	7114	8972
1999	9298	9387	7892	9793
2000	10503	10785	8682	9920
2001	12704	13188	9778	12280
2002	14684	15094	11587	14436
2003	16315	17283	12065	15170
2004	18527	19651	13809	17154
2005	20098	21456	15943	18334
2006	23432	24744	16193	21704
2007	29111	31386	18797	26270
2008	33342	35231	23994	30871
2009	36150	36633	25953	36065
2010	40572	41302	30925	40061
2011	45602	47744	40650	43537
2012	50006	51253	51965	48654
2013	54965	54523	53434	55413
2014	60198	59183	58370	61227
2015	66279	65520	57746	67189
2016	71923	72582	59934	71447

4—12　分行业城镇私营单位就业人员平均工资

单位：元

行　业	2015年	2016年
总　计	**31617**	**33201**
农、林、牧、渔业	35939	38299
采矿业	26559	33210
制造业	28466	30596
电力、热力、燃气及水生产和供应业	42294	50928
建筑业	36801	37242
批发和零售业	25482	26481
交通运输、仓储和邮政业	46077	51609
住宿和餐饮业	31645	32163
信息传输、软件和信息技术服务业	39130	36401
金融业	50118	49318
房地产业	41166	43747
租赁和商务服务业	23775	27027
科学研究和技术服务业	46044	47074
水利、环境和公共设施管理业	41638	36218
居民服务、修理和其他服务业	25775	28731
教育	34697	36108
卫生和社会工作	59280	64330
文化、体育和娱乐业	42941	49899

4—13 分行业城镇非私营单位年末就业人员

（2016年）

单位：人

行业	合计	国有单位	城镇集体	其他单位
总计	**691291**	**382848**	**9767**	**298676**
农、林、牧、渔业	10683	10030	6	647
采矿业	14978	4		14974
制造业	74058	2831	993	70234
电力、热力、燃气及水生产和供应业	43931	34659	30	9242
建筑业	103424	15187	5206	83031
批发和零售业	37632	3095	383	34154
交通运输、仓储和邮政业	70535	49493	496	20546
住宿和餐饮业	9643	4386	83	5174
信息传输、软件和信息技术服务业	9345	3462		5883
金融业	23050	11236	241	11573
房地产业	19506	1666	205	17635
租赁和商务服务业	21410	9018	141	12251
科学研究和技术服务业	25629	16249	239	9141
水利、环境和公共设施管理业	6620	5346		1274
居民服务、修理和其他服务业	1507	802	152	553
教育	54325	53515	58	752
卫生和社会工作	38942	36636	1534	772
文化、体育和娱乐业	11638	10802		836
公共管理、社会保障和社会组织	114435	114431		4

4—14 分行业城镇非私营单位在岗职工人数(含劳务派遣人员)

(2016年) 单位:人

行　业	合　计	国有单位	城镇集体	其他单位
总　计	**677100**	**377667**	**9567**	**289866**
农、林、牧、渔业	10632	9983	2	647
采矿业	14960	4		14956
制造业	72120	2767	908	68445
电力、热力、燃气及水生产和供应业	43835	34655	20	9160
建筑业	102727	15157	5204	82366
批发和零售业	35544	2972	368	32204
交通运输、仓储和邮政业	70214	49453	489	20272
住宿和餐饮业	9300	4319	72	4909
信息传输、软件和信息技术服务业	9331	3455		5876
金融业	21359	11235	241	9883
房地产业	18637	1460	162	17015
租赁和商务服务业	19457	7704	141	11612
科学研究和技术服务业	24528	15798	239	8491
水利、环境和公共设施管理业	6531	5289		1242
居民服务、修理和其他服务业	1461	797	151	513
教育	53579	52833	58	688
卫生和社会工作	38385	36114	1512	759
文化、体育和娱乐业	11443	10619		824
公共管理、社会保障和社会组织	113057	113053		4

4—15 分行业城镇非私营单位女性年末就业人员

（2016年）

单位:人

行　业	合　计	国有单位	城镇集体	其他单位
总　计	**255118**	**162286**	**3506**	**89326**
农、林、牧、渔业	4223	4084	2	137
采矿业	2881	1		2880
制造业	22277	943	398	20936
电力、热力、燃气及水生产和供应业	11762	9036	10	2716
建筑业	15099	1544	824	12731
批发和零售业	16664	1212	233	15219
交通运输、仓储和邮政业	16353	9474	269	6610
住宿和餐饮业	5453	2445	38	2970
信息传输、软件和信息技术服务业	4515	1617		2898
金融业	13043	6347	152	6544
房地产业	7442	766	111	6565
租赁和商务服务业	7750	3293	63	4394
科学研究和技术服务业	7960	5368	74	2518
水利、环境和公共设施管理业	2490	1968		522
居民服务、修理和其他服务业	660	312	120	228
教育	33177	32671	49	457
卫生和社会工作	27513	25787	1163	563
文化、体育和娱乐业	5453	5017		436
公共管理、社会保障和社会组织	50403	50401		2

4—16　分行业城镇非私营单位就业人员工资总额

（2016年）

单位:万元

行　业	合　计	国有单位	城镇集体	其他单位
总　计	**5408945**	**2756495**	**38890**	**2613560**
农、林、牧、渔业	49952	46541	22	3389
采矿业	152145	14		152131
制造业	530355	14015	4574	511766
电力、热力、燃气及水生产和供应业	394981	322745	152	72084
建筑业	1029307	111153	9262	908892
批发和零售业	252140	25950	1458	224732
交通运输、仓储和邮政业	594823	394112	2252	198459
住宿和餐饮业	50509	22195	584	27730
信息传输、软件和信息技术服务业	83569	34673		48896
金融业	308644	155311	2604	150729
房地产业	110497	9768	934	99795
租赁和商务服务业	138944	50463	986	87495
科学研究和技术服务业	243862	139032	2357	102473
水利、环境和公共设施管理业	38998	30352		8646
居民服务、修理和其他服务业	8929	4076	1110	3743
教育	380730	377861	203	2666
卫生和社会工作	319382	300712	12392	6278
文化、体育和娱乐业	91090	87457		3633
公共管理、社会保障和社会组织	630088	630065		23

4—17 分行业城镇非私营单位在岗职工工资总额(含劳务派遣人员)

(2016年)

单位:万元

行业	合计	国有单位	城镇集体	其他单位
总计	**5354871**	**2737578**	**38316**	**2578977**
农、林、牧、渔业	49785	46382	14	3389
采矿业	152036	14		152022
制造业	521200	13706	4382	503112
电力、热力、燃气及水生产和供应业	394722	322734	141	71847
建筑业	1026373	111071	9260	906042
批发和零售业	246208	25331	1414	219463
交通运输、仓储和邮政业	593979	394003	2222	197754
住宿和餐饮业	49424	21072	547	27175
信息传输、软件和信息技术服务业	83490	34632		48858
金融业	302492	155308	2604	144580
房地产业	107580	9164	767	97649
租赁和商务服务业	131814	47039	986	83789
科学研究和技术服务业	238395	137272	2357	98766
水利、环境和公共设施管理业	38194	29626		8568
居民服务、修理和其他服务业	8880	4062	1107	3711
教育	377528	374926	204	2398
卫生和社会工作	316103	297559	12311	6233
文化、体育和娱乐业	90116	86518		3598
公共管理、社会保障和社会组织	626552	626529		23

4—18　分行业城镇非私营单位就业人员平均工资

（2016年）

单位：元

行　业	合　计	国有单位	城镇集体	其他单位
总　计	**71217**	**72102**	**58969**	**70522**
农、林、牧、渔业	45966	46181	36000	43278
采矿业	93443	34250		93458
制造业	68477	48820	44405	69582
电力、热力、燃气及水生产和供应业	91241	94431	50500	79370
建筑业	61196	62994	46059	61188
批发和零售业	63886	83065	36992	62514
交通运输、仓储和邮政业	83318	78640	47915	95386
住宿和餐饮业	51456	49390	66307	52981
信息传输、软件和信息技术服务业	87589	95360		82804
金融业	135157	138165	117311	132532
房地产业	59709	54782	44284	60438
租赁和商务服务业	66739	59508	65325	71788
科学研究和技术服务业	91488	85679	105228	100425
水利、环境和公共设施管理业	57460	54976		68294
居民服务、修理和其他服务业	55149	50314	48689	64425
教育	71037	71550	36304	36567
卫生和社会工作	83207	83201	84071	81854
文化、体育和娱乐业	77313	80008		42694
公共管理、社会保障和社会组织	56149	56149		57250

4—19 分行业城镇非私营单位在岗职工平均工资(含劳务派遣人员)

(2016年)

单位:元

行业	合计	国有单位	城镇集体	其他单位
总计	**71923**	**72582**	**59934**	**71447**
农、林、牧、渔业	46029	46239	72000	43278
采矿业	93474	34250		93489
制造业	69314	48916	46314	70418
电力、热力、燃气及水生产和供应业	91392	94438	70500	79865
建筑业	61299	63055	46093	61297
批发和零售业	66591	84577	37311	65318
交通运输、仓储和邮政业	83561	78690	47894	96235
住宿和餐饮业	52273	49470	70064	54460
信息传输、软件和信息技术服务业	87662	95431		82880
金融业	143382	138174	117311	150057
房地产业	60955	58403	47944	61338
租赁和商务服务业	69765	64199	65325	73396
科学研究和技术服务业	92981	86853	105228	102775
水利、环境和公共设施管理业	58589	56089		69266
居民服务、修理和其他服务业	56451	50461	48775	68586
教育业	71455	71946	36304	36003
卫生和社会工作	83464	83450	84612	81908
文化、体育和娱乐业	77700	80452		42635
公共管理、社会保障和社会组织	56489	56489		57250

4—20 城镇非私营单位就业人员

（2016年）

单位：人

指 标	期末人数	#女性	#非全日制	在岗职工	其他人员	平均人数	在岗职工	其他人员
总 计	**691291**	**255118**	**2695**	**677100**	**14191**	**759505**	**744529**	**14976**
按执行会计标准类别分组								
企 业	449641	131569	2597	438813	10828	520998	509471	11527
事 业	131255	74125	89	128897	2358	130186	127804	2382
机 关	108613	48395	9	107631	982	106493	105489	1004
民间非营利组织	180	126		168	12	183	171	12
其 他	1602	903		1591	11	1645	1594	51

4—21 城镇非私营单位就业人员工资

（2016年）

指 标	工资总额（万元）	在岗职工	其他人员	平均工资（元）	在岗职工	其他人员
总 计	**5408945**	**5354871**	**54074**	**71217**	**71923**	**36107**
按执行会计标准类别分组						
企 业	3823084	3782654	40430	73380	74247	35075
事 业	982092	971306	10786	75438	76000	45282
机 关	593522	590992	2530	55733	56024	25194
民间非营利组织	727	679	48	39738	39696	40333
其 他	9520	9240	280	57869	57969	54765

4—22 城镇国有单位就业人员

（2016年）

单位：人

指 标	期末人数	#女性	#非全日制	在岗职工	其他人员	平均人数	在岗职工	其他人员
总 计	**382848**	**162286**	**185**	**377667**	**5181**	**382307**	**377170**	**5137**
按执行会计标准类别分组								
企 业	143912	40569	87	142012	1900	146446	144680	1766
事 业	128995	72502	89	126712	2283	128010	125699	2311
机 关	108332	48292	9	107354	978	106217	105217	1000
民间非营利组织	64	40		54	10	67	57	10
其 他	1545	883		1535	10	1567	1517	50

4—23 城镇国有单位就业人员工资

（2016年）

指 标	工资总额（万元）	在岗职工	其他人员	平均工资（元）	在岗职工	其他人员
总 计	**2756495**	**2737578**	**18917**	**72102**	**72582**	**36825**
按执行会计标准类别分组						
企 业	1187903	1182275	5628	81115	81717	31866
事 业	966754	956295	10459	75522	76078	45259
机 关	592602	590088	2514	55792	56083	25141
民间非营利组织	272	231	41	40657	40456	41800
其 他	8964	8689	275	57202	57280	54820

4—24 城镇集体单位就业人员

（2016年）

单位：人

指 标	期末人数	#女性	#非全日制	在岗职工	其他人员	平均人数	在岗职工	其他人员
总 计	**9767**	**3506**	**5**	**9567**	**200**	**6595**	**6393**	**202**
按执行会计标准类别分组								
企 业	8105	2272	5	7927	178	4997	4814	183
事 业	1662	1234		1640	22	1598	1579	19

4—25 城镇集体单位就业人员工资

（2016年）

指 标	工资总额（万元）	在岗职工	其他人员	平均工资（元）	在岗职工	其他人员
总 计	**38890**	**38316**	**574**	**58969**	**59934**	**28411**
按执行会计标准类别分组						
企 业	25904	25411	493	51839	52786	26929
事 业	12986	12905	81	81263	81728	42684

4—26　城镇其他经济类型单位就业人员

（2016年）

单位：人

指　　标	期末人数	#女性	#非全日制	在岗职工	其他人员	平均人数	在岗职工	其他人员
总　计	**298676**	**89326**	**2505**	**289866**	**8810**	**370603**	**360966**	**9637**
按执行会计标准类别分组								
企　业	297624	88728	2505	288874	8750	369555	359977	9578
事　业	598	389		545	53	578	526	52
机　关	281	103		277	4	276	272	4
民间非营利组织	116	86		114	2	116	114	2
其　他	57	20		56	1	78	77	1

4—27　城镇其他经济类型单位就业人员工资

（2016年）

指　　标	工资总额（万元）	在岗职工	其他人员	平均工资（元）	在岗职工	其他人员
总　计	**2613560**	**2578977**	**34583**	**70522**	**71447**	**35886**
按执行会计标准类别分组						
企　业	2609277	2574967	34310	70606	71531	35822
事　业	2352	2106	246	40690	40040	47269
机　关	920	905	15	33319	33243	38500
民间非营利组织	455	448	7	39207	39316	33000
其　他	556	551	5	71282	71532	52000

主要统计指标解释

EXPLANATORY NOTES ON MAIN STATISTICAL INDICATORS

人口数　指一定时点、一定地区范围内的有生命的个人的总和。年度统计的年末人口数指每年12月31日24时的人口数。年度统计的全国人口总数内未包括台湾省和港澳同胞以及海外华侨人数。

市镇总人口和乡村总人口　其定义有两种口径：

第一种口径（按行政建制）

市人口：市管辖区域内的全部人口（含市辖镇，不含市辖区县）；镇人口：县辖镇的全部人口（不含市辖镇）；县人口：县辖乡人口。

第二种口径（按常住人口划分）

市人口：设区的市的区人口和不设区的市所辖的街道人口；镇人口：不设区的市所辖镇的居民委员会人口和县辖镇的居民委员会人口；县人口：除上述两种人口以外的全部人口。1952-1980年数据为第一种口径的数据，1982年以后的数据为第二种口径的数据。

出生率（又称粗出生率）　指在一定时期内（通常为一年）平均每千人所出生的人数的比率，一般用千分率表示。计算公式为：

出生率＝年出生人数／年平均人数×1000‰。式中：出生人数指活产婴儿，即胎儿脱离母体时（不管怀孕月数），有过呼吸或其他生命现象。年平均人数指年初、年底人口数的平均数，也可用年中人口数代替。

死亡率（又称粗死亡率）　指在一定时期内（通常为一年）一定地区的死亡人数与同期平均人数（或期中人数）之比，一般用千分率表示。计算公式为：死亡率＝年死亡人数／年平均人数×1000‰。

人口自然增长率　指在一定时期内（通常为一年）人口自然增加数（出生人数减死亡人数）与该时期内平均人数（或期中人数）之比，一般用千分率表示。计算公式为：人口自然增长率＝（本年出生人数－本年死亡人数）／年平均人数×1000‰＝人口出生率－人口死亡率。

在业人口（又称就业人口）　指十五周岁及十五周岁以上人口中从事一定的社会劳动并取得劳动报酬或经营收入的人口。

总负担系数　指被抚养人口（0-14岁和65岁以上人口）与15-64岁人口的比例。计算公式为：总负担系数＝被抚养人口／15-64岁人口×100%。

经济活动人口　指在16岁以上，有劳动能力，参加或要求参加社会经济活动的人口；包括从业人员和失业人员。

从业人员　指从事一定社会劳动并取得劳动报酬或经营收入的人员，包括全部职工、再就业的离退休人员、私营业主、个体户主、私营和个体从业人员、乡镇企业从业人员、农村从业人员、其他从业人员（包括民办教师、宗教职业者、现役军人等）。这一指标反映了一定时期内全部劳动力资源的实际利用情况，是研究我国基本国情国力的重要指标。

单位的从业人员　指在各级国家机关、政党机关、社会团体及企业、事业单位中工作，取得工资或其他形式的劳动报酬的全部人员。包括在岗职工、再就业的离退休人员、民办教师以及在各单位中工作的外方人员和港澳台方人员、兼职人员、借用的外单位人员和第二职业者。不包括离开本单位仍保留劳动关系的职工。各单位的从业人员反映了各单位实际参加生产或工作的全部劳动力。

城镇私营和个体从业人员　城镇私营从业人员指在工商管理部门注册登记，其经营地址设在县城关镇（含城关镇）以上的私营企业从业人员；包括私营企业投资者和雇工。城镇个体从业人员指在工商管理部门注册登记，并持有城镇户口或在城镇长期居住，经批准从事个体工商经营的从业人员；包括个体经营者和在个体工商户劳动的家庭帮工和雇工。

城镇登记失业人员　指有非农业户口，在一定的劳动年龄内，有劳动能力，无业而要求就业，并在当地就业服务机构进行求职登记的人员。

城镇登记失业率　指城镇登记失业人数同城镇从业人数与城镇登记失业人数之和的比。计算公式为：

城镇登记失业率=城镇登记失业人数／（城镇从业人数+城镇登记失业人数）×100%。

从业人员期末人数　指在本单位工作，取得工资或其他形式劳动报酬的期末实有人员数，是在岗职工、劳务派遣人员及其他从业人员期末人数之和。不包括离开本单位仍保留劳动关系的职工。

非全日制人员　指以小时计酬为主，且其在同一用人单位一般平均每日工作时间不超过四小时，每周工作时间累计不超过二十四小时的从业人员。

在岗职工　指在本单位工作且与本单位签订劳动合同，并由单位支付工资的人员，以及有工作岗位，但由于学习、病伤产假等原因暂未工作，仍由单位支付工资的人员。

劳务派遣人员 指与劳务派遣单位签订劳动合同，并被劳务派遣单位派遣到实际用工单位工作，且劳务派遣单位与实际用工单位签订劳务派遣协议的人员。

其他从业人员 指本单位中不能归到在岗职工、劳务派遣人员中的人员，实际参加本单位生产或工作并从本单位取得劳动报酬的人员。具体包括：再就业的离退休人员、兼职人员、借用的外单位人员和第二职业者以及在各单位中工作的外籍人员和港、澳、台方人员。也包括在本单位工作的非全日制人员。不包括在各单位中工作并领取一定报酬的在校学生。

从业人员平均人数 指报告期内平均每天拥有的从业人员数。对于用工随季节变化较大的单位，应该按每天实际用工人数计算1个月的平均人数，再以12个月的平均人数相加之和被12个月除求得全年的平均人数。年平均人数必须按单位实际情况计算得到，不得用年末人数替代年平均人数。具体计算公式为：

从业人员年平均人数＝（1月平均人数＋2月平均人数＋…＋12月平均人数）/12

从业人员季平均人数＝（本季第1个月平均人数＋本季第2个月平均人数＋本季第3个月平均人数）/3

从业人员月平均人数＝（1日实际用工人数＋2日实际用工人数＋…＋31日实际用工人数）/31

在岗职工平均人数 指报告期内每天平均拥有的在岗职工人数。

劳务派遣人员平均人数 指报告期内每天平均拥有的劳务派遣工人数。

其他从业人员平均人数 指报告期内每天平均拥有的其他从业人员数。

从业人员工资总额 指本单位在一定时期内直接支付给本单位全部从业人员的劳动报酬总额，是在岗职工、劳务派遣人员和其他从业人员工资总额之和。工资总额的计算应以直接支付给职工的全部劳动报酬为根据。本单位支付给职工的劳动报酬以及其他根据有关规定支付的工资，不论是计入成本的还是不计入成本的；不论是以货币形式支付的还是以实物形式支付的，均应列入工资总额的计算范围。工资总额包括计时工资、计件工资、奖金、津贴和补贴、加班加点工资、特殊情况下支付的工资。

在岗职工工资总额 指本单位在一定时期内直接支付给本单位全部在岗职工的劳动报酬总额。

劳务派遣人员工资总额 指实际用工单位为劳务派遣工或劳务工支付的劳动报酬总额，包括实际用工单位发放的加班费、奖金、各种补贴等，但不包括因派遣人员而产生的管理费用和实际用工单位交纳的各种社会保险费。

其他从业人员工资总额 指本单位在一定时期内直接支付给本单位其他从业人员的全部劳动报酬。

5 固定资产投资

INVESTMENT IN FIXED ASSETS

资料整理：徐晓军　杜奕昕　熊　艳

5—1　历年固定资产投资完成额及新增固定资产

单位：万元

年　份	固定资产投资总额				新增固定资产
		第一产业	第二产业	第三产业	
1950	350	257	12	81	108
1951	2139	439	1254	446	1478
1952	6290	411	4750	1129	6329
"一五"时期					
1953	6760	39	2695	4026	6629
1954	10527	80	5670	4777	8188
1955	11707	79	6367	5261	13706
1956	9987	161	3947	5879	10390
1957	10262	115	4486	5661	4967
"二五"时期					
1958	12495	409	7628	4458	13232
1959	28784	786	17544	10454	23238
1960	28527	1569	17993	8965	24911
1961	9945	781	5712	3452	13645
1962	2608	131	1428	1049	2438
三年调整期					
1963	4022	211	1713	2098	2597
1964	6302	666	3227	2409	4608
1965	10064	619	5512	3933	8726
"三五"时期					
1966	12095	1554	7504	3037	9381
1967	4112	659	2458	995	2152
1968	3051	537	1790	724	3069
1969	6192	359	3810	2023	5833
1970	12372	515	9802	2055	5914
"四五"时期					
1971	14155	916	9918	3321	6280
1972	12308	510	7681	4117	5472
1973	9744	746	5245	3753	5499
1974	10497	585	5915	3997	6672
1975	14151	742	9317	4092	6720
"五五"时期					
1976	16376	1007	11529	3840	9938
1977	18902	1530	13376	3996	7808
1978	25760	595	20221	4944	19565
1979	33310	896	23765	8649	19919
1980	38389	2184	20965	15240	27513
"六五"时期					
1981	32182	1604	15943	14635	27414
1982	43512	1585	27577	14350	27563

5-1续表

单位：万元

年　份	固定资产投资总额	第一产业	第二产业	第三产业	新增固定资产
1983	53039	1748	29742	21549	30707
1984	95396	2509	53603	39284	48651
1985	132310	1743	59845	70722	88020
"七五"时期					
1986	127853	1959	54750	71144	145017
1987	100455	1428	44542	54485	88129
1988	116082	3502	54300	58280	97137
1989	114476	2258	50998	61220	89688
1990	138786	3015	69913	65858	112339
"八五"时期					
1991	196449	3467	107563	85419	134239
1992	288919	4726	154704	129489	149356
1993	483514	3434	189530	290550	362396
1994	595900	3420	345591	246889	286939
1995	919280	4012	412379	502889	522514
"九五"时期					
1996	1013967	3884	406915	603168	888799
1997	916691	8691	242868	665132	1037939
1998	990128	9180	374070	606878	783435
1999	1064602	11280	421427	631895	889170
2000	1250455	1439	266510	982506	1121883
"十五"时期					
2001	1460539	1060	283282	1176197	1119314
2002	1567378	3334	321503	1242541	1556432
2003	1914205	15735	456436	1442034	1714096
2004	1883169	13135	521063	1348971	1728725
2005	2131195	14034	753675	1363486	1462157
"十一五"时期					
2006	2331943	10443	725397	1596103	1956120
2007	2816095	16302	979562	1820231	1900989
2008	3496566	20034	1470906	2005626	2265484
2009	3958829	37029	1531035	2390765	3044033
2010	4830248	53986	1710480	3065782	3003642
"十二五"时期					
2011	6351243	25424	2274335	4051484	3399199
2012	10102899	55807	4711451	5335641	6845112
2013	12715924	54480	3957987	8703457	6504512
2014	15263119	71583	4167154	11024382	10146269
2015	16074304	57732	4268755	11747817	7445705
"十三五"时期					
2016	16077843	202685	3568868	12306290	11460698

5—2　历年固定资产投资完成额及新增固定资产指数

（以上年为100）　　单位：%

年　份	固定资产投资总额	第一产业	第二产业	第三产业	新增固定资产
1951	611.14	170.82	10450.00	550.62	1368.52
1952	294.06	93.62	378.79	253.14	428.21
"一五"时期					
1953	107.47	9.49	56.74	356.60	104.74
1954	155.72	205.13	210.39	118.65	123.52
1955	111.21	98.75	112.29	110.13	167.39
1956	85.31	203.80	61.99	111.75	75.81
1957	102.75	71.43	113.66	96.29	47.81
"二五"时期					
1958	121.76	355.65	170.04	78.75	266.40
1959	230.36	192.18	229.99	234.50	175.62
1960	99.11	199.62	102.56	85.76	107.20
1961	34.86	49.78	31.75	38.51	54.77
1962	26.22	16.77	25.00	30.39	17.87
三年调整期					
1963	154.22	161.07	119.96	200.00	106.52
1964	156.69	315.64	188.38	114.82	177.44
1965	159.70	92.94	170.81	163.26	189.37
"三五"时期					
1966	120.18	251.05	136.14	77.22	107.51
1967	34.00	42.41	32.76	32.76	22.94
1968	74.20	81.49	72.82	72.76	142.61
1969	202.95	66.85	212.85	279.42	190.06
1970	199.81	143.45	257.27	101.58	101.39
"四五"时期					
1971	114.41	177.86	101.18	161.61	106.19
1972	86.95	55.68	77.45	123.97	87.13
1973	79.17	146.27	68.29	91.16	100.49
1974	107.73	78.42	112.77	106.50	121.33
1975	134.81	126.84	157.51	102.38	100.72
"五五"时期					
1976	115.72	135.71	123.74	93.84	147.89
1977	115.43	151.94	116.02	104.06	78.57
1978	136.28	38.89	151.17	123.72	250.58
1979	129.31	150.59	117.53	174.94	101.81
1980	115.25	243.75	88.22	176.21	138.12
"六五"时期					
1981	83.83	73.44	76.05	96.03	99.64
1982	135.21	98.82	172.97	98.05	100.54

5-2续表

单位：%

年　份	固定资产投资总额	第一产业	第二产业	第三产业	新增固定资产
1983	121.90	110.28	107.85	150.17	111.41
1984	179.86	143.54	180.23	182.30	158.44
1985	138.70	69.47	111.64	180.03	180.92
“七五”时期					
1986	96.63	112.39	91.49	100.60	164.75
1987	78.57	72.89	81.36	76.58	60.77
1988	115.56	245.24	121.91	106.97	110.22
1989	98.62	64.48	93.92	105.04	92.33
1990	121.24	133.53	137.09	107.58	125.26
“八五”时期					
1991	141.55	114.99	153.85	129.70	119.49
1992	147.07	136.31	143.83	151.59	111.26
1993	167.35	72.66	122.51	224.38	242.64
1994	123.24	99.59	182.34	84.97	79.18
1995	154.27	117.31	119.33	203.69	182.10
“九五”时期					
1996	110.30	96.81	98.68	119.94	170.10
1997	90.41	223.76	59.69	110.27	116.78
1998	108.01	105.63	154.02	91.24	75.48
1999	107.52	122.88	112.66	104.12	113.50
2000	117.46	12.76	63.24	155.49	126.17
“十五”时期					
2001	116.80	73.66	106.29	119.71	99.77
2002	107.32	314.53	113.49	105.64	139.05
2003	122.13	471.96	141.97	116.06	110.13
2004	98.38	83.48	114.16	93.55	100.85
2005	113.17	106.84	144.64	101.08	84.58
“十一五”时期					
2006	109.42	74.41	96.25	117.06	133.78
2007	120.76	156.10	135.04	114.04	97.18
2008	124.16	122.89	150.16	110.19	119.17
2009	113.22	184.83	104.09	119.20	134.37
2010	122.01	145.79	111.72	128.23	98.67
“十二五”时期					
2011	131.49	47.09	132.96	132.15	113.17
2012	159.07	219.51	207.16	131.70	201.37
2013	125.86	97.62	84.01	163.12	95.02
2014	120.03	131.39	105.28	126.67	155.99
2015	105.31	80.65	102.44	106.56	73.38
“十三五”时期					
2016	100.02	351.08	83.60	104.75	153.92

5—3　历年固定资产投资三次产业构成

单位：%

年　份	固定资产投资总额	第一产业	第二产业	第三产业
1950	100	73.43	3.43	23.14
1951	100	20.52	58.63	20.85
1952	100	6.53	75.52	17.95
"一五"时期				
1953	100	0.58	39.87	59.55
1954	100	0.76	53.86	45.38
1955	100	0.67	54.39	44.94
1956	100	1.61	39.52	58.87
1957	100	1.12	43.71	55.17
"二五"时期				
1958	100	3.27	61.05	35.68
1959	100	2.73	60.95	36.32
1960	100	5.50	63.07	31.43
1961	100	7.85	57.44	34.71
1962	100	5.02	54.75	40.23
三年调整期				
1963	100	5.25	42.59	52.16
1964	100	10.57	51.21	38.22
1965	100	6.15	54.77	39.08
"三五"时期				
1966	100	12.85	62.04	25.11
1967	100	16.02	59.78	24.20
1968	100	17.60	58.67	23.73
1969	100	5.80	61.53	32.67
1970	100	4.16	79.23	16.61
"四五"时期				
1971	100	6.47	70.07	23.46
1972	100	4.14	62.41	33.45
1973	100	7.66	53.83	38.51
1974	100	5.57	56.35	38.08
1975	100	5.24	65.84	28.92
"五五"时期				
1976	100	6.15	70.40	23.45
1977	100	8.09	70.76	21.15
1978	100	2.31	78.50	19.19
1979	100	2.69	71.34	25.97
1980	100	5.69	54.61	39.70
"六五"时期				
1981	100	4.98	49.54	45.48
1982	100	3.64	63.38	32.98

5-3续表 单位：%

年　份	固定资产投资总额	第一产业	第二产业	第三产业
1983	100	3.30	56.08	40.62
1984	100	2.63	56.19	41.18
1985	100	1.32	45.23	53.45
“七五”时期				
1986	100	1.53	42.82	55.65
1987	100	1.42	44.34	54.24
1988	100	3.02	46.78	50.20
1989	100	1.97	44.55	53.48
1990	100	2.17	50.37	47.46
“八五”时期				
1991	100	1.76	54.75	43.49
1992	100	1.64	53.55	44.81
1993	100	0.71	39.20	60.09
1994	100	0.57	57.99	41.44
1995	100	0.44	44.86	54.70
“九五”时期				
1996	100	0.38	40.13	59.49
1997	100	0.95	26.49	72.56
1998	100	0.93	37.78	61.29
1999	100	1.06	39.59	59.35
2000	100	0.12	21.31	78.57
“十五”时期				
2001	100	0.07	19.40	80.53
2002	100	0.21	20.51	79.28
2003	100	0.82	23.84	75.34
2004	100	0.70	27.67	71.63
2005	100	0.66	35.36	63.98
“十一五”时期				
2006	100	0.45	31.10	68.45
2007	100	0.58	34.78	64.64
2008	100	0.57	42.07	57.36
2009	100	0.94	38.67	60.39
2010	100	1.12	35.41	63.47
“十二五”时期				
2011	100	0.40	35.81	63.79
2012	100	0.55	46.63	52.82
2013	100	0.43	31.13	68.44
2014	100	0.47	27.30	72.23
2015	100	0.36	26.56	73.08
“十三五”时期				
2016	100	1.26	22.20	76.54

5—4　固定资产投资基本情况

单位：万元

指　　标	1995年	2000年	2005年	2010年	2011年
本年完成投资额	**919280**	**1250455**	**2131195**	**4830248**	**6351243**
按构成分					
建筑工程	469218	776890	1056545	2795453	3680310
安装工程	90979	60966	197576	369501	549206
设备、工器具购置	266932	278404	698463	1149777	1593847
其他费用	92151	134195	178611	515517	527880
按登记注册类型分					
内资	914724	1071154	178611	4777821	6211151
#国有	775195	708342	836563	1597976	2181144
港澳台商投资	4033	171526	83664	14163	42111
外商投资	523	7775	52264	27011	96611
按隶属关系分					
中央	471490	361940	301612	665077	1129474
地方	447790	888515	1829583	4165171	5221769
按建设性质分					
新建	280227	672320	646341	2144754	3322849
扩建	477017	452438	1145651	1939160	2206480
改建	61138	32550	185098	441189	392880
单纯建造生活设施	76701	62553	23542	141577	54015
迁建	6225		17971	11050	35883
单纯购置	17972	30594	112592	152518	339136
本年新增固定资产	**522514**	**1121883**	**1462157**	**3003642**	**3399199**
房屋建筑面积(万平方米)					
施工面积	591.27	1016.40	949.66	2274.72	2326.34
#住宅	253.28	688.06	451.05	1477.82	1699.37
竣工面积	240.60	447.71	465.29	518.98	383.77
#住宅	131.14	330.28	267.93	309.85	287.39
商品房屋竣工、销售情况					
竣工面积(万平方米)	53.55	200.97	258.24	265.41	311.14
竣工价值(万元)	63902	234849	296928	544162	649857
销售面积(万平方米)	24.43	145.82	243.37	440.06	467.17
销售额(万元)	38909	257483	532089	2034748	2442450

5-4续表　　　　单位：万元

指　　标	2012年	2013年	2014年	2015年	2016年	2016年比2015年(±%)
本年完成投资额	**10102899**	**12715924**	**15263119**	**16074304**	**16077843**	**持平**
按构成分						
建筑工程	5667615	8035235	9880703	9120414	9892781	8.5
安装工程	757263	1027897	1022862	1667135	1667741	持平
设备、工器具购置	2819443	2326009	3168880	2813155	2089925	-25.7
其他费用	858578	1326783	1190674	2473600	2427396	-1.9
按登记注册类型分						
内资	9926974	12524957	14704166	15594219	15949828	2.3
#国有	4031536	6302061	6784565	7955991	7463747	-6.2
港澳台商投资	27417	44520	68343	127127	115955	-8.8
外商投资	144218	144187	490610	352958	12060	-96.6
按隶属关系分						
中央	1261741	2364652	2012421	1827488	2784691	52.4
地方	8841158	10351272	13250698	14246816	13293152	-6.7
按建设性质分						
新建	5432547	7607096	9455333	11788152	12378376	5.0
扩建	3584739	3722582	4064747	3355785	2974276	-11.4
改建	713150	730497	472857	322685	725191	124.7
本年新增固定资产	**6845112**	**6504512**	**10146269**	**7445705**	**11460698**	**53.9**
房屋建筑面积(万平方米)						
施工面积	3174.66	5525.24	6803.53	5393.16	4565.08	-15.4
#住宅	2160.83	3799.7	4492.55	3310.00	2547.24	-23.0
竣工面积	828.72	613.13	1076.41	790.65	600.89	-24.0
#住宅	613.24	442.59	812.59	591.62	295.07	-50.1
商品房屋竣工、销售情况						
竣工面积(万平方米)	631.08	421.46	721.78	380.94	411.83	8.1
竣工价值(万元)	1685557	1144588	2146900	1081311	1239067	14.6
销售面积(万平方米)	389.84	549.57	488.08	540.61	595.29	10.1
销售额(万元)	2161240	3330950	3078400	3553448	3727127	4.9

5—5　全市固定资产投资完成情况

（2016年）

单位：万元

指　　标	固定资产投资总额	城镇和农村投资	房地产开发投资
投资总额	**16077843**	**12452868**	**3624975**
#住宅	2039140	621449	1417691
按登记注册类型分			
内资	15920713	12381420	3539293
#国有	7463747	7104013	359734
集体	1037	1037	
股份有限公司	9900		9900
港澳台商投资	115955	33833	82122
外商投资	12060	8500	3560
个体经营	29115	29115	
按隶属关系分			
中央	2784691		2784691
地方	13293152	12452868	840284
按构成分			
建筑工程	9892781	7209001	2683780
安装工程	1667741	1286997	380744
设备、工器具购置	2089925	1956188	133737
#用于更新的设备			
其他费用	2427396	2000682	426714
按建设性质分			
新建	12378376	8783579	3594797
扩建	2974276	2972590	1686
改建	725191	696699	28492
房屋建筑面积(万平方米)			
施工面积	4565.08	927.11	3637.97
#住宅	2547.24	296.95	2250.29
竣工面积	600.89	216.93	383.95
#住宅	295.07	34.22	260.85
本年新增固定资产	**11460698**	**9529976**	**1930722**

5—6 按行业分的固定资产投资

（2016年） 单位：万元

指 标	固定资产投资总额	城镇和农村投资	房地产开发投资
投资总额	**16077843**	**12452868**	**3624975**
农、林、牧、渔业	**202685**	**178400**	**24285**
农业	24073	11573	12500
林业	66299	62392	3907
畜牧业	104463	98885	5578
渔业			
农、林、牧、渔服务业	7850	5550	2300
采矿业	**314412**	**306544**	**7868**
煤炭开采和洗选业	35422	27554	7868
石油和天然气开采业	278990	278990	
黑色金属矿采选业			
有色金属矿采选业			
非金属矿采选业			
开采辅助活动			
其他开采业			
制造业	**1573671**	**1437423**	**136248**
农副食品加工业	30368	13000	17368
食品制造业	25648	16758	8890
酒、饮料和精制茶制造业	12800	8000	4800
烟草制品业	11641	11641	
纺织业	11002	11002	
纺织服装和服饰业	14275	9285	4990
皮革、毛皮、羽毛(绒)及其制品业	4000	4000	
木材加工及木、竹、藤、棕、草制品业	1610	1610	
家具制造业	28510	28510	
造纸及纸制品业	9539	6340	3199
印刷业和记录媒介的复制业	33952	17952	16000
文教体育用品制造业			
石油加工、炼焦及核燃料加工业	235590	235590	
化学原料及化学制品制造业	594841	594841	
医药制造业	16231	13231	3000
化学纤维制造业			
橡胶和塑料制品业	69500	65300	4200
非金属矿制品业	76705	65285	11420
黑色金属冶炼和压延加工业	8776	8776	
有色金属冶炼和压延加工业	37000	37000	
金属制品业	69608	66048	3560
通用设备制造业	67236	58806	8430

5-6续表1　　(2016年)　　单位：万元

指　　标	固定资产投资总额	城镇和农村投资	房地产开发投资
专用设备制造业	60992	53404	7588
汽车制造业	16035	8535	7500
铁路、船舶、航空航天等制造业	10500	10500	
电气机械及器材制造业	46286	12583	33703
计算机、通信和其他电子设备制造业	29247	29247	
仪器仪表制造业	14440	14440	
其他制造业	34859	33259	1600
废弃资源综合利用业	2480	2480	
金属制品、机械和设备修理业			
电力、热力、燃气及水的生产和供应业	**1218888**	**1138962**	**79926**
电力、热力的生产和供应业	1115408	1042199	73209
燃气生产和供应业	25650	23237	2413
水的生产和供应业	77830	73526	4304
建筑业	**461897**	**451459**	**10438**
房屋建筑业	329498	328398	1100
土木工程建筑业	130319	120981	9338
建筑安装业			
建筑装饰和其他建筑业	2080	2080	
批发和零售业	**146981**	**105234**	**41747**
批发业	108772	75618	33154
零售业	38209	29616	8593
交通运输、仓储和邮政业	**976990**	**927851**	**49139**
铁路运输业	707	707	
道路运输业	705426	662916	42510
水上运输业			
航空运输业	88352	88352	
管道运输业	35175	35175	
装卸搬运和运输代理业	6800	371	6429
仓储业	140173	139973	200
邮政业	357	357	
住宿和餐饮业	**45429**	**45429**	
住宿业	16381	16381	
餐饮业	29048	29048	
信息传输、软件和信息技术服务业	**1022795**	**1010795**	**12000**
电信、广播电视和卫星传输服务业	903747	903747	
互联网和相关服务业	3000	3000	
软件和信息技术服务业	116048	104048	12000
金融业	**54276**	**54276**	
货币金融业	54276	54276	
资本市场业			

5-6续表2 （2016年） 单位：万元

指　　标	固定资产投资总额	城镇和农村投资	房地产开发投资
保险业			
其他金融业			
房地产业	**4961268**	**1894771**	**3066497**
房地产业	4961268	1894771	3066497
租赁和商务服务业	**440472**	**423912**	**16560**
租赁业			
商务服务业	440472	423912	16560
科学研究和技术服务业	**88250**	**26293**	**61957**
研究与试验发展	4548	4548	
专业技术服务业	80482	18545	61937
科技交流和推广服务业	3220	3200	20
水利、环境和公共设施管理业	**3830021**	**3748056**	**81965**
水利管理业	110855	105187	5668
生态保护和环境治理业	464120	464120	
公共设施管理业	3255046	3178749	76297
居民服务和其他服务业	**10520**	**10000**	**520**
居民服务业	10360	10000	360
机动车、电子产品和日用产品修理业			
其他服务业	160		160
教育	**153528**	**136142**	**17386**
教育	153528	136142	17386
卫生和社会工作	**132918**	**132228**	**690**
卫生	118956	118956	
社会工作	13962	13272	690
文化、体育和娱乐业	**111654**	**104769**	**6885**
新闻和出版业	17571	11756	5815
广播、电视、电影和影视录音制作业	2428	2428	
文化艺术业	66233	65163	1070
体育	14560	14560	
娱乐业	10862	10862	
公共管理和社会组织	**331188**	**320324**	**10864**
中国共产党机关			
国家机构	314517	305908	8609
人民政协和民主党派			
社会保障			
群众团体、社会团体和其他成员组织	7350	6050	1300
基层群众自治组织	9321	8366	955
国际组织			
国际组织			

5—7　固定资产投资资金来源

（2016年）

单位：万元

指　　标	固定资产投资	城镇和农村投资	房地产开发投资
本年资金来源总计	**17616617**	**12451872**	**5164745**
上年末结余资金	1247969	520706	727263
本年资金来源小计	16368648	11931166	4437482
国家预算内资金	1673742	1581076	92666
国内贷款	2606196	2126109	480087
债券			
利用外资	128	128	
#外商直接投资			
自筹资金	9316881	7974862	1342019
#企事业单位自有资金	3349934	2484198	865736
其他资金来源	2771701	248991	2522710
本年各项应付款总计	**2520000**	**1618772**	**901228**
工程款	1447746	852582	595164

5—8　固定资产投资效果

（2016年）

指　　标	固定资产投资	城镇和农村投资	房地产开发投资
建设项目投产率(%)	**57.11**	**59.06**	**52.10**
本年施工项目(个)	1791	1292	499
本年全投项目(个)	1023	763	260
固定资产交付使用率(%)	**71.28**	**76.53**	**53.26**
本年完成投资额(万元)	16077843	12452868	3624975
本年新增固定资产(万元)	11460698	9529976	1930722
建设周期(年)	**4.22**	**3.97**	**5.07**
计划总投资(万元)	67768744	49379067	18389677
本年完成投资(万元)	16077843	12452868	3624975
房屋建筑面积竣工率(%)	**13.16**	**23.40**	**10.55**
施工面积(万平方米)	4565.08	927.11	3637.97
竣工面积(万平方米)	600.89	216.93	383.95

5—9 历年房地产开发主要指标

年 份	房地产开发投资（万元）	房地产开发投资比上年增长（%）	竣工房屋住宅套数（套）	商品房销售收入（万元）	商品房销售收入比上年增长（%）	商品房销售面积（平方米）	商品房待售面积（平方米）
1995	110047		3131	47811		247270	315271
1996	125398	13.9	4748	43735	-8.5	239770	235358
1997	126570	0.9	4458	48583	11.1	299096	277448
1998	99232	-21.6	8075	83847	72.6	458846	176121
1999	151575	52.7	8636	109789	30.9	612616	412309
2000	426754	181.5	21333	257875	134.9	1463317	538659
2001	620246	45.3	36548	378758	46.9	1961850	1290330
2002	512830	-17.3	35093	497507	31.4	2475832	2182341
2003	479000	-6.6	30647	542479	9.0	3061812	2474701
2004	423079	-11.7	18065	516278	-4.8	2733760	1939555
2005	371532	-12.2	20978	437728	-15.2	2433737	1953480
2006	562345	51.4	21238	755501	72.6	4274460	1787653
2007	817958	45.5	32204	1108822	46.8	4986926	973554
2008	1003481	22.7	37074	981849	-11.5	2971748	1540963
2009	1101159	9.7	31823	1467473	49.5	5121490	1563178
2010	1462690	32.8	20213	1972339	34.4	4400611	1389993
2011	1955717	33.7	27157	2376850	20.5	4671669	1200307
2012	2162552	10.6	54953	2260717	-4.9	3898408	1535248
2013	2714326	25.5	32271	3178376	40.6	5495730	1707289
2014	3594372	32.4	52229	2551929	-19.7	4880800	2326128
2015	3883661	8.0	45980	3553448	15.4	5406110	2479597
2016	3624975	-6.7	27953	3727127	4.9	5952933	3636897

5—10 按企业经济类型、隶属关系、资质等级分的房地产开发基本情况

（2016年）

单位：万元

指　　标	企业个数(个)	计划总投资	自开始建设累计完成投资	本年完成投资
总　计	**419**	**19727170**	**13268150**	**3624975**
按登记注册类型分组				
内资企业	417	19434570	13065562	3543852
国有企业	4	376113	319462	30299
国有独资公司	10	1087797	713750	190535
其他有限责任公司	121	7483551	5315757	1225901
股份有限公司	2	670480	301597	126104
私营独资企业				
私营合伙企业				
私营有限责任公司	277	9745769	6349350	1962558
私营股份有限公司	3	70860	65646	8455
其他企业				
港澳台商投资企业	2	292600	202588	81123
与港澳台商合资经营企业	2	292600	202588	81123
与港澳台商合资合作经营企业				
外商投资企业				
中外合资经营企业				
中外合作经营企业				
按控股情况分组				
国有控股	61	5006289	3190066	850032
集体控股	1			
私人控股	328	11657337	7729508	2332606
港澳台商控股	1			
外商控股				
其他	28	3063544	2348576	442337
按资质等级分组				
一级	9	1171901	661457	173808
二级	51	3904931	2814072	589882
三级	85	2471239	1807333	416862
四级	50	508604	392745	65960
暂定	212	11603495	7540302	2358645
其他	12	67000	52241	19818
按隶属关系分组				
中央	28	1523330	875151	317036
省(自治区、直辖市)	13	631798	442174	91574
地区(州、盟、省辖市)	17	2777471	1806562	391695
县(区、市、旗)	8	346500	127230	61413
其他	353	14448071	10017033	2763257

5-10续表1　　（2016年）　　单位:万元

指　　标	本年完成投资					
	#建筑工程	安装工程	设备工器具购置	其他费用	#旧建筑物购置费	土地购置费
总　计	**2512575**	**407476**	**83916**	**440621**	**7137**	**246885**
按登记注册类型分组						
内资企业	2458971	407476	83916	413102	7137	234534
国有企业	23165	3640		3494		707
国有独资公司	135305	12083	244	42903	2860	16704
其他有限责任公司	861648	208058	28286	127909	160	69867
股份有限公司	77736	3249	1137	43982		23295
私营独资企业						
私营合伙企业						
私营有限责任公司	1355700	179205	52481	194785	4117	123932
私营股份有限公司	5417	1241	1768	29		29
其他企业						
港澳台商投资企业	53604			27519		12351
与港澳台商合资经营企业	53604			27519		12351
与港澳台商合资合作经营企业						
外商投资企业						
中外合资经营企业						
中外合作经营企业						
按控股情况分组						
国有控股	589560	81452	3381	175639	3020	83868
集体控股						
私人控股	1647705	208074	55950	240490	4117	142627
港澳台商控股						
外商控股						
其他	275310	117950	24585	24492		20390
按资质等级分组						
一级	111514	15223	85	46986	2860	25492
二级	479777	49522	6043	54540		13808
三级	326991	56281	9214	24376		16563
四级	40328	7423	2380	15829	1857	512
暂定	1542916	274069	64606	296667	2420	190510
其他	11049	4958	1588	2223		
按隶属关系分组						
中央	200118	57749	2000	57169	3020	32590
省(自治区、直辖市)	60819	1709	244	28802		16263
地区(州、盟、省辖市)	257451	77751	24500	31993		7680
县(区、市、旗)	49780	2040	65	9528		7734
其他	1944407	268227	57107	313129	4117	182618

5-10续表2　　(2016年)　　单位：万元

指　　标	本年完成投资						
	商品住宅	#90平方米以下	140平方米以上	#别墅、高档公寓	办公楼	商　业营业用房	其　他
总　计	**2006814**	**653799**	**336519**	**137130**	**386073**	**634222**	**417479**
按登记注册类型分组							
内资企业	1952186	622824	336178	137130	386073	623988	401218
国有企业	20600	13853	1000		259	4218	5222
国有独资公司	122978	57533	6329		20508	21638	25411
其他有限责任公司	658681	159845	158845	58313	203259	244402	119559
股份有限公司	69066	15594	10301		1701	22225	33112
私营独资企业							
私营合伙企业							
私营有限责任公司	1075295	373735	159703	78817	160346	329918	216612
私营股份有限公司	5566	2264				1587	1302
其他企业							
港澳台商投资企业	54628	30975	341			10234	16261
与港澳台商合资经营企业	54628	30975	341			10234	16261
与港澳台商合资合作经营企业							
外商投资企业							
中外合资经营企业							
中外合作经营企业							
按控股情况分组							
国有控股	478201	151589	72365	33470	118930	117190	135711
集体控股							
私人控股	1318865	460444	212412	101710	177153	391330	264871
港澳台商控股							
外商控股							
其他	209748	41766	51742	1950	89990	125702	16897
按资质等级分组							
一级	117935	51422	8719		8463	21559	25851
二级	359361	111526	88101	38852	30406	119971	80144
三级	271600	91245	41467	9647	24169	54397	66696
四级	42806	18715	8019	7577	3882	9235	10037
暂定	1206565	374860	189607	81054	312323	426239	233131
其他	8547	6031	606		6830	2821	1620
按隶属关系分组							
中央	206915	57291	43810	14710	27095	40791	42235
省(自治区、直辖市)	57936	4309	6930		1552	8653	23433
地区(州、盟、省辖市)	151578	71751	6726	1950	113395	93661	33061
县(区、市、旗)	48229	21730	10599	8023		3181	10003
其他	1542156	498718	268454	112447	244031	487936	308747

5-10续表3　　(2016年)　　单位:万元

指　　标	本年新增固定资产	待开发土地面积(平方米)	本年土地购置面积(平方米)	本年土地成交价款
总　计	**1805046**	**5076822**	**4316493**	**556420**
按登记注册类型分组				
内资企业	1805046	4980412	4245693	485620
国有企业	73122	104979	88552	
国有独资公司	147224	253104	241449	57484
其他有限责任公司	871569	1806588	1475346	179273
股份有限公司		204722	102580	18200
私营独资企业				
私营合伙企业				
私营有限责任公司	701376	2598771	2326066	230663
私营股份有限公司	11755	12248	11700	
其他企业				
港澳台商投资企业		96410	70800	70800
与港澳台商合资经营企业		96410	70800	70800
与港澳台商合资合作经营企业				
外商投资企业				
中外合资经营企业				
中外合作经营企业				
按控股情况分组				
国有控股	371299	1198061	941585	175384
集体控股				
私人控股	768048	3146856	2766141	360853
港澳台商控股				
外商控股				
其他	665699	731905	608767	20183
按资质等级分组				
一级	37057	245576	174362	84800
二级	384648	890092	835251	199802
三级	159667	672932	563867	51250
四级	78101	145501	110759	
暂定	1145573	3094657	2607197	207568
其他		28064	25057	13000
按隶属关系分组				
中央	120421	398134	350434	68000
省(自治区、直辖市)	79461	173335	157846	14200
地区(州、盟、省辖市)	587445	536180	441191	56484
县(区、市、旗)	10481	109058	98184	18500
其他	1007238	3860115	3268838	399236

5-10续表4　　　　　　　　　　　　（2016年）　　　　　　　　　　　　单位：万元

指　　标	项目个数（个）	本　　年资金来源	国内贷款	利用外资	自筹资金	其他资金来源
总　计	**499**	**1129123**	**2630950**	**990728**	**939969**	**157245**
按登记注册类型分组						
内资企业	499	1129123	2630950	990725	939969	157245
国有企业	12	9160	79392			
国有独资公司	26	76677	107288	78500	56288	9801
其他有限责任公司	152	336753	959320	123761	249522	22981
股份有限公司	8		84380	176957	327752	55035
私营独资企业						
私营合伙企业						
私营有限责任公司	295	703133	1392270	611510	306407	69428
私营股份有限公司	6	3400	8300			
其他企业						
港澳台商投资企业						
与港澳台商合资经营企业						
与港澳台商合资合作经营企业						
外商投资企业						
中外合资经营企业						
中外合作经营企业						
按控股情况分组						
国有控股	105	247294	518907	285902	478422	76166
集体控股						
私人控股	358	790821	1614467	704826	461547	81079
港澳台商控股						
外商控股						
其他	36	91008	497576			
按资质等级分组						
一级	25	22776	66786	36640	17215	1185
二级	129	272494	362955	73348	56288	9801
三级	98	141633	370984	266411	4217	782
四级	45	44095	66664	39261	139595	9177
暂定	199	644333	1755296	575068	722654	136300
其他	3	3792	8265			
按隶属关系分组						
中央	40	157419	125015		17722	4290
省（自治区、直辖市）	14	14741	128905	68948	211428	21452
地区（州、盟、省辖市）	39	86948	297759	39997		
县（区、市、旗）	11	4000	75684	29507	76660	7040
其他	395	866015	2003587	852276	634159	124463

5—11 按工程用途分的商品房屋销售与出租情况

(2016年)

指 标	合计	住宅	#90平米以下住房	140平米以上住房	#别墅、高档公寓	办公楼	商业营业用房	其他
出租房屋面积(平方米)	473080	132050	132050			13177	262614	65242
商品房销售面积(平方米)	5952933	5320751	979165	588246	104565	278734	302327	81121
现房销售面积	834570	665979	163648	123941	11827	37883	85232	45476
期房销售面积	5118363	4654772	815517	464305	92738	210851	217095	35645
商品房销售额(万元)	3727127	3071914	529736	443363	111883	218389	403708	33116
现房销售额	537423	383285	83285	84177	14603	40123	97361	16654
期房销售额	3189704	2688629	446451	359186	97280	178266	306347	16462
商品住宅销售套数(套)		49029	12561	3266	405			
现房住宅销售套数		6089	2040	713	43			
期房住宅销售套数		42940	10521	2553	362			
待售面积(平方米)	3636897	1841283	361988	804060	109136	340986	616556	838072
#待售1-3年面积	1894957	1019074	121926	558392	25013	179999	262527	433357
待售3年以上面积	571930	166489	76104	46909	9607	122719	153695	12907

5—12 按工程用途分的房地产开发施、竣工房屋面积及竣工价值

(2016年)

指 标	施工面积(平方米)	#新开工	竣工面积(平方米)	不可销售面积(平方米)	商品住宅竣工套数(套)	竣工房屋价值(万元)
房屋建筑面积合计	**39776025**	**6074865**	**4118320**	**256717**		**1239067**
住宅	25310742	3841488	2878281	22039	27953	850404
#90平米以下住房	7854162	1030291	748719	8201	10336	2351417
140平米以上住房	2944000	199377	408275		2036	144925
#别墅、高档公寓	992805	92260	120961		525	55058
办公楼	3837310	376103	149242	4993		55052
商业营业用房	5253100	620457	555157	50938		174941
其他	5374873	1236817	535640	178747		158670

5—13 按企业经济类型、控股情况、资质等级分的房地产经营情况

（2016年）

单位：万元

指　　标	年初存货	资产总计	流动资产	#存货	固定资产原价
总　计	**11244509**	**23661132**	**18466785**	**12323147**	**828339**
按登记注册类型分组					
内资企业	10791267	21416863	17541629	11942201	693705
国有企业	858084	3029318	1445798	901628	36561
集体企业					
股份合作企业					
联营企业					
有限责任公司	5107193	8495967	7545826	5365062	230485
股份有限公司	99950	335975	291566	201868	927
私营企业	4693269	9497131	8209433	5473643	424844
其他企业	32771	58472	49006		888
港澳台商投资企业	453242	2244269	925156	380946	134634
港澳台商投资企业	453242	2244269	925156	380946	134634
按控股情况分组					
国有控股	3306988	7156688	5025742	3719423	105300
集体控股		4378	4378		
私人控股	6710564	14210448	11409842	7278280	653884
港澳台商控股	9567	7513	7511	7070	37
其他	1217390	2282105	2019312	1318374	69118
按资质等级分组					
一级	1526254	3822311	2341516	1505850	174929
二级	2221794	5815356	3543858	2359129	185437
三级	2320147	4492306	3997901	2694456	261197
四级	417811	630992	570504	398212	38375
暂定	4668824	8708231	7827449	5246684	166306
其他	89679	191936	185557	118816	2095
按隶属关系分组					
中央	1481504	2546177	2128430	1719490	45569
省（自治区、直辖市）	448694	634933	543342	403971	17765
地区（州、盟、省辖市）	1240400	3787606	2059938	1330856	58803
县（区、市、旗）	142024	295059	285203	108216	2678
其他	7931887	16397357	13449872	8760614	703524

5-13续表1 （2016年） 单位：万元

指　　标	累计折旧	#本年折旧	负债合计	所有者权益合计	#实收资本
总　计	**240300**	**48959**	**18565746**	**5095385**	**2605849**
按登记注册类型分组					
内资企业	206417	36863	17358102	4058760	2360739
国有企业	5686	960	2135808	893509	353624
集体企业					
股份合作企业					
联营企业					
有限责任公司	67304	13448	6898251	1597716	862882
股份有限公司	225	79	295281	40694	46717
私营企业	132610	22376	7971228	1525903	1091366
其他企业	592		57534	938	6150
港澳台商投资企业	33883	12096	1207644	1036625	245110
港澳台商投资企业	33883	12096	1207644	1036625	245110
按控股情况分组					
国有控股	28288	4373	5572491	1584197	684558
集体控股			3889	489	800
私人控股	200003	40109	11219208	2991240	1614490
港澳台商控股	36		4667	2846	4250
其他	11973	4477	1765491	516613	301751
按资质等级分组					
一级	47850	15050	2478737	1343574	413697
二级	56836	9149	4195123	1620234	642472
三级	84364	12800	3798165	694141	538042
四级	16821	2835	573786	57206	94012
暂定	32816	8966	7350542	1357689	883796
其他	1613	159	169393	22541	33830
按隶属关系分组					
中央	11210	2568	2107860	438316	162630
省(自治区、直辖市)	3735	742	463352	171582	82060
地区(州、盟、省辖市)	7058	1445	2753785	1033820	465925
县(区、市、旗)	1421	140	254770	40289	30980
其他	216876	44064	12985979	3411378	1864254

5-13续表2 (2016年) 单位：万元

指标	主营业务收入	土地转让收入	商品房屋销售收入	房屋出租收入	其他收入
总计	**3663353**	**3012**	**3482871**	**119789**	**57681**
按登记注册类型分组					
内资企业	3530218	3012	3360275	109250	57681
国有企业	282494	3012	259236	17002	3243
集体企业					
股份合作企业					
联营企业					
有限责任公司	1963762		1856948	68783	38030
股份有限公司	2655		1132	1374	149
私营企业	1278750		1240402	22091	16259
其他企业	2557		2557		
港澳台商投资企业	133135		122596	10539	
港澳台商投资企业	133135		122596	10539	
按控股情况分组					
国有控股	920367	3012	857640	26966	32749
集体控股	66		67		
私人控股	1981834		1912553	47722	21559
港澳台商控股	2710		2710		
其他	758376		709901	45101	3373
按资质等级分组					
一级	486842		464710	15516	6618
二级	568070	3012	533653	22407	8998
三级	590711		551382	30508	8820
四级	152198		129352	3856	18990
暂定	1845892		1784368	47268	14255
其他	19640		19406	234	
按隶属关系分组					
中央	481867		467769	4295	9803
省(自治区、直辖市)	138719		131577	3535	3606
地区(州、盟、省辖市)	311424	3012	291735	15525	1152
县(区、市、旗)	48499		48299	188	13
其他	2682844		2543491	96246	43107

5-13续表3　　(2016年)　　单位：万元

指　　标	主营业务成本	主营业务税金及附加	其他业务利　润	销售费用	管理费用	#税金
总　计	**2709398**	**240303**	**2790**	**137883**	**226130**	**22265**
按登记注册类型分组						
内资企业	2621316	234601	2790	131788	202673	21250
国有企业	212706	10878	165	6611	13244	1331
集体企业						
股份合作企业						
联营企业						
有限责任公司	1454554	135604	2404	53787	83032	12506
股份有限公司	592	253		4370	2163	400
私营企业	951112	87739	951	66948	103250	6963
其他企业	2352	127	-730	72	984	50
港澳台商投资企业	88082	5702		6095	23457	1015
港澳台商投资企业	88082	5702		6095	23457	1015
按控股情况分组						
国有控股	715558	42614	424	29021	43537	4113
集体控股	474	260			27	
私人控股	1449765	127318	2366	92185	161306	16880
港澳台商控股	2502	76		5	172	
其他	541099	70035		16672	21088	1272
按资质等级分组						
一级	367149	17332		16841	43893	4456
二级	410597	29405	-3284	23208	46326	4850
三级	404362	38708	847	25709	59378	7718
四级	119874	12669	1888	3430	9668	211
暂定	1395414	141274	3339	68112	65109	5022
其他	12002	915		583	1756	8
按隶属关系分组						
中央	373377	18604	166	12045	21688	2105
省(自治区、直辖市)	107498	7714	175	3593	7273	309
地区(州、盟、省辖市)	178004	26406	263	11145	15631	1356
县(区、市、旗)	40237	3395		2454	2920	152
其他	2010282	184184	2186	108646	178618	18343

5-13续表4 （2016年） 单位：万元

指　　标	财务费用	#利息支出	营业利润	营业外收入	营业外支出	利润总额
总　计	**90075**	**90116**	**344512**	**19510**	**22958**	**341064**
按登记注册类型分组						
内资企业	88533	90116	330883	18207	22371	326719
国有企业	5421	7786	63246	1863	149	64960
集体企业						
股份合作企业						
联营企业						
有限责任公司	13247	29023	226442	8924	9625	225740
股份有限公司	−193		−5572	907	36	−4700
私营企业	64152	53288	49309	6477	12561	43225
其他企业	906	19	−2542	36		−2506
港澳台商投资企业	1542		13629	1303	587	14345
港澳台商投资企业	1542		13629	1303	587	14345
按控股情况分组						
国有控股	3876	26380	115796	8189	1860	122125
集体控股	−1		693			−694
私人控股	81928	60144	137528	10983	19727	128784
港澳台商控股	3		−47			−47
其他	4268	3592	91928	339	1371	90896
按资质等级分组						
一级	7394	17956	40573	4427	1210	43790
二级	15626	15091	71546	4384	2242	73688
三级	27833	25413	30772	3639	13567	20844
四级	3342	3029	6052	266	815	5503
暂定	32598	25341	194748	6789	4894	196643
其他	3282	3286	821	5	230	596
按隶属关系分组						
中央	3966	19969	55183	2099	1327	55955
省（自治区、直辖市）	542	1170	12529	1781	100	14210
地区（州、盟、省辖市）	3073	6116	107161	2813	541	109433
县（区、市、旗）	230	63	1290	219	137	1371
其他	82264	62798	168349	12598	20853	160095

5-13续表5　　（2016年）　　单位：万元

指　　标	应交所得税	本年应付 工资总额	资产减值 损失	公允价值 变动收益	投资收益
总　计	**87597**	**130162**	**5270**	**73085**	**29606**
按登记注册类型分组					
内资企业	84937	125858	5270	73085	21464
国有企业	5276	15020	495	28553	1517
集体企业					
股份合作企业					
联营企业					
有限责任公司	52603	56127	4372	-1	21062
股份有限公司	132	1684			
私营企业	26926	52716	403	44533	-1115
其他企业		311			
港澳台商投资企业	2660	4304			8142
港澳台商投资企业	2660	4304			8142
按控股情况分组					
国有控股	17455	43209	1555	28553	2341
集体控股		7			
私人控股	45442	74083	1058	44532	26918
港澳台商控股		19			
其他	24700	12844	2657		347
按资质等级分组					
一级	3691	23351	18		8865
二级	11906	29257	225	28554	3800
三级	10400	24551	3308	-1	1203
四级	2066	4313	-30		142
暂定	59446	47221	1749	44532	15590
其他	88	1469			6
按隶属关系分组					
中央	8969	24847	-31		1364
省（自治区、直辖市）	3097	5923	-291		-270
地区（州、盟、省辖市）	15714	14555	821	28553	1581
县（区、市、旗）	895	2124	-25		
其他	58922	82713	4796	44532	26931

主要统计指标解释

EXPLANATORY NOTES ON MAIN STATISTICAL INDICATORS

全社会固定资产投资 以货币形式表现的在一定时期内全社会建造和购置固定资产的工作量以及与此有关的费用的总称。该指标是反映固定资产投资规模、结构和发展速度的综合性指标,又是观察工程进度和考核投资效果的重要依据。全社会固定资产投资按登记注册类型可分为国有、集体、联营、股份制、私营和个体、港澳台商、外商、其他等。

固定资产投资（不含农户） 指城镇和农村各种登记注册类型的企业、事业、行政单位及城镇个体户进行的计划总投资500万元及500万元以上的建设项目投资和房地产开发投资，包含原口径的城镇固定资产投资加上农村企事业组织项目投资，该口径自2011年起开始使用。

房地产开发投资 指各种登记注册类型的房地产开发法人单位统一开发的包括统代建、拆迁还建的住宅、厂房、仓库、饭店、宾馆、度假村、写字楼、办公楼等房屋建筑物，配套的服务设施，土地开发工程（如道路、给水、排水、供电、供热、通讯、平整场地等基础设施工程）和土地购置的投资；不包括单纯的土地开发和交易活动。

固定资产投资的实际到位资金 根据固定资产投资的资金来源不同，分为国家预算资金、国内贷款、利用外资、自筹资金和其他资金。

（1）国家预算资金：国家预算包括一般预算、政府性基金预算、国有资本经营预算和社保基金预算。各类预算中用于固定资产投资的资金全部作为国家预算资金填报，其中一般预算中用于固定资产投资的部分包括基建投资、车购税、灾后恢复重建基金和其他财政投资。各级政府债券也应归入国家预算资金。

（2）国内贷款：指报告期固定资产项目投资单位向银行及非银行金融机构借入的用于固定资产投资各种国内借款，包括银行利用自有资金及吸收存款发放的贷款、上级主管部门拨入的国内贷款、国家专项贷款（包括煤代油贷款、劳改煤矿专项贷款等），地方财政专项资金安排的贷款、国内储备贷款、周转贷款等。

（3）利用外资：指报告期收到的境外（包括外国及港澳台地区）资金（包括设备、材料、技术在内）。包括对外借款（外国政府贷款、国际金融组织贷款、出口信贷、外国银行商业贷款、对外发行债券和股票）、外商直接投资、外商其他投资（包括利用外商投资收益在国内进行固定资产再投资活动的资金）。不包括我国自有外汇资金（国家外汇、地方外汇、留成外汇、调剂外汇和国内银行自有资金发放的外汇贷款等）。各类外资按报告期末的外汇牌价（中间价）折成人民币计算。

（4）自筹资金：指固定资产投资单位在报告期收到的，由各企、事业单位筹集用于固定资产投资的资金，包括各类企事业单位的自有资金和从其他单位筹集的用于固定资产投资的资金，但不包括各类财政性资金、从各类金融机构借入资金和国外资金。

（5）其他资金：指在报告期收到的除以上各种资金之外的用于固定资产投资的资金，包括社会集资、个人资金、无偿捐赠的资金及其他单位拨入的资金等。

固定资产投资按国民经济行业分 指根据其从事的社会经济活动性质对各类单位进行的分类。应根据建设项目建成投产后的主要产品种类或主要用途及社会经济活动种类来划分，不能根据项目单位本身的行业类别来划分。如果项目投产后有几种产品，应根据主要产品来确定行业类别。一般情况下，一个建设项目只能属于一种国民经济行业。

固定资产投资按隶属关系分 是按建设单位或企业、事业、行政单位的主管上级机关确定的。

（1）中央 是指中共中央、人大常委会和国务院各部、委、局、总公司以及直属机构直接领导的建设项目和企业、事业、行政单位。这些单位的固定资产投资计划由国务院各部门直接编制和下达，统一组织或委托下级实施。包括有中央垂直管理的部门（如国家统计局各级调查队）和中央直属企业、事业单位（如工商银行、中国电信、中国石油）等。

（2）地方 是由省（自治区、直辖市）、地（区、市、州、盟）、县（区、市、旗）三级政府及业务主管部门直接领导和管理的建设项目、企业、事业、行政单位。地方项目还包括不隶属以上各级政府及主管部门的建设项目和企业、事业单位，如外商投资企业和无主管部门的企业等。

固定资产投资按建设性质分 按整个建设项目情况来确定。建设项目的性质一般分为新建、扩建、改建和技术改造、单纯建造生活设施、迁建、恢复、单纯购置。房地产开发单位、农户投资不划分建设性质。

（1）新建　指从无到有“平地起家”开始建设的项目。现有企业、事业、行政单位投资的项目一般不属于新建。但如有的单位原有基础很小，经过建设后新增的固定资产价值超过该企业、事业、行政单位原有固定资产价值（原值）三倍以上的，也应作为新建。

（2）扩建　指在厂内或其他地点，为扩大原有产品的生产能力（或效益）或增加新的产品生产能力，而增建的生产车间（或主要工程）、分厂、独立的生产线的企业、事业单位。行政、事业单位在原单位增建业务性用房（如学校增建教学用房、医院增建门诊部、病房等）也作为扩建。

现有企、事业单位为扩大原有主要产品生产能力或增加新的产品生产能力，增建一个或几个主要生产车间（或主要工程）、分厂，同时进行一些更新改造工程的，也应作为扩建。

（3）改建和技术改造　指现有企业、事业单位对原有设施进行技术改造或更新（包括相应配套的辅助性生产、生活福利设施）的建设项目。改建项目包括现有企业、事业单位为适应市场变化的需要，而改变企业的主要产品种类（如军工企业转民产品等）的建设项目，原有产品生产作业线由于各工序（车间）之间能力不平衡，为填平补齐充分发挥原有生产能力而增建不增加本企业主要产品设计能力的车间的建设项目。技术改造是指企业、事业单位在现有基础上，用先进的技术代替落后的技术，用先进的工艺和装备代替落后的工艺和装备，以改变企业落后的技术经济面貌，实现以内涵为主的扩大再生产，达到提高产品质量、促进产品更新换代、节约能源、降低消耗、扩大生产规模、全面提高社会经济效益的目的。技术改造具体包括以下内容：机器设备和工具的更新改造；生产工艺改革、节约能源和原材料的改造；厂房建筑和公共设施的改造；保护环境进行的“三废”治理改造；劳动条件和生产环境的改造等。

固定资产投资按构成分

（1）建筑工程　指各种房屋、建筑物的建造工程，又称建筑工作量。这部分投资额必须兴工动料，通过施工活动才能实现，是固定资产投资额的重要组成部分。

（2）安装工程　指各种设备、装置的安装工程，又称安装工作量。

在安装工程中，不包括被安装设备本身价值。

（3）设备工具器具购置　指建设单位或企、事业单位购置或自制的，达到固定资产标准的设备、工具、器具的价值。新建单位及扩建单位的新建车间，按照设计或计划要求购置或自制的全部设备、工具、器具，不论是否达到固定资产标准均计入“设备工具器具购置”中。

（4）其他费用　指在固定资产建造和购置过程中发生的，除建筑安装工程和设备、工器具购置投资完成额以外的应当分摊计入固定资产投资的费用，不指经营中财务上的其他费用。

施工项目　是指本年正式进行过建筑或安装施工活动的建设项目个数。包括本年新开工项目，以前年度开工跨入本年继续施工项目，本年全部建成投产项目、以前年度全部停缓建在本年恢复施工的项目，本年进行过施工又在本年内全部停缓建的项目。施工项目个数可以反映一定时期固定资产投资的实际规模，与同期全部建成投产项目个数相比，可以从建设速度的角度反映固定资产投资的效果。

本年投产项目　指报告期内按设计文件规定建成主体工程和相应配套的辅助设施，形成生产能力或工程效益，经过验收合格，并且已正式投入生产或交付使用的建设项目。

房屋施工面积　指报告期内施工的全部房屋建筑面积。包括本期新开工的面积、上期跨入本期继续施工的房屋建筑面积、上期停缓建在本期恢复施工的房屋建筑面积、本期竣工的房屋建筑面积以及本期施工后又停缓建的房屋建筑面积。多层建筑应填各层建筑面积之和。

房屋竣工面积　指在报告期内房屋建筑按照设计要求已经全部完工，达到住人和使用条件，经验收鉴定合格或达到竣工验收标准，可正式移交使用的各栋房屋建筑面积的总和。

新增固定资产　是指已经完成建造和购置过程，并已交付生产或使用单位的固定资产的价值，包括已经建成投入生产或交付使用的工程投资和达到固定资产标准的设备、工具、器具的投资及有关应摊入的费用。该指标是表示固定资产投资成果的价值指标，也是反映建设进度，计算固定资产投资效果的重要指标。

商品房销售面积　指报告期内出售商品房屋的合同总面积（即双方签署的正式买卖合同中所确定的建筑面积）。由现房销售面积和期房销售面积两部分组成。

商品房销售额　指报告期内出售商品房屋的合同总价款（即双方签署的正式买卖合同中所确定的合同总价）。该指标与商品房销售面积同口径，由现房销售额和期房销售额两部分组成。

6 财政、金融、保险

GOVERNMENT FINANCE FINANCIAL INTERMEDIATION AND INSURANCE

资料整理：高思梅　刘艳梅

6—1 历年地方财政收支

单位：万元

年 份	地方财政收入	#一般公共预算收入	地方财政支出
1950	264		71
1951	813		311
1952	935		542
“一五”时期			
1953	2420		391
1954	3995		501
1955	4661		631
1956	5046		1085
1957	5949		1072
“二五”时期			
1958	6050		2030
1959	8433		2495
1960	10191		3527
1961	6772		1592
1962	7228		1072
三年调整期			
1963	6900		2358
1964	8132		1991
1965	8639		2186
“三五”时期			
1966	8904		2201
1967	5611		1794
1968	5392		1413
1969	4917		1827
1970	8159		3011
“四五”时期			
1971	8395		4196
1972	5435		4843
1973	4560		6018
1974	6325		6028
1975	7818		5435
“五五”时期			
1976	9225		6461
1977	11838		6868
1978	13153		10309
1979	12542		10786
1980	14347		11200
“六五”时期			
1981	15864		8673
1982	19159		9706

6-1续表 单位：万元

年　份	地方财政收入	#一般公共预算收入	地方财政支出
1983	21142		12322
1984	25060		12546
1985	37293		16646
“七五”时期			
1986	42596		26829
1987	49990		25611
1988	61194		29534
1989	74840		37382
1990	82681		46023
“八五”时期			
1991	100356		58914
1992	89430		52352
1993	118771		65854
1994	113387		83472
1995	141296	136520	139805
“九五”时期			
1996	185921	180306	171778
1997	212784	197780	183629
1998	245817	237952	209872
1999	261079	250051	219184
2000	287654	261569	223115
“十五”时期			
2001	356613	314820	290539
2002	410213	372762	374868
2003	472741	409119	411659
2004	548730	463395	483216
2005	607671	514014	524749
“十一五”时期			
2006	679035	570356	613740
2007	958012	734279	874059
2008	1311227	1009829	1290856
2009	1455887	1135380	1635941
2010	1975743	1479938	2082271
“十二五”时期			
2011	2642249	2062035	2997068
2012	3177363	2520052	3638926
2013	4007126	3019047	4500998
2014	4529667	3406243	5161532
2015	4650895	3686663	5442455
“十三五”时期			
2016	4669058	3696734	5208570

6—2　地方财政收入情况

单位：万元

指　标	2007年	2008年	2009年	2010年	2011年	2012年
地方财政收入	**958012**	**1311227**	**1455887**	**1975743**	**2642249**	**3177363**
一般公共预算收入	**734279**	**1009829**	**1135380**	**1479938**	**2062035**	**2520052**
税收收入	**663424**	**928759**	**1037570**	**1352734**	**1828183**	**2176936**
#国内增值税	111119	152487	124217	165383	186724	197909
改征增值税						
营业税	270232	359764	441816	583684	807421	971848
企业所得税	46261	126743	117898	166937	253709	313186
个人所得税	56035	66368	69634	95215	128355	149482
资源税	277	1025	4370	6122	5570	5910
城市维护建设税	46263	71690	64826	85912	114302	124632
房产税	45054	48163	53418	62870	79670	97511
印花税	11294	15360	21018	25371	36189	49939
契税			61269	80590	98352	107326
非税收入	**70855**	**81070**	**97810**	**127204**	**233852**	**343116**
#专项收入	24248	31622	33457	44085	72190	72954
行政性收费收入	19440	33293	24880	40814	85892	80157
罚没收入	16058	17731	18846	21830	28477	36009
国有资本经营收入						
国有资产有偿使用收入	7179	2143	16158	17503	25590	61479
基金预算收入	**223733**	**301398**	**320507**	**495803**	**580214**	**657311**

6-2续表

单位：万元

指标	2013年	2014年	2015年	2016年	2016年较2015年增长%
地方财政收入	**4007126**	**4529667**	**4650895**	**4669058**	**0.4**
一般公共预算收入	**3019047**	**3406243**	**3686663**	**3696734**	**0.3**
税收收入	**2658868**	**2861430**	**2866553**	**2826416**	**-1.4**
#国内增值税	215723	208513	235701	410721	74.3
改征增值税	56551	219359	220237	401564	82.3
营业税	1101840	1001314	928637	420829	-54.7
企业所得税	344065	417656	421301	436106	3.5
个人所得税	177814	209182	232313	230645	-0.7
资源税	5929	4798	6519	6689	2.6
城市维护建设税	143821	154954	184126	184249	0.1
房产税	103684	122363	129592	140039	8.1
印花税	54121	62627	56882	56585	-0.5
契税	167511	137638	168737	148062	-12.3
非税收入	**360179**	**544813**	**820110**	**870318**	**6.1**
#专项收入	86105	124612	317512	340776	7.3
行政性收费收入	91162	114568	91876	110736	20.5
罚没收入	28974	36077	49461	39532	-20.1
国有资本经营收入		65381	99815	109059	9.3
国有资产有偿使用收入	59148	88565	206183	112151	-45.6
基金预算收入	**988079**	**1123424**	**964232**	**972324**	**0.8**

6—3　地方财政支出情况

单位：万元

指　　标	2007年	2008年	2009年	2010年	2011年	2012年
地方财政支出	**874059**	**1290856**	**1635941**	**2082271**	**2997068**	**3638926**
一般公共预算支出	**683153**	**993534**	**1338811**	**1596108**	**2384851**	**2956004**
#一般公共服务	139906	165733	179326	198910	270426	276145
国防	1512	1512	2086	3805	4723	3690
公共安全	79283	95229	141691	151209	196473	252849
教育	129694	180831	227404	265499	408259	497723
科学技术	9553	13461	26083	21497	29606	46907
文化体育与传媒	12943	12745	15938	16938	21309	49142
社会保障和就业	60648	69356	111264	178676	198660	233728
医疗卫生	30691	49747	63205	69413	106216	109232
节能环保	8220	30149	40036	62058	88692	171655
#污染防治	4404	16778	7798	20045	35704	41685
城乡社区事务	127352	229212	205797	220184	427510	540667
农林水事务	24943	41155	56663	73015	105764	151800
交通运输	1943	2170	4682	4013	30438	49700
金融监管支出	50	60	78	154	200	189
其他支出	23600	33813	164525	330737	460871	531484
基金预算支出	**190906**	**297322**	**297130**	**486163**	**612217**	**682922**

6-3续表 单位：万元

指　　标	2013年	2014年	2015年	2016年	2016年较2015年增减%
地方财政支出	**4500998**	**5161532**	**5442455**	**5208570**	**-4.3**
一般公共预算支出	**3532024**	**4048053**	**4466619**	**4175628**	**-6.5**
#一般公共服务	307352	304488	307531	344678	12.1
国防	3811	3822	4478	5001	11.7
公共安全	282622	330195	359842	403866	12.2
教育	590503	657723	704187	717515	1.9
科学技术	68289	84677	88119	94672	7.4
文化体育与传媒	55967	37284	43567	44244	1.6
社会保障和就业	307411	361949	408797	465891	14.0
医疗卫生	124619	157923	182329	176480	-3.2
节能环保	200521	236830	138728	118072	-14.9
#污染防治	111308	132653	32255	54348	68.5
城乡社区事务	837011	1037551	1113441	834129	-25.1
农林水事务	201168	259629	294005	230743	-22.8
交通运输	82471	119123	335837	123468	-63.2
金融监管支出	505	506	950	660	-30.5
其他支出	358466	323700	452538	616209	36.2
基金预算支出	**968974**	**1113479**	**975836**	**1032942**	**5.9**

6—4 历年金融机构人民币存贷款及储蓄情况

单位：万元

年份	金融机构存款余额	#住户存款	#城镇住户存款	金融机构贷款余额
1950	1271	31	31	126
1951	2895	107	107	1325
1952	5865	244	244	2343
“一五”时期				
1953	6722	1528	1528	2870
1954	14432	1764	1761	16442
1955	16979	1948	1933	14354
1956	11469	2541	2498	14002
1957	11315	2526	2488	27680
“二五”时期				
1958	20311	3078	3078	17849
1959	19774	4383	4383	39151
1960	34362	5445	5445	54198
1961	28566	4173	4171	52812
1962	29455	3416	3416	30185
三年调整期				
1963	38332	3874	3874	20353
1964	42407	4857	4857	22367
1965	51806	5869	5869	24546
“三五”时期				
1966	56220	6587	6587	26305
1967	49076	7185	7185	27854
1968	47484	7186	7186	33781
1969	57774	6654	6654	38918
1970	88110	7189	7189	45817
“四五”时期				
1971	76601	8026	8026	45121
1972	86578	8729	8729	49860
1973	83946	10356	10356	54044
1974	79469	11574	11574	52075
1975	83063	12340	12340	54347
“五五”时期				
1976	106342	13174	13174	47468
1977	128435	14409	14409	47937
1978	131872	16214	16214	63571
1979	138007	18795	18795	75394
1980	156643	24727	24552	74027
“六五”时期				
1981	164136	30919	30608	71854
1982	187393	38294	37851	80740
1983	197989	49568	47911	84142

6-4续表

单位：万元

年　份	金融机构存款余额	#住户存款	#城镇住户存款	金融机构贷款余额
1984	219629	63026	61412	106770
1985	248086	78171	74039	197049
"七五"时期				
1986	327197	106839	104453	277278
1987	387908	136726	133390	387709
1988	424435	166829	162826	432843
1989	513813	215704	210469	541422
1990	671400	289889	282135	687223
"八五"时期				
1991	826108	362625	352969	802227
1992	1032208	454890	443483	987357
1993	1231651	587649	570896	1145104
1994	1839604	882973	858209	1419668
1995	2339247	1247555	1213446	1858728
"九五"时期				
1996	3002267	1554034	1509994	2473016
1997	3434578	1760707	1716630	3119285
1998	4149305	2072652	2026282	3545554
1999	5083240	2365508	2317315	4712907
2000	6072345	2548648	2497503	5435565
"十五"时期				
2001	6485708	2919967	2864574	5756355
2002	6865000	3496300	3426300	7053700
2003	7910300	4203000	4115900	7710900
2004	8710700	4884500	4785200	7289100
2005	14075400	5957300	5842100	9863900
"十一五"时期				
2006	16855400	6781600	6603800	10455400
2007	20560900	6795300	6607200	11455400
2008	23719600	8722200	8436400	12173200
2009	29351800	10407100	10019300	16268800
2010	35892900	12410500	11902300	20654000
"十二五"时期				
2011	40833400	14855700	13951800	25429000
2012	48152200	17357200	15968700	33297300
2013	56221400	19760700	18775500	39384200
2014	62416100	20735300	19564400	45023300
2015	69846000	21573100	19795100	49574300
"十三五"时期				
2016	74066010	22956888	20965602	52872036

注：1. 2006年以前为国家银行信贷数据，之后为驻乌全部金融机构数据。
　　2. 2011年因金融年报统计口径调整，金融机构存、贷款数据含外资机构。

6—5　乌鲁木齐地区金融机构和人员数

（2016年末）

机　构	机构数（个）					人员数（人）				
	合计	法人机构	一级分行	二级分行	支行及网点	合计	法人机构	一级分行	二级分行	支行及网点
合　计	**824**	**11**	**27**	**10**	**776**	**20885**	**2197**	**6188**	**1890**	**10610**
中国人民银行乌鲁木齐中心支行	**2**		**1**		**1**	**448**		**412**		**36**
银监会新疆分局	**2**		**1**		**1**	**140**		**133**		**7**
全国性大型银行	**458**		**8**	**6**	**444**	**11866**		**3468**	**1562**	**6836**
工商银行	82		1	1	80	2955		792	478	1685
农业银行	69		1	1	67	1717		342	326	1049
兵团农行	41		1	1	39	1055		242	217	596
中国银行	49		1		48	1605		764		841
建设银行	81		1	1	79	2524		670	410	1444
国家开发银行	1		1			162		162		
交通银行	36		1		35	754		312		442
邮政储蓄银行	99		1	2	96	1094		184	131	779
全国性中小型银行	**129**		**11**	**2**	**116**	**3681**		**1921**	**254**	**1506**
中国进出口银行	1		1			45		45		
农业发展银行	4		1	1	2	220		128	56	36
中信银行	10		1		9	356		158		198
光大银行	5		1		4	166		108		58
华夏银行	12		1		11	450		259		191
广发银行	7		1		6	220		160		60
招商银行	17		1		16	636		381		255
浦发银行	23		1		22	417		195		222
兴业银行	32		1		31	625		256		369
民生银行	1		1			133		133		
北京银行	1		1			98		98		
昆仑银行	16			1	15	315			198	117
区域性中小型银行	**199**	**6**	**1**	**2**	**190**	**3473**	**1282**	**53**	**74**	**2064**
城市商业银行	94	1		2	91	1857	763		74	1020
农村商业银行	89	1	1		87	1380	384	53		943
村镇银行	16	4			12	236	135			101
外资银行	**2**		**1**		**1**	**46**		**42**		**4**
农村信用社	**25**	**2**			**23**	**550**	**393**			**157**
财务公司	**1**		**1**			**16**		**16**		
信托投资公司	**2**	**2**				**422**	**422**			
金融租赁公司	**1**	**1**				**100**	**100**			
资产管理公司	**3**		**3**			**143**		**143**		

6—6 金融机构信贷资金平衡表

单位：亿元

指　　标	2011年	2012年	2013年	2014年	2015年	2016年
资金来源合计	**3577.62**	**4775.04**	**5631.78**	**6292.74**	**7288.75**	**8178.04**
#各项存款	4083.34	4815.22	5622.14	6241.61	6984.60	7406.60
住户存款	1485.57	1735.72	1976.07	2073.53	2157.31	2295.69
活期存款	677.95	803.57	932.22	956.88	1012.78	1077.78
定期存款	807.62	932.16	1043.85	1116.65	1144.53	1217.90
企业存款	1532.88	1864.08	2228.64	2319.04	2640.95	2638.21
活期存款	1002.88	1161.84	1261.59	1275.33	1402.81	1402.73
定期存款	530.61	702.24	967.06	1043.70	1238.13	1235.48
政府存款	1019.44	1169.53	1380.32	1807.32	2109.62	2376.31
财政性存款	243.16	257.59	259.52	413.38	454.68	486.72
机关团体存款	776.28	911.94	1120.80	1393.94	1654.94	1889.59
非银行金融机构存款	43.04	43.38	33.99	38.41	73.31	92.95
应付及暂收款	62.27	74.11	116.16	165.10	184.36	241.62
各项准备	49.09	51.96	70.31	89.13	106.75	140.95
所有者权益	157.00	193.33	256.02	316.05	342.19	382.67
其他	−807.14	−43.75	−521.91	−602.41	−424.67	−190.79
资金运用合计	**3577.62**	**4775.04**	**5631.78**	**6292.74**	**7288.75**	**8178.04**
#各项贷款	2542.90	3229.73	3938.42	4502.33	4957.43	5287.20
住户贷款	427.93	534.61	771.79	967.08	1074.49	1226.24
短期贷款	52.60	72.54	144.57	198.55	193.32	169.18
中长期贷款	375.33	462.07	627.22	768.52	881.16	1057.07
企业及机关团体贷款	2114.15	2694.87	3166.47	3535.08	3882.78	4060.51
短期贷款	709.49	868.62	979.35	1084.46	1262.81	1233.37
中长期贷款	1201.06	1391.55	1622.65	1771.42	1837.57	1880.53
票据融资	110.23	219.62	221.73	257.61	381.61	435.17
融资租赁	92.44	214.37	342.04	416.5	394.04	503.80
各项垫款	0.92	0.70	0.70	5.09	6.75	7.64
债券投资	102.09	146.32	236.70	229.81	494.00	408.36
股权及其他投资	10.46	51.09	92.21	124.33	212.97	454.07
联行往来	827.15	1065.48	1101.64	1194.34	1513.11	1897.01
应收及预付款	43.96	24.06	72.63	98.13	40.56	64.72
固定资产	36.93	44.72	46.42	52.30	53.69	53.35

6—7 金融机构信贷收入和支出

（2016年末）

单位：亿元

指标	工商银行	建设银行	乌鲁木齐银行	农业银行	兵团农行	中国银行	交通银行	招商银行	兴业银行
各项存款	**989.14**	**1003.33**	**720.31**	**486.14**	**300.22**	**426.40**	**526.40**	**255.00**	**359.60**
#单位存款	558.28	606.91	467.47	252.09	179.88	260.03	391.09	182.82	320.63
#活期存款	317.09	328.14	304.39	100.13	111.88	149.88	276.25	86.55	144.98
定期存款	155.60	163.80	93.77	120.84	45.52	58.33	24.95	53.75	51.87
个人存款	427.54	372.35	230.19	230.28	113.20	156.27	134.45	70.88	33.20
#活期存款	220.80	153.80	55.70	154.89	74.28	80.28	53.03	55.55	24.92
定期存款	178.23	146.69	170.86	66.09	34.05	61.27	34.49	14.86	6.97
各项贷款	**560.20**	**697.83**	**436.78**	**238.47**	**174.14**	**326.19**	**336.58**	**203.92**	**248.86**
短期贷款	61.19	119.71	150.64	78.26	30.45	110.98	74.69	61.73	136.09
#个人贷款及透支	1.65	0.84	22.48	10.71	3.59	34.91	1.55	11.11	4.42
单位贷款及透支	59.54	118.87	128.16	67.55	26.87	76.07	73.14	50.62	116.67
中长期贷款	460.38	475.76	150.74	147.29	143.69	185.14	247.18	133.28	109.71
#个人贷款	152.56	144.48	63.04	47.92	16.19	96.25	79.45	92.47	41.90
单位贷款	307.82	331.28	87.70	99.37	127.50	88.89	167.73	40.81	67.81
经营贷款	19.91	35.59	52.43	9.27	6.48	23.91	20.52	2.46	15.55
固定资产贷款	287.91	287.69	35.27	90.10	121.02	64.82	132.70	33.64	52.26
票据融资	38.49	102.36	134.63	12.91		29.91	14.07	8.88	0.19

6—8 个人消费贷款情况

（2016年末） 单位：亿元

指　标	合　计	#中资全国性大型银行	中资全国性中小银行	中资区域性中小银行	东亚银行（外资）	农村信用社
个人消费贷款总额	**931.36**	**604.04**	**232.57**	**85.65**	**3.12**	**5.98**
短期个人消费贷款	**70.79**	**47.94**	**15.32**	**7.31**		**0.22**
住房贷款	0.04			0.02		0.01
汽车贷款	0.19	0.03	0.02	0.12		0.02
助学贷款	0.04	0.01	0.03			
其他贷款	17.89	2.04	15.25	0.41		0.19
个人卡透支	52.63	45.87	0.02	6.75		
长期个人消费贷款	**860.57**	**556.10**	**217.25**	**78.34**	**3.12**	**5.76**
住房贷款	798.82	536.22	192.60	66.37	3.06	0.56
汽车贷款	3.26	1.44	1.06	0.50	0.05	0.21
助学贷款	0.02	0.01				
其他贷款	58.47	18.42	23.59	11.47		4.98

6—9　乌鲁木齐地区证券、期货经营机构及人员数

（2016年）

公司名称	机构（个）	人员（人）	分公司、营业部（个）	人员（人）
总　计	**4**	**195**	**51**	**1303**
注册地在乌鲁木齐的证券公司	**2**	**78**		
申万宏源西部证券股份有限公司	1	73		
申万宏源承销保荐有限责任公司	1	5		
注册地在乌鲁木齐的证券营业部			**34**	**1037**
申万宏源西部证券有限公司乌鲁木齐北京路证券营业部			1	42
申万宏源西部证券有限公司乌鲁木齐文艺路证券营业部			1	57
申万宏源西部证券有限公司乌鲁木齐北京南路证券营业部			1	59
申万宏源西部证券有限公司乌鲁木齐解放南路证券营业部			1	58
申万宏源西部证券有限公司乌鲁木齐新华南路证券营业部			1	46
申万宏源西部证券有限公司乌鲁木齐和平北路证券营业部			1	28
申万宏源西部证券有限公司乌鲁木齐深圳街证券营业部			1	15
申万宏源西部证券有限公司乌鲁木齐古牧地中路证券营业部			1	11
申万宏源西部证券有限公司乌鲁木齐八一路证券营业部			1	11
申万宏源西部证券有限公司乌鲁木齐友好路证券营业部			1	34
申万宏源西部证券有限公司乌鲁木齐公园北街证券营业部			1	25
申万宏源西部证券有限公司乌鲁木齐人民路证券营业部			1	33
广发证券股份有限公司乌鲁木齐北京南路证券营业部			1	55
国泰君安证券股份有限公司乌鲁木齐新华北路证券营业部			1	50
国泰君安证券股份有限公司乌鲁木齐河北东路证券营业部			1	6
长江证券股份有限公司乌鲁木齐光明路证券营业部			1	45
平安证券有限责任公司乌鲁木齐人民路证券营业部			1	40
华龙证券有限责任公司乌鲁木齐扬子江路证券营业部			1	36
金元证券股份有限公司乌鲁木齐黄河路证券营业部			1	30
西部证券股份有限公司乌鲁木齐红山路证券营业部			1	8
湘财证券有限责任公司乌鲁木齐克拉玛依东路证券营业部			1	27
中国银河证券股份有限公司乌鲁木齐解放北路证券营业部			1	45
华融证券股份有限公司乌鲁木齐人民路营业部			1	31
华融证券股份有限公司乌鲁木齐石化总厂营业部			1	10

6-9续表　　　　（2016年）

公司名称	机构（个）	人员（人）	分公司、营业部（个）	人员（人）
国信证券股份有限公司乌鲁木齐南湖东路证券营业部			1	35
海通证券股份有限公司乌鲁木齐新医路证券营业部			1	20
中国民族证券有限责任公司乌鲁木齐人民路证券营业部			1	31
光大证券股份有限公司乌鲁木齐新华北路证券营业部			1	23
中信建投证券股份有限公司乌鲁木齐南湖北路证券营业部			1	30
中泰证券有限公司乌鲁木齐南湖南路证券营业部			1	14
华福证券有限责任公司乌鲁木齐人民路证券营业部			1	63
国盛证券有限责任公司乌鲁木齐高新街证券营业部			1	6
华林证券有限责任公司乌鲁木齐扬子江路证券营业部			1	4
兴业证券股份有限公司乌鲁木齐高新街证券营业部			1	9
注册地在乌鲁木齐的证券分公司			**13**	**218**
国泰君安证券股份有限公司新疆分公司			1	50
国信证券股份有限公司新疆分公司			1	1
海通证券股份有限公司新疆分公司			1	8
华龙证券股份有限公司新疆分公司			1	12
世纪证券有限责任公司新疆分公司			1	19
国盛证券股份有限公司新疆分公司			1	7
九州证券股份有限公司新疆分公司			1	28
太平洋证券股份有限公司新疆分公司			1	4
中国银河证券股份有限公司新疆分公司			1	5
华融证券股份有限公司新疆分公司			1	20
东兴证券股份有限公司新疆分公司			1	46
长江证券股份有限公司新疆分公司			1	17
广州证券股份有限公司新疆分公司			1	1
注册地在乌鲁木齐的期货经纪公司	**2**	**117**		
新疆天利期货经纪有限公司	1	45		
新疆金石期货经纪有限公司	1	72		
注册地在乌鲁木齐的期货营业部			**4**	**48**
万达期货经纪有限公司乌鲁木齐营业部			1	17
宏源期货有限公司乌鲁木齐营业部			1	16
中信期货乌鲁木齐营业部			1	10
中国国际期货有限公司新疆分公司			1	5

6—10　乌鲁木齐地区上市公司基本情况

公司名称	上市时间	上市交易所	发行时股本(万股)		发行募集资金(万元)	2016年末股本(万股)		2016年累计募集资金(万元)
			总股本	流通股本		总股本	流通股本	
总　计			**495243**	**118115**	**1173982**	**5245938**	**3074044**	**5302144**
申万宏源	2015	深交所	17500	4500	11000	2005660	717307	1250000
新疆众和	1996	上交所	7953	2025	9450	64123	64123	
百花村	1996	上交所	6128	2700	12600	34898	24852	123363
渤海金控	1996	深交所	5000	1250	7500	618452	311559	1600000
友好集团	1996	上交所	10700	2700	11340	31149	31109	
同济堂	1997	上交所	8000	3000	12150	143966	36792	694493
中葡股份	1997	上交所	8600	2700	23520	112373	99820	
德展健康	1998	深交所	18782	4230	21479	149432	39249	907616
天山股份	1999	深交所	12946	4000	26450	88010	88003	
*ST中基	2000	深交所	12459	2250	22500	77128	77128	
广汇能源	2000	上交所	17689	2000	33000	522142	522142	
国际实业	2000	深交所	17179	7000	41160	48114	48114	
美克家居	2000	上交所	9208	4000	52360	64496	64496	
天润乳业	2001	上交所	8016	3000	17400	10356	8950	
八一钢铁	2002	上交所	40943	13000	95940	76645	76645	
新疆城建	2003	上交所	16054	6000	35760	67579	67579	
中泰化学	2006	深交所	23600	8000	66000	214645	98445	552788
天康生物	2006	深交所	6400	1280	17376	96338	70945	
金风科技	2007	深交所	50000	4000	180000	273554	265757	
国统股份	2008	深交所	8000	1600	15380	11615	11615	
北新路桥	2009	深交所	18945	3800	40755	55733	55732	
西部建设	2009	深交所	14000	2800	52500	103223	93398	
光正集团	2010	深交所	9038	1810	34307	50333	50099	
新研股份	2011	深交所	4100	850	74179	149036	77188	
雪峰科技	2015	上交所	32935	7412	41010	65870	42154	
西部黄金	2015	上交所	63600	11340	44982	63600	18975	
汇嘉时代	2016	上交所	24000	5400	52860	24000	6000	52860
天顺股份	2016	深交所	7468	1868	14384	7468	1868	14384
新天然气	2016	上交所	16000	3600	106640	16000	4000	106640

6-11　保险机构基本情况

（2016年）

单位：个

公司名称	机构数	总公司	自治区分公司	地级市中心支公司	县级支公司	营业部	营销服务部
总　计	**210**	**1**	**30**	**21**	**91**	**2**	**65**
中国人民财产保险股份有限公司新疆维吾尔自治区分公司	41		1	1	20	1	18
中国大地财产保险股份有限公司新疆分公司	3		1	1	1		
中华联合财产保险股份有限公司新疆分公司	22		1	2	12	1	6
中国太平洋财产保险股份有限公司新疆分公司	6		1	1	4		
中国平安财产保险股份有限公司新疆分公司	6		1	1	3		1
天安财产保险股份有限公司新疆维吾尔自治区分公司	2		1	1			
永安财产保险股份有限公司新疆分公司	7		1	1	2		3
中银保险有限公司新疆分公司	1		1				
永诚财产保险股份有限公司新疆分公司	2		1	1			
安邦财产保险股份有限公司新疆分公司	9		1	1			7
信达财产保险股份有限公司新疆分公司	4		1	1	2		
阳光财产保险股份有限公司新疆维吾尔自治区分公司	10		1	1	6		2
都邦财产保险股份有限公司新疆分公司	1		1				
渤海财产保险股份有限公司新疆分公司	2		1	1			
华泰财产保险有限公司新疆分公司	1		1				
中国人寿财产保险股份有限公司新疆维吾尔自治区分公司	10		1	1	6		2
新疆前海联合财产保险股份有限公司	2	1	1				
中国人寿保险股份有限公司新疆维吾尔自治区分公司	20		1	1	8		10
中国太平洋人寿保险股份有限公司新疆分公司	12		1	2	9		
中国平安人寿保险股份有限公司新疆分公司	10		1		8		1
新华人寿保险股份有限公司新疆分公司	7		1	1	4		1
泰康人寿保险有限责任公司新疆分公司	6		1				5
太平人寿保险有限公司新疆分公司	3		1	1			1
富德生命人寿保险股份有限公司新疆分公司	4		1	1	1		1
平安养老保险股份有限公司新疆分公司	1		1				
合众人寿保险股份有限公司新疆分公司	6		1		1		4
中国人民健康保险股份有限公司新疆分公司	4		1				3
中国人民人寿保险股份有限公司新疆维吾尔自治区分公司	5		1	1	3		
泰康养老保险股份有限公司新疆分公司	1		1				
阳光人寿保险股份有限公司新疆分公司	2		1		1		

6—12　国内保险业务情况

单位：亿元

指　　标	1995年	1999年	2000年	2003年	2004年	2005年	2008年	2009年
承保额	**297.52**	**628.28**	**643.06**				**9795.42**	**12104.33**
财产险							2391.36	2928.17
人身险							4872.22	9176.16
保　费	**1.59**	**6.99**	**7.56**	**19.35**	**18.15**	**20.63**	**49.01**	**50.32**
财产险				5.88	5.18	5.23	9.53	11.71
人身险				13.47	12.97	15.4	39.49	38.61
赔款及给付	**0.65**	**2.39**	**1.56**	**3.39**	**3.41**	**4.92**	**11.78**	**13.07**
财产险				2.93	2.78	2.95	5.48	6.28
人身险				0.46	0.63	1.97	6.30	6.78

指　　标	2010年	2011年	2012年	2013年	2014年	2015年	2016年	2016年较2015年增减%
承保额	**11405.76**	**14622.03**	**16246.67**	**22047.37**	**28135.03**	**36293.91**	**47298.28**	**30.3**
财产险	3769.63	5782.33	6231.88	7412.46	9717.05	12221.34	15888.59	30.0
人身险	7636.13	8839.70	10014.79	14634.91	18417.98	24072.57	31409.69	30.5
保　费	**63.79**	**66.67**	**77.28**	**88.77**	**104.45**	**121.84**	**150.33**	**23.4**
财产险	15.77	21.72	24.50	27.29	33.04	35.70	39.71	11.2
人身险	48.02	44.94	52.78	61.48	71.41	86.14	110.63	28.4
赔款及给付	**12.35**	**16.52**	**23.08**	**29.67**	**34.51**	**40.02**	**46.59**	**16.4**
财产险	6.60	8.99	13.32	15.28	17.07	18.25	19.84	8.7
人身险	5.75	7.53	9.76	14.39	17.44	21.77	26.75	22.9

6—13　分险种保险业务收入

单位：万元

指　　标	2009年	2010年	2011年	2012年	2013年	2014年	2015年	2016年	2016年较2015年增减%
财产保险业务	**117083**	**157690**	**217227**	**245025**	**272949**	**330395**	**357048**	**397071**	**11.2**
企业财产险	10832	17707	20952	23214	24249	27226	27957	26110	-6.6
家庭财产险	1356	1664	1484	1560	2372	2025	1698	2456	44.7
机动车辆险	90810	122140	158207	195461	226740	260293	270030	289429	7.2
工程保险	4003	5903	21874	5605	1131	5740	5529	6421	16.1
责任保险	3718	4053	6841	9640	9392	12380	15808	25265	59.8
信用保险				107	181	256	754	1679	122.7
保证保险	3039	2774	1967	2176	2529	14712	26027	33321	28.0
船舶保险			5	3		4		2	
货物运输险	1882	2669	4578	5409	3930	3177	3454	3119	-9.7
特殊风险保险	1207	189	52	287	245	242	351	1646	369.3
农业保险	235	581	1233	1517	2153	4293	5254	7337	39.7
其他险	2	6	33	45	27	47	187	285	52.2
人身保险业务	**386121**	**480205**	**449425**	**527786**	**614798**	**714070**	**861353**	**1106264**	**28.4**
寿　险	324905	408881	378742	438122	487533	551823	656281	833379	27.0
健康险	49318	58906	53865	68104	102057	130824	169293	232502	37.3
人身意外伤害险	11897	12418	16818	21561	25209	31423	35779	40382	12.9

6—14 分险种保险赔款及给付支出

单位：万元

指 标	2009年	2010年	2011年	2012年	2013年	2014年	2015年	2016年	2016年较2015年增减%
财产保险业务	**62843**	**65972**	**89964**	**133174**	**152777**	**170669**	**182520**	**198391**	**8.7**
企业财产险	9092	6043	8376	11277	13037	16423	16985	19831	16.8
家庭财产险	503	269	107	155	101	122	278	327	17.7
机动车辆险	48679	54694	73013	112998	128950	139129	148835	156125	4.9
工程保险	769	1750	4748	3451	4152	5435	2860	4044	41.4
责任保险	1408	1941	1846	3977	4430	6641	5620	8112	44.3
信用保险							200	2116	958.5
保证保险	668	125	204	1	69	240	3529	61	-98.3
船舶保险								1	6000
货物运输险	767	743	1036	820	1431	1028	1156	1000	-13.5
特殊风险保险	894	1	93	-3		17	107	403	276.2
农业保险	61	406	545	497	606	1620	2881	6252	117.0
其他险			-4	1		12	68	118	73.5
人身保险业务	**67847**	**57552**	**75255**	**97656**	**143947**	**174393**	**217655**	**267540**	**22.9**
寿险	48631	33720	48311	66548	90996	111995	143620	177557	23.6
健康险	17442	20791	23533	26538	47257	54061	64783	78191	20.7
人身意外伤害险	1775	3040	3411	4571	5694	8337	9252	11793	27.5

6—15 保险事业发展情况

（2016年）

公司名称	承保额(亿元)	保费(万元)	赔款及给付(万元)
总 计	**47298.28**	**1503334**	**465931**
中国人民财产保险股份有限公司新疆分公司	7068.79	185337	104111
大地财产保险股份有限公司新疆分公司	78.60	3382	1620
中华联合财产保险股份有限公司新疆分公司	5634.95	84323	54983
中国太平洋财产保险股份有限公司新疆分公司	2323.12	17836	9890
中国平安财产保险股份有限公司新疆分公司	10862.67	95710	35593
华泰财产保险股份有限公司新疆分公司	8.03	52	18
天安财产保险股份有限公司新疆分公司	204.23	2694	1467
永安财产保险股份有限公司新疆分公司	123.47	1932	1629
中银财险保险股份有限公司新疆分公司	164.56	3494	1183
永诚财产保险股份有限公司新疆分公司	421.95	2537	574
安邦财产保险股份有限公司新疆分公司	41.75	2632	1428
信达财产保险股份有限公司新疆分公司	350.17	4395	-431
阳光财产保险股份有限公司新疆分公司	398.10	10786	5585
都邦财产保险股份有限公司新疆分公司	237.49	2791	1282
渤海财产保险股份有限公司新疆分公司	47.42	2318	468
中国人寿财产保险股份有限公司新疆分公司	833.27	13190	6908
新疆前海联合财产保险股份有限公司新疆分公司	234.21	2283	202
中国人寿保险股份有限公司新疆分公司	2816.08	215181	63496
中国太平洋人寿保险股份有限公司新疆分公司	1281.58	205515	25807
中国平安人寿保险股份有限公司新疆分公司	1221.94	185867	32302
新华人寿保险股份有限公司新疆分公司	369.35	116792	28110
泰康人寿保险股份有限公司新疆分公司	343.81	67559	20044
中国太平人寿保险股份有限公司新疆分公司	105.43	78948	7851
生命人寿保险股份有限公司新疆分公司	167.73	28946	1996
中国平安养老保险股份有限公司新疆分公司	1746.07	10529	5681
合众人寿保险股份有限公司新疆分公司	51.74	18454	9497
中国人民健康保险股份有限公司新疆分公司	703.96	63066	23100
中国人民人寿保险股份有限公司新疆分公司	211.17	28566	16252
泰康养老保险股份有限公司新疆分公司	937.55	11886	1093
阳光人寿保险股份有限公司新疆分公司	61.81	34061	3744

注：众安财险、泰康在线、安心财险和中铁自保等四家公司（前三家为互联网保险公司，最后一家为铁路自保公司，在乌市均无实体机构），其数据直接汇入总数，未单独列示。

主要统计指标解释

EXPLANATORY NOTES ON MAIN STATISTICAL INDICATORS

地方财政收入 指国家财政参与社会产品分配所得的收入，是实现国家职能的财力保证。包括地方公共财政预算收入和基金预算收入。

一般公共预算收入 是通过一定的形式和程序，由各级财政部门组织并纳入预算管理的各项收入。

基金预算收入 是按规定收取，转入或通过当年财政安排，由财政管理并具有指定用途的政府性基金预算收入等。

税收收入 包括增值税、营业税、企业所得税、个人所得税、资源税、城市维护建设税、房产税、印花税、城镇土地使用税、土地增值税、车船税、耕地占用税、契税等。

非税收收入 包括专项收入、行政事业性收费、罚没收入和其他收入。

地方财政支出 是以国家为主体，以财政的事权为依据进行的一种财政资金分配活动，集中反映了国家的职能活动范围及其所发生的耗费，包括地方公共财政预算支出和基金预算支出。

一般公共预算支出 是各级财政部门对集中的一般预算收入有计划地分配和使用而安排的支出。

基金预算支出 是各级财政部门用基金预算收入安排的支出。

一般公共服务支出 指政府提供基本公共管理与服务的支出，包括人大事务、政协事务、政府办公厅(室)及相关机构事务、发展与改革事务、统计信息事务、财政事务、税收事务、审计事务、海关事务、人力资源事务、纪检监察事务、人口与计划生育事务、 商贸事务、知识产权事务、工商行政管理事务、国土资源事务、 海洋管理事务、测绘事务、地震事务、气象事务、民族事务、宗教事务、港澳台侨事务、档案事务、共产党事务、民主党派事务及工商联事务、群众团体事务、彩票事务等。

教育支出 指政府教育事务支出，包括教育行政管理、学前教育、小学教育、初中教育、普通高中教育、普通高等教育、初等职业教育、中专教育、技校教育、职业高中教育、高等职业教育、广播电视教育、留学生教育、特殊教育、干部继续教育、教育机关服务等。

科学技术支出 指用于科学技术方面的支出，包括科学技术管理事务、基础研究、应用研究、技术研究与开发、科技条件与服务、社会科学、科学技术普及、科技交流与合作等。

文化教育与传媒支出 指政府在文化、文物、体育、广播影视、新闻出版等方面的支出。

社会保障和就业支出 指政府在社会保障与就业方面的支出，包括社会保障和就业管理事务、民政管理事务、财政对社会保险基金的补助、补充全国社会保障基金、行政事业单位离退休、企业改革补助、就业补助、抚恤、退役安置、社会福利、残疾人事业、城市居民最低生活保障、其他城镇社会救济、农村社会救济、自然灾害生活救助、红十字事务等。

医疗卫生支出 指政府医疗卫生方面的支出，包括医疗卫生管理事务支出、医疗服务支出、医疗保障支出、疾病预防控制支出、卫生监督支出、妇幼保健支出、农村卫生支出等。

节能环保支出 指政府环境保护支出，包括环境保护管理事务支出、环境监测与监察支出、污染治理支出、自然生态保护支出、天然林保护工程支出、退耕还林支出、风沙荒漠治理支出、退牧还草支出、已垦草原退耕还草、能源节约利用、污染减排、可再生能源和资源综合利用等支出。

交通运输支出 指政府交通运输和邮政业方面的支出，包括公路运输支出、水路运输支出、铁路运输支出、民用航空运输支出、邮政业支出等。

城乡社区事务支出 指政府城乡社区事务支出，包括城乡社区管理事务支出、城乡社区规划与管理支出、城乡社区公共设施支出、城乡社区住宅支出、城乡社区环境卫生支出、建设市场管理与监督支出等。

农林水事务支出 指政府农林水事务支出，包括农业支出、林业支出、水利支出、扶贫支出、农业综合开发支出等。

信贷资金 指金融机构以信用方式积聚和分配的货币资金。金融机构信贷资金的来源有各项存款、金融债券、对国际金融机构负债、流通中现金、其他项目等；信贷资金的运用有各项贷款、有价证券及投资、金银占款、外汇占款、财政借款及在国际金融机构中的资产等。

存款 指企业、机关、团体或居民根据资金必须收回的原则，把货币资金存入银行或其他信贷机构保管并取得一定利息的一种信用活动形式。根据存款对象或性质的不同可划分为企业存款、财政存款、机关团体存款、城乡储蓄存款、农业存款、信托及委托类存款、其他存款等科目。它是银行信贷资金的主要来源。

贷款 指银行或其他信用机构根据资金必须归还的原则，按一定利率，为企业、个人等提供资金的一种信用活动形式。我国银行贷款分为短期贷款、委托及信托类贷款、其他类贷款等。

保险金额 指保险人承担赔偿或者给付保险金责任的最高限额。

保费 指投保人为取得保险人在约定范围内所承担赔偿责任而支付给保险人的费用。

赔款 指保险人根据保险合同的规定，向被保险人支付的赔偿保险责任损失的金额。

给付 包括死伤医疗给付和满期给付。死伤医疗给付是指保险人根据人寿保险及长期健康保险合同的规定，因被保险人在保险期内发生保险责任范围内的保险事故支付给被保险人(或受益人)的金额。满期给付是指被保险人生存期满，保险人按人寿保险合同规定支付给被保险人的满期保险金额。

7 人民生活和物价

LEVEL OF PEOPLES LIVELIHOOD AND PRICE INDICES

资料整理：张 欣 汪 磊

7—1　人民物质文化生活水平

指　　标	1990年	1995年	2000年	2005年	2007年	2008年	2009年
一、居民消费水平							
居民消费价格总指数(%)	105.2	117.4	100.7	99.5	104.6	107.0	100.4
二、城乡居民收入(元)							
农村居民人均可支配收入(抽样调查)	894	2135	3398	4249	5663	6116	6666
城镇居民人均可支配收入(抽样调查)	1650	4851	7252	9605	11373	12328	13075
三、交　通							
城市每百户拥有家用轿车(抽样调查)(辆)					0.5	2.8	5
平均城市每万人拥有公共车辆(标台)	6.00	17.30	20.30	18.40	20.10	16.90	16.40
四、储　蓄							
住户存款余额(亿元)	28.99	124.76	254.86	595.73	679.53	872.22	1040.71
平均每人储蓄存款余额(元)	2245	8792	15504	31344	30046	36950	43149
五、文　化							
每百户拥有彩色电视机(城镇、抽样)(台)	77	97	109	105	103	103	102
每百户拥有电冰箱(城镇、抽样)(台)	66	84	98	94	99	94	94
公共图书馆总藏书量(千册)			1193	1307	1519	1836	1963
六、教　育							
学龄儿童入学率(%)	99.20	99.00	97.10	99.56	99.98	99.99	100.00
每万人口拥有在校大学生(人)	150.19	195.19	273.93	499.48	496.19	534.72	545.91
七、卫　生							
每千人拥有病床(张)	9.27	9.43	8.60	9.15	9.55	8.75	9.66
每千人拥有医生(人)	5.17	5.61	5.07	4.50	4.90	4.20	4.52
八、城市公用事业							
平均每人日生活用水量(升)	148.70	151.00	169.37	161.89	176.41	186.18	142.45
建成区绿化覆盖率(%)	21.81	21.56	20.01	25.38	25.47	24.22	34.25
人均公共绿地面积(平方米)	4.20	4.01	4.60	4.17	7.10	6.94	6.91

7-1续表

指　　标	2010年	2011年	2012年	2013年	2014年	2015年	2016年
一、居民消费水平							
居民消费价格总指数(%)	102.7	104.5	103.4	103.5	102.8	100.7	101.5
二、城乡居民收入(元)							
农村居民人均可支配收入(抽样调查)	7471	8436	10032	11723	13306	15007	16351
城镇居民人均可支配收入(抽样调查)	14402	16141	18385	24095	26890	31604	34190
三、交　通							
城市每百户拥有家用轿车(抽样调查)(辆)	7	10	15	24	27	27	31
平均城市每万人拥有公共车辆(标台)	12.80	15.00	16.00	17.00	18.91	17.21	17.29
四、储　蓄							
住户存款余额(亿元)	1241.05	1485.57	1735.72	1976.07	2073.53	2157.31	2295.69
平均每人储蓄存款余额(元)	51066	59614	67549	72762	74502	80837	85868
五、文　化							
每百户拥有彩色电视机(城镇、抽样)(台)	101	102	101	101	102	102	102
每百户拥有电冰箱(城镇、抽样)(台)	95	94	97	98	98	99	100
公共图书馆总藏书量(千册)	2197	2759	3111	3131	2518	2124	3008
六、教　育							
学龄儿童入学率(%)	100	100	100	100	100	100	100
每万人口拥有在校大学生(人)	523.15	526.26	536.10	561.00	650.72	675.98	650.26
七、卫　生							
每千人拥有病床(张)	9.96	10.21	9.90	9.96	10.35	7.90	8.35
每千人拥有医生(人)	4.75	4.83	5.17	5.41	4.86	3.78	4.09
八、城市公用事业							
平均每人日生活用水量(升)	142.45	143.68	148.69	150.04	145.46	144.74	143.22
建成区绿化覆盖率(%)	34.80	36.16	37.00	37.93	38.50	40.30	40.90
人均公共绿地面积(平方米)	7.39	9.07	9.20	10.05	10.66	10.93	11.35

注：自2013年起，国家统计局开展了城乡一体化住户收支与生活状况调查，与2013年前的分城镇和农村住户调查的调查范围、调查方法、指标口径有所不同。2013-2014年城镇居民人均可支配收入和农村居民人均可支配收入按抽样样本510户计算，自2015年起按抽样样本1000户计算。

7—2　城镇居民可支配收入情况

（2016年）

指　标	总平均	最低收入组	低收入组	中等偏下收入组
可支配收入(元)	**34190**	**15467**	**20580**	**26425**
工资性收入	20932	10999	15602	19318
经营净收入	2503	3170	3257	2120
财产净收入	2342	1134	1501	1884
转移净收入	8413	164	220	3103
总支出(元)	**34647**	**20296**	**24427**	**28684**
消费支出	27915	15922	19625	23072

指　标	中等收入组	中等偏上收入组	高收入组	最高收入组
可支配收入(元)	**33970**	**42447**	**52403**	**71844**
工资性收入	19999	23081	26473	41130
经营净收入	2417	1747	1673	4119
财产净收入	2335	3377	3025	3834
转移净收入	9219	14242	21232	22761
总支出(元)	**32673**	**40904**	**49431**	**65008**
消费支出	26620	32322	39907	53860

7—3 城镇居民家庭按收入分组的人均消费性支出

（2016年）

单位：元

指 标	总平均	最低收入组	低收入组	中等偏下收入组
消费支出	**27915**	**15922**	**19625**	**23072**
食品烟酒	**8089**	**5112**	**6199**	**7135**
食品	**5420**	**3930**	**4391**	**4998**
谷物	626	525	602	595
薯类	35	26	35	31
豆类	64	53	52	61
食用油	211	156	198	206
蔬菜和食用菌	822	675	709	782
肉类	1197	845	916	1096
禽类	248	201	208	247
水产品类	268	132	173	218
蛋类	122	105	97	112
奶类	429	318	381	391
干鲜瓜果类	855	541	602	771
糖果糕点类	255	175	205	228
其它食品	288	178	213	260
烟酒	**508**	**206**	**447**	**438**
烟草	264	113	259	233
酒类	244	93	188	205
饮料	**145**	**91**	**128**	**110**
饮食服务	**2016**	**885**	**1233**	**1589**
衣着	**2302**	**1228**	**1512**	**1945**
衣类	1766	874	1125	1492
鞋类	536	354	387	453
居住	**5410**	**3013**	**3515**	**4292**
租赁房房租	200	429	434	195
住房维修及管理	837	87	144	394
水电燃料及其他	992	661	685	868
自有住房折算租金	3381	1836	2252	2835
生活用品及服务	**2047**	**779**	**1141**	**1402**
家具及室内装饰品	415	60	141	201
家用器具	494	80	206	323
家用纺织品	149	72	75	106
家庭日用杂品	481	331	366	392
个人用品	414	222	331	344
家庭服务	94	15	22	36
交通通信	**3713**	**2196**	**3016**	**3422**
交通	2588	1468	1980	2268
通信	1125	728	1036	1154
教育文化娱乐	**3008**	**2035**	**2651**	**2827**
教育	1509	1515	1913	1644
文化娱乐	1499	520	738	1183
医疗保健	**2488**	**1271**	**1212**	**1597**
医疗器具及药品	1041	395	603	774
医疗服务	1447	876	609	823
其他用品和服务	**858**	**288**	**379**	**452**
其他用品	565	167	229	291
其他服务	293	121	150	161

7-3续表　　(2016年)　　单位:元

指　　标	中等收入组	中等偏上收入组	高收入组	最高收入组
消费支出	**26620**	**32322**	**39907**	**53860**
食品烟酒	**8254**	**9405**	**10553**	**12459**
食品	**5540**	**6409**	**6482**	**6939**
谷物	636	690	682	690
薯类	39	39	36	35
豆类	71	77	66	65
食用油	236	232	222	216
蔬菜和食用菌	864	939	907	894
肉类	1253	1493	1454	1403
禽类	251	271	293	287
水产品类	284	343	415	410
蛋类	127	145	134	146
奶类	366	543	456	654
干鲜瓜果类	857	1021	1094	1347
糖果糕点类	247	288	348	385
其它食品	309	328	375	407
烟酒	**566**	**553**	**677**	**865**
烟草	314	264	338	405
酒类	252	289	339	460
饮料	**160**	**161**	**175**	**245**
饮食服务	**1988**	**2282**	**3219**	**4410**
衣着	**2202**	**2695**	**3456**	**4354**
衣类	1694	2076	2695	3430
鞋类	503	619	761	924
居住	**5320**	**6460**	**8102**	**10264**
租赁房房租	135	53	7	182
住房维修及管理	562	1017	2339	2998
水电燃料及其他	1106	1193	1127	1467
自有住房折算租金	3517	4197	4629	5617
生活用品及服务	**1793**	**2668**	**3625**	**4817**
家具及室内装饰品	396	573	904	1178
家用器具	411	707	1063	1198
家用纺织品	128	201	228	358
家庭日用杂品	473	587	640	764
个人用品	351	463	608	879
家庭服务	34	137	182	440
交通通信	**2732**	**4429**	**4863**	**7607**
交通	1656	3205	3443	6205
通信	1076	1224	1420	1402
教育文化娱乐	**2891**	**2850**	**4166**	**5018**
教育	1459	1084	1599	1475
文化娱乐	1432	1766	2567	3543
医疗保健	**2788**	**2889**	**4005**	**5619**
医疗器具及药品	1216	1303	1598	1883
医疗服务	1572	1586	2407	3736
其他用品和服务	**640**	**926**	**1137**	**3722**
其他用品	398	563	709	2736
其他服务	242	363	428	986

7—4 城镇居民家庭主要耐用消费品每百户拥有量

（抽样调查）

指　　标	2000年	2005年	2010年	2012年	2013年	2014年	2015年	2016年
家用轿车（辆）			7	15	24	27	27	31
洗衣机（台）	102	96	98	99	100	100	100	100
电冰箱（冰柜）（台）	100	98	95	97	98	98	99	100
彩色电视机（台）	109	105	101	101	101	102	102	102
组合音响（套）	22	21	18	19	4	5	8	6
家用电脑（台）	12	30	57	73	64	72	72	74
摄像机（架）	2	3	6	12	10	10	9	9
照相机（架）	51	52	31	45	57	68	69	70
微波炉（台）	11	33	50	55	58	64	67	68
空调器（台）	1	5	6	12	10	11	13	22
淋浴热水器（台）	67	72	83	90	94	95	97	97
消毒碗柜（台）		4	5	7	3	3	4	4

7—5 城镇居民家庭按收入分组的人均消费构成情况

（2016年）

单位：%

指　　标	总平均	最　低 收入组	低收入组	中等偏下 收入组	中　等 收入组	中等偏上 收入组	高收入组	最　高 收入组
消费支出	**100.0**	**100.0**	**100.0**	**100.0**	**100.0**	**100.0**	**100.0**	**100.0**
食品烟酒	29.0	32.1	31.6	30.9	31.0	29.1	26.4	23.1
衣　着	8.2	7.7	7.7	8.4	8.3	8.3	8.7	8.1
居　住	19.4	18.9	17.9	18.6	20.0	20.0	20.3	19.1
生活用品及服务	7.3	4.9	5.8	6.1	6.7	8.3	9.1	8.9
交通通信	13.3	13.8	15.4	14.8	10.3	13.7	12.2	14.1
教育文化娱乐	10.8	12.8	13.5	12.3	10.9	8.8	10.4	9.3
医疗保健	8.9	8.0	6.2	6.9	10.5	8.9	10.0	10.4
其他用品和服务	3.1	1.8	1.9	2.0	2.4	2.9	2.8	6.9

7—6　城镇居民家庭消费品年人均消费量

（抽样调查）

单位：千克

指　　标	2000年	2005年	2009年	2010年	2011年
粮食	65.00	57.66	47.31	70.15	75.71
食用植物油	7.56	7.86	9.54	9.02	9.88
猪肉	7.62	5.95	7.84	8.83	8.12
牛羊肉	13.98	14.93	11.70	9.80	12.49
蛋类	10.16	7.70	8.06	9.13	9.12
鲜菜	111.61	99.81	110.20	98.07	104.92
白酒	1.20	1.27	0.72	1.02	0.91
啤酒	2.27	3.06	2.76	3.28	1.89
茶叶	0.16	0.15	0.19	0.17	0.20
干鲜瓜果及制品	69.31	76.85	67.87	60.45	63.18
鱼类	6.12	5.22	5.73	5.53	5.54
鲜乳品	26.23	30.50	22.68	19.95	19.39
糕点类	2.81	3.82	3.65	4.33	4.43
液化石油气	29.34	6.18	1.53	2.63	1.90
管道煤气(立方米)	6.58	42.80	50.83	52.53	56.44

指　　标	2012年	2013年	2014年	2015年	2016年
粮食	77.59	97.53	97.80	99.02	96.47
食用植物油	10.19	15.26	17.77	14.06	15.64
猪肉	8.09	8.19	9.40	9.92	8.82
牛羊肉	12.31	12.75	13.12	17.92	17.26
蛋类	9.94	8.74	9.78	11.13	11.87
鲜菜	101.15	107.32	132.94	141.04	155.04
白酒	0.87	0.92	1.24	1.88	1.79
啤酒	2.27	1.88	2.90	3.48	3.41
茶叶	0.22	0.21	0.27	0.45	0.45
干鲜瓜果及制品	70.23	62.53	75.53	85.83	91.02
鱼类	5.65	5.28	6.43	6.88	6.91
鲜乳品	22.73	22.12	27.49	27.01	27.18
糕点类	4.25	4.67	5.37	5.14	5.41
液化石油气	0.72	1.71	2.47	5.43	4.17
管道煤气(立方米)	57.37	82.64	89.49	92.28	105.21

7—7 农民家庭基本情况

（抽样调查）

指 标	单位	2015年	2016年	2016年较2015年增减%
调查户	户	120	120	持平
农村居民人均可支配收入	元	15007	16351	9.0
人均生活消费支出	元	16052	17423	8.5
食品烟酒	元	4971	4950	-0.4
衣 着	元	1034	1074	3.9
居 住	元	3341	3786	13.3
生活用品及服务	元	1001	1073	7.2
交通通信	元	2485	2948	18.6
教育文化娱乐	元	1225	1544	26.0
医疗保健	元	1842	1784	-3.1
其他用品和服务	元	153	264	72.5
每百户耐用消费品拥有量				
热水器	台	35	36	2.9
洗衣机	台	119	110	-7.6
电冰箱	台	118	112	-5.1
彩色电视机	台	120	120	
抽油烟机	台	28	28	
摩托车	辆	89	79	-11.2

注：2013—2016年数据来源于城乡一体化住户收支与生活状况调查，2013—2014年调查样本量为510户，自2015年起调查样本量为1000户。

7—8　农民家庭人均总收入、总支出情况

（抽样调查）

单位：元

指　　标	2015年	2016年	2016年比2015年增减%
可支配收入	**15007**	**16351**	**9.0**
工资性收入	3923	4754	21.2
经营净收入	6869	6901	0.5
第一产业	2974	2755	-7.4
第二产业	733		
第三产业	3162	4146	31.1
财产净收入	1589	1862	17.2
转移净收入	2626	2834	7.9
总支出	**25168**	**27177**	**8.0**
消费支出	16052	17423	8.5

7—9　农民家庭人均生活消费支出及构成

（抽样调查）

指　　标	人均消费支出金额（元）		构成（%）	
	2016年	2016年比2015年增减%	2016年	2016年比2015年增减百分点
消费支出	**17423**	**8.5**	**100.0**	
食品烟酒	4950	-0.4	28.4	(-2.6)
衣着	1074	3.9	6.2	(-0.2)
居住	3786	13.3	21.7	(0.9)
生活用品及服务	1073	7.2	6.2	持平
交通通信	2948	18.6	16.9	(1.4)
教育文化娱乐	1544	26.0	8.9	(1.3)
医疗保健	1784	-3.1	10.2	(-1.3)
其他用品和服务	264	72.5	1.5	(0.5)

7—10 农民家庭人均主要消费品消费量

（抽样调查）

单位：千克

指　　标	1995年	2000年	2005年	2010年	2011年
粮　食	216.09	223.24	203.26	216.90	205.00
蔬菜及制品	163.88	111.60	173.09	145.60	94.87
油脂类	12.45	13.63	13.84	16.80	13.71
肉禽及其制品	17.98	21.60	40.64	32.90	30.46
蛋类及蛋制品	3.51	10.16	2.84	4.00	3.75
奶及奶制品	7.37	26.23	37.63	39.90	21.00
水产品	2.19	6.12	1.74	1.70	1.92
酒	9.90	3.47	4.12	1.70	2.37
鲜瓜果类	22.74	24.89	27.09	58.30	35.86

指　　标	2012年	2013年	2014年	2015年	2016年
粮　食	209.10	203.40	212.87	236.30	235.36
蔬菜及制品	104.10	100.40	121.09	134.28	142.28
油脂类	13.80	17.50	20.19	18.15	19.05
肉禽及其制品	28.63	30.87	39.85	40.66	43.11
蛋类及蛋制品	4.03	3.20	3.83	6.17	7.21
奶及奶制品	22.26	25.31	27.32	28.59	28.61
水产品	1.88	1.98	1.93	3.64	3.65
酒	2.00	2.50	3.08	2.73	1.81
鲜瓜果类	35.71	34.42	35.67	37.92	41.54

7—11　历年居民消费价格指数

（以上年价格为100）　　单位：%

年　份	指　数	年　份	指　数
1950	100.0	1984	102.3
1951	129.1	1985	109.1
1952	96.2	"七五"时期	
"一五"时期		1986	107.0
1953	86.9	1987	108.3
1954	103.0	1988	119.4
1955	97.9	1989	113.4
1956	88.6	1990	105.2
1957	101.1	"八五"时期	
"二五"时期		1991	108.2
1958	99.2	1992	111.9
1959	99.9	1993	115.7
1960	99.4	1994	128.3
1961	98.8	1995	117.4
1962	99.8	"九五"时期	
三年调整期		1996	110.4
1963	99.5	1997	103.6
1964	96.4	1998	99.1
1965	97.4	1999	97.1
"三五"时期		2000	100.7
1966	96.2	"十五"时期	
1967	100.3	2001	105.0
1968	101.3	2002	98.5
1969	99.1	2003	100.6
1970	99.1	2004	100.9
"四五"时期		2005	99.5
1971	99.8	"十一五"时期	
1972	100.7	2006	100.1
1973	99.9	2007	104.6
1974	100.2	2008	107.0
1975	99.0	2009	100.4
"五五"时期		2010	102.7
1976	100.8	"十二五"时期	
1977	99.6	2011	104.5
1978	99.6	2012	103.4
1979	101.7	2013	103.5
1980	105.1	2014	102.8
"六五"时期		2015	100.7
1981	100.8	"十三五"时期	
1982	101.3	2016	101.5
1983	100.3		

7—12 2016年居民消费价格分类指数

（以上年价格为100）

单位：%

指　标	2016年	指　标	2016年
居民消费价格总指数	**101.5**	水电燃料	99.7
一、食品烟酒	**102.9**	自有住房	103.4
食品	102.4	**四、生活用品及服务**	**101.2**
#粮食	102.0	家具及室内装饰品	103.6
畜肉类	99.6	家用器具	99.1
禽肉类	100.8	家用纺织品	101.2
蛋类	94.4	家庭日用杂品	99.3
干鲜瓜果类	100.8	个人护理用品	100.9
奶类	100.3	家庭服务	105.4
茶及饮料	99.8	**五、交通和通信**	**99.5**
烟酒	101.9	交　通	98.3
在外餐饮	104.5	通　信	102.2
二、衣　着	**99.9**	**六、教育文化和娱乐**	**102.2**
服　装	100.0	教　育	101.6
服装材料	99.4	文化娱乐	103.3
其他衣着及配件	101.4	**七、医疗保健**	**100.7**
衣着加工服务费	111.5	药品及医疗器具	102.0
鞋　类	98.8	医疗服务	100.0
三、居　住	**101.0**	**八、其他用品和服务**	**103.7**
租赁房房租	104.0	其他用品类	102.1
住房保养维修及管理	98.6	其他服务类	105.0

主要统计指标解释

EXPLANATORY NOTES ON MAIN STATISTICAL INDICATORS

住户　指居住在一个住宅内，共同分享生活开支或收入的一群人。居住在同一房间内、不共同分享生活开支的人群，每个人都视为一个住户。

常住居民　指全年经常在家或调查期内在家居住6个月以上，而且经济和生活与本户连成一体的人口。外出从业人员在外居住时间虽然在6个月以上，以及本住户供养的学生。常住居民是住户收支的调查对象。

城镇家庭人口　指居住在一起，经济上合在一起共同生活的家庭成员。凡计算为家庭人口的成员其全部收支都包括在本家庭中。

城镇就业者负担人数　指家庭人口与就业人口之比。

城镇居民家庭可支配收入　指家庭成员得到可用于最终消费支出和其它非义务性支出以及储蓄的总和，即居民家庭可以用来自由支配的收入。它是家庭总收入扣除交纳的所得税、个人交纳的社会保障支出以及记账补贴后的收入。计算公式为：

城镇居民家庭可支配收入=家庭总收入-交纳个人所得税-个人交纳的社会保障支出-记帐补贴

城镇家庭服务性消费支出　指家庭用于支付社会提供的各种文化和生活方面的非商品性服务费用。

城镇家庭收入分组方法　是将所有调查户按户人均可支配收入由低到高排队，按10%，10%，20%，20%，20%，10%，10%的比例依次分成：最低收入户、较低收入户、中等偏下收入户、中等收入户、中等偏上收入户、较高收入户、最高收入户等七组。总体中最低5%的户为困难户。

农村住户　指农村常住户。农村常住户指长期（一年以上）居住在乡镇（不包括城关镇）行政管理区域内的住户，以及长期居住在城关镇所辖行政村范围内的农村住户。户口不在本地而在本地居住一年及以上的住户也包括在本地农村常住户范围内；有本地户口，但举家外出谋生一年以上的住户，无论是否保留承包耕地都不包括在本地农村住户范围内。

工资性收入　指农村住户成员受雇于单位或个人，靠出卖劳动所而获得的收入。

家庭经营收入　指农村住户以家庭为生产经营单位进行生产筹划和管理而获得的收入。农村住户家庭经营活动按行业划分为农业、林业、牧业、渔业、工业、建筑业、交通运输业邮电业、批发和零售贸易餐饮业、社会服务业、文教卫生业和其他家庭经营。

财产性收入　指金融资产或有形非生产性资产的所有者向其他机构单位提供资金或将有形非生产性资产供其支配，作为回报而从中获得的收入。

转移性收入　指农村住户和住户成员无须付出任何对应物而获得的货物、服务、资金或资产所有权等，不包括无偿提供的用于固定资本形成的资金。一般情况下，是指农村住户在二次分配中的所有收入。

城镇家庭收入分组方法　是将所有调查户按户人均可支配收入由低到高排队，按20%，20%，20%，20%，20%的比例依次分成：低收入户、中等偏下收入户、中等收入户、中等偏上收入户、高收入户五组。

转移性支出　指调查户对国家、单位、社会团体或个人的经常性或义务性转移支付。包括缴纳的税款、各项社会保障支出、赡养支出、经常性捐赠和赔偿支出以及其他经常性转移支出等。

居民消费支出　是指居民用于满足家庭日常生活消费需要的全部支出，既包括现金消费支出，也包括实物消费支出。消费支出可划分为食品烟酒、衣着、居住、生活用品及服务、交通通信、教育文化娱乐、医疗保健以及其他用品及服务八大类。

食品烟酒　指用于各种食品和烟草、就类的支出。

衣着　指与居民穿着有关的支出，包括服装、服装材料、鞋类、其他衣类及配件、衣着相关加工服务的支出。

居住　指与居住有关的支出，包括房租、水、电、燃料、物业管理等方面的支出，也包括自有住房折算租金。

生活用品及服务　指家庭及个人的各类生活用品及家庭服务。包括家具及室内装饰品、家用器具、家用纺织品、家庭日用杂品、个人用品和家庭服务。

交通通信　指用于交通和通信工具及相关的各种服务费、维修费和车辆保险等支出。

教育文化娱乐 指用于教育、文化和娱乐方面的支出。

医疗保健 指用于医疗和保健的药品、用品和服务的总费用。包括医疗器具及药品，以及医疗服务。

其他用品及服务 指无法直接归入上述各类支出的其他用品与服务支出。

居民消费价格指数 简称CPI，是反映一定时期内城乡居民所购买的生活消费品和服务项目价格变动趋势和程度的相对数，是对城市居民消费价格指数和农村居民消费价格指数进行综合汇总计算的结果。通过该指数可以观察和分析消费品的零售价格和服务项目价格变动对城乡居民实际生活费支出的影响程度。

8 农　业

AGRICULTURE

资料整理：李昌步

8—1 主要年份农、林、牧、渔业总产值

单位：万元

年　份	农、林、牧、渔业总产值	农业产值	林业产值	牧业产值	渔业产值	农林牧渔服务业
1950	1376.60	1099.61	0.23	276.76		
1965	3663.47	2546.48	111.78	1004.34	0.87	
1978	7570.82	6153.90	106.26	1304.13	6.53	
1980	8899.11	6389.42	165.52	2342.22	1.95	
1985	16778.06	10628.70	438.24	5666.68	44.43	
“七五”时期						
1986	18357.72	11245.42	388.35	6606.34	117.61	
1987	22364.12	13316.90	312.83	8236.96	497.44	
1988	35235.06	20144.96	395.84	14090.45	603.81	
1989	35478.08	19825.03	370.52	14505.10	777.43	
1990	37703.55	21708.62	418.49	14800.35	776.09	
“八五”时期						
1991	39660.95	22349.87	559.69	15700.98	1050.41	
1992	49102.05	28703.35	856.96	18325.94	1215.80	
1993	56478.66	34194.11	957.55	19784.18	1542.81	
1994	78240.33	45922.76	1187.82	29199.43	1930.32	
1995	107392.48	59843.33	1384.23	42854.13	3310.79	
“九五”时期						
1996	115671.68	63462.81	1654.45	46827.46	3726.96	
1997	109119.98	57274.90	1433.05	47124.26	3287.77	
1998	113964.19	66324.32	1149.70	43163.55	3326.62	
1999	118614.82	69927.94	1187.01	43910.51	3589.36	
2000	122647.03	74017.94	1121.23	44180.43	3327.43	
“十五”时期						
2001	128600.28	78303.14	1323.76	45755.66	3217.71	
2002	144521.04	86147.45	1769.57	53428.18	3175.84	
2003	172854.83	91056.23	1683.10	76653.13	3332.04	130.34
2004	198067.56	99781.52	1795.48	85333.19	3634.51	7522.86
2005	207579.34	103692.67	1463.87	80733.80	4217.90	17471.09
“十一五”时期						
2006	225256.63	115028.18	1438.34	83544.14	4835.15	20410.82
2007	250947.90	124826.51	1792.08	100814.84	5490.76	18023.71
2008	280758.76	137145.10	2671.23	129304.40	5749.57	5888.46
2009	318515.29	158838.00	4555.74	141789.05	6343.18	6989.32
2010	375006.26	199935.20	3556.94	157698.03	7361.76	6454.33
“十二五”时期						
2011	418754.33	208302.34	7534.95	188193.83	8910.76	5812.45
2012	495693.87	234528.29	28808.40	214236.70	8739.90	9380.58
2013	537589.78	268758.20	34199.95	214277.70	9406.90	10947.03
2014	613214.49	290444.29	35979.74	255559.42	9342.00	21889.04
2015	589320.00	299097.00	17556.00	238808.00	9885.00	23974.00
“十三五”时期						
2016	621569.00	311227.00	20465.00	254168.00	9961.00	25748.00

注：本表按当年价格计算。

8—2 历年农、林、牧、渔业总产值指数

（以上年为100）

单位：%

年　份	农、林、牧、渔业总产值	农业产值	林业产值	牧业产值	渔业产值	农林牧渔服务业
1949	100.0	100.0	100.0	100.0		
1950	119.6	122.3	20.8	110.3		
1951	114.8	114.1	243.3	117.7		
1952	116.5	118.2	391.1	109.4		
“一五”时期						
1953	105.6	103.0	158.5	116.4		
1954	110.6	110.8	74.8	110.3		
1955	105.2	105.5	96.5	104.3		
1956	108.7	108.1	163.1	110.4		
1957	93.5	88.8	300.9	109.3		
“二五”时期						
1958	123.0	128.3	241.5	105.0		
1959	106.5	106.2	44.4	110.4		
1960	99.5	94.1	826.7	103.9	100.0	
1961	91.6	85.4	80.6	112.8	136.3	
1962	82.9	78.0	71.0	96.0	112.1	
三年调整期						
1963	150.7	167.8	197.4	113.5	124.5	
1964	109.8	109.9	99.2	110.9	71.7	
1965	104.2	101.2	96.6	113.8	193.6	
“三五”时期						
1966	114.8	130.3	82.1	79.2	51.7	
1967	82.5	80.1	39.9	97.4	62.1	
1968	88.8	89.7	38.0	88.0	323.4	
1969	117.2	121.1	84.7	104.1	111.7	
1970	111.0	109.2	185.3	117.5	138.1	
“四五”时期						
1971	102.9	101.8	93.2	107.5	80.0	
1972	111.8	108.6	149.5	122.6	149.8	
1973	99.7	94.3	33.7	118.4	167.4	
1974	101.2	94.0	62.5	119.6	132.1	
1975	121.1	121.2	235.6	120.5	28.7	
“五五”时期						
1976	125.8	126.3	486.4	122.0	105.1	
1977	102.6	102.1	101.6	103.6	56.4	
1978	89.0	109.0	121.2	47.0	886.7	
1979	118.3	120.8	120.2	106.8	65.7	
1980	92.0	79.6	120.0	155.7	42.0	
“六五”时期						
1981	104.0	95.7	89.6	127.7	201.7	
1982	111.3	128.8	113.4	75.3	90.9	

8-2续表 （以上年为100） 单位：%

年 份	农、林、牧、渔业总产值	农业产值	林业产值	牧业产值	渔业产值	农林牧渔服务业
1983	114.3	107.5	89.7	139.7	187.4	
1984	116.9	122.4	143.2	100.6	173.8	
1985	92.6	77.9	154.0	135.7	290.3	
“七五”时期						
1986	107.4	103.8	86.9	114.4	259.7	
1987	110.1	107.0	72.8	112.6	382.1	
1988	108.8	104.4	87.4	118.1	83.8	
1989	99.3	97.0	92.3	101.5	126.9	
1990	109.6	113.0	116.5	105.3	103.0	
“八五”时期						
1991	95.1	93.1	120.9	95.9	122.4	
1992	112.0	116.2	138.5	105.6	104.7	
1993	103.9	107.6	100.9	97.5	114.6	
1994	106.4	103.1	95.2	113.3	96.1	
1995	109.9	104.3	93.3	117.5	137.3	
“九五”时期						
1996	105.0	103.3	116.5	106.5	109.7	
1997	102.3	97.8	93.9	109.1	95.6	
1998	106.2	117.8	81.6	93.2	102.9	
1999	101.9	103.2	101.1	99.6	105.7	
2000	111.0	113.7	101.4	108.0	99.5	
“十五”时期						
2001	109.3	110.3	123.1	108.0	100.8	
2002	115.4	113.0	137.3	120.0	101.4	
2003	127.2	108.4	97.8	159.4	107.9	100.0
2004	115.6	109.5	106.7	113.9	109.1	5773.8
2005	105.5	103.9	81.6	97.0	116.2	232.5
“十一五”时期						
2006	109.3	110.6	98.1	106.0	114.4	118.2
2007	98.8	95.4	111.3	107.0	100.4	77.6
2008	110.7	106.7	128.8	121.4	119.3	39.9
2009	106.5	108.0	151.5	104.3	109.0	84.4
2010	105.9	106.8	95.4	105.7	105.8	97.1
“十二五”时期						
2011	107.0	103.0	225.3	110.5	105.2	83.5
2012	105.7	102.5	152.1	107.3	102.9	113.8
2013	106.5	104.2	119.4	106.6	102.5	125.9
2014	109.1	104.4	86.6	113.5	99.7	229.7
2015	103.4	107.8	90.7	96.1	96.2	141.4
“十三五”时期						
2016	101.8	98.4	103.2	105.6	102.5	102.9

注：本表按可比价计算。

8—3 历年农作物产品产量

单位：吨

年　份	粮　食总产量	# 水稻	小麦	杂粮	油料	# 油菜籽	蔬菜（含薯类）
1949	22972	9487	9033	4445	470	234	7239
1950	28564	10413	11550	6600	779	354	6846
1951	34491	12575	12475	9430	778	312	7054
1952	42157	14291	14355	13499	1056	504	7532
“一五”时期							
1953	40762	13483	15577	11702	618	362	8562
1954	43319	15513	18395	9396	1359	569	15925
1955	44914	16767	17609	10513	2014	814	14782
1956	47606	16546	19532	11513	1327	420	14542
1957	39488	14437	16822	8219	968	232	13292
“二五”时期							
1958	51871	14512	26131	11218	1166	338	47674
1959	49955	14353	25495	10020	1132	471	63062
1960	38260	8684	22448	7120	539	144	59697
1961	32649	8881	15173	8591	348	56	79483
1962	26740	9067	11319	6344	311	75	54291
三年调整期							
1963	52256	12730	24889	14516	881	427	80587
1964	66203	18638	32334	14992	1197	523	62565
1965	63783	20527	26981	16142	1049	497	70541
“三五”时期							
1966	91782	27603	45856	17986	2367	1370	83941
1967	67799	24777	32156	10738	1456	925	72607
1968	45360	21185	18428	5636	1895	575	75622
1969	64890	25697	27370	11543	2431	1888	96380
1970	70171	23159	33082	12765	1728	1195	96010
“四五”时期							
1971	81080	28088	37211	15537	1545	808	101536
1972	71124	28925	29634	12476	1808	1219	149079
1973	74097	30199	34361	9408	2484	1759	120146
1974	50922	23612	21174	5974	1475	1056	127708
1975	74685	30612	31144	12780	2533	1867	169125
“五五”时期							
1976	86083	32360	39448	14004	2640	2018	163198
1977	72329	32980	29877	9281	3984	2785	159983
1978	77455	33588	33003	10257	3573	2194	196579
1979	93141	36975	43620	12305	4304	2433	178939
1980	87918	37073	39513	10386	4101	2220	136037
“六五”时期							
1981	88259	41657	38398	7774	4913	2216	132256
1982	96044	42138	44545	8654	6082	2398	150304

8-3续表

单位：吨

年份	粮食总产量	#水稻	小麦	杂粮	油料	#油菜籽	蔬菜（含薯类）
1983	102420	45850	47907	7811	4855	2262	161455
1984	120138	46979	62479	10030	6587	1918	166809
1985	121236	45368	64878	10584	7857	2845	164773
"七五"时期							
1986	119543	46203	59953	12842	7979	2776	212792
1987	135013	46280	70515	17513	9284	3260	193515
1988	146412	47297	74647	23559	8261	3290	205073
1989	144499	48918	72631	22357	6224	2281	222675
1990	166380	52314	81882	31722	7309	2079	272269
"八五"时期							
1991	147125	55124	62216	29422	7060	1172	203701
1992	163554	50010	81774	39122	10170	2477	271037
1993	175990	53946	75542	45319	8856	1704	286022
1994	170061	54856	61905	52333	12194	2810	318288
1995	183092	57027	70162	43838	48083	3420	326359
"九五"时期							
1996	198642	60350	73811	54971	7444	1454	345521
1997	169468	63588	64252	41468	7558	749	395841
1998	172508	69170	65563	37775	9764	2086	461258
1999	167123	69683	58072	39243	14929	2152	526026
2000	157118	69671	56796	30481	10156	1398	680286
"十五"时期							
2001	144467	66960	41299	35768	5727	813	673501
2002	137089	63570	40743	32645	4055	244	864234
2003	104371	41959	31225	23874	3638	275	1016400
2004	106984	53493	26019	27472	4045	134	1110468
2005	121170	55526	33414	32230	4330	98	949523
"十一五"时期							
2006	142398	56861	51187	34350	3965	162	1012330
2007	124569	56955	32007	35607	6554	72	992246
2008	140054	65822	44984	29248	11714	502	881659
2009	174951	60280	73743	40928	13403	472	934418
2010	195690	59801	79788	56101	11145	630	809423
"十二五"时期							
2011	172769	61802	55305	55662	10231	571	905902
2012	152524	60025	41322	51177	9222	311	863735
2013	171566	61422	52434	57710	16720	378	1031966
2014	147452	55034	49337	43081	11094	511	1085957
2015	126243	46181	45211	34851	10933	426	1014579
"十三五"时期							
2016	113371	43078	44647	25646	10022	986	975935

8—4 历年畜产品和水产品产量

单位：吨

年　份	肉类总产量	#牛	猪	羊	牛奶	禽蛋	水产品
1949	823	98	13	653			
1950	681	88	17	537			
1951	962	172	12	668			
1952	1011	177	31	685			
"一五"时期							
1953	1076	190	31	715			
1954	1210	219	38	823			
1955	1312	202	69	923			
1956	1232	191	50	861			
1957	1180	190	46	835			
"二五"时期							
1958	1299	229	42	892			
1959	1289	202	29	874			
1960	1472	200	105	985			3
1961	1860	299	175	1253			3
1962	2225	324	138	1542			4
三年调整期							
1963	2156	304	118	1534	945		4
1964	1854	155	127	1471	980		3
1965	1618	192	132	1185	1481		5
"三五"时期							
1966	2312	221	449	1492	974		3
1967	2014	249	281	1347	588		2
1968	2318	291	470	1391	528		6
1969	2205	277	419	1343	487		7
1970	2400	380	552	1269	1022		10
"四五"时期							
1971	2181	209	549	1285	1307		8
1972	2089	192	394	1335	2316		12
1973	2159	205	534	1263	1331		20
1974	2436	251	542	1471	1482	19	26
1975	2279	186	460	1534	2089	26	8
"五五"时期							
1976	2400	187	396	1690	3040		8
1977	3090	283	1012	1539	3024		6
1978	2652	160	1009	1376	2923		14
1979	3339	384	1200	1483	3751		7
1980	4417	456	1535	2031	3941		36
"六五"时期							
1981	4244	414	1453	2172	3786		18
1982	4420	617	1095	2492	4950	942	18

8-4续表 单位：吨

年 份	肉类总产量	#牛	猪	羊	牛 奶	禽 蛋	水产品
1983	4643	896	901	2572	5772	1607	29
1984	4645	941	1404	2078	7546	3415	56
1985	6079	946	902	3605	8747	6584	157
“七五”时期							
1986	6221	800	1079	3211	11346	7117	391
1987	7265	773	1654	3364	11641	9227	780
1988	7897	1088	1358	3877	15083	11241	1362
1989	8644	1663	1936	3319	17595	11207	1712
1990	11021	1783	1662	3722	20310	10721	1993
“八五”时期							
1991	12007	1832	1687	4132	23052	11509	2412
1992	11439	1563	1892	3050	25549	12512	2535
1993	11764	1432	1909	3312	22173	11649	2777
1994	13809	1348	2189	3673	21894	13155	2761
1995	17891	2288	4851	4753	22665	15334	3640
“九五”时期							
1996	20698	2954	5272	5362	22861	14585	3910
1997	25239	3630	6250	6970	24304	14891	3779
1998	26948	4203	5829	7459	25896	10511	3986
1999	30293	4601	6609	8163	25637	10052	4059
2000	31826	5329	7109	8301	28931	10154	4167
“十五”时期							
2001	37965	7720	7976	9994	33959	9864	4270
2002	41447	7471	9162	10366	40902	9874	4459
2003	46303	9212	10926	11675	66388	10002	4797
2004	54703	11758	13398	14691	75232	10809	5242
2005	59029	13014	14920	15301	90996	11217	5847
“十一五”时期							
2006	66141	14420	16500	18409	103648	11379	6455
2007	60232	14491	17366	18072	86792	11542	6749
2008	54826	13886	17107	15475	74805	11510	7434
2009	59486	15467	17973	15746	80372	12527	8602
2010	61846	16382	19933	15743	87410	12853	9249
“十二五”时期							
2011	66650	17423	22001	16487	93022	13957	9381
2012	70116	18442	21793	17755	100996	14070	8743
2013	72854	19889	18133	18039	96497	15141	8566
2014	77051	20490	24068	21321	95858	17891	8673
2015	72425	20619	24263	20005	84127	9356	8693
“十三五”时期							
2016	69971	24083	20834	16510	80265	9230	8544

单位：千公顷

8—5 历年主要农作物播种面积

单位：千公顷

年份	总播种面积	#粮食			油料作物	蔬菜（不含薯类）
			#小麦	玉米		
1949	19.36	15.16	8.36	0.42	0.75	0.51
1950	22.83	17.94	10.31	0.63	1.19	0.54
1951	27.86	23.02	11.21	0.88	1.19	0.53
1952	31.07	25.96	11.66	1.34	1.58	0.58
"一五"时期						
1953	30.55	25.48	12.81	1.62	0.88	0.70
1954	31.70	25.40	15.12	1.21	1.91	1.08
1955	32.57	25.51	14.92	1.87	2.97	0.76
1956	33.09	25.96	14.70	2.42	2.42	0.82
1957	36.09	26.33	14.95	2.01	1.78	0.98
"二五"时期						
1958	46.06	35.34	17.82	2.28	2.24	1.38
1959	53.11	38.54	20.22	1.49	3.25	2.76
1960	70.85	53.32	30.02	2.95	3.77	6.29
1961	60.59	48.24	32.21	2.01	1.97	4.88
1962	49.70	38.97	24.74	1.69	1.72	3.05
三年调整期						
1963	48.53	37.96	22.45	2.13	2.19	2.30
1964	54.06	42.73	27.02	3.03	2.92	4.10
1965	57.82	46.03	28.00	3.59	2.80	4.09
"三五"时期						
1966	66.31	51.52	32.59	3.93	4.02	4.80
1967	65.56	50.05	34.61	3.23	4.22	4.41
1968	64.55	46.98	32.21	3.39	4.25	5.25
1969	61.94	45.15	29.99	3.06	4.73	5.17
1970	61.59	45.04	29.69	2.95	4.39	5.24
"四五"时期						
1971	63.84	46.37	30.83	3.75	4.45	4.49
1972	60.92	43.33	29.18	3.09	4.25	4.48
1973	60.44	42.85	29.64	3.07	4.62	4.04
1974	59.21	41.27	28.70	2.86	4.18	4.64
1975	63.15	44.79	29.91	3.27	4.91	5.03
"五五"时期						
1976	64.59	43.66	29.25	3.35	5.82	4.87
1977	64.98	39.52	27.34	2.98	9.50	5.61
1978	64.76	40.50	26.65	2.91	7.93	6.02
1979	64.40	39.11	25.93	2.95	10.90	5.43
1980	62.11	38.65	26.63	2.70	7.75	4.23
"六五"时期						
1981	59.34	36.10	25.30	2.15	8.37	4.51
1982	58.31	34.48	23.26	2.10	8.17	4.23

8-5续表 单位：千公顷

年份	总 播 种面积	#粮食			油料作物	蔬菜 （不含薯类）
			#小麦	玉米		
1983	54.77	34.21	22.53	1.83	6.40	4.00
1984	54.82	34.97	23.74	2.17	6.85	4.45
1985	55.33	32.83	22.38	2.00	8.65	4.44
“七五”时期						
1986	51.41	31.11	20.78	2.18	8.00	4.70
1987	55.36	33.28	21.89	2.76	8.08	4.56
1988	55.22	34.52	22.46	2.64	7.59	4.66
1989	54.76	35.56	22.49	2.66	5.95	4.73
1990	57.37	37.22	23.10	3.34	6.02	5.13
“八五”时期						
1991	55.59	35.59	21.57	3.25	6.01	5.32
1992	53.84	33.15	20.10	3.22	6.17	5.22
1993	51.93	33.25	17.70	3.23	4.98	5.66
1994	52.57	31.89	14.63	3.18	6.79	5.77
1995	51.51	31.31	14.77	4.24	8.09	5.74
“九五”时期						
1996	51.25	34.69	16.84	5.03	3.82	6.01
1997	52.48	34.54	16.82	3.64	4.03	6.90
1998	53.22	30.46	15.10	3.15	4.85	8.37
1999	54.43	28.18	12.98	3.24	7.66	9.71
2000	55.45	27.16	12.50	2.02	5.36	12.70
“十五”时期						
2001	54.64	25.26	9.58	2.44	3.37	13.38
2002	56.39	22.42	8.20	1.83	2.22	16.68
2003	58.27	19.28	6.39	1.59	2.21	16.99
2004	59.53	18.33	5.87	1.61	2.48	17.83
2005	60.04	20.49	7.02	1.61	2.47	16.60
“十一五”时期						
2006	60.56	23.14	9.54	1.29	2.22	16.11
2007	60.49	19.06	6.30	2.03	3.36	16.39
2008	64.06	23.56	10.21	1.95	6.67	14.96
2009	66.28	26.99	13.16	2.33	6.09	15.54
2010	65.88	30.70	15.33	4.14	5.65	13.54
“十二五”时期						
2011	66.45	26.35	10.83	4.42	4.85	16.35
2012	58.94	21.94	7.87	4.23	3.44	15.89
2013	66.21	23.35	9.35	4.81	5.17	13.56
2014	62.81	20.09	8.44	3.57	3.57	19.34
2015	56.62	16.96	7.54	3.16	3.29	18.67
“十三五”时期						
2016	52.81	15.14	7.14	2.14	3.32	18.20

8—6 农村基本情况

指　　标	2005年	2010年	2011年	2012年	2013年	2014年	2015年	2016年
一、农村基层组织情况								
乡镇个数(个)	24	22	22	22	22	22	22	22
#镇个数	8	8	8	8	8	8	8	8
村委会个数(个)	176	176	176	176	176	176	175	175
二、农村基础设施								
自来水受益村数(个)	167	171	171	172	172	172	172	174
通汽车村数(个)	175	175	176	176	176	176	175	175
通电话村数(个)	169	175	175	175	175	175	175	175
三、农村人口与从业人员								
乡村户数(户)	53703	60092	64710	67107	67025	70771	71676	71806
#牧业户数	6370	7776	7822	8026	9601	9659	9818	9152
乡村人口数(人)	216985	220813	224518	225616	223431	227739	218869	221379
#牧业人口数	24730	26433	27538	27106	29637	27556	30104	28021
乡村劳动力合计(人)	133718	143108	149233	148580	143909	146715	146481	144761
乡村从业人员(人)	126610	135114	139812	138212	132563	135648	131541	130074
按性别分								
男	66878	71710	75272	73997	76377	73782	70882	69792
女	59732	63404	64540	64215	67532	61866	60659	60282

8—7 农林牧渔场基本情况

指　　标	2005年	2010年	2011年	2012年	2013年	2014年	2015年	2016年
一、场数合计(个)	**35**	**30**	**30**	**30**	**30**	**26**	**27**	**24**
农场	17	15	15	16	15	15	15	15
林场(不包括采伐林场)	4	4	4	4	3	3	4	2
牧场	10	8	8	7	8	6	6	6
渔场	4	3	3	3	4	2	2	1
二、场内户数(户)	**21275**	**24996**	**26483**	**29220**	**45291**	**33695**	**34479**	**34064**
#牧业户数	2363	2264	3438	3557	3729	2634	2783	2493
三、场内人口(人)	**71398**	**81251**	**84517**	**83269**	**93495**	**92441**	**94160**	**90752**
#牧业人口	9613	8364	11281	11743	12785	9948	10205	8122
四、场内实有从业人员数(人)	**29118**	**30998**	**32153**	**32773**	**39126**	**40087**	**42163**	**42046**
按性别分								
男	16418	17527	17767	19154	21023	21267	22574	22607
女	12700	13471	14386	13619	18103	18820	19589	19439

8—8 农业生产条件

指 标	2005年	2010年	2011年	2012年	2013年	2014年	2015年	2016年
农业主要能源及物资消耗								
农村用电量(万千瓦小时)	**16586**	**22398**	**21869**	**24535**	**24641**	**28309**	**25698**	**26843**
农用化肥施用量								
按实物量计算(吨)	**32113**	**43277**	**41220**	**40367**	**46203**	**48837**	**42874**	**44314**
氮肥	16101	17207	18434	17693	20549	18754	17901	17819
磷肥	6975	12229	10454	10651	11588	11454	10671	10871
钾肥	1474	2656	2765	3207	4254	5663	4932	5632
复合肥	7564	11185	9567	8816	9812	12967	9370	9992
按折纯法计算(吨)	**13200**	**16226**	**15111**	**14091**	**17170**	**18142**	**15992**	**16310**
氮肥	7361	7437	8160	7484	9064	8576	7868	7736
磷肥	2728	3478	3048	2759	3358	3518	3347	3351
钾肥	548	1239	1258	1475	1993	2565	1977	2184
复合肥	2563	4072	2645	2373	2755	3483	2800	3039
农用塑料薄膜使用量(吨)	1995	3270	2295	2665	15539	24787	17698	13602
#地膜使用量	758	521	928	927	9346	13672	8784	4439
地膜覆盖面积(公顷)	12839	8609	10988	12650	15711	14797	12768	15542
农用柴油使用量(吨)	9226	8937	10419	9621	10892	12008	11095	11238
农药使用量(实物量)(公斤)	207192	213436	212841	206687	246168	226493	235046	26843

8—9 农业机械拥有量

指 标	2015年	2016年	指 标	2015年	2016年
农业机械总动力(千瓦)	378702	383471	小型机引农具(部)		
柴油机动力	280071	281275	农用排灌柴油机(台)	36	37
汽油机动力	14612	14245	农用排灌电动机(台)	1777	1779
电动机动力	81579	85510	农用水泵(台)	1649	1684
主要农业机械与设备			节水灌溉机械(套)	362	366
大中型拖拉机(台)	3548	3632	联合收割机(台)	100	92
大中型拖拉机配套农机(部)	5201	5320	自走式机动割晒机(台)		11
小型拖拉机(台)	2626	2581	机动脱粒机(台)	165	162
小型拖拉机配套农机(部)	3609	3462	渔业机械(台)	705	706
大中型机引农具(部)			农用运输车(辆)	2246	2202

8—10　农作物播种面积和产量

指　　标	2005年	2006年	2007年	2008年	2009年	2010年
农作物总播种面积(千公顷)	**60.04**	**60.55**	**60.49**	**64.06**	**66.28**	**65.88**
粮食作物合计面积(千公顷)	**20.49**	**23.14**	**19.06**	**23.56**	**26.99**	**30.70**
单产(公斤/公顷)	5913.62	6153.76	6535.62	5943.71	6481.14	6374.6
总产量(吨)	121170	142398	124569	140054	174951	195690
谷物播种面积(千公顷)	18.79	21.69	17.81	22.53	26.15	29.95
单产(公斤/公顷)	6164.45	6342.83	6758.75	6069.73	6560.53	6438.47
总产量(吨)	115830	137576	120373	136721	171570	192830
小麦播种面积(千公顷)	7.02	9.54	6.30	10.21	13.16	15.33
单产(公斤/公顷)	4759.83	5365.51	5080.53	4406.02	5601.78	5204.86
总产量(吨)	33414	51187	32007	44984	73743	79788
玉米播种面积(千公顷)	1.61	1.29	2.03	1.95	2.33	4.14
单产(公斤/公顷)	8800	7839.53	8272.33	8179.82	9102.79	9530.18
总产量(吨)	14168	10113	16793	15967	21201	39413
其他谷物播种面积(千公顷)	10.16	10.86	9.48	10.37	10.66	10.48
单产(公斤/公顷)	6717.32	7023.57	7549.89	7306.65	7188.18	7025.67
总产量(吨)	68248	76276	71573	75770	76626	73629
豆类播种面积(千公顷)	1.70	1.45	1.25	1.04	0.84	0.75
单产(公斤/公顷)	3141.18	3325.52	3324.48	3209.95	4015.44	3819.79
总产量(吨)	5340	4822	4156	3333	3381	2860
油料作物播种面积(千公顷)	**2.47**	**2.21**	**3.36**	**6.67**	**6.09**	**5.65**
单产(公斤/公顷)	1753.04	1794.12	1950.48	1755.82	2199.11	1973.54
总产量(吨)	4330	3965	6554	11714	13403	11145
油菜籽播种面积(千公顷)	0.05	0.11	0.04	0.29	0.20	0.34
单产(公斤/公顷)	2240	1427.27	1795	1741.04	2323.6	1871.66
总产量(吨)	112	157	72	502	472	630
向日葵籽播种面积(千公顷)	1.65	1.50	2.57	5.50	5.06	4.67
单产(公斤/公顷)	2286.06	2345.33	2207.24	2036.51	2197.79	2186.35
总产量(吨)	3772	3518	5673	11202	11116	10213
其他油料作物播种面积(千公顷)	0.77	0.60	0.75	0.88	0.83	0.64
单产(公斤/公顷)	579.22	483.33	1078.93	11.36	2186.74	471.88
总产量(吨)	446	290	809	10	1815	302
棉花播种面积(千公顷)	**1.77**	**2.7**	**0.73**	**4.00**	**1.70**	**1.30**
单产(公斤/公顷)	1219.77	1395.19	967.12	1270.47	1349.38	1286.72
总产量(吨)	2159	3767	706	5079	2289	1676
蔬菜(不含薯类)(千公顷)	**16.60**	**16.11**	**16.39**	**14.96**	**15.54**	**13.54**
单产(公斤/公顷)	50995.36	54877.28	51274.23	50646.12	50771.37	50670.94
总产量(吨)	846523	884073	840385	757541	788784	686098
其他作物播种面积(千公顷)	**18.71**	**16.39**	**20.95**	**14.87**	**15.96**	**14.69**
薯类播种面积(千公顷)	3.61	4.09	5.23	4.70	5.26	4.88
单产(公斤/公顷)	28531.86	31358.68	29036.50	26401.72	27711.31	25271.52
总产量(吨)	103000	128257	151861	124118	145634	123325
甜菜播种面积(千公顷)	0.41	0.25	0.41	0.21	0.10	0.16
单产(公斤/公顷)	58568.29	63420.00	68280.49	76981.31	76785.47	63598.98
总产量(吨)	24013	15855	27995	16474	7397	10002
苜蓿播种面积(千公顷)	6.05	5.50	5.34	3.41	2.93	2.68
单产(公斤/公顷)	7931.57	7515.09	7320.94	6986.17	5136.42	7238.95
总产量(吨)	47986	41333	39094	23807	15048	19425

8-10续表

指　　标	2011年	2012年	2013年	2014年	2015年	2016年
农作物总播种面积(千公顷)	**66.45**	**58.94**	**66.21**	**62.81**	**56.62**	**52.81**
粮食作物合计面积(千公顷)	**26.35**	**21.94**	**23.35**	**20.09**	**16.96**	**15.22**
单产(公斤/公顷)	6556.80	6952.59	7348.84	7338.16	7442.37	7451.17
总产量(吨)	172769	152524	171566	147452	126243	113371
谷物播种面积(千公顷)	25.20	20.88	22.64	19.50	16.68	14.74
单产(公斤/公顷)	6683.34	7137.31	7440.53	7410.12	7498.05	7563.50
总产量(吨)	168392	149007	168452	144518	125089	111481
小麦播种面积(千公顷)	10.83	7.87	9.35	8.44	7.54	7.14
单产(公斤/公顷)	5105.83	5247.64	5607.43	5849.07	5993.56	6249.00
总产量(吨)	55305	41322	52434	49337	45211	44647
玉米播种面积(千公顷)	4.42	4.23	4.81	3.57	3.16	2.14
单产(公斤/公顷)	8858.56	9892.81	9992.65	9930.08	9540.54	9667.54
总产量(吨)	39120	41869	48028	35425	30157	20646
其他谷物播种面积(千公顷)	9.95	8.78	8.48	7.50	5.98	5.46
单产(公斤/公顷)	7435.36	7496.13	8015.17	7967.14	8314.55	8459.34
总产量(吨)	73967	65816	67990	59756	49721	46188
豆类播种面积(千公顷)	1.15	1.06	0.71	0.59	0.28	0.40
单产(公斤/公顷)	3793.55	3316.26	4409.52	4963.66	4123.39	4774.33
总产量(吨)	4377	3517	3114	2934	1154	1890
油料作物播种面积(千公顷)	**4.85**	**3.44**	**5.17**	**3.57**	**3.29**	**3.32**
单产(公斤/公顷)	2109.54	2680.76	3235.42	3103.58	3323.84	3015.59
总产量(吨)	10231	9222	16720	11094	10933	10022
油菜籽播种面积(千公顷)	0.27	0.18	0.20	0.21	0.31	0.57
单产(公斤/公顷)	2082.42	162.06	1854.15	2386.24	1393.98	1727.00
总产量(吨)	571	311	378	511	426	986
向日葵籽播种面积(千公顷)	3.73	2.73	3.94	2.66	2.56	2.33
单产(公斤/公顷)	2436.24	3182.21	3935.23	3677.37	3910.02	3710.65
总产量(吨)	9094	8680	15488	9785	10012	8629
其他油料作物播种面积(千公顷)	0.84	0.53	1.03	0.66	0.42	0.42
单产(公斤/公顷)	671.52	435.85	830.58	873.07	1178.57	969.05
总产量(吨)	566	231	854	578	495	407
棉花播种面积(千公顷)	**1.61**	**1.42**	**1.80**	**1.51**	**0.44**	**0.37**
单产(公斤/公顷)	1185.70	1238.11	1398.07	1306.79	1335.93	1929.75
总产量(吨)	1910	1761	2517	1971	583	714
蔬菜(不含薯类)(千公顷)	**16.35**	**15.89**	**18.08**	**19.34**	**18.67**	**18.20**
单产(公斤/公顷)	46475.53	45110.68	49744.35	49624.46	48619.60	46793.50
总产量(吨)	760036	716714	899464	959924	907728	888149
其他作物播种面积(千公顷)	**17.29**	**16.25**	**17.81**	**18.30**	**17.26**	**15.70**
薯类播种面积(千公顷)	6.35	5.76	4.87	4.71	4.02	3.67
单产(公斤/公顷)	22977.05	25533.79	27207.80	26743.26	26559.15	23889.08
总产量(吨)	145866	147021	132502	126033	106851	87786
甜菜播种面积(千公顷)	0.20	0.04	0.07		0.01	
单产(公斤/公顷)	76617.80	60000.00	48592.99		64449.15	75000.00
总产量(吨)	15155	2164	3327		507	205
苜蓿播种面积(千公顷)	2.60	2.02	2.32	3.44	3.23	2.79
单产(公斤/公顷)	5644.17	6821.06	7000.00	3452.70	8970.13	10681.14
总产量(吨)	14688	13779	16250	11865	29013	29789

8—11 林业、水果生产情况

指　　标	2005年	2010年	2011年	2012年	2013年	2014年	2015年	2016年
营林情况								
当年造林面积(公顷)	6827	2304	3109	4759	3051	3298	1964	1062
按主要林种用途分								
用材林								
防护林	2052	2304	3109	4759	3051	3298	1964	1062
年末实有育苗面积(公顷)	285	818	1232	667	4942	3916	2886	3036
成林抚育面积(公顷)	9354	2800	1000	1193	2026	1596	2667	1332
水果产量(吨)	**57827**	**78043**	**72123**	**76699**	**97253**	**70129**	**99470**	**85514**
苹果	542	1187	1239	1809	1620	778	1297	1262
梨	85	10						
葡萄	51552	69171	64347	68117	87505	62515	87788	73279
草莓	1084	1392	963	598	772	956	1218	1377
桃	3974	5790	3929	4111	5080	4778	6299	6878
杏	335	289	690	738	851	475	844	697
其他	255	204	955	1326	1425	627	1531	1548
干果(吨)								
红枣							483	463
枸杞							10	10

8—12 畜牧业生产情况

指 标	2005年	2006年	2007年	2008年	2009年	2010年
牲畜年末实有数(万头·只)	**88.80**	**87.22**	**80.23**	**79.91**	**79.49**	**80.26**
#牛	8.12	7.88	8.03	8.84	8.51	9.00
马	1.55	1.61	1.70	1.67	1.78	1.85
猪	7.04	6.53	8.24	8.60	9.48	10.11
羊	65.97	70.54	61.72	60.29	59.20	58.78
山羊	15.86	21.23	20.00	20.43	19.32	18.44
绵羊	50.11	49.31	41.72	39.86	39.88	40.34
年末家禽实有数(万只)	**163.50**	**162.23**	**169.44**	**177.87**	**190.08**	**202.50**
禽蛋产量(吨)	**10482**	**10397**	**10827**	**11510**	**12527**	**12853**
年末肉类总产量(吨)	**54071**	**52949**	**53307**	**54826**	**59486**	**61846**
#猪	13071	13060	14943	17107	17973	19933
牛	12314	11727	12907	13886	15467	16382
山羊	2798	2769	2924	3690	4772	3894
绵羊	11282	10695	13124	11785	10974	11849
禽肉	13512	13500	7685	6455	8583	7997
绵羊毛产量	**1149**	**1112**	**1188**	**1168**	**1186**	**1202**
牛奶产量	**72075**	**69098**	**64254**	**74805**	**80372**	**87410**
指 标	2011年	2012年	2013年	2014年	2015年	2016年
牲畜年末实有数(万头·只)	**82.03**	**82.48**	**84.12**	**89.37**	**91.13**	**91.92**
#牛	9.11	9.23	9.48	9.67	10.36	9.36
马	1.76	1.79	1.77	1.84	1.96	2.41
猪	11.48	11.24	11.59	12.29	11.87	12.69
羊	59.10	59.60	60.61	64.94	66.28	66.40
山羊	19.14	17.60	16.15	16.41	16.84	14.98
绵羊	39.96	42.00	44.46	48.54	49.44	51.42
年末家禽实有数(万只)	**181.38**	**167.00**	**193.44**	**230.16**	**232.64**	**230.28**
禽蛋产量(吨)	**13957**	**14070**	**15141**	**18953**	**9356**	**9230**
年末肉类总产量(吨)	**66650**	**70116**	**72854**	**77110**	**72425**	**69971**
#猪	22001	21793	18133	24068	24263	20834
牛	17423	18442	19889	20518	20619	24083
山羊	5433	4038	4409	3982	2646	2484
绵羊	11054	13390	13630	17358	17359	14086
禽肉	8346	9472	7352	8835	7349	6149
绵羊毛产量	**1167**	**1191**	**1158**	**1499**	**1328**	**1413**
牛奶产量	**93022**	**100996**	**96497**	**95858**	**84119**	**80265**

8—13 水产品生产情况

指　　标	2005年	2006年	2007年	2008年	2009年	2010年
水产品产量(吨)	**5847**	**6455**	**6749**	**7434**	**8602**	**9249**
淡水养殖产量	5847	6455	6749	7434	8602	9249
鱼类	5847	6434	6741	7433	8512	9249
其他		21	8	1	90	
养殖面积(公顷)	**3741**	**3688**	**4027**	**3938**	**4093**	**4205**
养殖产量(吨)	**5847**	**6455**	**6749**	**7434**	**8602**	**9249**
池塘养殖面积(公顷)	709	684	869	835	981	1030
池塘养殖产量(吨)	5148	5359	6146	6770	7962	7920
湖泊养殖面积(公顷)	2799	2799	3000	2800	2800	2800
湖泊养殖产量(吨)	207	312	212	96	90	26
水库养殖面积(公顷)	233	198	158	300	309	372
水库养殖产量(吨)	348	650	286	172	205	883
其它养殖面积(公顷)		7		3	3	3
其它养殖产量(吨)	144	134	105	396	345	420

指　　标	2011年	2012年	2013年	2014年	2015年	2016年
水产品产量(吨)	**9381**	**8743**	**8566**	**8673**	**8693**	**8544**
淡水养殖产量	9381	8743	8566	8673	8693	8544
鱼类	9334	8623	8464	8571	8610	8404
其他	47	120	102	102	83	140
养殖面积(公顷)	**3791**	**2438**	**1708**	**1536**	**1545**	**1583**
养殖产量(吨)	**9381**	**8743**	**8566**	**8673**	**8693**	**8544**
池塘养殖面积(公顷)	1037	860	905	905	911	1093
池塘养殖产量(吨)	8337	8261	7949	8031	8221	7837
湖泊养殖面积(公顷)	2200	1400				
湖泊养殖产量(吨)	21	1				
水库养殖面积(公顷)	542	175	802	630	634	490
水库养殖产量(吨)	560	117	429	450	472	687
其它养殖面积(公顷)	12	3	2	1		
其它养殖产量(吨)	463	364	188	192		20

主要统计指标解释

EXPLANATORY NOTES ON MAIN STATISTICAL INDICATORS

林牧渔业总产值 指以货币表现的农、林、牧、渔业全部产品和对农林牧渔业生产活动进行的各种支持性服务活动的价值总量，它反映一定时期内农林牧渔业生产总规模和总成果。1957年以前的农林牧渔业总产值中包括了厩肥和农民自给性手工业（如农民自制衣服、鞋、袜，自己从事粮食初步加工等）。1958年及以后，林业中增加了村及村以下竹木采伐产值；牧业中取消了厩肥产值；副业中取消了农民自给性手工业产值，增加了村及村以下办的工业产值；渔业中增加了海洋捕捞水产品产值。1980年及以后，在副业中增加了农民家庭兼营工业商品部分的产值。从1984年起村及村以下工业产值划归工业。从1993年起取消副业，将野生动物的捕猎划入牧业，野生植物采集和农民家庭兼营商品性工业划归农业。从2003年起，执行新的国民经济行业分类标准，农林牧渔业总产值中包括了农林牧渔服务业产值。林业中增加了森林采运业产值。农业中取消了家庭兼营商品性工业产值，将野生林产品的采集划归林业。

农林牧渔业总产值的计算方法通常是按农、林、牧、渔业产品及其副产品的产量分别乘以各自单位产品价格求得；少数生产周期较长，当年没有产品或产品产量不易统计的，则采用间接方法匡算其产值；然后将四业产品产值及农林牧渔服务业产值相加即为农林牧渔业总产值。

粮食产量 指农业生产经营者日历年度内生产的全部粮食数量。按收获季节包括夏收粮食、早稻和秋收粮食，按作物品种包括谷物、薯类和豆类。其产量计算方法：谷物按脱粒后的原粮计算，豆类按去豆荚后的干豆计算；薯类（包括甘薯和马铃薯，不包括芋头和木薯）1963年以前按每4公斤鲜薯折1公斤粮食计算，从1964年开始改为按5公斤鲜薯折1公斤粮食计算。城市郊区作为蔬菜的薯类（如马铃薯等）按鲜品计算，并且不作粮食统计。1989年以前全国粮食产量数据主要靠全面报表取得，1989年开始使用抽样调查数据。

油料产量 指全部油料作物的生产量。包括花生、油菜籽、芝麻、向日葵籽、胡麻籽（亚麻籽）和其他油料。不包括大豆、木本油料和野生油料。花生以带壳干花生计算。

水产品产量 指渔业（捕捞和养殖）生产活动的最终有效成果，包括全部海水和淡水鱼类、甲壳类（虾、蟹）、贝类、头足类、藻类和其他类渔业产品的最终产量。水产品产量是通过各级水产和统计部门逐级上报取得数据。1995年及以前，贝类中牡蛎按鲜肉计算；蚶、蛤、蛙按5斤鲜品折1斤计算。1996年以后则统一按鲜品计算。

猪、牛、羊肉产量 指当年出栏并已屠宰、除去头蹄下水后带骨肉（即胴体重）的重量。包括全社会范围内的产量。1996年以前为全面统计并逐级上报数据。1999年以后，国家统计局在部分地区开展了猪、牛、羊、禽等主要畜禽品种的抽样调查，并用抽样数据作为国家定案数据使用。2008年，建立了主要畜禽监测调查制度，猪、牛、羊、禽等主要畜禽数据均以抽样调查数为法定数据。

期初（末）畜禽存栏头（只）数 指报告期初（末）农村各种合作经济组织和国营农场、农民个人、机关、团体、学校、工矿企业、部队等单位以及城镇居民饲养的大牲畜、猪、羊、家禽等畜禽的存栏数。数据上报方式及数据调整情况同猪、牛、羊肉产量。

造林面积 指在宜林荒山荒地、宜林沙荒地、无立木林地、疏林地和退耕地等其它宜林地上通过人工措施形成或恢复森林、林木、灌木林的过程。

人工造林 指在宜林荒山荒地、宜林沙荒地、无立木林地、疏林地和退耕地等其他宜林地上通过播种、植苗和分植来提高森林植被覆被率的技术措施。

农作物播种面积 指农业生产经营者应在日历年度内收获农作物在全部土地（耕地或非耕地）上的播种或移植面积。凡是本年内收获的农作物，无论是本年还是上年播种，都算为播种面积，但不包括本年播种，下年收获的农作物面积。

有效灌溉面积 指具有一定的水源，地块比较平整，灌溉工程或设备已经配套，在一般年景下能够进行正常灌溉的耕地面积。在一般情况下，有效灌溉面积应等于灌溉工程或设备已经配备，能够进行正常灌溉的水田和水浇地面积之和。它是反映我国农田水利建设的重要指标。

农用化肥施用量 指本年内实际用于农业生产的化肥数量，包括氮肥、磷肥、钾肥和复合肥。化肥施用量要求按折纯量计算数量。折纯量是指把氮肥、磷肥、钾肥分别按含氮、含五氧化二磷、含氧化钾的百分之百成份进行折算后的数量。复合肥按其所含主要成分折算。公式为:

折纯量=实物量×某种化肥有效成份含量的百分比

农业机械总动力 指主要用于农、林、牧、渔业的各种动力机械的动力总和。包括耕作机械、排灌机械、收获机械、农用运输机械、植物保护机械、牧业机械、林业机械、渔业机械和其他农业机械〔内燃机按引擎马力折成瓦(特)计算、电动机按功率折成瓦特计算〕。

不包括专门用于乡、镇、村、组办工业、基本建设、非农业运输、科学试验和教学等非农业生产方面用的动力机械与作业机械。

工业和能源

INDUSTRY AND ENERGY

资料整理：谭　冰　刘延涛　王冬梅
李宏霞　莫莉芝　顿丽蓉

9—1　主要年份全部工业总产值

单位：万元

年　　份	全部工业总产值(现价)
1950	535
1952	3268
1957	13373
1965	35274
1975	49408
1978	83130
1980	113434
1985	279469
1990	642497
1995	1934452
1996	1922698
1997	2190321
1998	2246778
1999	2345732
2000	2793178
2001	3093868
2002	3320602
2003	3809688
2004	4954954
2005	6277049
2006	7912581
2007	9705790
2008	13753251
2009	13327989
2010	17245204
2011	20900696
2012	23118624
2013	26533611
2014	27220405
2015	22730693
2016	21274204

注：1995年以后产值按新规定计算。

9—2 历年主要工业产品产量

年　份	原煤(万吨)	原盐(万吨)	面粉(万吨)	棉布(万米)	汽油(吨)
1949	2.40				
1950	2.85				
1951	3.28				
1952	8.85		0.78	329.90	
"一五"时期					
1953	13.28		1.20	845.70	
1954	18.42		2.58	1520.00	
1955	21.73		3.18	2826.10	
1956	42.99		4.77	3642.60	
1957	53.01		5.44	3826.80	
"二五"时期					
1958	75.09	0.95	4.53	4077.34	
1959	178.50	2.00	8.56	4326.58	
1960	209.65	1.50	9.51	3980.46	
1961	186.68	3.49	8.02	3217.82	
1962	118.90	6.35	4.44	2814.99	
三年调整期					
1963	114.19	16.41	3.63	3755.78	
1964	134.08	14.87	6.05	4797.58	
1965	178.21	9.59	7.45	6888.23	
"三五"时期					
1966	174.31	10.64	6.39	9096.40	
1967	124.42	15.36	8.11	5097.59	
1968	110.45	15.84	8.86	5635.26	
1969	168.43	12.65	8.53	4681.01	
1970	196.32	17.36	11.71	6844.49	
"四五"时期					
1971	182.45	12.84	9.38	5402.53	
1972	149.78	6.02	10.15	2326.53	
1973	157.50	5.93	1.80	863.83	
1974	193.26	7.45	11.59	1204.36	
1975	203.02	12.31	13.15	3218.63	
"五五"时期					
1976	270.55	16.50	13.35	4197.52	
1977	318.62	18.03	12.11	5333.48	
1978	368.70	18.10	15.62	7175.57	
1979	343.76	18.20	14.50	7728.37	
1980	374.21	18.30	14.13	7847.24	82062
"六五"时期					
1981	389.00	15.25	15.00	7961.04	140035
1982	406.93	16.00	14.12	8973.60	172379

9-2续表1

年　　份	原煤(万吨)	原盐(万吨)	面粉(万吨)	棉布(万米)	汽油(吨)
1983	419.16	16.41	13.40	9616.92	225198
1984	455.32	16.55	12.84	8685.10	257170
1985	549.03	16.00	12.62	9523.02	378983
"七五"时期					
1986	551.11	18.00	15.48	9265.72	398085
1987	543.03	28.40	13.01	9356.83	442883
1988	578.85	32.00	16.67	9297.20	447174
1989	633.23	38.94	17.89	9833.86	445063
1990	650.14	23.15	18.33	9563.76	438583
"八五"时期					
1991	676.84	14.74	17.67	9087.86	474300
1992	645.67	16.06	16.68	7793.65	572700
1993	672.20	16.97	12.99	7185.20	739960
1994	789.18	7.19	12.29	8511.81	637770
1995	924.92	3.28	14.45	9126.00	566225
"九五"时期					
1996	993.41	7.56	16.97	6380.24	747243
1997	1023.64	7.04	17.99	7551.70	731935
1998	993.67	6.66	19.01	7374.25	794185
1999	864.65	6.36	14.37	7612.18	816899
2000	860.07	8.44	11.07	6981.78	732530
"十五"时期					
2001	859.00	8.75	10.96	6128.00	722837
2002	980.06	9.20	20.99	4819.00	728489
2003	1024.71	10.10	15.42	2621.00	885467
2004	1129.50	12.57	13.24	1612.00	948249
2005	1203.27	12.80	13.26	1530.00	945939
"十一五"时期					
2006	1417.39	18.96	16.94	1535.43	1106504
2007	1399.59	12.29	19.86	2019.96	1319506
2008	2276.99	10.45	15.11	1837.48	1327739
2009	2205.43	12.01	16.55	1615.43	1292660
2010	2169.25	13.22	17.64	578.43	1165108
"十二五"时期					
2011	1930.28	10.31	17.61	444.25	793096
2012	2316.00	10.30	15.20	583.80	659001
2013	1545.11	10.31	13.71	358.50	600186
2014	1186.42	9.57	20.88	21.30	974912
2015	1230.30	8.60	17.38	70.00	1277032
"十三五"时期					
2016	1001.77	6.50	12.42	65.00	1128600

9-2续表2

年　份	水泥(万吨)	塑料制品(吨)	成品钢材(吨)	发电量(万千瓦小时)
1949				30.00
1950				49.00
1951				60.50
1952	0.18		618	343.30
"一五"时期				
1953	0.32		1871	705.10
1954	1.04		3851	1931.00
1955	1.59		6571	3114.20
1956	2.38		10725	4133.60
1957	2.14		14410	4817.90
"二五"时期				
1958	6.62		18161	7042.40
1959	15.18		27662	14222.20
1960	14.87		49360	23887.70
1961	9.19		27749	19745.30
1962	6.82		15407	16519.10
三年调整期				
1963	9.83		14467	15540.50
1964	16.36		19626	17252.10
1965	22.54		39489	22613.99
"三五"时期				
1966	28.07		58740	30940.10
1967	20.61		29368	29004.53
1968	18.70		26736	28719.10
1969	12.11		18844	27397.10
1970	19.67	4	42149	37245.61
"四五"时期				
1971	25.28	1188	39491	47299.09
1972	12.66	7473	20849	41952.23
1973	13.35	1601	5627	40200.48
1974	11.62	1080	10601	45775.05
1975	20.87	1556	21997	57412.57
"五五"时期				
1976	25.42	2306	30725	67324.07
1977	30.68	2238	45665	81471.06
1978	35.77	2946	68299	94735.91
1979	37.17	1528	73357	99555.73
1980	39.86	1860	85854	100719.65
"六五"时期				
1981	40.10	3395	97570	109241.84
1982	45.24	8666	112090	122933.69

9-2续表3

年　份	水泥(万吨)	塑料制品(吨)	成品钢材(吨)	发电量(万千瓦小时)
1983	63.49	9263	122816	150671.95
1984	73.79	12107	138686	166767.39
1985	78.15	12792	167182	185113.24
“七五”时期				
1986	75.15	13971	171586	214226.98
1987	78.29	14207	165484	247914.05
1988	89.74	20796	208946	266930.14
1989	94.19	21035	250864	264612.00
1990	96.29	17872	283259	248500.00
“八五”时期				
1991	115.60	22849	335810	245200.00
1992	118.11	31196	400081	231600.00
1993	136.29	23421	465507	247705.22
1994	160.58	25685	575664	269632.26
1995	166.04	37719	654739	274328.00
“九五”时期				
1996	185.15	44632	865228	286029.84
1997	186.31	46017	990678	344077.11
1998	215.71	49506	1149360	390810.43
1999	232.56	42600	1165914	428442.75
2000	264.69	48602	1303407	510200.99
“十五”时期				
2001	326.00	72259	1341445	645566.00
2002	288.68	66039	1730341	721065.25
2003	296.36	73783	2061343	785157.87
2004	292.76	143051	2450868	889227.17
2005	280.44	91205	3088406	1010521.18
“十一五”时期				
2006	321.28	102055	3918573	1105177.86
2007	366.83	125994	4409571	1184172.52
2008	359.10	188504	5221427	1303098.82
2009	395.08	177631	5944713	1331406.99
2010	476.16	314732	7536735	1811857.79
“十二五”时期				
2011	552.25	265140	7919901	2413541.68
2012	491.90	395006	9135700	2551281.00
2013	435.68	633931	8955736	2594495.00
2014	313.09	578202	8229091	2841877.98
2015	267.68	552943	6029784	2828243.69
“十三五”时期				
2016	318.18	327902	5639306	2667968.51

9—3 全市规模以上工业企业主要经济指标

（2016年）

单位：万元

指 标	企业单位数(个)	#亏损企业	工业总产值	工业销售产值	#出口交货值
总 计	**368**	**113**	**19691755**	**19239701**	**222672**
按登记注册类型分					
内资企业	352	110	19209667	18760735	212961
国有企业	13	5	4451544	4457269	555
中央企业	2	0	4273971	4273971	
地方企业	11	5	177573	183298	555
集体企业	3	2	19217	20812	1
有限责任公司	164	56	4584130	4447518	104139
国有独资公司	26	8	891695	841098	233
其他有限责任公司	138	48	3692434	3606420	103906
股份有限公司	31	9	6878959	6832070	61546
私营企业	141	38	3275818	3003066	46721
私营独资企业	1	1	5988	5988	
私营有限责任公司	132	36	1209268	1190890	15845
私营股份有限公司	8	1	2060562	1806188	30875
港、澳、台商投资企业	5	1	116455	121314	3494
合资经营企业	3	1	36915	40279	
港澳台商独资经营企业	2		79540	81035	3494
外商投资企业	11	2	365633	357653	6217
中外合资经营企业	7	1	247064	245348	6217
中外合作经营企业	2		52345	46505	
外资企业	2	1	66224	65799	
按经济组织类型分					
独资企业	21	9	4622512	4630903	4050
国有企业	13	5	4451544	4457269	555
集体企业	3	2	19217	20812	1
私营独资企业	1	1	5988	5988	
港澳台商独资经营企业	2		79540	81035	3494
外资企业	2	1	66224	65799	
合作、合伙企业	2		52345	46505	
中外合作经营企业	2		52345	46505	
股份有限公司	39	10	8939521	8638258	92421
股份有限公司	31	9	6878959	6832070	61546
私营股份有限公司	8	1	2060562	1806188	30875
有限责任公司	306	94	6077377	5924035	126201
国有独资公司	26	8	891695	841098	233
私营有限责任公司	132	36	1209268	1190890	15845
合资经营企业	3	1	36915	40279	
中外合资经营企业	7	1	247064	245348	6217
其他有限责任公司	138	48	3692434	3606420	103906
在总计中：亏损企业	113	113	3281108	3182691	14055
在总计中：国有控股企业	136	46	13341711	13268495	47212

9-3续表1　　　　　　　　　　（2016年）　　　　　　　　　　单位：万元

指　　标	企业单位数(个)	#亏损企业	工业总产值	工业销售产值	#出口交货值
按轻重工业分					
轻工业	99	25	2400018	2263553	122430
重工业	269	88	17291737	16976148	100243
按企业规模分					
大型企业	23	5	15012376	14657099	179896
中型企业	50	16	2137592	2080906	13548
小型企业	258	86	2293070	2247889	29228
微型企业	37	6	248717	253807	
按工业行业大类分					
煤炭开采和洗选业	5	2	397286	401537	
石油和天然气开采业	1	1	983506	914546	
非金属矿采选业	2	1	9360	9786	
开采辅助活动	1		4809	4809	390
农副食品加工业	21	5	516467	520470	6316
食品制造业	17	1	750183	682953	97266
酒、饮料和精制茶制造业	3		141346	141109	
烟草制品业	1		447406	399222	
纺织业	6	2	93344	87504	10250
纺织服装、服饰业	7	2	34222	33541	8329
木材加工和木、竹、藤、棕、草制品业	1	1	1525	3207	
家具制造业	2	2	10611	10733	
造纸和纸制品业	9	3	48306	47188	
印刷和记录媒介复制业	7	3	26840	27217	
文教、工美、体育和娱乐用品制造业	1		61424	62043	
石油加工、炼焦和核燃料加工业	5		2302054	2310207	
化学原料和化学制品制造业	27	9	1130893	1116718	5669
医药制造业	13	3	137449	121173	269
化学纤维制造业	1		2540	2588	
橡胶和塑料制品业	22	10	248612	246071	4559
非金属矿物制品业	47	21	534262	516587	
黑色金属冶炼和压延加工业	22	7	2052920	2104563	29861
有色金属冶炼和压延加工业	5	1	579405	573145	22756
金属制品业	27	12	235944	226994	3460
通用设备制造业	6	2	33623	32561	48
专用设备制造业	9	3	189014	188486	2625
汽车制造业	6	4	178588	178703	
铁路、船舶、航空航天和其他运输设备制造业	1		7288	7288	
电气机械和器材制造业	23	1	3032125	2770627	30875
计算机、通信和其他电子设备制造业	1		2931	1945	
仪器仪表制造业	1		7524	7524	
废弃资源综合利用业	2		7999	7173	
金属制品、机械和设备修理业	2		12478	12478	
电力、热力生产和供应业	55	17	4923434	4922967	
燃气生产和供应业	5		463922	463922	
水的生产和供应业	4		82119	82119	

9-3续表2　　(2016年)　　单位：万元

指　标	资产总计	流动资产合计	#应收帐款	存货	#产成品
总　计	**45855056**	**13997276**	**3172235**	**1968053**	**564671**
按登记注册类型分					
内资企业	45299650	13772964	3126447	1919186	541943
国有企业	7911667	1104118	149635	34136	10182
中央企业	6700565	501227	87181	6796	4
地方企业	1211103	602891	62453	27340	10178
集体企业	18055	16148	4817	631	459
有限责任公司	16923449	4932206	908680	542567	211377
国有独资公司	3315456	831502	209693	113391	28084
其他有限责任公司	13607993	4100704	698987	429176	183293
股份有限公司	13968984	4178356	732866	965476	214800
私营企业	6477495	3542135	1330450	376377	105125
私营独资企业	14131	4117	548		
私营有限责任公司	2144647	1067308	274897	214082	102999
私营股份有限公司	4318718	2470710	1055005	162295	2126
港、澳、台商投资企业	155394	62546	22330	27558	9795
合资经营企业	50393	16936	1487	11208	6732
港澳台商独资经营企业	105001	45610	20844	16350	3063
外商投资企业	400012	161767	23458	21309	12933
中外合资经营企业	242457	82145	13749	13394	7890
中外合作经营企业	55694	21326	6223	3579	3012
外资企业	101861	58295	3486	4336	2031
按经济组织类型分					
独资企业	8150714	1228289	179329	55453	15735
国有企业	7911667	1104118	149635	34136	10182
集体企业	18055	16148	4817	631	459
私营独资企业	14131	4117	548		
港澳台商独资经营企业	105001	45610	20844	16350	3063
外资企业	101861	58295	3486	4336	2031
合作、合伙企业	55694	21326	6223	3579	3012
中外合作经营企业	55694	21326	6223	3579	3012
股份有限公司	18287701	6649066	1787871	1127771	216927
股份有限公司	13968984	4178356	732866	965476	214800
私营股份有限公司	4318718	2470710	1055005	162295	2126
有限责任公司	19360946	6098595	1198812	781250	328998
国有独资公司	3315456	831502	209693	113391	28084
私营有限责任公司	2144647	1067308	274897	214082	102999
合资经营企业	50393	16936	1487	11208	6732
中外合资经营企业	242457	82145	13749	13394	7890
其他有限责任公司	13607993	4100704	698987	429176	183293
在总计中：亏损企业	13468160	3238316	532266	431583	209619
在总计中：国有控股企业	32702014	7573042	1172237	870578	275189

9-3续表3　　（2016年）　　单位：万元

指　标	资产总计	流动资产合计	#应收帐款	存货	#产成品
按轻重工业分					
轻工业	4005421	1590714	336387	360705	165960
重工业	41849636	12406562	2835848	1607348	398711
按企业规模分					
大型企业	31158046	8952859	1856281	1199388	216008
中型企业	6147669	2273873	420675	302352	134725
小型企业	5941298	2313815	783572	435429	206287
微型企业	2608043	456729	111707	30883	7651
按工业行业大类分					
煤炭开采和洗选业	2015754	347722	73755	26875	9636
石油和天然气开采业	3672247	177429	90503	70576	59647
非金属矿采选业	21851	8973	2018	1489	1144
开采辅助活动	11659	2239	1626	46	46
农副食品加工业	589744	266069	26881	62225	33572
食品制造业	626597	231720	34229	77881	46751
酒、饮料和精制茶制造业	166351	68347	1589	8367	4622
烟草制品业	503671	266692	124910	74411	20055
纺织业	352990	132402	27073	38355	13167
纺织服装、服饰业	52429	26426	7086	9627	5110
木材加工和木、竹、藤、棕、草制品业	16744	9959	10	5054	3852
家具制造业	21600	17951	7319	6037	1251
造纸和纸制品业	61041	30805	11794	9731	4976
印刷和记录媒介复制业	71508	38367	12979	8525	5998
文教、工美、体育和娱乐用品制造业	11398	4657	1354	2277	1047
石油加工、炼焦和核燃料加工业	1292215	361140	12489	187111	4073
化学原料和化学制品制造业	5557361	1121491	230829	109837	44718
医药制造业	367630	198345	49227	42651	18889
化学纤维制造业	2337	1453	1165	285	9
橡胶和塑料制品业	426732	170981	53906	50841	23649
非金属矿物制品业	2582104	1245382	354958	71923	45990
黑色金属冶炼和压延加工业	4897841	1875564	27333	240133	72658
有色金属冶炼和压延加工业	986757	447564	78511	96335	51239
金属制品业	506577	239500	89905	62748	25201
通用设备制造业	93470	55791	15840	22923	10467
专用设备制造业	952212	290749	120826	49342	28703
汽车制造业	244294	85283	18326	14771	4162
铁路、船舶、航空航天和其他运输设备制造业	8464	6954	4979	296	
电气机械和器材制造业	6165464	3783854	1340446	556572	21043
计算机、通信和其他电子设备制造业	10187	1251	−625	796	588
仪器仪表制造业	26582	12694	6300	953	622
废弃资源综合利用业	47455	9071	1830	3320	
金属制品、机械和设备修理业	7651	7016	4141	89	
电力、热力生产和供应业	11596968	1675397	294997	45454	1139
燃气生产和供应业	748492	491692	34685	9481	648
水的生产和供应业	1138679	286345	9044	719	

9-3续表4 （2016年） 单位：万元

指　　标	固定资产合计	固定资产原价	累计折旧	本年折旧
总　计	**19931060**	**36538115**	**15972698**	**2006170**
按登记注册类型分				
内资企业	19596338	36042213	15786357	1978951
国有企业	5674938	9533007	3858070	628359
中央企业	5173488	8744895	3571407	576595
地方企业	501450	788113	286663	51764
集体企业	1700	6711	5011	178
有限责任公司	7104089	10039413	2872275	384303
国有独资公司	1302577	2065695	788143	105652
其他有限责任公司	5801512	7973718	2084132	278651
股份有限公司	6320722	15711093	8785863	922613
私营企业	494890	751989	265139	43498
私营独资企业	7620	15214	7594	1062
私营有限责任公司	406687	609099	210438	36997
私营股份有限公司	80584	127677	47107	5440
港、澳、台商投资企业	71283	152286	83146	8477
合资经营企业	30779	45433	15394	2491
港澳台商独资经营企业	40504	106853	67753	5986
外商投资企业	263439	343617	103195	18742
中外合资经营企业	187061	248110	61834	14032
中外合作经营企业	32813	58457	26414	2706
外资企业	43565	37050	14947	2004
按经济组织类型分				
独资企业	5768326	9698834	3953375	637588
国有企业	5674938	9533007	3858070	628359
集体企业	1700	6711	5011	178
私营独资企业	7620	15214	7594	1062
港澳台商独资经营企业	40504	106853	67753	5986
外资企业	43565	37050	14947	2004
合作、合伙企业	32813	58457	26414	2706
中外合作经营企业	32813	58457	26414	2706
股份有限公司	6401306	15838770	8832970	928053
股份有限公司	6320722	15711093	8785863	922613
私营股份有限公司	80584	127677	47107	5440
有限责任公司	7728616	10942054	3159940	437822
国有独资公司	1302577	2065695	788143	105652
私营有限责任公司	406687	609099	210438	36997
合资经营企业	30779	45433	15394	2491
中外合资经营企业	187061	248110	61834	14032
其他有限责任公司	5801512	7973718	2084132	278651
在总计中：亏损企业	7370759	14971289	7894399	951413
在总计中：国有控股企业	17234365	32813352	14883474	1798585

9-3续表5　　（2016年）　　单位：万元

指　　标	固定资产合计	固定资产原价	累计折旧	本年折旧
按轻重工业分				
轻工业	1143999	1710330	628974	98348
重工业	18787061	34827785	15343724	1907821
按企业规模分				
大型企业	13389409	27865569	13631817	1654659
中型企业	2120519	3419122	1316953	157682
小型企业	2378159	3120356	914938	163611
微型企业	2042974	2133068	108990	30218
按工业行业大类分				
煤炭开采和洗选业	587545	1046373	317693	30363
石油和天然气开采业	3494818	9292967	6078405	678297
非金属矿采选业	10377	10093	3322	670
开采辅助活动	2588	4145	1557	269
农副食品加工业	90636	160561	73184	11250
食品制造业	300546	400642	120414	26072
酒、饮料和精制茶制造业	94289	121385	47119	8454
烟草制品业	157584	244099	86516	11016
纺织业	96563	158260	61715	4992
纺织服装、服饰业	22997	29631	7941	1090
木材加工和木、竹、藤、棕、草制品业	6785	12792	6925	1041
家具制造业	2992	4633	1640	243
造纸和纸制品业	23133	30237	9001	2322
印刷和记录媒介复制业	28676	67103	38427	3607
文教、工美、体育和娱乐用品制造业	6741	6887	146	146
石油加工、炼焦和核燃料加工业	268105	2308891	1254260	53737
化学原料和化学制品制造业	3218466	3847008	707662	116794
医药制造业	89613	111880	38074	4674
化学纤维制造业	883	1183	301	108
橡胶和塑料制品业	143005	212208	71095	10160
非金属矿物制品业	428099	785827	261609	53951
黑色金属冶炼和压延加工业	1567266	2774336	1190496	82819
有色金属冶炼和压延加工业	410566	585815	175877	29863
金属制品业	102308	132661	37076	7330
通用设备制造业	32577	37662	5824	1241
专用设备制造业	162525	199174	37311	9421
汽车制造业	181002	226678	45676	11035
铁路、船舶、航空航天和其他运输设备制造业	1460	2372	912	130
电气机械和器材制造业	100330	169668	61828	8007
计算机、通信和其他电子设备制造业	5800	6703	1494	494
仪器仪表制造业	341	694	353	89
废弃资源综合利用业	38243	25547	9930	756
金属制品、机械和设备修理业	612	1107	495	83
电力、热力生产和供应业	7833421	12809402	4945169	788796
燃气生产和供应业	160686	303516	126763	20706
水的生产和供应业	259485	405976	146492	26145

9-3续表6　　（2016年）　　单位：万元

指　　标	负债合计	流动负债合计	#应付账款	非流动负债合计	所有者权益合计
总　计	**29730344**	**20344036**	**5365634**	**9033157**	**16124708**
按登记注册类型分					
内资企业	29397592	20079136	5289969	8965305	15902054
国有企业	5550932	2958482	1486805	2592449	2360735
中央企业	4482769	2595346	1412449	1887422	2217796
地方企业	1068164	363136	74356	705028	142939
集体企业	14336	14336	8121		3719
有限责任公司	12254723	8119509	2162852	3921889	4668724
国有独资公司	1380949	924870	250331	456048	1934506
其他有限责任公司	10873774	7194639	1912521	3465841	2734218
股份有限公司	7622980	5870922	797384	1645471	6346004
私营企业	3954621	3115888	834807	805496	2522872
私营独资企业	9656	9656	827		4475
私营有限责任公司	1362826	1032863	222554	296726	781819
私营股份有限公司	2582139	2073369	611426	508770	1736578
港、澳、台商投资企业	64517	60188	8658	4329	90876
合资经营企业	29935	26692	4919	3243	20458
港澳台商独资经营企业	34583	33496	3740	1087	70418
外商投资企业	268235	204712	67007	63523	131777
中外合资经营企业	196090	151807	59292	44283	46368
中外合作经营企业	14287	8087	952	6200	41407
外资企业	57859	44819	6764	13040	44002
按经济组织类型分					
独资企业	5667366	3060788	1506256	2606576	2483349
国有企业	5550932	2958482	1486805	2592449	2360735
集体企业	14336	14336	8121		3719
私营独资企业	9656	9656	827		4475
港澳台商独资经营企业	34583	33496	3740	1087	70418
外资企业	57859	44819	6764	13040	44002
合作、合伙企业	14287	8087	952	6200	41407
中外合作经营企业	14287	8087	952	6200	41407
股份有限公司	10205119	7944291	1408810	2154241	8082582
股份有限公司	7622980	5870922	797384	1645471	6346004
私营股份有限公司	2582139	2073369	611426	508770	1736578
有限责任公司	13843572	9330870	2449617	4266140	5517370
国有独资公司	1380949	924870	250331	456048	1934506
私营有限责任公司	1362826	1032863	222554	296726	781819
合资经营企业	29935	26692	4919	3243	20458
中外合资经营企业	196090	151807	59292	44283	46368
其他有限责任公司	10873774	7194639	1912521	3465841	2734218
在总计中：亏损企业	10278219	7658000	1112147	2492901	3189938
在总计中：国有控股企业	21980007	14583679	3903703	7248834	10722006

9-3续表7　　（2016年）　　单位：万元

指　标	负债合计	流动负债合计	#应付账款	非流动负债合计	所有者权益合计
按轻重工业分					
轻工业	1604794	1049656	267309	379823	2400626
重工业	28125550	19294380	5098326	8653334	13724082
按企业规模分					
大型企业	20769100	14772418	3714588	5921419	10388946
中型企业	3330626	2330048	465909	884699	2817042
小型企业	3471024	2486261	803724	847956	2470271
微型企业	2159593	755309	381414	1379084	448449
按工业行业大类分					
煤炭开采和洗选业	1555055	845337	266875	709719	460699
石油和天然气开采业	2287645	1911140	169867	376505	1384602
非金属矿采选业	9899	9899	3328		11952
开采辅助活动	7264	5311	785	1953	4395
农副食品加工业	219548	195071	12440	24388	370196
食品制造业	336337	219412	60358	39938	290260
酒、饮料和精制茶制造业	108716	95676	13656	13040	57636
烟草制品业	128167	113167	79444	15000	375504
纺织业	108564	56119	8215	52445	244426
纺织服装、服饰业	19265	17694	1594	1571	33164
木材加工和木、竹、藤、棕、草制品业	12642	3342	444	9300	4103
家具制造业	19138	19138	1238		2462
造纸和纸制品业	48439	43232	9039	4111	12602
印刷和记录媒介复制业	29296	24867	7045	4427	42212
文教、工美、体育和娱乐用品制造业	7454	7454	2815		3944
石油加工、炼焦和核燃料加工业	535688	366336	19868	169352	756527
化学原料和化学制品制造业	3373677	1419904	563389	1948613	2183684
医药制造业	246628	130471	25209	19212	121002
化学纤维制造业	1235	1235	1014		1102
橡胶和塑料制品业	228120	202556	56456	24829	198612
非金属矿物制品业	1554431	1335425	285579	84434	1027672
黑色金属冶炼和压延加工业	4719235	4244458	420986	472000	178606
有色金属冶炼和压延加工业	661222	359395	79575	301827	325535
金属制品业	307250	265668	88350	41201	199326
通用设备制造业	59211	55554	9073	2810	34260
专用设备制造业	267749	250802	85048	16947	684463
汽车制造业	223145	168053	76647	55092	21149
铁路、船舶、航空航天和其他运输设备制造业	3104	3087	2828	16	5361
电气机械和器材制造业	3830636	3159726	827751	670910	2334828
计算机、通信和其他电子设备制造业	5978	2978	1730	3000	4209
仪器仪表制造业	19283	11832	3830	7451	7298
废弃资源综合利用业	20443	17490	4161	2953	27012
金属制品、机械和设备修理业	4063	4063	3475		3588
电力、热力生产和供应业	7908994	4125703	1741201	3749732	3687973
燃气生产和供应业	576041	544785	420692	31256	172451
水的生产和供应业	286784	107658	11632	179126	851895

9-3续表8　　(2016年)　　单位：万元

指　标	所有者权益合计				
	#实收资本	国家资本	集体资本	法人资本	个人资本
总　计	**10911818**	**5330559**	**238088**	**4600451**	**607710**
按登记注册类型分					
内资企业	10681502	5320726	238088	4467842	604970
国有企业	1469241	1466161		3080	
中央企业	1298781	1298781			
地方企业	170460	167380		3080	
集体企业	1853		1853		
有限责任公司	4777795	1520751	114829	3068102	74113
国有独资公司	1166060	115945		1050115	
其他有限责任公司	3611735	1404806	114829	2017988	74113
股份有限公司	3700414	2251686	121406	1099935	227388
私营企业	732200	82128		296725	303469
私营独资企业	8456				8456
私营有限责任公司	414291	15770		140491	258029
私营股份有限公司	309453	66358		156234	36984
港、澳、台商投资企业	64238			6300	2600
合资经营企业	20000			6300	2600
港澳台商独资经营企业	44238				
外商投资企业	166078	9833		126309	140
中外合资经营企业	131214	9833		115867	140
中外合作经营企业	18792			6300	
外资企业	16071			4142	
按经济组织类型分					
独资企业	1539859	1466161	1853	7222	8456
国有企业	1469241	1466161		3080	
集体企业	1853		1853		
私营独资企业	8456				8456
港澳台商独资经营企业	44238				
外资企业	16071			4142	
合作、合伙企业	18792			6300	
中外合作经营企业	18792			6300	
股份有限公司	4009867	2318044	121406	1256168	264372
股份有限公司	3700414	2251686	121406	1099935	227388
私营股份有限公司	309453	66358		156234	36984
有限责任公司	5343300	1546354	114829	3330761	334882
国有独资公司	1166060	115945		1050115	
私营有限责任公司	414291	15770		140491	258029
合资经营企业	20000			6300	2600
中外合资经营企业	131214	9833		115867	140
其他有限责任公司	3611735	1404806	114829	2017988	74113
在总计中：亏损企业	3831567	2021692	46866	1606596	150131
在总计中：国有控股企业	9064687	5218419	70939	3640953	131051

9-3续表9　（2016年）　单位：万元

指　标	所有者权益合计				
	#实收资本	国家资本	集体资本	法人资本	个人资本
按轻重工业分					
轻工业	1288101	167460	18964	886854	145116
重工业	9623717	5163098	219124	3713597	462593
按企业规模分					
大型企业	7400020	3835937	109325	3300236	79662
中型企业	1009804	243732	58506	457367	210203
小型企业	1729372	620424	24957	776949	286888
微型企业	772622	630466	45300	65899	30957
按工业行业大类分					
煤炭开采和洗选业	749164	32563		708145	8456
石油和天然气开采业	1384602	1384602			
非金属矿采选业	13700			13500	200
开采辅助活动	2500			2500	
农副食品加工业	144818	2754	12000	48037	78581
食品制造业	142357	27293	4825	66103	19153
酒、饮料和精制茶制造业	24422			7105	
烟草制品业	18742	18742			
纺织业	99333	57144		22933	
纺织服装、服饰业	13298	6888		3950	2460
木材加工和木、竹、藤、棕、草制品业	3000				3000
家具制造业	3430				3430
造纸和纸制品业	13115			5742	5992
印刷和记录媒介复制业	13418	11022		1036	1360
文教、工美、体育和娱乐用品制造业	500			500	
石油加工、炼焦和核燃料加工业	705415	673573	4184	9500	18158
化学原料和化学制品制造业	1534575	661181	122916	695950	53128
医药制造业	81698	39817		15625	22931
化学纤维制造业	1000			1000	
橡胶和塑料制品业	192678	94543	2139	28574	62522
非金属矿物制品业	563118	234423	38410	223808	66478
黑色金属冶炼和压延加工业	915402	2711	1054	859467	52169
有色金属冶炼和压延加工业	72073			69848	2225
金属制品业	162464	61848	2000	72790	25827
通用设备制造业	29341	6000		14405	8936
专用设备制造业	198229	13300		83250	101619
汽车制造业	144962	6562		138400	
铁路、船舶、航空航天和其他运输设备制造业	7425	7425			
电气机械和器材制造业	599040	67612	295	417939	63315
计算机、通信和其他电子设备制造业					
仪器仪表制造业	5245	2550	195		2500
废弃资源综合利用业	10798	3119	4679		3000
金属制品、机械和设备修理业	2745		345	2400	
电力、热力生产和供应业	2228173	1859914	45045	320944	2270
燃气生产和供应业	92400	45171		47229	
水的生产和供应业	738639	9800		719772	

9-3续表10 （2016年） 单位：万元

指标	所有者权益合计		主营业务收入	主营业务成本	主营业务税金及附加
	实收资本				
	港澳台资本	外商资本			
总计	**50538**	**84474**	**19284080**	**16315459**	**1063186**
按登记注册类型分					
内资企业		49878	18802988	15949408	1050779
国有企业			4422541	4409330	3334
中央企业			4236973	4196598	2671
地方企业			185568	212732	663
集体企业			19931	18323	181
有限责任公司			4305783	3578008	226735
国有独资公司			837988	533626	190040
其他有限责任公司			3467795	3044382	36696
股份有限公司			6941287	5324855	805298
私营企业		49878	3113447	2618892	15231
私营独资企业			5988	6162	442
私营有限责任公司			1213371	1049337	4843
私营股份有限公司		49878	1894087	1563394	9946
港、澳、台商投资企业	50538	4800	131735	97580	384
合资经营企业	6300	4800	49809	35510	232
港澳台商独资经营企业	44238		81926	62070	152
外商投资企业		29796	349357	268471	12024
中外合资经营企业		5374	241726	194357	7378
中外合作经营企业		12492	46505	33761	188
外资企业		11930	61125	40353	4458
按经济组织类型分					
独资企业	44238	11930	4591511	4536237	8567
国有企业			4422541	4409330	3334
集体企业			19931	18323	181
私营独资企业			5988	6162	442
港澳台商独资经营企业	44238		81926	62070	152
外资企业		11930	61125	40353	4458
合作、合伙企业		12492	46505	33761	188
中外合作经营企业		12492	46505	33761	188
股份有限公司		49878	8835374	6888249	815244
股份有限公司			6941287	5324855	805298
私营股份有限公司		49878	1894087	1563394	9946
有限责任公司	6300	10174	5810690	4857212	239188
国有独资公司			837988	533626	190040
私营有限责任公司			1213371	1049337	4843
合资经营企业	6300	4800	49809	35510	232
中外合资经营企业		5374	241726	194357	7378
其他有限责任公司			3467795	3044382	36696
在总计中：亏损企业	4900	1382	3149322	3064456	59602
在总计中：国有控股企业		3325	13159889	11166850	1030182

9-3续表11　（2016年）　单位：万元

指　标	所有者权益合计		主营业务收入	主营业务成本	主营业务税金及附加
	实收资本				
	港澳台资本	外商资本			
按轻重工业分					
轻工业	44238	25469	2014095	1360220	192460
重工业	6300	59005	17269984	14955240	870726
按企业规模分					
大型企业	24983	49878	14539684	12417321	847234
中型企业	19256	20741	2152297	1621967	206090
小型企业	6300	13854	2391166	2114658	9637
微型企业			200933	161514	226
按工业行业大类分					
煤炭开采和洗选业			445571	345785	28758
石油和天然气开采业			903841	873243	41186
非金属矿采选业			9283	5851	117
开采辅助活动			4555	3510	46
农副食品加工业		3446	518902	425335	384
食品制造业	24983		447090	327550	2035
酒、饮料和精制茶制造业		17316	142666	97775	4590
烟草制品业			398534	155132	181994
纺织业	19256		85286	73323	844
纺织服装、服饰业			31792	23930	188
木材加工和木、竹、藤、棕、草制品业			3075	4014	18
家具制造业			10876	10924	18
造纸和纸制品业		1382	47007	42695	217
印刷和记录媒介复制业			27770	21955	243
文教、工美、体育和娱乐用品制造业			46854	25798	
石油加工、炼焦和核燃料加工业			2443439	1437997	746850
化学原料和化学制品制造业	1400		1064799	845140	9369
医药制造业		3325	129991	61051	1459
化学纤维制造业			2584	2264	5
橡胶和塑料制品业	4900		269841	243043	528
非金属矿物制品业			510761	451852	2112
黑色金属冶炼和压延加工业			1972448	1878391	5881
有色金属冶炼和压延加工业			749362	703854	2285
金属制品业			211842	194229	712
通用设备制造业			33222	24427	152
专用设备制造业		60	230455	190513	827
汽车制造业			202153	174094	7240
铁路、船舶、航空航天和其他运输设备制造业			7288	6338	67
电气机械和器材制造业		49878	2860627	2396539	14227
计算机、通信和其他电子设备制造业			2728	1757	
仪器仪表制造业			14223	13362	19
废弃资源综合利用业			26777	24859	92
金属制品、机械和设备修理业			12478	11032	204
电力、热力生产和供应业			4880087	4842291	8464
燃气生产和供应业			463923	331620	1631
水的生产和供应业		9067	71952	43987	426

9-3续表12 （2016年） 单位：万元

指　　标	其他业务收入	其他业务利润	销售费用	管理费用	#税金
总　计	**307531**	**28964**	**570066**	**986468**	**38016**
按登记注册类型分					
内资企业	264414	28066	513045	953192	35695
国有企业	46308	20674	3997	20954	968
中央企业	37315	18782	48	473	8
地方企业	8993	1891	3949	20481	960
集体企业			66	1653	28
有限责任公司	110562	-2851	124851	310685	18840
国有独资公司	16561	1339	25878	78009	4296
其他有限责任公司	94001	-4190	98973	232675	14543
股份有限公司	88820	7169	176985	492387	12178
私营企业	18724	3075	207147	127513	3682
私营独资企业				20	
私营有限责任公司	12096	1364	57924	66639	2774
私营股份有限公司	6628	1710	149223	60855	908
港、澳、台商投资企业	37902	121	35198	8957	1342
合资经营企业	583	13	11864	2538	323
港澳台商独资经营企业	37319	108	23334	6419	1019
外商投资企业	5215	777	21823	24320	979
中外合资经营企业	4417	1	15968	19013	824
中外合作经营企业			2924	1659	146
外资企业	797	777	2931	3648	9
按经济组织类型分					
独资企业	84424	21558	30328	32693	2024
国有企业	46308	20674	3997	20954	968
集体企业			66	1653	28
私营独资企业				20	
港澳台商独资经营企业	37319	108	23334	6419	1019
外资企业	797	777	2931	3648	9
合作、合伙企业			2924	1659	146
中外合作经营企业			2924	1659	146
股份有限公司	95449	8879	326208	553242	13086
股份有限公司	88820	7169	176985	492387	12178
私营股份有限公司	6628	1710	149223	60855	908
有限责任公司	127658	-1473	210607	398874	22760
国有独资公司	16561	1339	25878	78009	4296
私营有限责任公司	12096	1364	57924	66639	2774
合资经营企业	583	13	11864	2538	323
中外合资经营企业	4417	1	15968	19013	824
其他有限责任公司	94001	-4190	98973	232675	14543
在总计中：亏损企业	61149	3788	59716	440265	14695
在总计中：国有控股企业	193700	21924	214496	705669	25733

9-3续表13　（2016年）　单位：万元

指　　标	其他业务收入	其他业务利润	销售费用	管理费用	#税金
按轻重工业分					
轻工业	60264	4310	194559	156934	6891
重工业	247267	24654	375507	829534	31125
按企业规模分					
大型企业	184768	20736	371952	642482	22246
中型企业	78101	5748	107805	172968	6984
小型企业	43918	2473	87272	164768	8394
微型企业	745	7	3037	6250	391
按工业行业大类分					
煤炭开采和洗选业	51320	28	5722	40461	2081
石油和天然气开采业	3364		17597	238481	897
非金属矿采选业	452	-160	1435	2198	106
开采辅助活动	254		93	661	50
农副食品加工业	2759	179	30743	30629	890
食品制造业	37340	751	68517	26190	2002
酒、饮料和精制茶制造业	4765	1303	25817	6321	554
烟草制品业	688	471	3584	23703	
纺织业	3052	337	3407	13663	727
纺织服装、服饰业	402	185	2863	6421	76
木材加工和木、竹、藤、棕、草制品业	12		57	1219	58
家具制造业	3381	-50	268	664	46
造纸和纸制品业	19	-2	1418	2359	71
印刷和记录媒介复制业	1774	1074	1403	7041	257
文教、工美、体育和娱乐用品制造业			3894	5950	104
石油加工、炼焦和核燃料加工业	14780		14022	111272	280
化学原料和化学制品制造业	30209	6947	20649	72320	4731
医药制造业	2425	-1	37763	19743	575
化学纤维制造业	4	4		87	2
橡胶和塑料制品业	2363	-7245	11946	13879	928
非金属矿物制品业	3527	265	17635	40211	1724
黑色金属冶炼和压延加工业	66099	307	47157	71068	10968
有色金属冶炼和压延加工业	389	74	9588	15809	416
金属制品业	6845	384	4034	15345	1036
通用设备制造业	68	14	2033	3709	253
专用设备制造业	5824	596	8802	23233	1666
汽车制造业	1648	-425	1840	22294	686
铁路、船舶、航空航天和其他运输设备制造业				728	
电气机械和器材制造业	9866	2741	176705	96364	2216
计算机、通信和其他电子设备制造业	847	90	81	675	
仪器仪表制造业	15		735	823	11
废弃资源综合利用业	170		41	1180	122
金属制品、机械和设备修理业				1126	
电力、热力生产和供应业	49362	21097	1724	41040	2999
燃气生产和供应业			34939	19379	49
水的生产和供应业	3510		13556	10225	1438

9-3续表14　　(2016年)　　单位：万元

指　标	财务费用	#利息支出	营业利润	投资收益	政府补助	营业外收入
总　计	**503742**	**570989**	**106351**	**279611**	**159945**	**245241**
按登记注册类型分						
内资企业	503793	568373	73745	270736	154127	237971
国有企业	80295	80946	-71389	5651	33430	48906
中央企业	68016	68001	-4754	5627	8624	16316
地方企业	12279	12945	-66635	24	24806	32591
集体企业	140	85	-7493		77	195
有限责任公司	236813	255049	-180397	23972	66434	106277
国有独资公司	11418	27810	-4661	695	15289	25129
其他有限责任公司	225395	227239	-175737	23277	51145	81149
股份有限公司	154972	176471	36216	53613	31856	52571
私营企业	31573	55823	296809	187499	22331	30022
私营独资企业	14	16	-649			
私营有限责任公司	36544	36117	5514	7677	12151	19434
私营股份有限公司	-4985	19690	291944	179822	10180	10588
港、澳、台商投资企业	421	479	-392	-726	2158	2539
合资经营企业	258	284	-117	265	128	250
港澳台商独资经营企业	162	195	-275	-991	2030	2288
外商投资企业	-471	2137	32998	9602	3659	4731
中外合资经营企业	280	1109	1084	13	2115	2825
中外合作经营企业	413	566	7560		1115	1308
外资企业	-1164	462	24354	9589	429	599
按经济组织类型分						
独资企业	79448	81703	-55452	14249	35966	51988
国有企业	80295	80946	-71389	5651	33430	48906
集体企业	140	85	-7493		77	195
私营独资企业	14	16	-649			
港澳台商独资经营企业	162	195	-275	-991	2030	2288
外资企业	-1164	462	24354	9589	429	599
合作、合伙企业	413	566	7560		1115	1308
中外合作经营企业	413	566	7560		1115	1308
股份有限公司	149986	196161	328160	233436	42036	63159
股份有限公司	154972	176471	36216	53613	31856	52571
私营股份有限公司	-4985	19690	291944	179822	10180	10588
有限责任公司	273895	292560	-173916	31927	80828	128786
国有独资公司	11418	27810	-4661	695	15289	25129
私营有限责任公司	36544	36117	5514	7677	12151	19434
合资经营企业	258	284	-117	265	128	250
中外合资经营企业	280	1109	1084	13	2115	2825
其他有限责任公司	225395	227239	-175737	23277	51145	81149
在总计中：亏损企业	273757	276438	-784705	10696	45036	69892
在总计中：国有控股企业	404042	446355	-308299	69899	98286	159420

9-3续表15 （2016年） 单位：万元

指 标	财务费用	#利息支出	营业利润	投资收益	政府补助	营业外收入
按轻重工业分						
轻工业	1564	19307	132926	9131	21447	35837
重工业	502178	551682	−26575	270480	138498	209404
按企业规模分						
大型企业	357590	408711	96446	218753	72643	111690
中型企业	62005	80402	55048	55749	30499	51705
小型企业	62597	63113	−53710	5107	55891	80059
微型企业	21551	18764	8567	3	913	1787
按工业行业大类分						
煤炭开采和洗选业	28513	29134	−3914	257	715	6638
石油和天然气开采业	68324	68408	−336105			4000
非金属矿采选业	45	54	−623		616	632
开采辅助活动	380	392	1			162
农副食品加工业	1454	1854	29633	−138	753	2584
食品制造业	2245	1715	30696	−991	8120	13205
酒、饮料和精制茶制造业	−1403	354	26024	9849	262	388
烟草制品业	−1620		36159		373	474
纺织业	−30	2405	−8667	−1056	6020	7888
纺织服装、服饰业	833	809	−2198		272	1286
木材加工和木、竹、藤、棕、草制品业	1061	1061	−3255	37	256	378
家具制造业	−106	24	−941		21	74
造纸和纸制品业	773	748	−454	4	434	1491
印刷和记录媒介复制业	657	768	−2058	−6	1857	2952
文教、工美、体育和娱乐用品制造业	62		11150			246
石油加工、炼焦和核燃料加工业	5401	5596	107379	579	1139	3770
化学原料和化学制品制造业	42409	43916	81754	315	10513	16736
医药制造业	4445	2574	6992	1074	517	1955
化学纤维制造业			232			
橡胶和塑料制品业	1648	1970	−1803	9	1834	2333
非金属矿物制品业	21287	34699	31580	40139	618	2811
黑色金属冶炼和压延加工业	135044	138810	−172357	18777	13290	15124
有色金属冶炼和压延加工业	19006	18536	−459	563	4466	5400
金属制品业	6244	6275	−1057	9019	314	917
通用设备制造业	2125	2027	618	2	292	798
专用设备制造业	548	1179	4466	2123	1557	5238
汽车制造业	1809	2609	−13013	−60	2074	2653
铁路、船舶、航空航天和其他运输设备制造业	−1		156			131
电气机械和器材制造业	22222	48368	333336	192064	11484	14908
计算机、通信和其他电子设备制造业	365	276	−57			278
仪器仪表制造业	277	256	−979		954	999
废弃资源综合利用业	559	562	217		599	647
金属制品、机械和设备修理业	−2	1	98		77	92
电力、热力生产和供应业	147673	147162	−134469	6302	80732	110618
燃气生产和供应业	−1747	1347	79015	355	6162	13155
水的生产和供应业	−6757	7103	9255	394	3627	4283

9-3续表16　　(2016年)　　单位：万元

指　　标	利润总额	所得税费用	亏损企业亏损总额	利税总额
总　计	**279132**	**106342**	**747356**	**1865652**
按登记注册类型分				
内资企业	239790	100514	746587	1790339
国有企业	-30043	7326	42171	-81655
中央企业	7032	7043		-50407
地方企业	-37075	283	42171	-31249
集体企业	-7318	10	7399	-5943
有限责任公司	-109890	20102	329562	262194
国有独资公司	17514	12383	46547	273723
其他有限责任公司	-127404	7719	283014	-11529
股份有限公司	65336	53150	340963	1192511
私营企业	321705	19926	26493	423233
私营独资企业	-726		726	328
私营有限责任公司	21247	1426	25025	51580
私营股份有限公司	301184	18500	743	371325
港、澳、台商投资企业	1870	537	275	9995
合资经营企业	97	-9	275	1604
港澳台商独资经营企业	1774	546		8390
外商投资企业	37471	5291	494	65318
中外合资经营企业	3789	629	148	20554
中外合作经营企业	8855	1200		11130
外资企业	24827	3461	346	33634
按经济组织类型分				
独资企业	-11486	11343	50642	-45246
国有企业	-30043	7326	42171	-81655
集体企业	-7318	10	7399	-5943
私营独资企业	-726		726	328
港澳台商独资经营企业	1774	546		8390
外资企业	24827	3461	346	33634
合作、合伙企业	8855	1200		11130
中外合作经营企业	8855	1200		11130
股份有限公司	366520	71650	341706	1563835
股份有限公司	65336	53150	340963	1192511
私营股份有限公司	301184	18500	743	371325
有限责任公司	-84757	22149	355009	335932
国有独资公司	17514	12383	46547	273723
私营有限责任公司	21247	1426	25025	51580
合资经营企业	97	-9	275	1604
中外合资经营企业	3789	629	148	20554
其他有限责任公司	-127404	7719	283014	-11529
在总计中：亏损企业	-747356	16475	747356	-588386
在总计中：国有控股企业	-213112	60465	701438	1205941

9-3续表17　　（2016年）　　单位：万元

指　　标	利润总额	所得税费用	亏损企业亏损总额	利税总额
按轻重工业分				
轻工业	161156	26873	15394	447011
重工业	117976	79469	731962	1418641
按企业规模分				
大型企业	156666	74187	583983	1356847
中型企业	98719	22420	65886	423909
小型企业	13498	9044	93829	73452
微型企业	10249	691	3658	11443
按工业行业大类分				
煤炭开采和洗选业	-65	1006	2373	72524
石油和天然气开采业	-332622	18310	332622	-227537
非金属矿采选业	-16	26	56	497
开采辅助活动	156	23		566
农副食品加工业	31894	2925	2153	32004
食品制造业	40410	7245	460	59238
酒、饮料和精制茶制造业	26249	3666		39311
烟草制品业	36455	9147		262820
纺织业	-2885	1147	5032	2376
纺织服装、服饰业	-953	26	1651	-97
木材加工和木、竹、藤、棕、草制品业	-3005		3005	-2707
家具制造业	-869		869	-713
造纸和纸制品业	908	182	646	2886
印刷和记录媒介复制业	850	56	727	2836
文教、工美、体育和娱乐用品制造业	11396			11396
石油加工、炼焦和核燃料加工业	94607	775		1019306
化学原料和化学制品制造业	93642	14386	37135	147656
医药制造业	8568	1919	2356	22080
化学纤维制造业	232	34		282
橡胶和塑料制品业	119	199	4216	5698
非金属矿物制品业	29864	3273	26197	37670
黑色金属冶炼和压延加工业	-178440	521	221429	-153294
有色金属冶炼和压延加工业	4653	57	1458	21419
金属制品业	-400	34	5847	2356
通用设备制造业	1262	241	398	2510
专用设备制造业	6887	2071	9419	12103
汽车制造业	-10492		11589	2774
铁路、船舶、航空航天和其他运输设备制造业	252	78		677
电气机械和器材制造业	346501	24699	163	425154
计算机、通信和其他电子设备制造业	220	28		32
仪器仪表制造业	19	11		177
废弃资源综合利用业	861	307		1705
金属制品、机械和设备修理业	189	37		1464
电力、热力生产和供应业	-32222	10553	77557	-51755
燃气生产和供应业	91647	1813		94880
水的生产和供应业	13260	1550		17357

9-3续表18　　（2016年）　　单位：万元

指　　标	应交税金及附加	本年应付职工薪酬	本年应交增值税	平均用工人数（人）
总　计	**1730878**	**1637506**	**517060**	**145558**
按登记注册类型分				
内资企业	1686758	1576448	493497	139208
国有企业	-43318	470589	-55521	33216
中央企业	-50387	442139	-60402	29546
地方企业	7069	28449	4881	3670
集体企业	1413	4406	1194	631
有限责任公司	411025	532726	143764	54137
国有独资公司	272888	140131	65852	12065
其他有限责任公司	138137	392596	77912	42072
股份有限公司	1192502	470623	318238	34367
私营企业	125136	98105	85822	16857
私营独资企业	1054	1695	612	224
私营有限责任公司	34533	69029	25118	13750
私营股份有限公司	89549	27380	60092	2883
港、澳、台商投资企业	10003	17030	7741	2779
合资经营企业	1822	5586	1276	780
港澳台商独资经营企业	8182	11444	6465	1999
外商投资企业	34116	44028	15822	3571
中外合资经营企业	18218	21598	9387	2343
中外合作经营企业	3622	3103	2087	528
外资企业	12277	19326	4349	700
按经济组织类型分				
独资企业	-20393	507459	-42901	36770
国有企业	-43318	470589	-55521	33216
集体企业	1413	4406	1194	631
私营独资企业	1054	1695	612	224
港澳台商独资经营企业	8182	11444	6465	1999
外资企业	12277	19326	4349	700
合作、合伙企业	3622	3103	2087	528
中外合作经营企业	3622	3103	2087	528
股份有限公司	1282051	498004	378330	37250
股份有限公司	1192502	470623	318238	34367
私营股份有限公司	89549	27380	60092	2883
有限责任公司	465598	628939	179544	71010
国有独资公司	272888	140131	65852	12065
私营有限责任公司	34533	69029	25118	13750
合资经营企业	1822	5586	1276	780
中外合资经营企业	18218	21598	9387	2343
其他有限责任公司	138137	392596	77912	42072
在总计中：亏损企业	190139	348562	98579	33761
在总计中：国有控股企业	1505251	1306736	383469	102085

9-3续表19　　(2016年)　　单位：万元

指　　标	应交税金及附加	本年应付职工薪酬	本年应交增值税	平均用工人数(人)
按轻重工业分				
轻工业	319619	231832	93279	26612
重工业	1411259	1405673	423782	118946
按企业规模分				
大型企业	1296614	1150613	349164	86015
中型企业	354595	266723	118330	29773
小型企业	77391	191232	48673	27993
微型企业	2277	28938	894	1777
按工业行业大类分				
煤炭开采和洗选业	75676	132419	43394	11543
石油和天然气开采业	124292	86919	63891	4119
非金属矿采选业	645	3227	396	451
开采辅助活动	484	999	365	192
农副食品加工业	3925	34961	-274	4333
食品制造业	28074	62518	16790	8838
酒、饮料和精制茶制造业	17282	25421	8472	1538
烟草制品业	235512	22984	44372	762
纺织业	7136	24599	4418	2098
纺织服装、服饰业	957	4632	662	1040
木材加工和木、竹、藤、棕、草制品业	355	234	279	74
家具制造业	202	861	138	214
造纸和纸制品业	2230	2907	1761	682
印刷和记录媒介复制业	2298	9197	1742	1160
文教、工美、体育和娱乐用品制造业	104	644		220
石油加工、炼焦和核燃料加工业	925754	133859	174685	9441
化学原料和化学制品制造业	73131	143675	44120	11521
医药制造业	16006	20791	11946	2740
化学纤维制造业	85	138	45	32
橡胶和塑料制品业	6705	22523	4745	3108
非金属矿物制品业	12802	59005	5427	8949
黑色金属冶炼和压延加工业	36636	110732	19139	11873
有色金属冶炼和压延加工业	17239	40343	14481	3941
金属制品业	3826	15004	1934	2294
通用设备制造业	1742	4392	895	906
专用设备制造业	8953	15836	4385	2069
汽车制造业	13951	17632	5745	1693
铁路、船舶、航空航天和其他运输设备制造业	504	2173	359	118
电气机械和器材制造业	105568	67785	64165	6225
计算机、通信和其他电子设备制造业	-161	425	-188	94
仪器仪表制造业	180	645	138	190
废弃资源综合利用业	1273	895	752	192
金属制品、机械和设备修理业	1312	802	1071	548
电力、热力生产和供应业	-5981	530549	-28403	38588
燃气生产和供应业	5094	21551	1539	2037
水的生产和供应业	7087	16230	3672	1735

9—4 全市大中型工业企业主要经济指标

（2016年） 单位：万元

指 标	企业单位数(个)	#亏损企业	工业总产值	工业销售产值	#出口交货值
总 计	**73**	**21**	**17149968**	**16738005**	**193444**
按登记注册类型分					
内资企业	65	20	16727979	16320427	189950
国有企业	5	2	4393762	4394168	555
中央企业	1		4271082	4271082	
地方企业	4	2	122680	123086	555
有限责任公司	34	12	3244219	3139798	96974
国有独资公司	9	3	738394	701150	233
其他有限责任公司	25	9	2505825	2438648	96741
股份有限公司	16	3	6728849	6688018	61546
私营企业	10	3	2361148	2098443	30875
私营有限责任公司	8	3	339545	327507	
私营股份有限公司	2		2021603	1770937	30875
港、澳、台商投资企业	3		98901	102146	3494
合资经营企业	1		19361	21111	
港澳台商独资经营企业	2		79540	81035	3494
外商投资企业	5	1	323088	315432	
中外合资经营企业	3	1	226505	225144	
中外合作经营企业	1		40594	34755	
外资企业	1		55989	55534	
按经济组织类型分					
独资企业	8	2	4529292	4530736	4049
国有企业	5	2	4393762	4394168	555
港澳台商独资经营企业	2		79540	81035	3494
外资企业	1		55989	55534	
合作、合伙企业	1		40594	34755	
中外合作经营企业	1		40594	34755	
股份有限公司	18	3	8750452	8458955	92421
股份有限公司	16	3	6728849	6688018	61546
私营股份有限公司	2		2021603	1770937	30875
有限责任公司	46	16	3829630	3713559	96974
国有独资公司	9	3	738394	701150	233
私营有限责任公司	8	3	339545	327507	
合资经营企业	1		19361	21111	
中外合资经营企业	3	1	226505	225144	
其他有限责任公司	25	9	2505825	2438648	96741

9-4续表1　　（2016年）　　单位：万元

指　　标	企业单位数(个)	#亏损企业	工业总产值	工业销售产值	#出口交货值
在总计中:亏损企业	21	21	2525400	2449052	10812
在总计中:国有控股企业	42	17	12233451	12173682	45676
按轻重工业分					
轻工业	25	5	1850222	1715515	104628
重工业	48	16	15299746	15022490	88816
按企业规模分					
大型企业	23	5	15012376	14657099	179896
中型企业	50	16	2137592	2080906	13548
按工业行业大类分					
煤炭开采和洗选业	4	1	391298	395549	
石油和天然气开采业	1	1	983506	914546	
非金属矿采选业	1	1	5508	5934	
农副食品加工业	3		313509	298474	
食品制造业	8		714269	646196	91634
酒、饮料和精制茶制造业	3		141346	141109	
烟草制品业	1		447406	399222	
纺织业	2	1	68590	63295	10250
纺织服装、服饰业	2	2	19574	19556	2510
印刷和记录媒介复制业	1		7972	8349	
石油加工、炼焦和核燃料加工业	3		2286936	2295257	
化学原料和化学制品制造业	7	3	924841	915283	1183
医药制造业	3	1	59351	62857	233
橡胶和塑料制品业	1	0	78796	82685	3587
非金属矿物制品业	6	3	203594	185419	
黑色金属冶炼和压延加工业	4	2	1806388	1859408	29860
有色金属冶炼和压延加工业	2		447465	448672	22756
专用设备制造业	2	1	69911	76248	555
汽车制造业	2	1	160510	160679	
电气机械和器材制造业	4		2906079	2646218	30875
金属制品、机械和设备修理业	1		8923	8923	
电力、热力生产和供应业	10	4	4636623	4636556	
燃气生产和供应业	1		403926	403926	
水的生产和供应业	1		63648	63648	

9-4续表2 （2016年） 单位：万元

指　　标	资产总计	流动资产合计	#应收帐款	存货	#产成品
总　计	**37305715**	**11226732**	**2276956**	**1501740**	**350733**
按登记注册类型分					
内资企业	36877589	11057151	2244184	1470099	337451
国有企业	7766720	1037400	132047	22929	4334
中央企业	6693266	496695	86876	6759	
地方企业	1073454	540705	45171	16170	4334
有限责任公司	10636211	3267616	375345	318823	103588
国有独资公司	2672910	647160	157457	93354	24703
其他有限责任公司	7963300	2620456	217888	225469	78885
股份有限公司	13371518	3982431	678800	923794	197943
私营企业	5103141	2769703	1057992	204554	31587
私营有限责任公司	873464	348570	27073	50959	30495
私营股份有限公司	4229677	2421133	1030919	153595	1092
港、澳、台商投资企业	123880	50626	21262	18985	4725
合资经营企业	18879	5016	418	2634	1662
港澳台商独资经营企业	105001	45610	20844	16350	3063
外商投资企业	304246	118956	11511	12656	8557
中外合资经营企业	204105	57804	8433	6126	3514
中外合作经营企业	12278	6951	2189	3012	3012
外资企业	87863	54201	889	3519	2031
按经济组织类型分					
独资企业	7959583	1137211	153779	42799	9428
国有企业	7766720	1037400	132047	22929	4334
港澳台商独资经营企业	105001	45610	20844	16350	3063
外资企业	87863	54201	889	3519	2031
合作、合伙企业	12278	6951	2189	3012	3012
中外合作经营企业	12278	6951	2189	3012	3012
股份有限公司	17601195	6403564	1709719	1077389	199035
股份有限公司	13371518	3982431	678800	923794	197943
私营股份有限公司	4229677	2421133	1030919	153595	1092
有限责任公司	11732659	3679006	411269	378542	139259
国有独资公司	2672910	647160	157457	93354	24703
私营有限责任公司	873464	348570	27073	50959	30495
合资经营企业	18879	5016	418	2634	1662
中外合资经营企业	204105	57804	8433	6126	3514
其他有限责任公司	7963300	2620456	217888	225469	78885

9-4续表3　（2016年）　单位：万元

指　　标	资产总计	流动资产合计	#应收帐款	存货	#产成品
在总计中:亏损企业	10472091	2362109	235055	241174	108113
在总计中:国有控股企业	27067203	6195649	777130	701854	189988
按轻重工业分					
轻工业	3222375	1164311	229057	251969	117745
重工业	34083340	10062421	2047899	1249772	232988
按企业规模分					
大型企业	31158046	8952859	1856281	1199388	216008
中型企业	6147669	2273873	420675	302352	134725
按工业行业大类分					
煤炭开采和洗选业	2001624	343605	73207	26875	9636
石油和天然气开采业	3672247	177429	90503	70576	59647
非金属矿采选业	17652	6627	953	1472	1128
农副食品加工业	445110	179469	14986	30035	15870
食品制造业	581972	209083	26452	73688	43925
酒、饮料和精制茶制造业	166351	68347	1589	8367	4622
烟草制品业	503671	266692	124910	74411	20055
纺织业	259960	85270	23471	28535	9322
纺织服装、服饰业	36914	17424	5096	6325	3713
印刷和记录媒介复制业	24695	10227	1427	3716	2975
石油加工、炼焦和核燃料加工业	1264339	344729	6478	182175	3548
化学原料和化学制品制造业	3455111	712533	161763	65315	24648
医药制造业	131198	79874	26741	18358	11694
橡胶和塑料制品业	138581	45579	1996	15299	6380
非金属矿物制品业	1761642	831419	107090	30784	19546
黑色金属冶炼和压延加工业	4614951	1706607	12320	183878	46825
有色金属冶炼和压延加工业	944484	409376	58950	82539	37587
专用设备制造业	613535	120299	52397	26001	19038
汽车制造业	144495	48674	8151	3912	2586
电气机械和器材制造业	5948492	3642943	1278687	526753	6385
金属制品、机械和设备修理业	4192	3892	2452	3	
电力、热力生产和供应业	8892517	1227640	170201	34021	1139
燃气生产和供应业	660646	453515	22906	8577	463
水的生产和供应业	1021337	235482	4231	129	

9-4续表4　　(2016年)　　单位：万元

指　　标	固定资产合计	固定资产原价	累计折旧	本年折旧
总　计	**15509927**	**31284691**	**14948770**	**1812341**
按登记注册类型分				
内资企业	15235687	30883065	14799189	1790599
国有企业	5604082	9425857	3821775	624250
中央企业	5170775	8739141	3568366	576181
地方企业	433307	686715	253408	48070
有限责任公司	3314256	5773617	2238277	242960
国有独资公司	870748	1521974	660318	82384
其他有限责任公司	2443508	4251642	1577959	160576
股份有限公司	6156168	15471693	8684592	913195
私营企业	161181	211899	54545	10194
私营有限责任公司	112785	142945	33988	7881
私营股份有限公司	48396	68953	20557	2313
港、澳、台商投资企业	53395	126822	74869	6975
合资经营企业	12891	19969	7116	989
港澳台商独资经营企业	40504	106853	67753	5986
外商投资企业	220846	274805	74713	14768
中外合资经营企业	181856	237602	55746	13495
中外合作经营企业	5328	10913	6355	169
外资企业	33662	26290	12612	1104
按经济组织类型分				
独资企业	5678247	9558999	3902140	631341
国有企业	5604082	9425857	3821775	624250
港澳台商独资经营企业	40504	106853	67753	5986
外资企业	33662	26290	12612	1104
合作、合伙企业	5328	10913	6355	169
中外合作经营企业	5328	10913	6355	169
股份有限公司	6204564	15540647	8705149	915507
股份有限公司	6156168	15471693	8684592	913195
私营股份有限公司	48396	68953	20557	2313
有限责任公司	3621788	6174133	2335127	265324
国有独资公司	870748	1521974	660318	82384
私营有限责任公司	112785	142945	33988	7881
合资经营企业	12891	19969	7116	989
中外合资经营企业	181856	237602	55746	13495
其他有限责任公司	2443508	4251642	1577959	160576

9-4续表5 （2016年） 单位：万元

指　　标	固定资产合计	固定资产原价	累计折旧	本年折旧
在总计中：亏损企业	5943660	13200120	7434630	858261
在总计中：国有控股企业	13726786	28818725	14231863	1673828
按轻重工业分				
轻工业	960258	1414757	505281	83113
重工业	14549669	29869934	14443488	1729228
按企业规模分				
大型企业	13389409	27865569	13631817	1654659
中型企业	2120519	3419122	1316953	157682
按工业行业大类分				
煤炭开采和洗选业	579926	1031159	310099	29302
石油和天然气开采业	3494818	9292967	6078405	678297
非金属矿采选业	8524	7328	2342	417
农副食品加工业	60706	108529	48592	8735
食品制造业	287860	380543	112683	24829
酒、饮料和精制茶制造业	94289	121385	47119	8454
烟草制品业	157584	244099	86516	11016
纺织业	89433	138444	49021	4235
纺织服装、服饰业	17588	23052	5464	416
印刷和记录媒介复制业	12803	30759	17956	1490
石油加工、炼焦和核燃料加工业	261422	2300030	1252082	52912
化学原料和化学制品制造业	1664102	2269726	678675	110563
医药制造业	36704	43607	16883	2226
橡胶和塑料制品业	68410	88879	20468	3528
非金属矿物制品业	149269	370891	116457	21032
黑色金属冶炼和压延加工业	1490705	2665327	1158049	78664
有色金属冶炼和压延加工业	406865	580704	174466	29565
专用设备制造业	45056	58276	13221	3701
汽车制造业	134121	162476	28355	7134
电气机械和器材制造业	61277	123950	45244	5744
金属制品、机械和设备修理业	277	416	139	48
电力、热力生产和供应业	6054971	10678699	4456307	690619
燃气生产和供应业	137256	252015	114759	18157
水的生产和供应业	195964	311432	115467	21260

9-4续表6 （2016年） 单位：万元

指　　标	负债合计	流动负债合计	#应付账款	非流动负债合计	所有者权益合计
总　计	**24099727**	**17102466**	**4180497**	**6806117**	**13205988**
按登记注册类型分					
内资企业	23816988	16878034	4109035	6747810	13060600
国有企业	5486223	2900979	1477745	2585244	2280497
中央企业	4480908	2593486	1411225	1887422	2212358
地方企业	1005316	307493	66519	697822	68138
有限责任公司	7833226	5885441	1266395	1863046	2802984
国有独资公司	991564	638728	165681	352835	1681347
其他有限责任公司	6841663	5246713	1100714	1510210	1121638
股份有限公司	7399421	5707433	755243	1585583	5972097
私营企业	3098118	2384180	609652	713938	2005023
私营有限责任公司	573766	356826	32055	216940	299698
私营股份有限公司	2524352	2027354	577597	496998	1705325
港、澳、台商投资企业	48679	47592	8190	1087	75201
合资经营企业	14096	14096	4450		4783
港澳台商独资经营企业	34583	33496	3740	1087	70418
外商投资企业	234059	176839	63272	57220	70186
中外合资经营企业	183423	139242	56740	44180	20683
中外合作经营企业	3658	3658	747		8620
外资企业	46979	33939	5785	13040	40884
按经济组织类型分					
独资企业	5567785	2968414	1487269	2599371	2391798
国有企业	5486223	2900979	1477745	2585244	2280497
港澳台商独资经营企业	34583	33496	3740	1087	70418
外资企业	46979	33939	5785	13040	40884
合作、合伙企业	3658	3658	747		8620
中外合作经营企业	3658	3658	747		8620
股份有限公司	9923773	7734787	1332840	2082581	7677422
股份有限公司	7399421	5707433	755243	1585583	5972097
私营股份有限公司	2524352	2027354	577597	496998	1705325
有限责任公司	8604511	6395606	1359640	2124166	3128148
国有独资公司	991564	638728	165681	352835	1681347
私营有限责任公司	573766	356826	32055	216940	299698
合资经营企业	14096	14096	4450		4783
中外合资经营企业	183423	139242	56740	44180	20683
其他有限责任公司	6841663	5246713	1100714	1510210	1121638

9-4续表7 （2016年） 单位：万元

指　　标	负债合计	流动负债合计	#应付账款	非流动负债合计	所有者权益合计
在总计中:亏损企业	8426519	6455864	701525	1970655	2045572
在总计中:国有控股企业	18230593	12732551	3120822	5382162	8836609
按轻重工业分					
轻工业	1117382	704556	190622	337562	2104993
重工业	22982345	16397910	3989874	6468555	11100995
按企业规模分					
大型企业	20769100	14772418	3714588	5921419	10388946
中型企业	3330626	2330048	465909	884699	2817042
按工业行业大类分					
煤炭开采和洗选业	1545399	835681	266048	709719	456224
石油和天然气开采业	2287645	1911140	169867	376505	1384602
非金属矿采选业	5420	5420	1489		12232
农副食品加工业	138984	127616	9789	11368	306126
食品制造业	311176	201326	54063	34587	270796
酒、饮料和精制茶制造业	108716	95676	13656	13040	57636
烟草制品业	128167	113167	79444	15000	375504
纺织业	82593	30148	6194	52445	177367
纺织服装、服饰业	14372	13187	522	1185	22542
印刷和记录媒介复制业	11869	8439	1673	3430	12826
石油加工、炼焦和核燃料加工业	523392	360747	18758	162645	740948
化学原料和化学制品制造业	1663393	798883	190657	864510	1791719
医药制造业	67288	57424	15422	9864	63910
橡胶和塑料制品业	57646	49419	16869	8227	80935
非金属矿物制品业	1076209	900793	72564	69012	685433
黑色金属冶炼和压延加工业	4478699	4013321	386318	465378	136252
有色金属冶炼和压延加工业	623597	321770	46423	301827	320887
专用设备制造业	73392	65331	25450	8061	540142
汽车制造业	135782	91602	53319	44180	8713
电气机械和器材制造业	3704677	3036252	791915	668425	2243815
金属制品、机械和设备修理业	1658	1658	1233		2534
电力、热力生产和供应业	6316662	3502235	1541295	2804951	2575855
燃气生产和供应业	523900	506441	407763	17459	136746
水的生产和供应业	219091	54792	9767	164299	802246

9-4续表8　　（2016年）　　单位：万元

指　标	所有者权益合计				
	#实收资本	国家资本	集体资本	法人资本	个人资本
总　计	**8409825**	**4079669**	**167831**	**3757603**	**289865**
按登记注册类型分					
内资企业	8230239	4079669	167831	3642997	289865
国有企业	1451984	1449384		2600	
中央企业	1297716	1297716			
地方企业	154267	151667		2600	
有限责任公司	3005382	389646	46891	2532908	35937
国有独资公司	930548	48068		882480	
其他有限责任公司	2074835	341578	46891	1650428	35937
股份有限公司	3435721	2174281	120940	948604	191896
私营企业	337153	66358		158885	62032
私营有限责任公司	45441			9425	36016
私营股份有限公司	291712	66358		149460	26016
港、澳、台商投资企业	50238			1200	
合资经营企业	6000			1200	
港澳台商独资经营企业	44238				
外商投资企业	129347			113405	
中外合资经营企业	115374			113405	
中外合作经营企业	3425				
外资企业	10548				
按经济组织类型分					
独资企业	1506770	1449384		2600	
国有企业	1451984	1449384		2600	
港澳台商独资经营企业	44238				
外资企业	10548				
合作、合伙企业	3425				
中外合作经营企业	3425				
股份有限公司	3727433	2240639	120940	1098064	217911
股份有限公司	3435721	2174281	120940	948604	191896
私营股份有限公司	291712	66358		149460	26016
有限责任公司	3172197	389646	46891	2656938	71953
国有独资公司	930548	48068		882480	
私营有限责任公司	45441			9425	36016
合资经营企业	6000			1200	
中外合资经营企业	115374			113405	
其他有限责任公司	2074835	341578	46891	1650428	35937

9-4续表9　　（2016年）　　单位：万元

指　　标	所有者权益合计				
	#实收资本	国家资本	集体资本	法人资本	个人资本
在总计中:亏损企业	2898786	1744231	26237	1101768	26551
在总计中:国有控股企业	7322596	4012748	63331	3127490	119027
按轻重工业分					
轻工业	1065066	93369	4825	821571	80321
重工业	7344759	3986300	163006	2936032	209543
按企业规模分					
大型企业	7400020	3835937	109325	3300236	79662
中型企业	1009804	243732	58506	457367	210203
按工业行业大类分					
煤炭开采和洗选业	740708	32563		708145	
石油和天然气开采业	1384602	1384602			
非金属矿采选业	13500			13500	
农副食品加工业	101764			34346	63993
食品制造业	128133	27293	4825	60697	10336
酒、饮料和精制茶制造业	24422			7105	
烟草制品业	18742	18742			
纺织业	49631	30375			
纺织服装、服饰业	6623	1573		3950	1100
印刷和记录媒介复制业	5727	5727			
石油加工、炼焦和核燃料加工业	695915	673573	4184		18158
化学原料和化学制品制造业	822134	43077	121560	631586	25912
医药制造业	12961	9659		2000	1302
橡胶和塑料制品业	93643	93643			
非金属矿物制品业	281859	211870	37263	324	32402
黑色金属冶炼和压延加工业	874398			851398	23000
有色金属冶炼和压延加工业	67423			66598	825
专用设备制造业	156036	7000		51557	97479
汽车制造业	107500			107500	
电气机械和器材制造业	520333	66358		388739	15358
金属制品、机械和设备修理业	2400			2400	
电力、热力生产和供应业	1520267	1444214		76053	
燃气生产和供应业	67634	29401		38233	
水的生产和供应业	713472			713472	

9-4续表10　　(2016年)　　单位：万元

指　　标	所有者权益合计		主营业务收入	主营业务成本	主营业务税金及附加
	实收资本				
	港澳台资本	外商资本			
总　计	**44238**	**70619**	**16691981**	**14039287**	**1053324**
按登记注册类型分					
内资企业		49878	16271975	13718920	1041376
国有企业			4357134	4355532	2734
中央企业			4233802	4193833	2643
地方企业			123333	161699	91
有限责任公司			2963077	2387075	222165
国有独资公司			697326	405857	189540
其他有限责任公司			2265751	1981217	32625
股份有限公司			6783545	5186520	804742
私营企业		49878	2168219	1789793	11736
私营有限责任公司			309268	250945	2104
私营股份有限公司		49878	1858951	1538848	9632
港、澳、台商投资企业	44238	4800	112681	81720	302
合资经营企业		4800	30756	19650	151
港澳台商独资经营企业	44238		81926	62070	152
外商投资企业		15941	307325	238647	11646
中外合资经营企业		1968	221710	180239	7206
中外合作经营企业		3425	34755	27397	
外资企业		10548	50860	31012	4440
按经济组织类型分					
独资企业	44238	10548	4489920	4448614	7325
国有企业			4357134	4355532	2734
港澳台商独资经营企业	44238		81926	62070	152
外资企业		10548	50860	31012	4440
合作、合伙企业		3425	34755	27397	
中外合作经营企业		3425	34755	27397	
股份有限公司		49878	8642495	6725368	814374
股份有限公司			6783545	5186520	804742
私营股份有限公司		49878	1858951	1538848	9632
有限责任公司		6768	3524811	2837909	231626
国有独资公司			697326	405857	189540
私营有限责任公司			309268	250945	2104
合资经营企业		4800	30756	19650	151
中外合资经营企业		1968	221710	180239	7206
其他有限责任公司			2265751	1981217	32625

9-4续表11　　（2016年）　　单位：万元

指　标	所有者权益合计		主营业务收入	主营业务成本	主营业务税金及附加
	实收资本				
	港澳台资本	外商资本			
在总计中:亏损企业			2347043	2302900	55707
在总计中:国有控股企业			12163877	10272153	1025875
按轻重工业分					
轻工业	44238	20741	1453505	901030	190703
重工业		49878	15238476	13138257	862621
按企业规模分					
大型企业	24983	49878	14539684	12417321	847234
中型企业	19256	20741	2152297	1621967	206090
按工业行业大类分					
煤炭开采和洗选业			439582	339624	28317
石油和天然气开采业			903841	873243	41186
非金属矿采选业			6065	3711	95
农副食品加工业		3425	285777	207058	289
食品制造业	24983		409731	299035	1849
酒、饮料和精制茶制造业		17316	142666	97775	4590
烟草制品业			398534	155132	181994
纺织业	19256		60613	49053	783
纺织服装、服饰业			17786	14596	124
印刷和记录媒介复制业			8649	7273	70
石油加工、炼焦和核燃料加工业			2412687	1412111	746722
化学原料和化学制品制造业			892001	701853	8122
医药制造业			61709	25698	819
橡胶和塑料制品业			82897	74829	
非金属矿物制品业			186219	163404	917
黑色金属冶炼和压延加工业			1729258	1648575	5610
有色金属冶炼和压延加工业			624888	580471	2197
专用设备制造业			75097	60497	60
汽车制造业			160660	133126	7206
电气机械和器材制造业		49878	2728842	2276406	13814
金属制品、机械和设备修理业			8923	7831	148
电力、热力生产和供应业			4598149	4588963	6902
燃气生产和供应业			403926	286459	1350
水的生产和供应业			53480	32564	161

9-4续表12　　（2016年）　　单位：万元

指　　标	其他业务收入	其他业务利润	销售费用	管理费用	#税金
总　计	**262868**	**26484**	**479757**	**815450**	**29230**
按登记注册类型分					
内资企业	220236	25595	426816	788274	27295
国有企业	43353	20630	2146	12327	751
中央企业	37281	18754			
地方企业	6072	1875	2146	12327	751
有限责任公司	85231	-3065	87674	228365	14323
国有独资公司	13302	1778	22745	66189	3554
其他有限责任公司	71929	-4843	64930	162177	10770
股份有限公司	83473	6533	168487	477839	10957
私营企业	8178	1497	168509	69742	1264
私营有限责任公司	1873	-213	24465	12561	528
私营股份有限公司	6305	1710	144045	57181	736
港、澳、台商投资企业	37890	109	33502	7366	1181
合资经营企业	571	1	10169	947	161
港澳台商独资经营企业	37319	108	23334	6419	1019
外商投资企业	4743	780	19438	19811	755
中外合资经营企业	3963	1	14500	16666	754
中外合作经营企业			2924	98	
外资企业	780	780	2014	3047	
按经济组织类型分					
独资企业	81452	21518	27494	21793	1770
国有企业	43353	20630	2146	12327	751
港澳台商独资经营企业	37319	108	23334	6419	1019
外资企业	780	780	2014	3047	
合作、合伙企业			2924	98	
中外合作经营企业			2924	98	
股份有限公司	89779	8244	312532	535020	11693
股份有限公司	83473	6533	168487	477839	10957
私营股份有限公司	6305	1710	144045	57181	736
有限责任公司	91638	-3277	136808	258539	15767
国有独资公司	13302	1778	22745	66189	3554
私营有限责任公司	1873	-213	24465	12561	528
合资经营企业	571	1	10169	947	161
中外合资经营企业	3963	1	14500	16666	754
其他有限责任公司	71929	-4843	64930	162177	10770

9-4续表13　　　　（2016年）　　　　单位：万元

指　　标	其他业务收入	其他业务利润	销售费用	管理费用	#税金
在总计中：亏损企业	36226	3252	33237	371272	10699
在总计中：国有控股企业	163437	21457	191800	641253	21964
按轻重工业分					
轻工业	52073	3842	158211	108206	5358
重工业	210795	22642	321546	707244	23872
按企业规模分					
大型企业	184768	20736	371952	642482	22246
中型企业	78101	5748	107805	172968	6984
按工业行业大类分					
煤炭开采和洗选业	51320	28	5722	40442	2081
石油和天然气开采业	3364		17597	238481	897
非金属矿采选业	452	-160	563	2096	103
农副食品加工业			23102	23672	593
食品制造业	37247	686	64430	22840	1850
酒、饮料和精制茶制造业	4765	1303	25817	6321	554
烟草制品业	688	471	3584	23703	0
纺织业	3049	336	2445	11322	604
纺织服装、服饰业	301	184	1981	2244	53
印刷和记录媒介复制业	1408	916	1104	2331	148
石油加工、炼焦和核燃料加工业	14780		10638	109602	197
化学原料和化学制品制造业	27637	6720	11186	57945	4053
医药制造业	1105	-54	22178	7331	298
橡胶和塑料制品业	331	-7662	3850	4081	327
非金属矿物制品业	895	684	4800	16864	705
黑色金属冶炼和压延加工业	53227	247	42912	65555	10349
有色金属冶炼和压延加工业	386	74	9481	15409	402
专用设备制造业	4371	513	5641	12647	907
汽车制造业	549	-521	866	14339	362
电气机械和器材制造业	8439	1885	173724	90101	1755
金属制品、机械和设备修理业				815	
电力、热力生产和供应业	45045	20834	317	22474	1742
燃气生产和供应业			34318	17076	
水的生产和供应业	3510		13503	7761	1250

9-4续表14 （2016年） 单位：万元

指　标	财务费用	#利息支出	营业利润	投资收益	政府补助	营业外收入
总　计	**419594**	**489112**	**151494**	**274502**	**103142**	**163396**
按登记注册类型分						
内资企业	420706	487720	122723	265631	99229	158342
国有企业	79783	80340	-71681	5647	32746	45308
中央企业	68019	68001	-4798	5627	8471	16154
地方企业	11764	12339	-66883	19	24275	29154
有限责任公司	170581	193030	-137273	22739	34426	60214
国有独资公司	4124	20417	7020	573	7465	13086
其他有限责任公司	166456	172614	-144293	22165	26961	47128
股份有限公司	151408	170975	35725	45731	21863	41636
私营企业	18934	43375	295952	191515	10195	11185
私营有限责任公司	24779	24424	4769	11758	520	1372
私营股份有限公司	-5845	18951	291183	179757	9675	9813
港、澳、台商投资企业	331	366	-141	-727	2063	2411
合资经营企业	169	172	133	264	32	123
港澳台商独资经营企业	162	195	-275	-991	2030	2288
外商投资企业	-1442	1026	28913	9599	1850	2643
中外合资经营企业	171	968	-839	13	1850	2557
中外合作经营企业	-47		4384			193
外资企业	-1566	57	25368	9586		-106
按经济组织类型分						
独资企业	78379	80592	-46588	14241	34776	47490
国有企业	79783	80340	-71681	5647	32746	45308
港澳台商独资经营企业	162	195	-275	-991	2030	2288
外资企业	-1566	57	25368	9586		-106
合作、合伙企业	-47		4384			193
中外合作经营企业	-47		4384			193
股份有限公司	145563	189926	326908	225488	31538	51448
股份有限公司	151408	170975	35725	45731	21863	41636
私营股份有限公司	-5845	18951	291183	179757	9675	9813
有限责任公司	195699	218594	-133210	34773	36828	64265
国有独资公司	4124	20417	7020	573	7465	13086
私营有限责任公司	24779	24424	4769	11758	520	1372
合资经营企业	169	172	133	264	32	123
中外合资经营企业	171	968	-839	13	1850	2557
其他有限责任公司	166456	172614	-144293	22165	26961	47128

9-4续表15　　　　（2016年）　　　　单位：万元

指　　标	财务费用	#利息支出	营业利润	投资收益	政府补助	营业外收入
在总计中：亏损企业	235118	239850	-668157	16543	25619	43375
在总计中：国有控股企业	355267	396445	-266798	68965	67190	115685
按轻重工业分						
轻工业	-3905	13514	121931	8573	16928	25844
重工业	423500	475598	29563	265929	86214	137552
按企业规模分						
大型企业	357590	408711	96446	218753	72643	111690
中型企业	62005	80402	55048	55749	30499	51705
按工业行业大类分						
煤炭开采和洗选业	28498	29119	-3265	257	715	6638
石油和天然气开采业	68324	68408	-336105			4000
非金属矿采选业	-9		-652		601	617
农副食品加工业	266	695	29321	-191		1338
食品制造业	1603	1105	30095	-991	7986	11922
酒、饮料和精制茶制造业	-1403	354	26024	9849	262	388
烟草制品业	-1620		36159		373	474
纺织业	1579	1752	-7274	-1056	4185	6024
纺织服装、服饰业	770	737	-1745			94
印刷和记录媒介复制业	405	441	-1567	-6	1553	1768
石油加工、炼焦和核燃料加工业	5104	5285	107298	-310	240	2416
化学原料和化学制品制造业	39725	40996	85332	5214	8881	14088
医药制造业	1100	1288	5143	574	73	1025
橡胶和塑料制品业	-269	375	1383		925	1065
非金属矿物制品业	15341	28807	41563	39595	66	1031
黑色金属冶炼和压延加工业	132813	136360	-166715	18776	13265	14542
有色金属冶炼和压延加工业	18972	18500	834	2321	4466	5285
专用设备制造业	181	640	-7019	2119	750	996
汽车制造业	177	843	-1361	13	1620	2185
电气机械和器材制造业	19560	46447	333314	191880	9861	12233
金属制品、机械和设备修理业	-1	1	109			1
电力、热力生产和供应业	98321	100026	-93106	5709	39359	60003
燃气生产和供应业	-2307	723	67959	354	5465	12453
水的生产和供应业	-7535	6213	5766	394	2496	2811

9-4续表16　　(2016年)　　单位：万元

指　标	利润总额	所得税费用	亏损企业亏损总额	利税总额
总　计	**255385**	**96607**	**649869**	**1780757**
按登记注册类型分				
内资企业	222000	92395	649722	1714267
国有企业	-31772	7324	40664	-89059
中央企业	6828	6992		-50878
地方企业	-38600	331	40664	-38181
有限责任公司	-106011	14683	269737	242275
国有独资公司	17658	10559	31801	278904
其他有限责任公司	-123670	4124	237937	-36630
股份有限公司	54327	51060	337717	1176259
私营企业	305456	19329	1603	384792
私营有限责任公司	5688	1140	1603	17289
私营股份有限公司	299768	18189		367503
港、澳、台商投资企业	2022	537		9979
合资经营企业	249	-9		1589
港澳台商独资经营企业	1774	546		8390
外商投资企业	31363	3675	148	56511
中外合资经营企业	1626	213	148	17584
中外合作经营企业	4563			5038
外资企业	25174	3461		33889
按经济组织类型分				
独资企业	-4825	11330	40664	-46780
国有企业	-31772	7324	40664	-89059
港澳台商独资经营企业	1774	546		8390
外资企业	25174	3461		33889
合作、合伙企业	4563			5038
中外合作经营企业	4563			5038
股份有限公司	354095	69249	337717	1543763
股份有限公司	54327	51060	337717	1176259
私营股份有限公司	299768	18189		367503
有限责任公司	-98448	16028	271488	278736
国有独资公司	17658	10559	31801	278904
私营有限责任公司	5688	1140	1603	17289
合资经营企业	249	-9		1589
中外合资经营企业	1626	213	148	17584
其他有限责任公司	-123670	4124	237937	-36630

9-4续表17　　（2016年）　　单位：万元

指　　标	利润总额	所得税费用	亏损企业亏损总额	利税总额
在总计中：亏损企业	-649869	19294	649869	-504270
在总计中：国有控股企业	-207341	55207	648100	1187286
按轻重工业分				
轻工业	141436	24667	6773	416428
重工业	113949	71940	643096	1364328
按企业规模分				
大型企业	156666	74187	583983	1356847
中型企业	98719	22420	65886	423909
按工业行业大类分				
煤炭开采和洗选业	661	1006	1647	72196
石油和天然气开采业	-332622	18310	332622	-227537
非金属矿采选业	-56	24	56	219
农副食品加工业	30457	2801		32816
食品制造业	38679	6788		56120
酒、饮料和精制茶制造业	26249	3666		39311
烟草制品业	36455	9147		262820
纺织业	-3193	941	4929	2179
纺织服装、服饰业	-1651	4	1651	-1337
印刷和记录媒介复制业	171	2		725
石油加工、炼焦和核燃料加工业	93239	723		1017004
化学原料和化学制品制造业	97388	16447	23469	144137
医药制造业	5996	1319	166	13524
橡胶和塑料制品业	2425			4357
非金属矿物制品业	41966	2252	5582	47356
黑色金属冶炼和压延加工业	-173193	83	211915	-151445
有色金属冶炼和压延加工业	5836			22219
专用设备制造业	-6686	-70	8212	-6332
汽车制造业	799		148	13750
电气机械和器材制造业	343897	24293		419489
金属制品、机械和设备修理业	109	27		1153
电力、热力生产和供应业	-39729	8820	59472	-73272
燃气生产和供应业	79890	26		81240
水的生产和供应业	8299			10064

9-4续表18　　(2016年)　　单位：万元

指　　标	应交税金及附加	本年应付职工薪酬	本年应交增值税	平均用工人数（人）
总　计	**1651209**	**1417336**	**467494**	**115788**
按登记注册类型分				
内资企业	1611957	1364192	446337	110591
国有企业	-49213	462170	-60314	32100
中央企业	-50713	441084	-60641	29447
地方企业	1500	21086	327	2653
有限责任公司	377292	401782	125218	39876
国有独资公司	275359	125899	71392	10598
其他有限责任公司	101934	275883	53826	29278
股份有限公司	1183949	453581	313874	32045
私营企业	99929	46659	67559	6570
私营有限责任公司	13268	23971	9456	4335
私营股份有限公司	86661	22688	58104	2235
港、澳、台商投资企业	9674	15033	7654	2417
合资经营企业	1493	3590	1189	418
港澳台商独资经营企业	8182	11444	6465	1999
外商投资企业	29578	38111	13503	2780
中外合资经营企业	16925	17548	8751	1778
中外合作经营企业	475	1821	475	410
外资企业	12177	18743	4276	592
按经济组织类型分				
独资企业	-28854	492356	-49573	34691
国有企业	-49213	462170	-60314	32100
港澳台商独资经营企业	8182	11444	6465	1999
外资企业	12177	18743	4276	592
合作、合伙企业	475	1821	475	410
中外合作经营企业	475	1821	475	410
股份有限公司	1270610	476269	371977	34280
股份有限公司	1183949	453581	313874	32045
私营股份有限公司	86661	22688	58104	2235
有限责任公司	408978	446890	144614	46407
国有独资公司	275359	125899	71392	10598
私营有限责任公司	13268	23971	9456	4335
合资经营企业	1493	3590	1189	418
中外合资经营企业	16925	17548	8751	1778
其他有限责任公司	101934	275883	53826	29278

9-4续表19　　（2016年）　　单位：万元

指　　标	应交税金及附加	本年应付职工薪酬	本年应交增值税	平均用工人数（人）
在总计中：亏损企业	175593	269389	89882	23388
在总计中：国有控股企业	1471798	1186971	364606	89820
按轻重工业分				
轻工业	305018	185904	84290	19130
重工业	1346191	1231433	383204	96658
按企业规模分				
大型企业	1296614	1150613	349164	86015
中型企业	354595	266723	118330	29773
按工业行业大类分				
煤炭开采和洗选业	74622	130723	42782	11319
石油和天然气开采业	124292	86919	63891	4119
非金属矿采选业	402	3182	180	428
农副食品加工业	5753	24258	2070	2705
食品制造业	26078	57592	15592	7844
酒、饮料和精制茶制造业	17282	25421	8472	1538
烟草制品业	235512	22984	44372	762
纺织业	6918	22304	4590	1730
纺织服装、服饰业	371	3969	191	788
印刷和记录媒介复制业	703	3753	484	486
石油加工、炼焦和核燃料加工业	924686	131978	173880	9208
化学原料和化学制品制造业	67249	104465	38384	8312
医药制造业	9145	10133	6709	1305
橡胶和塑料制品业	2259	7927	1725	967
非金属矿物制品业	8347	23110	4329	3622
黑色金属冶炼和压延加工业	32181	100673	16138	10264
有色金属冶炼和压延加工业	16785	40018	14186	3855
专用设备制造业	1191	9418	294	1231
汽车制造业	13313	14459	5745	1250
电气机械和器材制造业	101639	61509	61736	5061
金属制品、机械和设备修理业	1072	290	897	354
电力、热力生产和供应业	−22981	497934	−40754	35364
燃气生产和供应业	1376	20408		1766
水的生产和供应业	3015	13910	1604	1510

9—5 主要工业产品产量

产品名称	2015年	2016年	产品名称	2015年	2016年
原煤(万吨)	1230.30	1001.77	柴油(万吨)	376.16	280.59
原盐(万吨)	8.60	6.50	液化石油气(吨)	209395	101926
发电量(亿千瓦小时)	282.82	266.80	供热总量(万吉焦)	8053.03	8088.30
自来水生产量(万吨)	36932.25	35699.59	焦炭(万吨)	206.45	159.90
糖果(吨)	1952	2000	化学肥料(万吨)	44.30	36.42
酱油(吨)	2124	1742	合成氨(万吨)	61.03	49.26
乳制品(吨)	135006	159000	涂料(油漆)(吨)	41230	38348
精制食用植物油(吨)	50566	10003	合成洗涤剂(吨)	39782	28850
番茄酱罐头(吨)	13017	134713	中成药(吨)	3666	4828
软饮料(万吨)	85.01	52.58	塑料制品(吨)	552943	327902
纱(吨)	11064	10858	水泥(万吨)	267.68	318.18
布(万米)	70.00	65.00	砖(折标准砖)(万块)	45363.55	40185.00
服装(万件)	1200.55	1124.72	钢材(万吨)	602.98	563.93
皮鞋(万双)	13.66	4.17	滚动轴承(轴承)(万套)	48.80	47.00
家具(万件)	82.86	62.68	耐火材料制品(万吨)	9.86	7.02
机制纸及纸板(吨)	83656	76398	发电机组(发电设备)(万千瓦)	488.70	551.20
汽油(万吨)	127.70	112.86	汽车(辆)	16186	20610

9—6　全部工业企业及生产单位基本情况

（2016年）

指　　标	企业单位数 （个）	工业总产值 （当年价格、万元）
总　计	**13629**	**21274204**
按轻重工业分		
轻工业	8042	2561550
重工业	5587	18712654
按登记注册类型分		
内资企业	3650	20134984
国有企业	75	4479735
中央企业	5	4274063
地方企业	70	205672
集体企业	58	30838
股份合作企业	12	3478
联营企业	5	208
国有联营企业	4	0
有限责任公司	515	4722240
国有独资公司	37	915342
其他有限责任公司	478	3806898
股份有限公司	76	6887160
私营企业	2855	3995118
私营独资企业	444	80557
私营合伙企业	82	13345
私营有限责任公司	2269	1833672
私营股份有限公司	60	2067543
其他企业	54	16208
港、澳、台商投资企业	12	116496
合资经营企业(港或澳、台资)	7	36956
港澳台商独资经营企业	5	79540
外商投资企业	22	377444
中外合资经营企业	16	258876
中外合作经营企业	2	52345
外资企业	4	66224
个体经营	9945	645280
在总计中：农村工业	796	38717

9—7 成本费用工业增加值(按登记注册类型分)

(2016年)　　单位：万元

指标名称	企业单位数(个)	工业总产值	工业增加值(生产法)		工业增加值(收入法)	
			总量	增加值率(%)	总量	增加值率(%)
总　计	**368**	**19691755**	**5423070**	**28**	**5087185**	**26**
按登记注册类型分						
内资企业	352	19209667	5270361	27	4940030	26
国有企业	13	4451544	987144	22	963979	22
中央企业	2	4273971	955098	22	937551	22
地方企业	11	177573	32046	18	26428	15
集体企业	3	19216	3038	16	-2973	-15
有限责任公司	164	4584130	1244179	27	1104345	24
国有独资公司	26	891696	539332	60	492568	55
其他有限责任公司	138	3692434	704847	19	611777	17
股份有限公司	31	6878959	2590175	38	2495758	36
私营企业	141	3275818	445825	14	378921	12
私营独资企业	1	5988	3314	55	3314	55
私营有限责任公司	132	1209268	175183	14	156482	13
私营股份有限公司	8	2060562	267328	13	219125	11
港、澳、台商投资企业	5	116455	27607	24	38267	33
合资经营企业(港或澳、台资)	3	36915	10844	30	9220	25
港澳台商独资经营企业	2	79540	16763	21	29047	37
外商投资企业	11	365633	125102	34	108888	30
中外合资经营企业	7	247064	69224	28	58124	24
中外合作经营企业	2	52345	19512	37	17473	33
外资企业	2	66224	36366	55	33291	50
按经济组织类型分						
独资企业	21	4622512	1046624	23	1026658	22
国有企业	13	4451544	987144	22	963979	22
集体企业	3	19216	3037	16	-2973	-15
私营独资企业	1	5988	3314	55	3314	55
港澳台商独资经营企业	2	79540	16763	21	29047	37
外资企业	2	66224	36366	55	33291	50
合作、合伙企业	2	52345	19513	37	17473	33
中外合作经营企业	2	52345	19513	37	17473	33
股份有限公司	39	8939521	2857503	32	2714883	30
股份有限公司(内)	31	6878959	2590175	38	2495758	36
私营股份有限公司	8	2060562	267328	13	219125	11
有限责任公司	306	6077377	1499430	25	1328171	22
国有独资公司	26	891695	539332	60	492568	55
私营有限责任公司	132	1209268	175183	14	156481	13
合资经营企业(港或澳、台资)	3	36915	10844	29	9220	25
中外合资经营企业	7	247064	69224	28	58124	24
其他有限责任公司	138	3692434	704847	19	611778	17
在总计中:亏损企业	113	3281108	823514	25	691499	21
在总计中:国有控股企业	136	13341711	4210367	32	4102449	31
在总计中:轻工业	99	2400018	788799	33	733608	31
重工业	269	17291737	4634271	27	4353577	25
在总计中:大型企业	23	15012376	4035423	27	3868523	26
中型企业	50	2137592	792383	37	760171	36
小型企业	258	2293070	467699	20	413035	18
微型企业	37	248717	127565	51	45456	18

9—8　成本费用工业增加值(按行业类别分)

（2016年）

单位：万元

指标名称	企业单位数(个)	工业总产值	工业增加值(生产法)		工业增加值(收入法)	
			总量	增加值率(%)	总量	增加值率(%)
总　计	**368**	**19691755**	**5423070**	**28**	**5087186**	**26**
采矿业	**9**	**1394961**	**864075**	**62**	**790616**	**57**
煤炭开采和洗选业	5	397286	231556	58	240459	61
烟煤和无烟煤开采洗选	5	397286	231556	58	240459	61
石油和天然气开采业	1	983506	626292	64	544389	55
石油开采	1	983506	626292	64	544389	55
非金属矿采选业	2	9360	4169	45	3710	40
土砂石开采	1	3852	762	20	677	18
石灰石、石膏开采	1	3852	762	20	677	18
采盐	1	55082	3406	32	3033	55
开采辅助活动	1	4809	2058	43	2058	43
石油和天然气开采辅助活动	1	4809	2058	43	2058	43
制造业	**295**	**12827319**	**3175867**	**25**	**2956496**	**23**
农副食品加工业	21	516467	85499	47	78789	15
谷物磨制	4	43898	2144	5	3055	7
饲料加工	6	331172	72781	22	68599	21
植物油加工	4	16762	1066	6	964	6
食用植物油加工	4	16762	1066	6	964	6
屠宰及肉类加工	6	121547	9522	8	6197	5
牲畜屠宰	3	92030	4956	5	2619	3
禽类屠宰	1	20005	2548	13	2228	11
肉制品及副产品加工	2	9512	2018	21	1350	15
蔬菜、水果和坚果加工	1	3088	−14	−1	−26	−1
水果和坚果加工	1	3088	−14	−1	−26	−1
食品制造业	17	750183	131080	17	135860	18
焙烤食品制造	5	30765	10106	33	10878	35
糕点、面包制造	5	30765	10106	33	10878	35
糖果、巧克力及蜜饯制造	1	3219	961	30	710	22
糖果、巧克力制造	1	3219	961	30	710	22
方便食品制造	2	68766	17764	26	31561	46
方便面及其他方便食品制造	2	68766	17764	26	31561	46
乳制品制造	3	205793	48964	24	48584	24
罐头食品制造	2	10769	1152	11	1117	10
蔬菜、水果罐头制造	2	10769	1152	11	1117	10
调味品、发酵制品制造	1	2705	811	30	849	31
酱油、食醋及类似制品制造	1	2705	811	30	849	31

9-8续表1 （2016年） 单位：万元

指标名称	企业单位数(个)	工业总产值	工业增加值(生产法)		工业增加值(收入法)	
			总量	增加值率(%)	总量	增加值率(%)
其他食品制造	3	428166	51322	12	42161	10
保健食品制造	1	2422	513	21	421	17
冷冻饮品及食用冰制造	1	20204	5554	27	6210	31
食品及饲料添加剂制造	1	405540	45255	11	35530	9
酒、饮料和精制茶制造业	3	141345	62028	44	55247	39
酒的制造	1	55989	34995	63	32339	58
啤酒制造	1	55989	34995	63	32339	58
饮料制造	2	85356	27033	32	22908	27
碳酸饮料制造	1	19361	5177	27	5666	29
茶饮料及其他饮料制造	1	65995	21856	33	17242	26
烟草制品业	1	447406	328268	73	296017	66
卷烟制造	1	447406	328268	73	296017	66
纺织业	6	93343	24154	26	19266	21
棉纺织及印染精加工	2	40785	9728	24	9662	24
棉纺纱加工	2	40785	9728	24	9662	24
毛纺织及染整精加工	3	49899	14048	28	9141	18
毛条和毛纱线加工	3	49899	14048	28	9141	18
非家用纺织制成品制造	1	2659	378	14	463	18
非织造布制造	1	2659	378	14	463	18
纺织服装、服饰业	7	34222	7313	21	6635	19
机织服装制造	6	29361	5536	19	4842	16
针织或钩针编织服装制造	1	4861	1777	37	1793	37
木材加工和木、竹、藤、棕、草制品业	1	1525	−1485	−97	−1550	−102
人造板制造	1	1525	−1485	−97	−1550	−102
纤维板制造	1	1525	−1485	−97	−1550	−102
家具制造业	2	10611	−874	−8	530	5
木质家具制造	1	8097	−893	−11	−331	−4
金属家具制造	1	2514	19	1	861	34
造纸和纸制品业	9	48306	8539	18	7842	16
造纸	3	15501	2719	18	2640	17
机制纸及纸板制造	3	15501	2719	18	2640	17
纸制品制造	6	32805	5820	18	5202	16
纸和纸板容器制造	6	32805	5820	18	5202	16
印刷和记录媒介复制业	7	26840	11193	42	13468	50
印刷	7	26840	11193	42	13468	50
书、报刊印刷	5	21232	9695	46	12444	59
本册印制	1	3197	655	21	349	11
包装装潢及其他印刷	1	2411	843	35	675	28
文教、工美、体育和娱乐用品制造业	1	61423	12616	21	12642	21
工艺美术品制造	1	61423	12616	21	12642	21
地毯、挂毯制造	1	61423	12616	21	12642	21

9-8续表2 （2016年） 单位：万元

指标名称	企业单位数（个）	工业总产值	工业增加值（生产法）		工业增加值（收入法）	
			总量	增加值率（%）	总量	增加值率（%）
石油加工、炼焦和核燃料加工业	5	2302054	1060488	46	1175895	51
精炼石油产品制造	5	2302054	1060488	46	1175895	51
原油加工及石油制品制造	5	2302054	1060488	46	1175895	51
化学原料和化学制品制造业	27	1130893	448883	40	370487	33
基础化学原料制造	5	71445	30875	43	31449	44
无机盐制造	4	69786	30002	43	30019	43
其他基础化学原料制造	1	1659	873	53	1430	86
肥料制造	6	107709	21441	20	22020	20
氮肥制造	3	96756	20092	21	20391	21
复混肥料制造	1	3363	115	3	175	5
有机肥料及微生物肥料制造	2	7590	1234	16	1454	19
涂料、油墨、颜料及类似产品制造	1	8900	1430	16	2681	30
涂料制造	1	8900	1430	16	2681	30
合成材料制造	5	576394	254884	44	180264	31
初级形态塑料及合成树脂制造	4	569226	253956	45	179285	32
其他合成材料制造	1	7168	928	13	979	14
专用化学产品制造	8	338824	131787	39	125562	37
化学试剂和助剂制造	5	32168	8082	25	9587	30
专项化学用品制造	2	5548	1093	20	1073	19
信息化学品制造	1	301108	122612	41	114902	38
炸药、火工及焰火产品制造	1	16633	5165	31	5659	34
炸药及火工产品制造	1	16633	5165	31	5659	34
日用化学产品制造	1	10988	3301	30	2852	26
肥皂及合成洗涤剂制造	1	10988	3301	30	2852	26
医药制造业	13	137449	47986	35	45549	33
化学药品制剂制造	3	28147	9776	35	12297	44
中药饮片加工	3	13475	2093	16	1703	13
中成药生产	5	73061	30164	41	27452	38
生物药品制造	2	22766	5953	26	4097	18
化学纤维制造业	1	2540	636	25	641	25
合成纤维制造	1	2540	636	25	641	25
丙纶纤维制造	1	2540	636	25	641	25
橡胶和塑料制品业	22	248612	38718	16	39123	16
橡胶制品业	2	81004	14112	17	16071	20
轮胎制造	1	78796	13626	17	15366	20
橡胶零件制造	1	2208	486	22	705	32
塑料制品业	20	167608	24606	15	23052	14
塑料薄膜制造	1	2485	-119	-5	435	17
塑料板、管、型材制造	14	136313	19640	14	17892	13
泡沫塑料制造	1	3113	200	6	200	6
塑料包装箱及容器制造	2	5680	1922	34	1999	35
日用塑料制品制造	1	16237	1495	9	1729	11
其他塑料制品制造	1	3780	1468	39	797	21

9-8续表3　　　　（2016年）　　　　单位：万元

指标名称	企业单位数（个）	工业总产值	工业增加值（生产法）		工业增加值（收入法）	
			总量	增加值率(%)	总量	增加值率(%)
非金属矿物制品业	47	534262	108425	20	114335	21
水泥、石灰和石膏制造	6	102789	10267	10	26183	25
水泥制造	5	91327	7431	8	23998	26
石灰和石膏制造	1	11462	2836	25	2185	19
石膏、水泥制品及类似制品制造	29	355052	75769	21	72190	20
水泥制品制造	25	292139	64566	22	61614	21
砼结构构件制造	2	55553	8431	15	7703	14
轻质建筑材料制造	2	7360	2772	38	2873	39
砖瓦、石材等建筑材料制造	3	6149	2247	37	2266	37
粘土砖瓦及建筑砌块制造	1	2335	1417	61	1406	60
隔热和隔音材料制造	1	273	227	83	382	140
其他建筑材料制造	1	3541	603	17	478	13
玻璃制造	2	23146	9159	40	2187	9
平板玻璃制造	1	16080	6969	43	21	0
其他玻璃制造	1	7066	2190	31	2166	31
玻璃制品制造	2	17561	3656	21	3558	20
玻璃保温容器制造	1	14558	3025	21	2952	20
其他玻璃制品制造	1	3003	631	21	606	20
玻璃纤维和玻璃纤维增强塑料制品制造	1	8465	3321	39	3658	43
玻璃纤维增强塑料制品制造	1	8465	3321	39	3658	43
耐火材料制品制造	4	21100	4006	19	4293	20
耐火陶瓷制品及其他耐火材料制造	4	21100	4006	19	4293	20
黑色金属冶炼和压延加工业	22	2052920	68253	3	61267	3
炼铁	2	734872	-102483	-14	-102779	-14
黑色金属铸造	1	6191	489	8	177	3
钢压延加工	19	1311857	170247	13	163869	12
有色金属冶炼和压延加工业	5	579405	201189	34	87557	15
贵金属冶炼	1	112615	8223	7	798	1
金冶炼	1	112615	8223	7	798	1
有色金属合金制造	1	5873	329	6	205	4
有色金属压延加工	3	460917	192637	42	86554	19
铜压延加工	1	13452	836	6	678	19
铝压延加工	2	447465	191801	43	85876	10
金属制品业	27	235944	38919	16	24017	10
结构性金属制品制造	19	125217	30546	24	18039	14
金属结构制造	19	125217	30546	24	18039	14

9-8续表4　　(2016年)　　单位：万元

指标名称	企业单位数(个)	工业总产值	工业增加值(生产法)		工业增加值(收入法)	
			总量	增加值率(%)	总量	增加值率(%)
金属工具制造	1	3460	152	4	143	4
手工具制造	1	3460	152	4	143	4
集装箱及金属包装容器制造	1	5266	109	2	107	2
金属压力容器制造	1	5266	109	2	107	2
金属丝绳及其制品制造	3	90202	7148	8	4662	6
金属制日用品制造	1	3251	460	14	557	17
金属制厨房用器具制造	1	3251	460	14	557	17
其他金属制品制造	2	8548	504	6	509	6
锻件及粉末冶金制品制造	1	3478	358	10	363	10
其他未列明金属制品制造	1	5070	146	3	146	3
通用设备制造业	6	33623	7156	21	8335	25
锅炉及原动设备制造	1	4241	1275	30	1164	27
锅炉及辅助设备制造	1	4241	1275	30	1164	27
物料搬运设备制造	3	23285	4493	19	6117	26
起重机制造	1	4469	-1137	-25	1065	24
连续搬运设备制造	1	15016	3520	23	3011	20
电梯、自动扶梯及升降机制造	1	3800	2110	56	2041	54
烘炉、风机、衡器、包装等设备制造	2	6097	1388	23	1054	17
制冷、空调设备制造	1	3285	1163	35	804	24
风动和电动工具制造	1	2812	225	8	250	9
专用设备制造业	9	189013	53935	29	41155	22
采矿、冶金、建筑专用设备制造	3	82028	25270	31	19788	24
石油钻采专用设备制造	1	20024	4807	24	5813	29
建筑工程用机械制造	2	62004	20463	33	13975	23
农、林、牧、渔专用机械制造	4	93149	17010	18	7800	8
拖拉机制造	1	20005	1249	6	-228	-1
机械化农业及园艺机具制造	2	69911	13936	20	6299	9
畜牧机械制造	1	3233	1825	56	1729	53
医疗仪器设备及器械制造	1		-23		2138	
医疗诊断、监护及治疗设备制造	1		-23		2138	
环保、社会公共服务及其他专用设备制造	1	13836	11678	84	11429	83
环境保护专用设备制造	1	13836	11678	84	11429	83
汽车制造业	6	178588	35064	20	29212	16
汽车整车制造	3	168129	34383	20	28552	17
改装汽车制造	2	7591	-283	-4	-265	-4

9-8续表5　　(2016年)　　单位：万元

指标名称	企业单位数(个)	工业总产值	工业增加值(生产法)		工业增加值(收入法)	
			总量	增加值率(%)	总量	增加值率(%)
汽车零部件及配件制造	1	2868	964	34	925	32
铁路、船舶、航空航天和其他运输设备制造业	1	7288	1297	18	1297	18
铁路运输设备制造	1	7288	1297	18	1297	18
其他铁路运输设备制造	1	7288	1297	18	1297	18
电气机械和器材制造业	23	3032125	384609	13	320806	11
电机制造	1	2001975	247259	12	199465	10
发电机及发电机组制造	1	2001975	247259	12	199465	10
输配电及控制设备制造	12	960300	131283	14	117313	12
变压器、整流器和电感器制造	3	24393	4816	20	8746	36
配电开关控制设备制造	6	30887	3455	11	3912	13
光伏设备及元器件制造	2	844406	115769	14	101167	12
其他输配电及控制设备制造	1	60614	72449	20	3488	6
电线、电缆、光缆及电工器材制造	10	69850	6067	9	4028	6
电线、电缆制造	10	69850	6067	9	4028	6
计算机、通信和其他电子设备制造业	1	2931	802	27	712	24
电子器件制造	1	2931	802	27	712	24
光电子器件及其他电子器件制造	1	2931	802	27	712	24
仪器仪表制造业	1	7524	862	11	932	12
通用仪器仪表制造	1	7524	862	11	932	12
工业自动控制系统装置制造	1	7524	862	11	932	12
废弃资源综合利用业	2	7999	3271	41	3408	43
金属废料和碎屑加工处理	2	7999	3271	41	3408	43
金属制品、机械和设备修理业	2	12478	7043	56	7022	56
铁路、船舶、航空航天等运输设备修理	1	3555	1258	35	1257	35
其他运输设备修理	1	3555	1258	35	1257	35
电气设备修理	1	8923	5785	65	5765	65
电力、热力、燃气及水生产和供应业	**64**	**5469475**	**1383128**	**25**	**1340074**	**25**
电力、热力生产和供应业	55	4923434	1190991	14	1158711	24
电力生产	30	346021	200536	58	187630	54
火力发电	4	192448	92291	48	84812	44
风力发电	25	151384	108118	71	102691	68
其他电力生产	1	2189	127	8	127	6
电力供应	2	4307789	971569	23	953997	22
热力生产和供应	23	269624	18886	7	17084	6
燃气生产和供应业	5	463922	122876	26	123969	27
水的生产和供应业	4	82119	69261	84	57394	70
自来水生产和供应	2	66489	57284	86	45417	68
污水处理及其再生利用	2	15630	11977	77	11977	77

9—9 规模以上大中型工业企业一览表

（2016年）

企业名称	登记注册类型	企业规模	隶属关系	所属行业
新特能源股份有限公司	股份有限公司	大型	地(区、市、州、盟)	信息化学品制造
特变电工新疆新能源股份有限公司	股份有限公司	大型	县(区、市、旗)	光伏设备及元器件制造
中国石油天然气股份有限公司乌鲁木齐石化分公司	股份有限公司	大型	中央	原油加工及石油制品制造
中电投新疆能源化工集团有限责任公司	其他有限责任公司	大型	中央	火力发电
新疆金风科技股份有限公司	私营有限股份公司	大型	其他	发电机及发电机组制造
新疆焦煤(集团)有限责任公司	国有独资公司	大型	省(自治区、直辖市)	烟煤和无烟煤开采洗选
新疆统一企业食品有限公司	港澳台商独资	大型	其他	方便面及其他方便食品制造
新疆阜丰生物科技有限公司	其他有限责任公司	大型	其他	食品及饲料添加剂制造
新疆天润乳业股份有限公司	股份有限公司	大型	中央	乳制品制造
新疆燃气(集团)有限公司	其他有限责任公司	大型	地(区、市、州、盟)	燃气生产和供应业
新疆华泰重化工有限责任公司	股份有限公司	大型	省(自治区、直辖市)	初级形态塑料及合成树脂制造
中建西部建设新疆有限公司	其他有限责任公司	大型	中央	水泥制品制造
乌鲁木齐市热力总公司	国有	大型	地(区、市、州、盟)	热力生产和供应
新疆天康畜牧生物技术股份有限公司	股份有限公司	大型	中央	饲料加工
新疆八一钢铁股份有限公司	股份有限公司	大型	中央	钢压延加工
双钱集团(新疆)昆仑轮胎有限公司	其他有限责任公司	大型	县(区、市、旗)	轮胎制造
中国石油化工股份有限公司西北油田分公司	股份有限公司	大型	中央	石油开采
国网新疆电力公司	国有	大型	中央	电力供应
新疆众和股份有限公司	股份有限公司	大型	其他	铝压延加工
宝钢集团新疆八一钢铁有限公司	其他有限责任公司	大型	中央	炼铁
神华新疆能源有限责任公司	其他有限责任公司	大型	中央	烟煤和无烟煤开采洗选
乌鲁木齐水业集团有限公司	国有独资公司	大型	地(区、市、州、盟)	自来水生产和供应
新疆特变电工集团有限公司	私营有限责任公司	大型	其他	其他输配电及控制设备制造
乌鲁木齐西城热力有限公司	其他有限责任公司	中型	中央	热力生产和供应
新疆维吾尔药业有限责任公司	私营有限责任公司	中型	其他	中成药生产
新疆雪峰科技(集团)股份有限公司	其他有限责任公司	中型	省(自治区、直辖市)	炸药及火工产品制造
新疆五江兴华实业有限公司	私营有限责任公司	中型	其他	玻璃保温容器制造
新疆天润生物科技股份有限公司	股份有限公司	中型	中央	乳制品制造
乌鲁木齐华源热力股份有限公司	股份有限公司	中型	地(区、市、州、盟)	热力生产和供应
新疆航空食品有限责任公司	国有独资公司	中型	省(自治区、直辖市)	方便面及其他方便食品制造
新疆乌苏啤酒有限责任公司	外资企业	中型	其他	啤酒制造
新疆盐湖制盐有限责任公司	其他有限责任公司	中型	中央	采盐
新疆新化化肥有限责任公司	国有独资公司	中型	省(自治区、直辖市)	氮肥制造
新疆昌平矿业有限责任公司	其他有限责任公司	中型	中央	烟煤和无烟煤开采洗选
乌鲁木齐伊利食品有限责任公司	其他有限责任公司	中型	其他	冷冻饮品及食用冰制造
新疆源盛科技发展有限公司	私营有限责任公司	中型	其他	铝压延加工
新疆天山毛纺织股份有限公司	股份有限公司	中型	省(自治区、直辖市)	毛条和毛纱线加工

9-9续表　　（2016年）

企业名称	登记注册类型	企业规模	隶属关系	所属行业
新疆天电电力工程有限责任公司	其他有限责任公司	中型	省(自治区、直辖市)	电气设备修理
新疆天康饲料科技有限公司	其他有限责任公司	中型	其他	饲料加工
新疆中收农牧机械公司	国有	中型	地(区、市、州、盟)	机械化农业及园艺机具制造
国电新疆红雁池发电有限公司	国有独资公司	中型	中央	火力发电
新疆芳婷针纺织有限责任公司	其他有限责任公司	中型	中央	针织或钩针编织服装制造
新疆会兴钢管有限公司	私营有限责任公司	中型	其他	钢压延加工
新疆会兴钢管有限公司	私营有限责任公司	中型	其他	钢压延加工
新疆昌特输变电配件有限公司	其他有限责任公司	中型	其他	变压器、整流器和电感器制造
新疆乌石化西峰(集团)有限公司	其他有限责任公司	中型	中央	原油加工及石油制品制造
新疆广汇热力有限公司	其他有限责任公司	中型	地(区、市、州、盟)	热力生产和供应
新疆紫罗兰食品有限公司	其他有限责任公司	中型	其他	糕点、面包制造
上汽大众(新疆)汽车有限公司	中外合资经营	中型	地(区、市、州、盟)	汽车整车制造
新疆蒙牛乳业有限公司	私营有限责任公司	中型	其他	乳制品制造
新疆新华印刷厂	国有	中型	省(自治区、直辖市)	书、报刊印刷
乌鲁木齐环鹏有限公司	国有独资公司	中型	地(区、市、州、盟)	无机盐制造
新疆乌鲁木齐正大畜牧有限公司	中外合作经营	中型	中央	饲料加工
新疆会兴超越建材有限公司	私营有限责任公司	中型	其他	钢压延加工
新疆现代石油化工股份有限公司	私营有限股份公司	中型	其他	原油加工及石油制品制造
乌鲁木齐高新技术产业开发区热力公司	国有	中型	地(区、市、州、盟)	热力生产和供应
红云红河烟草(集团)有限责任公司新疆卷烟厂	国有独资公司	中型	中央	卷烟制造
华电新疆发电有限公司红雁池电厂	其他有限责任公司	中型	中央	火力发电
新疆伍怡天宇建筑工程有限公司	其他有限责任公司	中型	中央	水泥制品制造
新疆机械研究院股份有限公司	股份有限公司	中型	县(区、市、旗)	机械化农业及园艺机具制造
新疆神新发展有限责任公司	其他有限责任公司	中型	其他	烟煤和无烟煤开采洗选
新疆溢达纺织有限公司	港澳台商独资	中型	其他	棉纺纱加工
新疆新峰股份有限公司	其他有限责任公司	中型	县(区、市、旗)	初级形态塑料及合成树脂制造
康师傅(乌鲁木齐)饮品有限公司	中外合资经营	中型	其他	茶饮料及其他饮料制造
新疆国统管道股份有限公司	股份有限公司	中型	其他	砼结构构件制造
新疆华世丹药业股份有限公司	股份有限公司	中型	其他	化学药品制剂制造
新疆天山水泥股份有限公司	股份有限公司	中型	其他	水泥制造
兖矿新疆煤化工有限公司	其他有限责任公司	中型	省(自治区、直辖市)	氮肥制造
华电新疆发电有限公司乌鲁木齐热电厂	国有独资公司	中型	中央	火力发电
中粮可口可乐饮料(新疆)有限公司	与港澳台商合资经营	中型	其他	碳酸饮料制造
新疆米东天山水泥有限责任公司	其他有限责任公司	中型	其他	水泥制造
乌鲁木齐盛达昌贸易有限公司	私营有限责任公司	中型	其他	机织服装制造
国药集团新疆制药有限公司	国有独资公司	中型	中央	化学药品制剂制造
东风新疆汽车有限公司	中外合资经营	中型	其他	汽车整车制造

9—10　近年规模以上工业分行业综合能源消费量

单位：万吨标准煤

指　　标	2010年	2012年	2013年	2014年	2015年	2016年
总　计	**1370.83**	**1773.84**	**1752.16**	**1715.97**	**1610.25**	**1568.09**
按工业行业大类分						
煤炭开采和洗选业	34.34	45.94	65.85	25.34	28.86	17.28
石油和天然气开采业	77.23	77.53	66.78	73.68	69.40	58.85
有色金属矿采选业	0.08	0.11				
非金属矿采选业	5.93	6.54	4.46	4.62	4.55	2.98
开采辅助活动		0.01	0.01	0.01	0.01	0.01
农副食品加工业	1.17	1.32	1.40	1.08	1.44	2.09
食品制造业	2.59	14.07	37.00	35.75	34.31	27.16
酒、饮料和精制茶制造业	1.14	2.16	2.26	1.94	1.72	1.88
烟草制造业				0.69	0.69	0.58
纺织业	5.78	4.14	1.91	1.85	1.35	1.42
纺织服装、服饰业	0.15	0.32	0.13	0.35	0.32	0.64
木材加工和木、竹、藤、棕、草制品业	0.59	2.59	1.99	1.35	0.64	0.28
家具制造业	0.71	0.50	0.16	0.15	0.08	0.06
造纸和纸制品业	6.61	4.52	3.63	0.55	0.86	1.34
印刷和记录媒介复制业	0.53	0.58	0.42	0.35	0.32	0.31
石油加工、炼焦和核燃料加工业	256.18	330.37	301.40	259.29	260.26	221.73
化学原料和化学制品制造业	137.26	190.84	165.38	325.81	357.03	449.83
医药制造业	1.60	1.19	1.10	1.19	1.12	1.56
橡胶和塑料制品业	1.51	4.02	4.78	4.33	4.24	3.33
非金属矿物制品业	46.71	56.42	53.92	39.26	43.81	41.82
黑色金属冶炼和压延加工业	418.00	538.92	524.10	472.46	339.24	312.38
有色金属冶炼和压延加工业	5.99	6.84	6.54	114.34	93.77	86.91
金属制品业	2.64	2.31	1.65	1.70	1.28	1.02
通用设备制造业	0.71	0.60	0.26	0.48	0.30	0.23
专用设备制造业	1.72	1.18	1.28	0.91	1.00	0.84
汽车制造业	1.05	1.05	1.53	2.76	2.79	2.24
铁路、船舶、航空航天和其他运输设备制造业		0.03	0.01		0.01	0.01
电气机械和器材制造业	1.24	1.57	1.56	2.00	1.53	1.20
计算机、通信和其他电子设备制造业	39.30	62.65	115.50			0.08
仪器仪表制造业	0.02	0.01	0.01	0.02	0.03	0.02
其他制造业	0.02	0.03	0.16	0.20	1.10	
电力、热力生产和供应业	318.83	414.56	385.91	342.25	356.70	327.89
燃气生产和供应业	0.21	0.19	0.26	0.27	0.47	0.80
水的生产和供应业	0.98	0.71	0.81	0.98	1.02	1.32

9—11 全市规模以上工业企业能源购进、消费与库存

（2016年）

指　　标	年初库存	购进量	消费量	工业生产消费	非工业消费	年末库存
能源合计(吨标准煤)			**33827814**	**33821544**	**6270**	
原煤(吨)	1131044	14952299	16744826	16742481	2345	1013446
洗精煤(吨)	252059	2289690	2250949	2250949		145802
其他洗煤(吨)	18881	1103564	1098169	1098169		63270
煤制品(吨)						
焦炭(吨)	119903	665447	2222442	2222442		34227
焦炉煤气(万立方米)			75150	75150		
高炉煤气(万立方米)			634125	634125		
转炉煤气(万立方米)			43956	43956		
天然气(万立方米)	195	187282	218870	218734	136	184
液化天然气(吨)	3	410	410	405	5	
原油(吨)	86756	5789144	5914100	5914100		189417
汽油(吨)	34	12229	12566	12135	431	5
煤油(吨)		398	480	480		
柴油(吨)	783	36051	36277	36235	43	821
燃料油(吨)	307	1370	1676	1676		
液化石油气(吨)			90	90		
炼厂干气(吨)			129426	129426		
润滑油(吨)	4717	23764	27513	27513		15
溶剂油(吨)		75	75	75		
石油焦(吨)						
其他石油制品(吨)	42427	275116	486543	486543		11613
热力(百万千焦)		2584420	19142179	19102435	39743	
电力(万千瓦时)		1184660	2163620	2163001	619	
煤矸石用于原料(吨)		677403	689067	689067		
余热余压(百万千焦)			4483483	4483483		
其他燃料(吨标准煤)	176	4471	4506	4506		141

9—12 规模以上工业分行业能源消费量

（2016年）

指 标	综合能源消费量（吨标准煤）	工业总产值单位能耗（吨标准煤/万元）	工业增加值单位能耗（吨标准煤/万元）
总 计	**15680930**	**0.80**	**3.08**
按工业行业大类分			
煤炭开采和洗选业	172789	0.43	0.72
石油和天然气开采业	588466	0.60	1.08
有色金属矿采选业			
非金属矿采选业	29785	3.18	8.03
开采辅助活动	102	0.02	0.05
农副食品加工业	20860	0.04	0.26
食品制造业	271591	0.36	2.00
酒、饮料和精制茶制造业	18803	0.13	0.34
烟草制造业	5846	0.01	0.02
纺织业	14231	0.15	0.74
纺织服装、服饰业	6395	0.19	0.96
木材加工和木、竹、藤、棕、草制品业	2845	1.87	−1.84
家具制造业	591	0.06	1.12
造纸和纸制品业	13393	0.28	1.71
印刷和记录媒介复制业	3083	0.12	0.23
石油加工、炼焦和核燃料加工业	2218049	0.96	1.89
化学原料和化学制品制造业	4498273	3.98	12.14
医药制造业	15558	0.11	0.34
橡胶和塑料制品业	33347	0.13	0.85
非金属矿物制品业	418223	0.78	3.66
黑色金属冶炼和压延加工业	3114086	1.52	50.83
有色金属冶炼和压延加工业	869126	1.5	9.93
金属制品业	10181	0.04	0.42
通用设备制造业	2317	0.07	0.28
专用设备制造业	8370	0.04	0.20
汽车制造业	22428	0.13	0.77
铁路、船舶、航空航天和其他运输设备制造业	69	0.01	0.05
电气机械和器材制造业	12004	0.01	0.04
计算机、通信和其他电子设备制造业	805	0.28	1.13
仪器仪表制造业	221	0.03	0.24
废弃资源综合利用业	9014	1.13	2.64
电力、热力生产和供应业	3278885	0.67	2.83
燃气生产和供应业	8031	0.02	0.06
水的生产和供应业	13163	0.16	0.23

9—13 规模以上工业企业主要能源品种分产品、分行业能源消费量

（2016年）

指 标	原煤(吨)	炼焦烟煤(吨)	一般烟煤(吨)	洗精煤(吨)	其它洗煤(吨)
总 计	**16744826**	**1344035**	**15400661**	**2250949**	**1098169**
按工业行业大类分					
煤炭开采和洗选业	1435911	1344035	91876		38994
石油和天然气开采业					
有色金属矿采选业					
非金属矿采选业	45096		45096		
开采辅助活动					
农副食品加工业	6360		6360		
食品制造业	363481		363481		
酒、饮料和精制茶制造业					
烟草制造业					
纺织业					
纺织服装、服饰业	6413		6413		
木材加工和木、竹、藤、棕、草制品业	3133		3133		
家具制造业					
造纸和纸制品业	12176		12176		
印刷和记录媒介复制业	3		3		
石油加工、炼焦和核燃料加工业	1192842		1192842		
化学原料和化学制品制造业	5461333		5461333		1059175
医药制造业	1708		1708		
橡胶和塑料制品业	19999		19999		
非金属矿物制品业	410999		410999		
黑色金属冶炼和压延加工业	650465		650465	2250949	
有色金属冶炼和压延加工业	1125231		1125231		
金属制品业	546		416		
通用设备制造业					
专用设备制造业					
汽车制造业					
铁路、船舶、航空航天和其他运输设备制造业	21		21		
电气机械和器材制造业					
计算机、通信和其他电子设备制造业					
仪器仪表制造业					
其他制造业					
电力、热力生产和供应业	6007370		6007370		
燃气生产和供应业					
水的生产和供应业	1740		1740		

9-13续表1　　　　　　　　　　　　　　（2016年）

指　　标	煤制品（吨）	焦炭（吨）	其它焦化产品（吨）	焦炉煤气（万立方米）	高炉煤气（万立方米）
总　计		**2222442**		**75150**	**634125**
按工业行业大类分					
煤炭开采和洗选业					
石油和天然气开采业					
有色金属矿采选业					
非金属矿采选业					
开采辅助活动					
农副食品加工业					
食品制造业					
酒、饮料和精制茶制造业					
烟草制造业					
纺织业					
纺织服装、服饰业					
木材加工和木、竹、藤、棕、草制品业					
家具制造业					
造纸和纸制品业					
印刷和记录媒介复制业					
石油加工、炼焦和核燃料加工业					
化学原料和化学制品制造业		133608			
医药制造业					
橡胶和塑料制品业					
非金属矿物制品业					
黑色金属冶炼和压延加工业		2088834		75150	634125
有色金属冶炼和压延加工业					
金属制品业					
通用设备制造业					
专用设备制造业					
汽车制造业					
铁路、船舶、航空航天和其他运输设备制造业					
电气机械和器材制造业					
计算机、通信和其他电子设备制造业					
仪器仪表制造业					
其他制造业					
电力、热力生产和供应业					
燃气生产和供应业					
水的生产和供应业					

9-13续表2　　　　　　　　　　　　　（2016年）

指　　标	转炉煤气（万立方米）	天然气（万立方米）	液化天然气（吨）	原油（吨）	汽油（吨）
总　计	**43956**	**218870**	**410**	**5914100**	**12566**
按工业行业大类分					
煤炭开采和洗选业		318			247
石油和天然气开采业		31599		227617	1314
有色金属矿采选业					
非金属矿采选业					10
开采辅助活动					48
农副食品加工业		722	8		221
食品制造业		1059	41		335
酒、饮料和精制茶制造业		1023			21
烟草制造业		307			18
纺织业		443			25
纺织服装、服饰业		29			79
木材加工和木、竹、藤、棕、草制品业					
家具制造业		25			30
造纸和纸制品业		12			30
印刷和记录媒介复制业		31			60
石油加工、炼焦和核燃料加工业		35306		5686483	402
化学原料和化学制品制造业		8069	321		483
医药制造业		796			230
橡胶和塑料制品业		173	27		243
非金属矿物制品业		3279	7		684
黑色金属冶炼和压延加工业	43956	724			477
有色金属冶炼和压延加工业		1556			71
金属制品业		273	1		363
通用设备制造业		16	5		25
专用设备制造业		170			159
汽车制造业		575			176
铁路、船舶、航空航天和其他运输设备制造业					16
电气机械和器材制造业		91			250
计算机、通信和其他电子设备制造业					
仪器仪表制造业					73
其他制造业					
电力、热力生产和供应业		131696			5664
燃气生产和供应业		518			485
水的生产和供应业		60			326

9-13续表3　　（2016年）

指　　标	煤油（吨）	柴油（吨）	燃料油（吨）	液化石油气（吨）	炼厂干气（吨）
总　计	**480**	**36277**	**1676**	**90**	**129426**
按工业行业大类分					
煤炭开采和洗选业		1074			
石油和天然气开采业		632			
有色金属矿采选业					
非金属矿采选业		224			
开采辅助活动					
农副食品加工业		99			
食品制造业		546			
酒、饮料和精制茶制造业		38			
烟草制造业					
纺织业		18			
纺织服装、服饰业		47			
木材加工和木、竹、藤、棕、草制品业		14			
家具制造业		30			
造纸和纸制品业		186			
印刷和记录媒介复制业		55			
石油加工、炼焦和核燃料加工业	82	427	306	90	129426
化学原料和化学制品制造业		1393			
医药制造业		86			
橡胶和塑料制品业	1	153			
非金属矿物制品业	288	23943	1370		
黑色金属冶炼和压延加工业		4880			
有色金属冶炼和压延加工业		321			
金属制品业		143			
通用设备制造业		3			
专用设备制造业		84			
汽车制造业		45			
铁路、船舶、航空航天和其他运输设备制造业					
电气机械和器材制造业	109	60			
计算机、通信和其他电子设备制造业					
仪器仪表制造业					
其他制造业					
电力、热力生产和供应业		1602			
燃气生产和供应业		30			
水的生产和供应业		146			

9-13续表4　　　　　　　　　　　　　　（2016年）

指　　标	润滑油（吨）	石蜡（吨）	溶剂油（吨）	石油焦（吨）	其它石油制品（吨）
总　计	**27513**	**30**	**75**		**486543**
按工业行业大类分					
煤炭开采和洗选业	144				8
石油和天然气开采业					
有色金属矿采选业					
非金属矿采选业					
开采辅助活动					
农副食品加工业			75		
食品制造业	25				
酒、饮料和精制茶制造业					
烟草制造业					
纺织业	0				
纺织服装、服饰业					
木材加工和木、竹、藤、棕、草制品业					
家具制造业					
造纸和纸制品业	8				
印刷和记录媒介复制业					
石油加工、炼焦和核燃料加工业	26250				486523
化学原料和化学制品制造业	33				
医药制造业					
橡胶和塑料制品业	62				
非金属矿物制品业	984				11
黑色金属冶炼和压延加工业	4	30			2
有色金属冶炼和压延加工业					
金属制品业					
通用设备制造业					
专用设备制造业	4				
汽车制造业					
铁路、船舶、航空航天和其他运输设备制造业					
电气机械和器材制造业					
计算机、通信和其他电子设备制造业					
仪器仪表制造业					
其他制造业					
电力、热力生产和供应业					
燃气生产和供应业					
水的生产和供应业					

9-13续表5 （2016年）

指　　标	热力（百万千焦）	电力（万千瓦时）	煤矸石用于燃料（吨）	余热余压（百万千焦）	其他燃料（吨标准煤）
总　计	**19142179**	**2163620**	**689067**	**4483483**	4506
按工业行业大类分					
煤炭开采和洗选业	211009	19892			
石油和天然气开采业	136239	54977			
有色金属矿采选业					
非金属矿采选业	840	1916			
开采辅助活动	849	2			
农副食品加工业	36329	4494			
食品制造业	15381	11708			
酒、饮料和精制茶制造业		4154			
烟草制造业		1703			
纺织业	28219	7950			
纺织服装、服饰业	63213	619			
木材加工和木、竹、藤、棕、草制品业		477			
家具制造业	2354	77			
造纸和纸制品业	8000	4290			
印刷和记录媒介复制业	46496	744			
石油加工、炼焦和核燃料加工业	31133	132068			
化学原料和化学制品制造业	1370582	568782			4506
医药制造业	107067	1749			
橡胶和塑料制品业	38186	12417			
非金属矿物制品业	191871	31808			
黑色金属冶炼和压延加工业	14477352	210473		4483483	
有色金属冶炼和压延加工业	42370	288324			
金属制品业	8670	4299			
通用设备制造业	52591	222			
专用设备制造业	86840	2285			
汽车制造业	330147	2740			
铁路、船舶、航空航天和其他运输设备制造业		25			
电气机械和器材制造业	70072	6339			
计算机、通信和其他电子设备制造业		655			
仪器仪表制造业	2953	10			
其他制造业					
电力、热力生产和供应业	1770855	779971	689067		
燃气生产和供应业		317			
水的生产和供应业	12563	8135			

9—14 大中型工业企业能源购进、消费与库存

（2016年）

指　　标	年初库存	购进量	消费量	工业生产消费	非工业消费	年末库存
能源合计(吨标准煤)			**29971831**	**29968428**	**3402**	
原煤(吨)	737583	11684903	13485275	13485275		629169
洗精煤(吨)	252059	2289690	2250949	2250949		145802
其他洗煤(吨)	18881	1103564	1098169	1098169		63270
煤制品(吨)						
焦炭(吨)	119903	665447	2222442	2222442		34227
焦炉煤气(万立方米)			75150	75150		
高炉煤气(万立方米)			634125	634125		
转炉煤气(万立方米)			43956	43956		
天然气(万立方米)	93	106386	137972	137888	83	102
液化天然气(吨)		4	4	4		
原油(吨)	86756	5789144	5914100	5914100		189417
汽油(吨)	24	8957	9278	9019	259	5
煤油(吨)		110	192	192		
柴油(吨)	454	12014	12430	12398	32	309
燃料油(吨)	307		306	306		
液化石油气(吨)			90	90		
炼厂干气(吨)			129426	129426		
润滑油(吨)	23	489	497	497		15
溶剂油(吨)						
石油焦(吨)						
其他石油制品(吨)	42427	275104	486531	486531		11613
热力(百万千焦)		1868689	18105002	18065259	39743	
电力(万千瓦时)		1072329	2009068	2008613	455	
煤矸石用于原料(吨)						
余热余压(百万千焦)			4483483	4483483		
其他燃料(吨标准煤)	176	4471	4506	4506		141

9—15　近年大中型工业企业分行业综合能源消费量

单位：万吨标准煤

指　　标	2010年	2012年	2013年	2014年	2015年	2016年
总　计	**1196.08**	**1614.05**	**1564.15**	**1533.18**	**1441.71**	**1354.63**
按工业行业大类分						
煤炭开采和洗选业	33.86	45.88	65.59	25.16	28.77	10.42
石油和天然气开采业	77.23	77.53	66.78	73.68	69.40	58.85
有色金属矿采选业						
非金属矿采选业	4.65	4.26	4.33	4.53	4.44	2.87
开采辅助活动						
农副食品加工业			0.09	0.08	0.09	0.33
食品制造业	1.61	2.16	36.28	34.93	33.82	20.51
酒、饮料和精制茶制造业	0.78	0.79	0.91	1.94	1.72	1.88
烟草制造业				0.69	0.69	0.58
纺织业	5.27	4.00	1.83	1.80	1.33	1.34
纺织服装、服饰业						0.01
木材加工和木、竹、藤、棕、草制品业						
家具制造业	0.59	0.39	0.06	0.05	0.03	
造纸和纸制品业	3.22	1.85	1.28			
印刷和记录媒介复制业	0.17	0.18	0.15	0.14	0.14	0.13
石油加工、炼焦和核燃料加工业	255.77	330.05	301.06	254.90	255.60	217.99
化学原料和化学制品制造业	133.06	185.36	160.84	321.12	354.08	378.21
医药制造业	1.35	0.72	0.59	0.62	0.49	0.56
橡胶和塑料制品业	0.10	1.98	2.39	2.85	2.43	2.14
非金属矿物制品业	23.07	38.67	31.47	21.02	25.77	25.26
黑色金属冶炼和压延加工业	413.50	534.43	515.12	462.57	333.72	306.62
有色金属冶炼和压延加工业	0.34	6.28	6.38	114.15	93.67	86.65
金属制品业		0.76		0.84	0.51	
通用设备制造业				0.19	0.19	
专用设备制造业	1.14	0.66	0.54	0.33	0.50	0.43
汽车制造业	0.24	0.54	0.83	1.91	2.04	1.72
铁路、船舶、航空航天和其他运输设备制造业						
电气机械和器材制造业	0.77	0.94	0.92	1.09	0.84	0.77
计算机、通信和其他电子设备制造业	39.04	62.63	115.48			
仪器仪表制造业						
其他制造业			0.16			
电力、热力生产和供应业	199.69	313.36	250.34	207.62	230.27	235.64
燃气生产和供应业	0.21	0.19	0.41	0.23	0.43	0.75
水的生产和供应业	0.43	0.44	0.44	0.74	0.74	0.97

9—16 大中型工业企业主要能源品种分行业消费量

（2016年）

指 标	原煤（吨）	炼焦烟煤（吨）	一般烟煤（吨）	洗精煤（吨）	其它洗煤（吨）
总 计	**13485275**	**1344035**	**12141240**	**2250949**	**1098169**
按工业行业大类分					
煤炭开采和洗选业	1347106	1344035	3071		38994
石油和天然气开采业					
有色金属矿采选业					
非金属矿采选业	45071		45071		
开采辅助活动					
农副食品加工业	367		367		
食品制造业	284193		284193		
酒、饮料和精制茶制造业					
烟草制造业					
纺织业					
纺织服装、服饰业	56		56		
木材加工和木、竹、藤、棕、草制品业					
家具制造业					
造纸和纸制品业					
印刷和记录媒介复制业					
石油加工、炼焦和核燃料加工业	1192842		1192842		
化学原料和化学制品制造业	4513251		4513251		1059175
医药制造业	1703		1703		
橡胶和塑料制品业	19979		19979		
非金属矿物制品业	316631		316631		
黑色金属冶炼和压延加工业	613673		613673	2250949	
有色金属冶炼和压延加工业	1125231		1125231		
金属制品业					
通用设备制造业					
专用设备制造业					
汽车制造业					
铁路、船舶、航空航天和其他运输设备制造业					
电气机械和器材制造业					
计算机、通信和其他电子设备制造业					
仪器仪表制造业					
其他制造业					
电力、热力生产和供应业	4023972		4023972		
燃气生产和供应业					
水的生产和供应业	1200		1200		

9-16续表1　　　　　　　　　　　　（2016年）

指　　标	煤制品（吨）	焦炭（吨）	其它焦化产品（吨）	焦炉煤气（万立方米）	高炉煤气（万立方米）
总　计		**2222442**		**75150**	**634125**
按工业行业大类分					
煤炭开采和洗选业					
石油和天然气开采业					
有色金属矿采选业					
非金属矿采选业					
开采辅助活动					
农副食品加工业					
食品制造业					
酒、饮料和精制茶制造业					
烟草制造业					
纺织业					
纺织服装、服饰业					
木材加工和木、竹、藤、棕、草制品业					
家具制造业					
造纸和纸制品业					
印刷和记录媒介复制业					
石油加工、炼焦和核燃料加工业					
化学原料和化学制品制造业		133608			
医药制造业					
橡胶和塑料制品业					
非金属矿物制品业					
黑色金属冶炼和压延加工业		2088834		75150	634125
有色金属冶炼和压延加工业					
金属制品业					
通用设备制造业					
专用设备制造业					
汽车制造业					
铁路、船舶、航空航天和其他运输设备制造业					
电气机械和器材制造业					
计算机、通信和其他电子设备制造业					
仪器仪表制造业					
其他制造业					
电力、热力生产和供应业					
燃气生产和供应业					
水的生产和供应业					

9-16续表2 （2016年）

指　　标	转炉煤气（万立方米）	天然气（万立方米）	液化天然气（吨）	原油（吨）	汽油（吨）
总　　计	**43956**	**137972**	**4**	**5914100**	**9278**
按工业行业大类分					
煤炭开采和洗选业		318			206
石油和天然气开采业		31599		227617	1314
有色金属矿采选业					
非金属矿采选业					
开采辅助活动					
农副食品加工业		135	4		10
食品制造业		905			139
酒、饮料和精制茶制造业		1023			21
烟草制造业		307			18
纺织业		443			24
纺织服装、服饰业					17
木材加工和木、竹、藤、棕、草制品业					
家具制造业					
造纸和纸制品业					
印刷和记录媒介复制业		9			32
石油加工、炼焦和核燃料加工业		35268		5686483	387
化学原料和化学制品制造业		7861			227
医药制造业		239			41
橡胶和塑料制品业		51			56
非金属矿物制品业		132			47
黑色金属冶炼和压延加工业	43956	29			352
有色金属冶炼和压延加工业		1429			62
金属制品业					
通用设备制造业					
专用设备制造业		132			35
汽车制造业		502			161
铁路、船舶、航空航天和其他运输设备制造业					
电气机械和器材制造业					119
计算机、通信和其他电子设备制造业					
仪器仪表制造业					
其他制造业					
电力、热力生产和供应业		57040			5259
燃气生产和供应业		490			457
水的生产和供应业		60			294

9-16续表3　　　　（2016年）

指　　标	煤油（吨）	柴油（吨）	燃料油（吨）	液化石油气（吨）	炼厂干气（吨）
总　　计	**192**	**12430**	**306**	**90**	**129426**
按工业行业大类分					
煤炭开采和洗选业		866			
石油和天然气开采业		632			
有色金属矿采选业					
非金属矿采选业		201			
开采辅助活动					
农副食品加工业		31			
食品制造业		315			
酒、饮料和精制茶制造业		38			
烟草制造业					
纺织业		18			
纺织服装、服饰业					
木材加工和木、竹、藤、棕、草制品业					
家具制造业					
造纸和纸制品业					
印刷和记录媒介复制业		22			
石油加工、炼焦和核燃料加工业	82	414	306	90	129426
化学原料和化学制品制造业		861			
医药制造业		34			
橡胶和塑料制品业	1	55			
非金属矿物制品业		2663			
黑色金属冶炼和压延加工业		4406			
有色金属冶炼和压延加工业		316			
金属制品业					
通用设备制造业					
专用设备制造业		5			
汽车制造业		37			
铁路、船舶、航空航天和其他运输设备制造业					
电气机械和器材制造业	109	14			
计算机、通信和其他电子设备制造业					
仪器仪表制造业					
其他制造业					
电力、热力生产和供应业		1351			
燃气生产和供应业		30			
水的生产和供应业		122			

9-16续表4 （2016年）

指　　标	润滑油（吨）	石蜡（吨）	溶剂油（吨）	石油焦（吨）	其它石油制品（吨）
总　　计	**497**				**486531**
按工业行业大类分					
煤炭开采和洗选业	144				8
石油和天然气开采业					
有色金属矿采选业					
非金属矿采选业					
开采辅助活动					
农副食品加工业					
食品制造业	25				
酒、饮料和精制茶制造业					
烟草制造业					
纺织业					
纺织服装、服饰业					
木材加工和木、竹、藤、棕、草制品业					
家具制造业					
造纸和纸制品业					
印刷和记录媒介复制业					
石油加工、炼焦和核燃料加工业	227				486523
化学原料和化学制品制造业	33				
医药制造业					
橡胶和塑料制品业	62				
非金属矿物制品业	7				
黑色金属冶炼和压延加工业					
有色金属冶炼和压延加工业					
金属制品业					
通用设备制造业					
专用设备制造业					
汽车制造业					
铁路、船舶、航空航天和其他运输设备制造业					
电气机械和器材制造业					
计算机、通信和其他电子设备制造业					
仪器仪表制造业					
其他制造业					
电力、热力生产和供应业					
燃气生产和供应业					
水的生产和供应业					

9-16续表5

（2016年）

指　　标	热力（百万千焦）	电力（万千瓦时）	煤矸石用于燃料（吨）	余热余压（百万千焦）	其他燃料（吨标准煤）
总　　计	**18105002**	**2009068**		**4483483**	**4506**
按工业行业大类分					
煤炭开采和洗选业	211009	15966			
石油和天然气开采业	136239	54977			
有色金属矿采选业					
非金属矿采选业		1118			
开采辅助活动					
农副食品加工业	9986	716			
食品制造业		6346			
酒、饮料和精制茶制造业		4154			
烟草制造业		1703			
纺织业	6865	7888			
纺织服装、服饰业		79			
木材加工和木、竹、藤、棕、草制品业					
家具制造业					
造纸和纸制品业					
印刷和记录媒介复制业	21672	316			
石油加工、炼焦和核燃料加工业	31133	132023			
化学原料和化学制品制造业	1363837	540063			4506
医药制造业	85947	506			
橡胶和塑料制品业		5246			
非金属矿物制品业		21005			
黑色金属冶炼和压延加工业	14474792	193265		4483483	
有色金属冶炼和压延加工业	42370	287594			
金属制品业					
通用设备制造业					
专用设备制造业	35035	1049			
汽车制造业	214428	2497			
铁路、船舶、航空航天和其他运输设备制造业					
电气机械和器材制造业	35959	4964			
计算机、通信和其他电子设备制造业					
仪器仪表制造业					
其他制造业					
电力、热力生产和供应业	1423167	721684			
燃气生产和供应业		192			
水的生产和供应业	12563	5717			

9—17 全市规模以上工业企业能源产品生产、销售与库存

产品名称	计量单位	年初库存量	
		2015年	2016年
原煤	吨	475642	686007
无烟煤	吨		
炼焦烟煤	吨	52588	159862
一般烟煤	吨	423054	526145
褐煤	吨		
其他洗煤	吨	931903	
洗精煤(用于炼焦)	吨	157595	44395
天然原油	吨	429898	456993
天然气	万立方米		
液化天然气	吨		
煤层气	万立方米		
原油加工量	吨		
汽油	吨	25146	34259
煤油	吨	4971	2652
柴油	吨	49141	46543
润滑油	吨	777	1576
燃料油	吨	2168	2760
石脑油	吨	5047	
溶剂油	吨		
润滑脂	吨	229	
液化石油气	吨	2433	416
石油焦	吨	18085	1954
石油沥青	吨	14154	15588
焦炭	吨		
发电量	万千瓦小时		
#火力发电量	万千瓦小时		
水力发电量	万千瓦小时		
核能发电量	万千瓦小时		
风力发电量	万千瓦小时		
煤气生产量	万立方米		

9-17续表1

产品名称	计量单位	产品产量	
		2015年	2016年
原煤	吨	11630342	10017672
无烟煤	吨		
炼焦烟煤	吨	2401017	1541333
一般烟煤	吨	9229325	8476339
褐煤	吨		
其他洗煤	吨	812317	188010
洗精煤(用于炼焦)	吨	938036	1156025
天然原油	吨	7030000	5953510
天然气	万立方米	160069	147304
液化天然气	吨	109827	111820
煤层气	万立方米		
原油加工量	吨	7185511	5668365
汽油	吨	1277032	1128570
煤油	吨	201699	176679
柴油	吨	3761552	2805918
润滑油	吨	20204	18548
燃料油	吨	12688	8833
石脑油	吨	109739	71182
溶剂油	吨		
润滑脂	吨	911	
液化石油气	吨	209395	101926
石油焦	吨	439429	327100
石油沥青	吨	98504	72183
焦炭	吨	2064539	1599029
发电量	万千瓦小时	2828244	2667969
火力发电量	万千瓦小时	2415144	2246029
水力发电量	万千瓦小时	92877	74030
核能发电量	万千瓦小时		
风力发电量	万千瓦小时	317516	347910
煤气生产量	万立方米	785844	755747

9-17续表2

产品名称	计量单位	销售量	
		2015年	2016年
原煤	吨	9249871	8674054
无烟煤	吨		
炼焦烟煤	吨	543897	337776
一般烟煤	吨	8705974	8336278
褐煤	吨		
其他洗煤	吨	2445996	1622898
洗精煤(用于炼焦)	吨	1051236	1193520
天然原油	吨	6733655	5782733
天然气	万立方米	125000	115705
液化天然气	吨	109827	111820
煤层气	万立方米		
原油加工量	吨		
汽油	吨	1267672	1133832
煤油	吨	203964	171961
柴油	吨	3763631	2820663
润滑油	吨	18634	20565
燃料油	吨	7398	10212
石脑油	吨	114752	66357
溶剂油	吨		
润滑脂	吨	761	
液化石油气	吨	211258	101614
石油焦	吨	455555	329044
石油沥青	吨	96884	87438
焦炭	吨	5083	
发电量	万千瓦小时	1889302	1688393
火力发电量	万千瓦小时	1484503	1275395
水力发电量	万千瓦小时	91003	72539
核能发电量	万千瓦小时		
风力发电量	万千瓦小时	311127	340459
煤气生产量	万立方米	7567	2516

9-17续表3

产品名称	计量单位	企业自用及其他	
		2015年	2016年
原煤	吨	2142449	1347885
无烟煤	吨		
炼焦烟煤	吨	1751353	1344035
一般烟煤	吨	391096	3850
褐煤	吨		
其他洗煤	吨	39548	38994
洗精煤(用于炼焦)	吨		
天然原油	吨	269250	227617
天然气	万立方米	35069	31599
液化天然气	吨		
煤层气	万立方米		
原油加工量	吨		
汽油	吨	247	311
煤油	吨	54	82
柴油	吨	519	330
润滑油	吨	541	334
燃料油	吨		
石脑油	吨	34	30
溶剂油	吨		
润滑脂	吨	321	
液化石油气	吨	154	90
石油焦	吨	5	10
石油沥青	吨	105	32
焦炭	吨	1988152	2088834
发电量	万千瓦小时	938216	994633
火力发电量	万千瓦小时	929913	985623
水力发电量	万千瓦小时	1874	1490
核能发电量	万千瓦小时		
风力发电量	万千瓦小时	6393	7520
煤气生产量	万立方米	778277	753232

9-17续表4

产品名称	计量单位	期末库存量	
		2015年	2016年
原煤	吨	713565	226123
无烟煤	吨		
炼焦烟煤	吨	158355	19384
一般烟煤	吨	555210	206739
褐煤	吨		
其他洗煤	吨	354307	36450
洗精煤(用于炼焦)	吨	44395	6900
天然原油	吨	456993	400153
天然气	万立方米		
液化天然气	吨		
煤层气	万立方米		
原油加工量	吨		
汽油	吨	34259	28686
煤油	吨	2652	7288
柴油	吨	46543	31468
润滑油	吨	1807	511
燃料油	吨	7458	1381
石脑油	吨		4795
溶剂油	吨		
润滑脂	吨	57.31	
液化石油气	吨	416	638
石油焦	吨	1954	
石油沥青	吨	15668	301
焦炭	吨	71304	66839
发电量	万千瓦小时		
#火力发电量	万千瓦小时		
水力发电量	万千瓦小时		
核能发电量	万千瓦小时		
风力发电量	万千瓦小时		
煤气生产量	万立方米		

9—18 全市规模以上工业企业供水用水情况

单位：万立方米

指　标	2005年	2008年	2009年	2010年	2011年
取水总量	**21361.67**	**28217.24**	**37769.01**	**30616.26**	**34019.00**
#地表淡水	8783.84	14272.75	13918.19	10502.40	15546.00
地下淡水	10040.10	11194.36	10404.37	16081.62	13444.00
自来水	2536.05	2743.38	2950.15	3500.49	4268.00
其他水	0.80	5.65	10496.29	531.75	761.00
重复用水量	**2646.55**	**4878.96**	**11401.09**	**10681.26**	**11802.99**
直流冷却水量(河湖水)				**1200.34**	**1200.00**
外排水量				**7562.84**	**8765.12**

指　标	2012年	2013年	2014年	2015年	2016年
取水总量	**33167.98**	**35374.22**	**44601.83**	**44255.30**	**44829.88**
#地表淡水	15671.24	17339.22	24903.77	25631.96	27548.21
地下淡水	12468.75	13259.25	14057.51	14159.13	12079.75
自来水	3934.51	3575.53	3166.34	3018.21	3150.75
其他水	1093.49	1200.22	322.12	266.18	241.94
重复用水量	**36896.26**	**34447.95**	**84302.67**	**225776.64**	**177582.76**
直流冷却水量(河湖水)	**1200.00**	**1200.00**	**22922.27**	**17347.47**	**13737.69**
外排水量	**3445.06**	**3160.09**	**15204.76**	**18022.26**	**18633.80**

9—19 规模以上工业企业分行业用水量

（2016年） 单位：万立方米

指 标	取水量	外供水量
总 计	**44829.88**	**29111.71**
按工业行业大类分		
煤炭开采和洗选业	1003.31	
石油和天然气开采业	230.39	
有色金属矿采选业		
非金属矿采选业	29.17	
开采辅助活动	0.25	
农副食品加工业	79.27	
食品制造业	1208.17	
酒、饮料和精制茶制造业	179.88	
纺织业	33.69	
纺织服装、服饰业	77.45	
木材加工和木、竹、藤、棕、草制品业	0.86	
家具制造业	2.42	
造纸和纸制品业	27.93	
印刷和记录媒介复制业	8.79	
石油加工、炼焦和核燃料加工业	2555.37	58.37
化学原料和化学制品制造业	2847.95	9.16
医药制造业	80.55	
橡胶和塑料制品业	80.90	
非金属矿物制品业	265.38	
黑色金属冶炼和压延加工业	3139.16	
有色金属冶炼和压延加工业	383.42	
金属制品业	39.12	
通用设备制造业	8.39	
专用设备制造业	77.40	
汽车制造业	60.74	
铁路、船舶、航空航天和其他运输设备制造业	1.07	
电气机械和器材制造业	34.21	
计算机、通信和其他电子设备制造业	0.13	
仪器仪表制造业	0.26	
其他制造业		
电力、热力生产和供应业	3239.35	
燃气生产和供应业	5.16	
水的生产和供应业	29129.74	29044.19

主要统计指标解释

EXPLANATORY NOTES ON MAIN STATISTICAL INDICATORS

工业　指从事自然资源的开采，对采掘品和农产品进行加工和再加工的物质生产部门。具体包括：(1) 对自然资源的开采，如采矿、晒盐等（但不包括禽兽捕猎和水产捕捞）；(2) 对农副产品的加工、再加工，如粮油加工、食品加工、缫丝、纺织、制革等；(3) 对采掘品的加工、再加工，如炼铁、炼钢、化工生产、石油加工、机器制造、木材加工等，以及电力、自来水、煤气的生产和供应等；(4) 对工业品的修理、翻新，如机器设备的修理、交通运输工具（如汽车）的修理等。

工业统计调查单位为独立核算法人工业企业。

独立核算法人工业企业指从事工业生产经营活动的单位。独立核算法人工业企业应同时具备以下条件：①依法成立，有自己的名称、组织机构和场所，能够承担民事责任；②独立拥有和使用资产，承担负债，有权与其他单位签订合同；③独立核算盈亏，并能够编制资产负债表。

国有及国有控股企业　指国有企业加上国有控股企业。国有企业（即原全民所有制工业或国营工业）指企业全部资产归国家所有，并按《中华人民共和国企业法人登记管理条例》规定登记注册的非公司制的经济组织。包括国有企业、国有独资公司和国有联营企业。1957 年以前的公私合营和私营工业，后均改造为国营工业，1992 年改为国有工业，这部分工业的资料不单独分列时，均包括在国有企业内。国有控股企业是对混合所有制经济的企业进行的“国有控股”分类。它是指这些企业的全部资产中国有资产（股份）相对其他所有者中的任何一个所有者占资（股）最多的企业。该分组反映了国有经济控股情况。

轻工业　指主要提供生活消费品和制作手工工具的工业。按其所使用的原料不同，可分为两大类：(1) 以农产品为原料的轻工业，是指直接或间接以农产品为基本原料的轻工业。主要包括食品制造、饮料制造、烟草加工、纺织、缝纫、皮革和毛皮制作、造纸以及印刷等工业；(2) 以非农产品为原料的轻工业，是指以工业品为原料的轻工业。主要包括文教体育用品、化学药品制造、合成纤维制造、日用化学制品、日用玻璃制品、日用金属制品、手工工具制造、医疗器械制造、文化和办公用机械制造等工业。

重工业　指为国民经济各部门提供物质技术基础的主要生产资料的工业。按其生产性质和产品用途，可以分为下列三类：(1) 采掘（伐）工业，是指对自然资源的开采，包括石油开采、煤炭开采、金属矿开采、非金属矿开采等工业；(2) 原材料工业，指向国民经济各部门提供基本材料、动力和燃料的工业。包括金属冶炼及加工、炼焦及焦炭、化学、化工原料、水泥、人造板以及电力、石油和煤炭加工等工业；(3) 加工工业，是指对工业原材料进行再加工制造的工业。包括装备国民经济各部门的机械设备制造工业、金属结构、水泥制品等工业，以及为农业提供的生产资料如化肥、农药等工业。

工业总产值　是工业企业在一定时期内生产的以货币形式表现的工业最终产品和提供工业性劳务活动的总价值量。它反映一定时间内工业生产的总规模和总水平。

工业增加值　是指工业企业在报告期内以货币形式表现的工业生产活动的最终成果；是工业企业全部生产活动的总成果扣除了在生产过程中消耗或转移的物质产品和劳务价值后的余额，是工业企业生产过程中新增加的价值。

资产总计　指企业过去的交易或者事项形成的、由企业拥有或者控制的、预期会给企业带来经济利益的资源。资产一般按流动性分为流动资产和非流动资产。其中流动资产可分为货币资金、交易性金融资产、应收票据、应收账款、预付款项、其他应收款、存货等；非流动资产可分为长期股权投资、固定资产、无形资产及其他非流动资产等。根据会计“资产负债表”中“资产总计”项目的期末余额数填报。

固定资产原价　指固定资产的成本，包括企业在购置、自行建造、安装、改建、扩建、技术改造某项固定资产时所发生的全部支出总额。根据会计“固定资产”科目的期末借方余额填报。

累计折旧　指企业在报告期末提取的历年固定资产折旧累计数。根据会计“累计折旧”科目的期末贷方余额填报。

负债合计　指企业过去的交易或者事项形成的，预期会导致经济利益流出企业的现时义务。负债一般按偿还期长短分为流动负债和非流动负债。根据会计“资产负债表”中“负债合计”项目的期末余额数填报。

流动负债合计　负债满足下列条件之一的应归为流动负债：(1) 预计在一个正常营业周期中清偿；(2) 主要为交易目的而持有；(3) 自资产负债表日起一年内到期应予清偿；(4) 企业无权自主地将清偿推迟至资产负债表日后

一年以上。包括短期借款、应付票据、应付账款、应付职工薪酬、应交税费等项目。根据会计“资产负债表”中“流动负债合计”项目的期末余额数填报。

所有者权益合计 指企业资产扣除负债后由所有者享有的剩余权益。公司的所有者权益又称股东权益。包括实收资本、资本公积、盈余公积、未分配利润等。根据会计“资产负债表”中“所有者权益合计”项目的期末余额数填报。

主营业务收入 指企业确认的销售商品、提供劳务等主营业务的收入。根据会计“主营业务收入”科目的期末贷方余额填报。

主营业务成本 指企业经营主要业务所发生的成本总额。根据会计“主营业务成本”科目的期末借方余额填报。

主营业务税金及附加 指企业经营主要业务应负担的营业税、消费税、城市维护建设税、教育费附加等。根据会计“主营业务税金及附加”科目的期末借方余额填报。

利润总额 指企业在一定会计期间的经营成果，是生产经营过程中各种收入扣除各种耗费后的盈余，反映企业在报告期内实现的亏盈总额。根据会计“利润表”中“利润总额”项目的本期金额数填报。

应交增值税 指企业按税法规定，从事货物销售或提供加工、修理修配劳务等增加货物价值的活动本期应交纳的税金。

总资产贡献率 反映企业全部资产的获利能力，是企业经营业绩和管理水平的集中体现，是评价和考核企业盈利能力的核心指标。

资产负债率 该指标既反映企业经营风险的大小，也反映企业利用债权人提供的资金从事经营活动的能力。

流动资产周转次数 指一定时期内流动资产完成的周转次数，反映投入工业企业流动资金的周转速度。

流动资产周转次数=主营业务收入/全部流动资产平均余额

成本费用利润率 反映企业投入的生产成本及费用的经济效益，同时也反映企业降低成本所取得的经济效益。

产品销售率 该指标反映工业产品已实现销售的程度，是分析工业产销衔接情况，研究工业产品满足社会需求的指标。

能源生产总量 指一定时期内，一个地区一次能源生产量的总和。该指标是观察一个地区能源生产水平、规模、构成和发展速度的总量指标。一次能源生产量包括原煤、原油、天然气、水电、核能及其他动力能（如风能、地热能等）发电量，不包括低热值燃料生产量、生物质能、太阳能等的利用和由一次能源加工转换而成的二次能源产量。

从业人员平均人数 是指报告期内（年度、季度、月度）每天平均拥有的从业人员人数。

全员劳动生产率 指根据产品的价值量指标计算的平均每一个从业人员在单位时间内的产品生产量。是考核企业经济活动的重要指标，是企业生产技术水平、经营管理水平、职工技术熟练程度和劳动积极性的综合表现。目前我国的全员劳动生产率是将工业企业的工业增加值除以同一时期全部从业人员的平均人数来计算的。

能源消费总量 指一定时期内，一个地区的各行业和居民生活消费的各种能源的总和，该指标是观察能源消费水平、构成和增长速度的总量指标。能源消费总量包括原煤和原油及其制品、天然气、电力，不包括低热值燃料、生物质能和太阳能等的利用。能源消费总量分为终端能源消费量、能源加工转换损失量和能源损失量三部分。

（1）终端能源消费量：指一定时期内，一个地区生产和生活消费的各种能源在扣除了用于加工转换二次能源消费量和损失量以后的数量。

（2）能源加工转换损失量：指一定时期内，一个地区投入加工转换的各种能源数量之和与产出各种能源产品之和的差额，该指标是观察能源在加工转换过程中损失量变化的指标。

（3）能源损失量：指一定时期内，能源在输送、分配、储存过程中发生的损失和由客观原因造成的各种损失量，不包括各种气体能源放空、放散量。

建筑业

CONSTRUCTION

资料整理：史元芳

10—1 历年国有建筑企业发展情况

年 份	企业个数（个）	建筑业产值（万元）	劳动生产率（元/人）	房屋建筑施工面积（平方米）	房屋建筑竣工面积（平方米）	年末实有机械设备总动力（千瓦）
1951	2	304	2259	31997	31997	110
1952	3	2129	1844	82288	74954	4442
“一五”时期						
1953	4	2396	1502	189660	132399	6314
1954	4	4855	3153	245084	210585	8276
1955	4	4822	4216	338654	279680	5258
1956	3	6720	5504	413535	257996	1427
1957	5	5742	3333	643981	587586	4885
“二五”时期						
1958	7	6253	4274	669704	342077	5882
1959	12	12599	5018	1152318	694760	13162
1960	15	13123	3404	1175686	604778	12415
1961	9	4507	1832	413941	225034	15127
1962	6	3233	1940	218490	136777	13014
三年调整期						
1963	11	8985	2553	206792	130441	31677
1964	13	13540	3096	355854	224567	79955
1965	13	18345	3201	732865	526285	80391
“三五”时期						
1966	15	12840	1999	852631	640214	79381
1967	17	8619	1271	523713	221936	69712
1968	16	2575	382	415922	170575	74493
1969	18	2630	376	494205	176931	80606
1970	18	9629	1846	811252	438438	59677
“四五”时期						
1971	19	7286	1414	584449	273849	62473
1972	19	6903	1135	650760	210211	70432
1973	19	5951	1045	753734	245206	72493
1974	21	7845	1512	934118	421562	75915
1975	20	11000	1937	999490	345451	91226
“五五”时期						
1976	20	11462	1777	991366	306455	100516
1977	20	14127	2410	1117547	471995	112993
1978	21	17795	3026	1225338	463578	136523
1979	23	21586	3030	1736952	667714	193077
1980	22	28218	3704	2011228	834296	186287
“六五”时期						
1983	36	40923	5723	2440170	1258349	194979
1984	32	103460	5832	5066900	2652900	211419
1985	33	65573	8723	3039978	1532784	272180

10-1续表

年　份	企业个数（个）	建筑业产值（万元）	劳动生产率（元/人）	房屋建筑施工面积（平方米）	房屋建筑竣工面积（平方米）	年末实有机械设备总动力（千瓦）
“七五”时期						
1986	40	76388	9324	3132355	1548907	313682
1987	41	77371	9289	2905881	1358622	357622
1988	40	92273	10713	2739731	1240714	335778
1989	61	102606	11845	2890569	1416826	386747
1990	51	119239	13051	2817878	1417945	480475
“八五”时期						
1991	56	134890	14476	2972838	1450513	495762
1992	59	187146	18685	3344951	1483829	511534
1993	43	246119	27896	4491812	1517911	527809
1994	60	380567	39655	4960035	1891501	642965
1995	66	450791	46279	5403420	1964419	710381
“九五”时期						
1996	74	449297	45030	5393881	2015653	654738
1997	78	500238	49402	5396611	2050232	648285
1998	110	628736	60965	5949710	2465424	636977
1999	122	690101	71478	6537968	3237248	610318
2000	134	860503	85352	7938817	4071192	691138
“十五”时期						
2001	109	929409	101226	9476295	4654876	589302
2002	62	496635	107285	2762183	1508619	416302
2003	43	444587	120864	1785682	814890	320969
2004	51	503985	136681	1795430	748584	239960
2005	47	632395	166796	1885531	727289	244226
“十一五”时期						
2006	35	578397	172065	1651002	915421	217925
2007	40	775108	127154	1905261	780951	313458
2008	44	1015962	193734	3253485	1312811	288141
2009	48	1558998	234429	4345334	1930679	446371
2010	46	1649475	231525	4517149	1813178	386721
“十二五”时期						
2011	48	2181572	365606	5264406	1316816	366800
2012	39	2271967	259425	7127090	1768602	559122
2013	33	1757892	244396	5778196	1441246	924310
2014	32	1635466	287600	6118377	1792687	
2015	32	1385870	271234	4789379	1336078	140451
“十三五”时期						
2016	28	1260844	260596	5282460	1187483	130658

10—2　建筑企业基本情况

（2016年）　　单位：万元

指　标	企业个数(个)			建筑业合同情况		
	企业总数	#有工作量企业	亏损企业个数	签订的合同额	上年结转合同额	本年新签合同额
总　计	**430**	**407**	**119**	**13948619**	**5707220**	**8241399**
国有及国有控股企业	74	71	14	10510675	4421181	6089494
按登记注册类型分组						
内资企业	428	405	118	13948454	5707095	8241359
国有企业	14	13	1	1449822	536880	912942
集体企业	6	6	2	96607	19552	77055
有限责任公司	97	94	24	7879512	3385984	4493528
国有独资公司	14	14	3	1790814	638226	1152588
其他有限责任公司	83	80	21	6088698	2747758	3340940
股份有限公司	12	12	1	2498298	1021214	1477085
私营企业	299	280	90	2024214	743465	1280749
私营有限责任公司	297	278	88	2021865	742435	1279430
私营股份有限公司	2	2	2	2350	1030	1320
港、澳、台商投资企业	1	1		31		31
与港澳台商合资经营	1	1		31		31
港、澳、台商独资						
外商投资企业	1	1	1	135	125	10
按国民经济行业分组						
房屋工程建筑	114	108	37	7211717	3204551	4007166
土木工程建筑	113	108	23	5672599	2269368	3403231
铁路道路隧道和桥梁工程	45	43	8	3252524	1239437	2013088
铁路工程建筑	8	8		372869	93613	279257
公路工程建筑	13	12	2	2667714	1048127	1619587
市政道路工程建筑	18	17	5	138657	67271	71386
其他道路、隧道和桥梁工程建筑	6	6	1	73284	30427	42857
水利和内河港口工程建筑	7	7	2	1399508	647075	752432
海洋工程建筑						
工矿工程建筑	7	7	2	236524	175169	61355
架线和管道工程建筑	43	42	9	693512	191851	501661
架线及设备工程建筑	32	31	6	624461	181940	442521
管道工程建筑	11	11	3	69051	9911	59140
其他土木工程建筑	11	9	2	90530	15836	74695

10-2续表1 （2016年） 单位：万元

指标	企业个数(个)			建筑业合同情况		
	企业总数	#有工作量企业	亏损企业个数	签订的合同额	上年结转合同额	本年新签合同额
建筑安装业	109	104	29	747028	162834	584194
电气安装	61	58	13	470167	100523	369644
管道和设备安装	22	21	6	219976	37849	182127
其他建筑安装业	26	25	10	56885	24462	32423
建筑装饰业	61	55	18	152498	27295	125203
其它建筑业	33	32	12	164778	43172	121606
工程准备活动	21	21	9	143332	35805	107526
建筑物拆除活动	6	6	3	22992	7733	15258
其他工程准备活动	15	15	6	120340	28072	92268
提供施工设备服务	1	1	1	772	422	350
其它未列明的建筑业	11	10	2	20674	6944	13730
按隶属关系分组						
中央	32	30	7	7279931	3222744	4057187
省(自治区、直辖市)	28	28	4	2171306	662465	1508841
地区(州、盟、省辖市)	28	27	7	1449493	676707	772786
县(区、市、旗)及县以下	8	8	2	108822	13559	95263
其他	334	314	99	2939068	1131744	1807324
按企业资质等级分组						
施工总承包	198	190	56	12627660	5319979	7307681
特级	2	2		1834811	886959	947853
一级	33	32	8	8351944	3617943	4734001
二级	73	72	16	1759085	584430	1174655
三级及以下	90	84	32	681820	230648	451173
专业承包	232	217	63	1320959	387241	933718
一级	29	28	8	653414	185042	468371
二级	63	59	19	375175	136652	238523
三级及以下	140	130	36	292371	65547	226824
按控股情况分组						
国有控股	73	70	14	10505652	4421181	6084471
集体控股	11	11	2	597842	235824	362018
私人控股	331	312	100	2682052	991198	1690854
港澳台商控股	1	1		31		31
其他	14	13	3	163042	59017	104026

10-2续表2　　（2016年）　　单位：万元

指　　标	承包工程完成情况			
	直接从建设单位承揽工程完成的产值	自行完成施工产值	分包出去工程的产值	从建设单位以外承揽工程完成的产值
总　　计	**6333586**	**6272103**	**61483**	**87963**
国有及国有控股企业	4351650	4349108	2542	83261
按登记注册类型分组				
内资企业	6333431	6271948	61483	87963
国有企业	546580	546580		13354
集体企业	81043	80343	700	318
有限责任公司	3279897	3241183	38713	50090
国有独资公司	700910	700910		
其他有限责任公司	2578987	2540274	38713	50090
股份有限公司	1176821	1176821		20000
私营企业	1249091	1227021	22070	4200
私营有限责任公司	1247395	1225325	22070	4200
私营股份有限公司	1696	1696		
港、澳、台商投资企业	31	31		
与港澳台商合资经营	31	31		
港、澳、台商独资				
外商投资企业	125	125		
按国民经济行业分组				
房屋工程建筑	3017470	2991395	26075	49066
土木工程建筑	2684002	2665171	18831	32022
铁路道路隧道和桥梁工程	1522776	1510076	12700	21015
铁路工程建筑	298165	298165		
公路工程建筑	1103712	1091012	12700	20000
市政道路工程建筑	83625	83625		242
其他道路、隧道和桥梁工程建筑	37274	37274		773
水利和内河港口工程建筑	617584	617584		10163
海洋工程建筑				
工矿工程建筑	84651	84651		24
架线和管道工程建筑	413119	406988	6131	19
架线及设备工程建筑	337707	331576	6131	19
管道工程建筑	75412	75412		
其他土木工程建筑	45871	45871		801

10-2续表3　　（2016年）　　单位：万元

指　　标	承包工程完成情况			
	直接从建设单位承揽工程完成的产值	自行完成施工产值	分包出去工程的产值	从建设单位以外承揽工程完成的产值
建筑安装业	396720	381459	15261	5530
电气安装	295663	281092	14571	327
管道和设备安装	50882	50882		4411
其他建筑安装业	50176	49486	690	792
建筑装饰业	114663	114022	640	1057
其它建筑业	120733	120056	676	287
工程准备活动	106772	106096	676	287
建筑物拆除活动	13662	12986	676	
其他工程准备活动	93110	93110		287
提供施工设备服务	458	458		
其它未列明的建筑业	13502	13502		
按隶属关系分组				
中央	2868662	2866796	1866	83018
省（自治区、直辖市）	934427	933751	676	560
地区(州、盟、省辖市)	780253	769942	10311	124
县（区、市、旗）及县以下	88730	88730		
其他	1661515	1612886	48630	4260
按企业资质等级分组				
施工总承包	5528130	5474710	53420	83691
特级	591750	591750		
一级	3352061	3327275	24786	47548
二级	1165280	1163880	1400	957
三级及以下	419039	391805	27234	35186
专业承包	805457	797394	8063	4272
一级	351745	350548	1197	804
二级	224410	222601	1808	795
三级及以下	229303	224245	5058	2674
按控股情况分组				
国有控股	4346627	4344085	2542	83261
集体控股	322024	321324	700	318
私人控股	1573972	1526936	47036	4260
港澳台商控股	31	31		
其他	90933	79728	11205	124

10-2续表4　　（2016年）　　单位：万元

指　　标	建筑业总产值	#装饰装修产值	在外省完成的产值	按构成分		
				建筑工程产值	安装工程产值	其他产值
总　　计	**6360066**	**115810**	**1000900**	**5554419**	**724843**	**80804**
国有及国有控股企业	4432369	30851	977335	4003114	410618	18637
按登记注册类型分组						
内资企业	6359910	115779	1000900	5554263	724843	80804
国有企业	559934	3962	55639	350147	209787	
集体企业	80661			58969	21692	
有限责任公司	3291274	13533	558586	3004937	249694	36643
国有独资公司	700910		100315	575887	118674	6349
其他有限责任公司	2590364	13533	458272	2429050	131019	30294
股份有限公司	1196821	20190	378262	1157582	33848	5391
私营企业	1231221	78094	8412	982628	209823	38770
私营有限责任公司	1229525	78094	8412	982628	209004	37894
私营股份有限公司	1696				820	876
港、澳、台商投资企业	31	31		31		
与港澳台商合资经营	31	31		31		
港、澳、台商独资						
外商投资企业	125			125		
按国民经济行业分组						
房屋工程建筑	3040461	2951	255465	2953767	34911	51782
土木工程建筑	2697193	21034	727049	2272541	415966	8686
铁路道路隧道和桥梁工程	1531092	21034	442358	1491286	33401	6405
铁路工程建筑	298165		30577	291816		6349
公路工程建筑	1111012	19935	402825	1077611	33401	
市政道路工程建筑	83867	1099	8956	83867		
其他道路、隧道和桥梁工程建筑	38047			37991		56
水利和内河港口工程建筑	627747		212986	609180	18567	
海洋工程建筑						
工矿工程建筑	84676		23575	17409	67267	
架线和管道工程建筑	407007		47197	112046	292680	2281
架线及设备工程建筑	331595		42807	88319	242049	1227
管道工程建筑	75412		4390	23727	50631	1055
其他土木工程建筑	46672		934	42621	4051	

10-2续表5　　　　（2016年）　　　　单位：万元

指　　标	建筑业总产值	#装饰装修产值	在外省完成的产值	按构成分		
				建筑工程产值	安装工程产值	其他产值
建筑安装业	386989	2209	12495	181588	200145	5256
电气安装	281419	2196	10355	117718	159753	3948
管道和设备安装	55293		152	28721	25910	662
其他建筑安装业	50278	13	1988	35149	14482	646
建筑装饰业	115079	89158	3879	105495	4751	4833
其它建筑业	120344	458	2012	41028	69069	10247
工程准备活动	106383		2012	34842	62418	9124
建筑物拆除活动	12986			6405		6582
其他工程准备活动	93397		2012	28437	62418	2542
提供施工设备服务	458				458	
其它未列明的建筑业	13502	458		6186	6193	1123
按隶属关系分组						
中央	2949814	466	888726	2647520	294745	7549
省（自治区、直辖市）	934311	4347	84771	890625	37991	5695
地区（州、盟、省辖市）	770066	23111	14696	622835	136591	10640
县（区、市、旗）及县以下	88730		1701	88247	392	90
其他	1617146	87886	11006	1305193	255124	56829
按企业资质等级分组						
施工总承包	5558400	29471	952197	5180523	319435	58442
特级	591750		126051	591750		
一级	3374823	19935	795114	3212522	144483	17818
二级	1164837	7681	19652	1017221	131417	16199
三级及以下	426990	1855	11380	359029	43535	24426
专业承包	801666	86339	48703	373896	405408	22361
一级	351351	41638	45214	172014	179337	
二级	223396	26557	1285	110073	104956	8367
三级及以下	226919	18144	2204	91809	121115	13994
按控股情况分组						
国有控股	4427346	30851	977335	3998091	410618	18637
集体控股	321642	653		235633	68177	17831
私人控股	1531196	84185	14911	1247517	239344	44336
港澳台商控股	31	31		31		
其他	79852	91	8654	73147	6705	

10-2续表6　　　　　　　　　　　　（2016年）

指　　标	竣工产值（万元）	企业总产值（万元）	房屋建筑施工面积（平方米）	#本年新开工面积	#实行投标承包面积
总　　计	**3657723**	**7186153**	**37762362**	**10134580**	**35787689**
国有及国有控股企业	2321666	5109353	26459201	6029541	25603876
按登记注册类型分组					
内资企业	3657060	7185997	37762362	10134580	35787689
国有企业	300972	634867	2978445	804917	2978445
集体企业	60808	80661			
有限责任公司	2003273	3873997	23322471	6022966	22448197
国有独资公司	430235	701800	2304015	746202	2304015
其他有限责任公司	1573037	3172197	21018456	5276764	20144182
股份有限公司	536572	1306493	5492666	1169316	5157338
私营企业	755435	1289979	5968780	2137381	5203709
私营有限责任公司	753739	1288284	5968780	2137381	5203709
私营股份有限公司	1696	1696			
港、澳、台商投资企业	31	31			
与港澳台商合资经营	31	31			
港、澳、台商独资					
外商投资企业	633	125			
按国民经济行业分组					
房屋工程建筑	2571511	3683718	35229130	9189886	33619661
土木工程建筑	772996	2844959	2419157	909424	2097665
铁路道路隧道和桥梁工程	409210	1594304	1270508	568029	1266008
铁路工程建筑	182494	299373	68085	5390	68085
公路工程建筑	139356	1162520	1139759	518704	1139759
市政道路工程建筑	66441	94364	62664	43935	58164
其他道路、隧道和桥梁工程建筑	20920	38047			
水利和内河港口工程建筑	43171	685841	1075509	275255	808593
海洋工程建筑					
工矿工程建筑	45793	87573			
架线和管道工程建筑	261286	418406	25064	18064	23064
架线及设备工程建筑	199891	342994			
管道工程建筑	61395	75412	25064	18064	23064
其他土木工程建筑	13536	58836	48076	48076	

10-2续表7　　(2016年)

指　　标	竣工产值(万元)	企业总产值(万元)	房屋建筑施工面积(平方米)	#本年新开工面积	#实行投标承包面积
建筑安装业	204109	414107	114075	35270	70363
电气安装	153124	297570			
管道和设备安装	23351	64786	43580	14402	21109
其他建筑安装业	27633	51751	70495	20868	49254
建筑装饰业	69526	117613			
其它建筑业	39582	125757			
工程准备活动	31185	111797			
建筑物拆除活动	10093	18400			
其他工程准备活动	21093	93397			
提供施工设备服务	458	458			
其它未列明的建筑业	7938	13502			
按隶属关系分组					
中央	1248358	3604623	16990406	4124518	16693677
省(自治区、直辖市)	623245	939757	5198674	1447682	5144708
地区(州、盟、省辖市)	655394	781788	5528913	807221	5032676
县(区、市、旗)及县以下	51417	89067	9576	9576	9576
其他	1079309	1770919	10034793	3745583	8907052
按企业资质等级分组					
施工总承包	2877448	6355432	35741127	9954527	33993834
特级	517756	591750	7493427	648985	7493427
一级	1275423	4095635	20183987	6912278	19252314
二级	816995	1173286	6473813	1924954	6193349
三级及以下	267275	494761	1589900	468310	1054744
专业承包	780275	830722	2021235	180053	1793855
一级	184262	356977			
二级	425122	230098	1773853		1752612
三级及以下	170891	243647	247382	180053	41243
按控股情况分组					
国有控股	2316643	5104330	26459201	6029541	25603876
集体控股	221121	325413	1456275	447050	1456275
私人控股	1036968	1662715	8958501	3363266	8029207
港澳台商控股	31	31			
其他	82960	93664	888385	294723	698331

10-2续表8 （2016年） 单位：平方米

指 标	房屋建筑竣工面积	住宅	办公用房	文化、体育、娱乐用房	厂房及建筑物	#厂房
总 计	**11466322**	**8552715**	**820426**	**33827**	**475064**	**327237**
国有及国有控股企业	7924124	5962536	662523	15761	304945	206291
按登记注册类型分组						
内资企业	11466322	8552715	820426	33827	475064	327237
国有企业	617484	341296	136867		64441	64441
集体企业						
有限责任公司	7062597	5508373	374594	32627	332250	233596
国有独资公司	569999	549009	11047			
其他有限责任公司	6492598	4959364	363547	32627	332250	233596
股份有限公司	2359778	1885888	243055		1310	
私营企业	1426463	817158	65910	1200	77063	29200
私营有限责任公司	1426463	817158	65910	1200	77063	29200
私营股份有限公司						
港、澳、台商投资企业						
与港澳台商合资经营						
港、澳、台商独资						
外商投资企业						
按国民经济行业分组						
房屋工程建筑	10883881	8355885	705731	33827	347270	301737
土木工程建筑	502181	169976	114695		98654	
铁路道路隧道和桥梁工程	282589	94341	86656			
铁路工程建筑	48001	29176	2204			
公路工程建筑	195519	26096	84452			
市政道路工程建筑	39069	39069				
其他道路、隧道和桥梁工程建筑						
水利和内河港口工程建筑	181215	75635	5381		98654	
海洋工程建筑						
工矿工程建筑						
架线和管道工程建筑	24347		22658			
架线及设备工程建筑						
管道工程建筑	24347		22658			
其他土木工程建筑	14030					

10-2续表9　　（2016年）　　单位：平方米

指　　标	房屋建筑竣工面积	住宅	办公用房	文化、体育、娱乐用房	厂房及建筑物	#厂房
建筑安装业	76620	26854			25500	25500
电气安装						
管道和设备安装	31620	26854			4700	4700
其他建筑安装业	45000				20800	20800
建筑装饰业						
其它建筑业	3640				3640	
工程准备活动						
建筑物拆除活动						
其他工程准备活动						
提供施工设备服务						
其它未列明的建筑业	3640				3640	
按隶属关系分组						
中央	4324415	3201362	310817		243895	145241
省（自治区、直辖市）	1782117	1254248	164861	18748	130118	130118
地区（州、盟、省辖市）	2366503	1872288	242752		1310	
县（区、市、旗）及县以下						
其他	2993287	2224817	101996	15079	99741	51878
按企业资质等级分组						
施工总承包	9922227	7372599	820426	33827	401362	257175
特级	2281654	1990663	163123		6111	6111
一级	4048725	2808143	537370	16866	185773	87119
二级	2799056	2113995	116603	15761	160431	139445
三级及以下	792792	459798	3330	1200	49047	24500
专业承包	1544095	1180116			73702	70062
一级						
二级	1526425	1180116			70062	70062
三级及以下	17670				3640	
按控股情况分组						
国有控股	7924124	5962536	662523	15761	304945	206291
集体控股	543896	373915	32883	13879	22678	22678
私人控股	2609142	1960961	66213	4187	78373	29200
港澳台商控股						
其他	389160	255303	58807		69068	69068

10-2续表10　　（2016年）　　单位：平方米

指　　标	房屋建筑竣工面积					
	商业及服务用房	商厦用房	宾馆用房	餐饮用房	商务会展	其他商业及服务用房
总　　计	**801114**	**431807**	**210228**	**8618**		**150461**
国有及国有控股企业	598017	387652	148229	3337		58799
按登记注册类型分组						
内资企业	801114	431807	210228	8618		150461
国有企业	36815	36815				
集体企业						
有限责任公司	623120	350837	210228	8618		53437
国有独资公司						
其他有限责任公司	623120	350837	210228	8618		53437
股份有限公司	5362					5362
私营企业	135817	44155				91662
私营有限责任公司	135817	44155				91662
私营股份有限公司						
港、澳、台商投资企业						
与港澳台商合资经营						
港、澳、台商独资						
外商投资企业						
按国民经济行业分组						
房屋工程建筑	772797	431807	210228	8618		122144
土木工程建筑	7051					7051
铁路道路隧道和桥梁工程	5362					5362
铁路工程建筑						
公路工程建筑	5362					5362
市政道路工程建筑						
其他道路、隧道和桥梁工程建筑						
水利和内河港口工程建筑						
海洋工程建筑						
工矿工程建筑						
架线和管道工程建筑	1689					1689
架线及设备工程建筑						
管道工程建筑	1689					1689
其他土木工程建筑						

10-2续表11　　（2016年）　　单位：平方米

指　　标	房屋建筑竣工面积					
	商业及服务用房	商厦用房	宾馆用房	餐饮用房	商务会展	其他商业及服务用房
建筑安装业	21266					21266
电气安装						
管道和设备安装	66					66
其他建筑安装业	21200					21200
建筑装饰业						
其它建筑业						
工程准备活动						
建筑物拆除活动						
其他工程准备活动						
提供施工设备服务						
其它未列明的建筑业						
按隶属关系分组						
中央	410914	207600	148229	3337		51748
省（自治区、直辖市）	180052	180052				
地区(州、盟、省辖市)	7051					7051
县（区、市、旗）及县以下						
其他	203097	44155	61999	5281		91662
按企业资质等级分组						
施工总承包	536834	315582	83373	8618		129261
特级	8270					8270
一级	185714	59450	61999	8618		55647
二级	196258	164757				31501
三级及以下	146592	91375	21374			33843
专业承包	264280	116225	126855			21200
一级						
二级	264280	116225	126855			21200
三级及以下						
按控股情况分组						
国有控股	598017	387652	148229	3337		58799
集体控股	67280		61999	5281		
私人控股	135817	44155				91662
港澳台商控股						
其他						

10-2续表12　　　　　　　　　　　　（2016年）　　　　　　　　　　　　单位：平方米

指　　标	房屋建筑竣工面积					
	科研、教育、医疗用房	科学研究用房	教育用房	医疗用房	仓库	其他未列明的房屋建筑物
总　计	**338623**	**45965**	**234625**	**58033**	**143639**	**300914**
国有及国有控股企业	140042	12416	91942	35684	139584	100716
按登记注册类型分组						
内资企业	338623	45965	234625	58033	143639	300914
国有企业	944		944			37121
集体企业						
有限责任公司	160433	14898	109851	35684	4055	27145
国有独资公司						9943
其他有限责任公司	160433	14898	109851	35684	4055	17202
股份有限公司	31067	31067			139584	53512
私营企业	146179		123830	22349		183136
私营有限责任公司	146179		123830	22349		183136
私营股份有限公司						
港、澳、台商投资企业						
与港澳台商合资经营						
港、澳、台商独资						
外商投资企业						
按国民经济行业分组						
房屋工程建筑	337078	45965	233080	58033	117542	213751
土木工程建筑	1545		1545		26097	84163
铁路道路隧道和桥梁工程					26097	70133
铁路工程建筑						16621
公路工程建筑					26097	53512
市政道路工程建筑						
其他道路、隧道和桥梁工程建筑						
水利和内河港口工程建筑	1545		1545			
海洋工程建筑						
工矿工程建筑						
架线和管道工程建筑						
架线及设备工程建筑						
管道工程建筑						
其他土木工程建筑						14030

10-2续表13　　（2016年）　　单位：平方米

指　　标	房屋建筑竣工面积					
	科研、教育、医疗用房	科学研究用房	教育用房	医疗用房	仓库	其他未列明的房屋建筑物
建筑安装业						3000
电气安装						
管道和设备安装						
其他建筑安装业						3000
建筑装饰业						
其它建筑业						
工程准备活动						
建筑物拆除活动						
其他工程准备活动						
提供施工设备服务						
其它未列明的建筑业						
按隶属关系分组						
中央	120166	12416	72066	35684		37261
省(自治区、直辖市)	24147		24147			9943
地区(州、盟、省辖市)	33385	31067	2318		139584	70133
县(区、市、旗)及县以下						
其他	160925	2482	136094	22349	4055	183577
按企业资质等级分组						
施工总承包	329656	45965	234625	49066	143639	283884
特级					113487	0
一级	174005	14898	134774	24333	30152	110702
二级	153267	31067	99851	22349		42741
三级及以下	2384			2384		130441
专业承包	8967			8967		17030
一级						
二级	8967			8967		3000
三级及以下						14030
按控股情况分组						
国有控股	140042	12416	91942	35684	139584	100716
集体控股	12264		12264		4055	16942
私人控股	180335	33549	124437	22349		183256
港澳台商控股						
其他	5982		5982			

10-2续表14　　　（2016年）　　　单位：万元

指　　标	竣工房屋价值合计	住宅	办公用房	文化、体育、娱乐用房	厂房及建筑物	#厂房
总　计	**2256552**	**1624093**	**227642**	**9625**	**87221**	**58080**
国有及国有控股企业	1616317	1162323	194064	3564	70935	50621
按登记注册类型分组						
内资企业	2256552	1624093	227642	9625	87221	58080
国有企业	141111	65221	49722		13415	13415
集体企业						
有限责任公司	1408638	1077581	85756	9361	66164	42848
国有独资公司	104550	100906	2056			
其他有限责任公司	1304088	976675	83700	9361	66164	42848
股份有限公司	464059	350361	74199		199	
私营企业	242744	130931	17966	264	7443	1818
私营有限责任公司	242744	130931	17966	264	7443	1818
私营股份有限公司						
港、澳、台商投资企业						
与港澳台商合资经营						
港、澳、台商独资						
外商投资企业						
按国民经济行业分组						
房屋工程建筑	2155815	1591611	210176	9625	64886	56606
土木工程建筑	90947	28773	17466		20314	
铁路道路隧道和桥梁工程	49355	15159	11012			
铁路工程建筑	9597	5830	440			
公路工程建筑	32056	1626	10572			
市政道路工程建筑	7703	7703				
其他道路、隧道和桥梁工程建筑						
水利和内河港口工程建筑	34915	13614	849		20314	
海洋工程建筑						
工矿工程建筑						
架线和管道工程建筑	5913		5605			
架线及设备工程建筑						
管道工程建筑	5913		5605			
其他土木工程建筑	764					

10-2续表15　　　　（2016年）　　　　单位：万元

指　　标	竣工房屋价值合计	住宅	办公用房	文化、体育、娱乐用房	厂房及建筑物	#厂房
建筑安装业	9243	3709			1474	1474
电气安装						
管道和设备安装	4187	3709			470	470
其他建筑安装业	5057				1005	1005
建筑装饰业						
其它建筑业	546				546	
工程准备活动						
建筑物拆除活动						
其他工程准备活动						
提供施工设备服务						
其它未列明的建筑业	546					
按隶属关系分组						
中央	922334	680185	71309		52590	32276
省(自治区、直辖市)	321429	199735	58170	4221	21639	21639
地区(州、盟、省辖市)	478332	360515	74154		199	
县(区、市、旗)及县以下						
其他	534456	383658	24009	5404	12793	4165
按企业资质等级分组						
施工总承包	1921644	1383674	227642	9625	58650	30056
特级	466401	389617	65205		958	958
一级	874524	569997	137752	5797	39079	15762
二级	474593	347348	24168	3564	15319	11988
三级及以下	106126	76712	518	264	3295	1348
专业承包	334908	240420			28571	28025
一级						
二级	333598	240420			28025	28025
三级及以下	1310				546	
按控股情况分组						
国有控股	1616317	1162323	194064	3564	70935	50621
集体控股	127401	86248	5558	5140	5350	2347
私人控股	441186	318361	18010	921	7641	1818
港澳台商控股						
其他	71648	57162	10010		3294	3294

10-2续表16 （2016年） 单位：万元

指　　标	竣工房屋价值					
	商业及服务用房	商厦用房	宾馆用房	餐饮用房	商务会展用房	其他商业及服务用房
总　计	**154606**	**77582**	**45540**	**2132**		**29352**
国有及国有控股企业	109228	63052	33615	901		11659
按登记注册类型分组						
内资企业	154606	77582	45540	2132		29352
国有企业	3046	3046				
集体企业						
有限责任公司	118782	60006	45540	2132		11104
国有独资公司						
其他有限责任公司	118782	60006	45540	2132		11104
股份有限公司	555					555
私营企业	32223	14530				17693
私营有限责任公司	32223	14530				17693
私营股份有限公司						
港、澳、台商投资企业						
与港澳台商合资经营						
港、澳、台商独资						
外商投资企业						
按国民经济行业分组						
房屋工程建筑	149912	77582	45540	2132		24658
土木工程建筑	863					863
铁路道路隧道和桥梁工程	555					555
铁路工程建筑						
公路工程建筑	555					555
市政道路工程建筑						
其他道路、隧道和桥梁工程建筑						
水利和内河港口工程建筑						
海洋工程建筑						
工矿工程建筑						
架线和管道工程建筑	308					308
架线及设备工程建筑						
管道工程建筑	308					308
其他土木工程建筑						

10-2续表17 （2016年） 单位：万元

指　　标	竣工房屋价值					
	商业及服务用房	商厦用房	宾馆用房	餐饮用房	商务会展用房	其他商业及服务用房
建筑安装业	3831					3831
电气安装						
管道和设备安装	8					8
其他建筑安装业	3824					3824
建筑装饰业						
其它建筑业						
工程准备活动						
建筑物拆除活动						
其他工程准备活动						
提供施工设备服务						
其它未列明的建筑业						
按隶属关系分组						
中央	77148	31835	33615	901		10796
省（自治区、直辖市）	31217	31217				
地区(州、盟、省辖市)	863					863
县（区、市、旗）及县以下						
其他	45378	14530	11925	1230		17693
按企业资质等级分组						
施工总承包	91592	47507	16425	2132		25529
特级	435					435
一级	37160	10846	11925	2132		12256
二级	40193	34901				5293
三级及以下	13805	1760	4500			7545
专业承包	63014	30075	29115			3824
一级						
二级	63014	30075	29115			3824
三级及以下						
按控股情况分组						
国有控股	109228	63052	33615	901		11659
集体控股	13155		11925	1230		
私人控股	32223	14530				17693
港澳台商控股						
其他						

10-2续表18　　　　（2016年）　　　　单位：万元

指　　标	竣工房屋价值					
	科研、教育、医疗用房	科学研究用房	教育用房	医疗用房	仓库	其他未列明的房屋建筑物
总　计	**83773**	**13489**	**56438**	**13846**	**20939**	**48653**
国有及国有控股企业	35685	3593	22656	9436	20277	20242
按登记注册类型分组						
内资企业	83773	13489	56438	13846	20939	48653
国有企业	315		315			9392
集体企业						
有限责任公司	39799	4232	26132	9436	662	10532
国有独资公司						1588
其他有限责任公司	39799	4232	26132	9436	662	8944
股份有限公司	9257	9257			20277	9213
私营企业	34402		29991	4411		19516
私营有限责任公司	34402		29991	4411		19516
私营股份有限公司						
港、澳、台商投资企业						
与港澳台商合资经营						
港、澳、台商独资						
外商投资企业						
按国民经济行业分组						
房屋工程建筑	83634	13489	56299	13846	10849	35121
土木工程建筑	139		139		10090	13304
铁路道路隧道和桥梁工程					10090	12540
铁路工程建筑						3327
公路工程建筑					10090	9213
市政道路工程建筑						
其他道路、隧道和桥梁工程建筑						
水利和内河港口工程建筑	139		139			
海洋工程建筑						
工矿工程建筑						
架线和管道工程建筑						
架线及设备工程建筑						
管道工程建筑						
其他土木工程建筑						764

10-2续表19　　（2016年）　　单位：万元

指　　标	竣工房屋价值					
	科研、教育、医疗用房	科学研究用房	教育用房	医疗用房	仓库	其他未列明的房屋建筑物
建筑安装业						228
电气安装						
管道和设备安装						
其他建筑安装业						228
建筑装饰业						
其它建筑业						
工程准备活动						
建筑物拆除活动						
其他工程准备活动						
提供施工设备服务						
其它未列明的建筑业						
按隶属关系分组						
中央	31663	3593	18634	9436		9441
省(自治区、直辖市)	4858		4858			1588
地区(州、盟、省辖市)	9785	9257	529		20277	12540
县(区、市、旗)及县以下						
其他	37467	639	32417	4411	662	25085
按企业资质等级分组						
施工总承包	81861	13489	56438	11934	20939	47661
特级					10187	
一级	45850	4232	35048	6570	10752	28139
二级	35058	9257	21390	4411		8943
三级及以下	954			954		10579
专业承包	1912			1912		992
一级						
二级	1912			1912		228
三级及以下						764
按控股情况分组						
国有控股	35685	3593	22656	9436	20277	20242
集体控股	2426		2426		662	8862
私人控股	44481	9896	30174	4411		19550
港澳台商控股						
其他	1182		1182			

10-2续表20　　（2016年）　　单位：人

指标	直接从事生产经营活动的平均人数	年末从业人数	工程技术人员期末人数	一级建造师期末人数
总　计	**260263**	**130884**	**24205**	**54383**
国有及国有控股企业	177854	70417	13543	33479
按登记注册类型分组				
内资企业	260255	130877	24200	54378
国有企业	21848	14104	1869	11536
集体企业	2706	5433	429	931
有限责任公司	140861	54020	11279	23366
国有独资公司	26535	17390	3316	8616
其他有限责任公司	114326	36630	7963	14750
股份有限公司	40852	17138	3567	1950
私营企业	53988	40182	7056	16595
私营有限责任公司	53899	40098	7035	16553
私营股份有限公司	89	84	21	42
港、澳、台商投资企业	3	2	2	2
与港澳台商合资经营	3	2	2	2
港、澳、台商独资				
外商投资企业	5	5	3	3
按国民经济行业分组				
房屋工程建筑	133174	55823	10343	28255
土木工程建筑	100315	52989	9551	17688
铁路道路隧道和桥梁工程	53740	33231	5889	6076
铁路工程建筑	10075	10936	1459	1807
公路工程建筑	38621	18953	3167	3244
市政道路工程建筑	3738	2461	855	722
其他道路、隧道和桥梁工程建筑	1306	881	408	303
水利和内河港口工程建筑	26531	7897	1343	5803
海洋工程建筑				
工矿工程建筑	3187	2817	949	1392
架线和管道工程建筑	15492	8590	1187	4111
架线及设备工程建筑	12834	6260	835	2549
管道工程建筑	2658	2330	352	1562
其他土木工程建筑	1365	454	183	306

10-2续表21　　(2016年)　　单位：人

指　　标	直接从事生产经营活动的平均人数	年末从业人数	工程技术人员期末人数	一级建造师期末人数
建筑安装业	16160	14854	2969	5094
电气安装	11578	10676	2076	3571
管道和设备安装	2338	1782	498	336
其他建筑安装业	2244	2396	395	1187
建筑装饰业	6160	4575	759	2555
其它建筑业	4454	2643	583	791
工程准备活动	3778	2160	442	621
建筑物拆除活动	644	659	98	210
其他工程准备活动	3134	1501	344	411
提供施工设备服务	25	18	8	6
其它未列明的建筑业	651	465	133	164
按隶属关系分组				
中央	122753	48254	9240	21310
省(自治区、直辖市)	35324	18111	3267	11175
地区(州、盟、省辖市)	27707	7853	1927	2636
县(区、市、旗)及县以下	3495	6219	1145	1117
其他	70984	50447	8626	18145
按企业资质等级分组				
施工总承包	227056	108014	20388	45068
特级	20717	3064	1168	1223
一级	141848	64896	10881	30633
二级	43909	24857	5975	8301
三级及以下	20582	15197	2364	4911
专业承包	33207	22870	3817	9315
一级	13221	7560	1163	4872
二级	9151	6529	949	1106
三级及以下	10835	8781	1705	3337
按控股情况分组				
国有控股	177481	70069	13428	33479
集体控股	11206	13084	1267	1862
私人控股	68329	45869	9031	18940
港澳台商控股	3	2	2	2
其他	3244	1860	477	100

10-2续表22　　　　　　　　　　　　（2016年）

指　　标	年末自有施工机械设备净值(万元)	年末自有施工机械设备总台数(台)	年末自有施工机械设备总功率(千瓦)
总　计	**137874**	**17180**	**696982**
国有及国有控股企业	85057	10753	533494
按登记注册类型分组			
内资企业	137874	17180	696982
国有企业	20935	3049	73232
集体企业	1751	90	4425
有限责任公司	53587	7811	299589
国有独资公司	13947	1252	57426
其他有限责任公司	39640	6559	242163
股份有限公司	20067	1058	194526
私营企业	41534	5172	125210
私营有限责任公司	41534	5172	125210
私营股份有限公司			
港、澳、台商投资企业			
与港澳台商合资经营			
港、澳、台商独资			
外商投资企业			
按国民经济行业分组			
房屋工程建筑	30393	6985	217281
土木工程建筑	83148	6444	404791
铁路道路隧道和桥梁工程	55087	2478	283000
铁路工程建筑	8859	692	36793
公路工程建筑	29638	1260	217488
市政道路工程建筑	13766	442	23695
其他道路、隧道和桥梁工程建筑	2824	84	5024
水利和内河港口工程建筑	16809	1989	60931
海洋工程建筑			
工矿工程建筑	1480	389	21373
架线和管道工程建筑	9042	1560	38978
架线及设备工程建筑	8131	1445	34450
管道工程建筑	912	115	4528
其他土木工程建筑	729	28	509

10-2续表23 （2016年）

指　标	年末自有施工机械设备净值(万元)	年末自有施工机械设备总台数(台)	年末自有施工机械设备总功率(千瓦)
建筑安装业	19705	2944	55362
电气安装	11054	1958	31100
管道和设备安装	8283	857	20866
其他建筑安装业	369	129	3396
建筑装饰业	1615	423	4403
其它建筑业	3013	384	15145
工程准备活动	2784	297	12152
建筑物拆除活动	102	10	900
其他工程准备活动	2683	287	11252
提供施工设备服务	20	8	136
其它未列明的建筑业	209	79	2857
按隶属关系分组			
中央	62985	8722	423061
省(自治区、直辖市)	10788	1836	91763
地区(州、盟、省辖市)	14710	561	40473
县(区、市、旗)及县以下	4584	206	9358
其他	44806	5855	132327
按企业资质等级分组			
施工总承包	114963	14118	631623
特级	1182	647	27044
一级	65691	7853	424131
二级	32107	4816	154515
三级及以下	15982	802	25933
专业承包	22911	3062	65359
一级	8485	1665	39075
二级	2842	411	7193
三级及以下	11584	986	19091
按控股情况分组			
国有控股	77098	10606	519902
集体控股	3197	408	11834
私人控股	49572	6014	151546
港澳台商控股			
其他	8006	152	13700

10-2续表24 （2016年）

指 标	主要建筑材料消耗量					
	钢材（吨）	木材（立方米）	水泥（吨）	平板玻璃		铝材（吨）
				重量箱	平方米	
总 计	**1242960**	**262308**	**2303348**	**425432**	**2082368**	**10650**
国有及国有控股企业	854552	144380	1601113	346953	1297188	1783
按登记注册类型分组						
内资企业	1242960	262308	2303348	425432	2082368	10650
国有企业	83940	7936	51584	29609	196868	114
集体企业	36		7261			
有限责任公司	692672	151108	1138453	287498	1151020	1691
国有独资公司	152668	24039	259869	1072	31662	1410
其他有限责任公司	540004	127069	878584	286426	1119358	281
股份有限公司	193489	17546	575804	56364	208318	1721
私营企业	272823	85718	530246	51961	526162	7124
私营有限责任公司	272823	85718	530246	51961	526162	7124
私营股份有限公司						
港、澳、台商投资企业						
与港澳台商合资经营						
港、澳、台商独资						
外商投资企业						
按国民经济行业分组						
房屋工程建筑	834374	193160	1460401	403237	1821390	9071
土木工程建筑	340213	60595	786401	10124	175240	1011
铁路道路隧道和桥梁工程	261790	8086	653239	7094	126453	8
铁路工程建筑	74238	822	99141	63	316	
公路工程建筑	182392	6914	526992	6024	120493	
市政道路工程建筑	4729	349	20596	1007	5644	8
其他道路、隧道和桥梁工程建筑	431	1	6510			
水利和内河港口工程建筑	59595	45409	88668	2878	31528	
海洋工程建筑						
工矿工程建筑	2624		847			
架线和管道工程建筑	11440	4086	33028	152	17259	1001
架线及设备工程建筑	7316	3372	28424	50	16000	1000
管道工程建筑	4124	714	4604	102	1259	1
其他土木工程建筑	4764	3014	10619			2

10-2续表25 （2016年）

指　　标	主要建筑材料消耗量					
	钢材(吨)	木材(立方米)	水泥(吨)	平板玻璃		铝材(吨)
				重量箱	平方米	
建筑安装业	30525	3865	46025	301	44161	186
电气安装	12529	763	8341	10	48	131
管道和设备安装	10656	925	14915	59	1164	
其他建筑安装业	7340	2177	22769	232	42949	55
建筑装饰业	35018	4331	5858	11770	41577	377
其它建筑业	2830	357	4663			5
工程准备活动	2097	52	2334			
建筑物拆除活动	1360	52	2264			
其他工程准备活动	737		70			
提供施工设备服务						
其它未列明的建筑业	733	305	2329			5
按隶属关系分组						
中央	525036	113842	939145	199377	980121	1517
省(自治区、直辖市)	204277	21938	367563	88576	120721	108
地区(州、盟、省辖市)	136964	21270	358363	57476	226837	59
县(区、市、旗)及县以下	836	4239	8261	12	624	1
其他	375847	101019	630016	79991	754065	8965
按企业资质等级分组						
施工总承包	1155576	250131	2172561	411136	1891585	9064
特级	134678	10080	290211	199188	681123	137
一级	688110	155089	1276238	92518	819573	4261
二级	239675	51456	428003	113869	274899	4269
三级及以下	93113	33506	178109	5561	115990	397
专业承包	87384	12177	130787	14296	190783	1586
一级	56202	2042	74715	4165	13559	125
二级	15649	7817	44367	8449	36403	213
三级及以下	15533	2318	11705	1682	140821	1248
按控股情况分组						
国有控股	854552	144380	1601113	346953	1297188	1783
集体控股	43231	3086	89106	16532	110211	11
私人控股	334934	111888	596693	61743	645938	7756
港澳台商控股						
其他	10243	2954	16436	204	29031	1100

10—3 建筑企业主要财务指标

（2016年）

单位：万元

指　　标	年初存货	资产合计	流动资产合计	#应收工程款	存货
总　计	**1141144**	**10297516**	**8319263**	**2925604**	**1242032**
国有及国有控股企业	914719	7622821	6036198	2004243	1013155
按登记注册类型分组					
内资企业	1141112	10297146	8318943	2925494	1242008
国有企业	19060	586374	489487	196710	31887
集体企业	483	77074	58796	14575	1706
有限责任公司	701649	5906863	4670718	1487488	686527
国有独资公司	105929	1315006	1112326	272681	113491
其他有限责任公司	595719	4591857	3558392	1214807	573036
股份有限公司	295640	2111990	1711089	636667	398223
私营企业	124281	1614845	1388853	590054	123665
私营有限责任公司	124140	1611689	1386220	589779	123501
私营股份有限公司	141	3156	2633	275	164
港、澳、台商投资企业		108	102	84	
与港澳台商合资经营		108	102	84	
港、澳、台商独资					
外商投资企业	32	262	217	27	24
按国民经济行业分组					
房屋工程建筑	655850	5224880	4345407	1647177	618190
土木工程建筑	411250	4053265	3135102	865082	566399
铁路道路隧道和桥梁工程	351932	2705694	2110145	457739	418186
铁路工程建筑	8524	419343	335407	64086	9603
公路工程建筑	332430	2075778	1607894	353559	391828
市政道路工程建筑	7481	153033	113582	28704	10830
其他道路、隧道和桥梁工程建筑	3497	57540	53262	11390	5926
水利和内河港口工程建筑	36213	725509	491555	194194	116638
海洋工程建筑					
工矿工程建筑	7527	163091	141470	64421	10641
架线和管道工程建筑	13500	390240	326111	123512	19668
架线及设备工程建筑	5386	299424	245856	79166	11498
管道工程建筑	8114	90816	80256	44347	8170
其他土木工程建筑	2079	68730	65822	25217	1266

10-3续表1　　（2016年）　　单位：万元

指　　标	年初存货	资产合计	流动资产合计	#应收工程款	存货
建筑安装业	53443	708274	577457	297582	41653
电气安装	31101	459663	378315	196499	22813
管道和设备安装	16300	147285	106610	45295	11930
其他建筑安装业	6041	101327	92533	55788	6910
建筑装饰业	13049	130140	120963	47831	7504
其它建筑业	7553	180957	140333	67932	8286
工程准备活动	4000	150969	119359	59486	3545
建筑物拆除活动	794	40087	22090	12200	1202
其他工程准备活动	3206	110882	97269	47286	2343
提供施工设备服务	57	1220	1203	79	82
其它未列明的建筑业	3495	28768	19770	8366	4659
按隶属关系分组					
中央	606665	5365507	4069024	1248650	651384
省(自治区、直辖市)	192487	1372218	1164630	345622	197060
地区(州、盟、省辖市)	150751	1189688	1072204	509543	191932
县(区、市、旗)及县以下	1481	116958	98950	28867	5625
其他	189761	2253145	1914454	792923	196031
按企业资质等级分组					
施工总承包	1051310	9290729	7489756	2537401	1187594
特级	141797	1297713	958958	515716	161598
一级	623803	5831112	4629705	1316099	752446
二级	194516	1537630	1336929	474882	201828
三级及以下	91194	624274	564164	230704	71722
专业承包	89834	1006787	829507	388204	54438
一级	8176	317349	270096	123172	13621
二级	59398	308538	266398	129105	22247
三级及以下	22260	380900	293012	135927	18569
按控股情况分组					
国有控股	914710	7600734	6027631	2004243	1013151
集体控股	9677	295184	247970	115323	6662
私人控股	193277	2125381	1831558	763880	201453
港澳台商控股		108	102	84	
其他	23480	276109	212002	42074	20766

10-3续表2　　（2016年）　　单位：万元

指　　标	固定资产合计	固定资产减值准备	固定资产原价	累计折旧	#本年折旧	在建工程
总　计	**715781**	**19583**	**1007550**	**468761**	**85956**	**103778**
国有及国有控股企业	544076	19271	712105	314456	64669	89564
按登记注册类型分组						
内资企业	715741	19583	1007366	468619	85945	103778
国有企业	76840	5	108423	41456	4630	6247
集体企业	3982		10864	7215	1543	10
有限责任公司	476516	19067	595988	263411	58043	85175
国有独资公司	44244	13	76822	40758	6070	8179
其他有限责任公司	432273	19054	519166	222653	51972	76995
股份有限公司	45086	201	93506	53983	7154	5578
私营企业	113316	310	198585	102555	14576	6769
私营有限责任公司	112794	310	197838	102121	14490	6560
私营股份有限公司	522		747	434	86	209
港、澳、台商投资企业	6		79	74		
与港澳台商合资经营	6		79	74		
港、澳、台商独资						
外商投资企业	35		105	69	10	
按国民经济行业分组						
房屋工程建筑	223617	19107	356860	179974	43999	-12448
土木工程建筑	369931	155	450280	188884	25397	105861
铁路道路隧道和桥梁工程	99769	128	193021	101901	12054	7238
铁路工程建筑	20297		39655	23629	4048	4230
公路工程建筑	49789	113	97492	48989	5980	912
市政道路工程建筑	26141	15	38835	15747	1240	2096
其他道路、隧道和桥梁工程建筑	3542		17039	13536	785	
水利和内河港口工程建筑	227017		177112	46725	6368	96230
海洋工程建筑						
工矿工程建筑	5098		14628	9536	1241	
架线和管道工程建筑	35840	28	61334	28742	5302	2393
架线及设备工程建筑	32489	9	54838	25326	4755	2286
管道工程建筑	3351	19	6495	3416	547	107
其他土木工程建筑	2207		4186	1981	433	

10-3续表3　　（2016年）　　单位：万元

指　　标	固定资产合计	固定资产减值准备	固定资产原价	累计折旧	#本年折旧	在建工程
建筑安装业	81888	321	135569	66454	10256	5888
电气安装	49941	300	84538	46590	6945	5433
管道和设备安装	28361	19	46545	18461	3149	131
其他建筑安装业	3587	3	4486	1403	162	324
建筑装饰业	5432		11395	6492	1251	421
其它建筑业	34914		53446	26958	5053	4057
工程准备活动	27743		43982	22917	4138	2309
建筑物拆除活动	17630		19552	7443	1729	1153
其他工程准备活动	10113		24430	15474	2410	1156
提供施工设备服务	17		30	13	3	
其它未列明的建筑业	7153		9434	4028	911	1747
按隶属关系分组						
中央	419360	19165	544896	241460	54240	70653
省(自治区、直辖市)	92010	91	116277	53134	7695	17259
地区(州、盟、省辖市)	50853	15	83517	35184	5496	2389
县(区、市、旗)及县以下	11631		18247	11911	1384	5295
其他	141928	313	244612	127072	17142	8182
按企业资质等级分组						
施工总承包	609738	19276	827904	379124	70496	98250
特级	15284	18903	35998	20877	872	177
一级	464691	263	552247	229862	55027	81427
二级	86536	101	167905	95114	9094	12970
三级及以下	43227	10	71754	33272	5503	3675
专业承包	106044	307	179646	89638	15460	5529
一级	36204		64618	30688	4906	2116
二级	19390		40667	25312	3032	1482
三级及以下	50450	307	74361	33638	7522	1931
按控股情况分组						
国有控股	530557	19271	700635	314456	64669	87514
集体控股	15957		39084	23536	3316	85
私人控股	151705	313	248830	127225	17607	14080
港澳台商控股	6		79	74		
其他	17558		18922	3471	363	2099

10-3续表4 （2016年） 单位：万元

指 标	流动负债合计	#应付账款	非流动负债合计	负债合计
总 计	**6865051**	**2859351**	**1066382**	**7966862**
国有及国有控股企业	5125651	2086434	1015782	6147350
按登记注册类型分组				
内资企业	6864830	2859180	1066382	7966641
国有企业	484899	248090	1038	490617
集体企业	57648	42312		57648
有限责任公司	4086105	1722319	677577	4775924
国有独资公司	989618	382637	29925	1019543
其他有限责任公司	3096487	1339682	647651	3756380
股份有限公司	1253976	416760	365880	1619856
私营企业	982203	429699	21886	1022597
私营有限责任公司	981205	429468	21886	1021600
私营股份有限公司	997	231		998
港、澳、台商投资企业	114	110		114
与港澳台商合资经营	114	110		114
港、澳、台商独资				
外商投资企业	108	61		108
按国民经济行业分组				
房屋工程建筑	3708701	1620359	601386	4326628
土木工程建筑	2551835	956594	433116	2996976
铁路道路隧道和桥梁工程	1691636	590726	380346	2072485
铁路工程建筑	325034	124813	598	325741
公路工程建筑	1235009	415386	376665	1611675
市政道路工程建筑	94938	35275	3083	98021
其他道路、隧道和桥梁工程建筑	36654	15252		37049
水利和内河港口工程建筑	467390	137106	42664	510054
海洋工程建筑				
工矿工程建筑	127020	84421	10070	137090
架线和管道工程建筑	217692	121062	10	229223
架线及设备工程建筑	158588	76783		170110
管道工程建筑	59103	44280	10	59113
其他土木工程建筑	48098	23279	26	48124

10-3续表5　　（2016年）　　单位：万元

指　　标	流动负债合计	#应付账款	非流动负债合计	负债合计
建筑安装业	435586	198592	25202	465281
电气安装	283812	149833	20629	308341
管道和设备安装	85316	30877	1373	87125
其他建筑安装业	66458	17882	3200	69815
建筑装饰业	64592	35960	144	65486
其它建筑业	104338	47846	6534	112492
工程准备活动	91042	44655	5731	98392
建筑物拆除活动	17091	6963	1537	19328
其他工程准备活动	73951	37692	4193	79064
提供施工设备服务	233	83		233
其它未列明的建筑业	13063	3109	803	13867
按隶属关系分组				
中央	3574677	1444479	935022	4523236
省（自治区、直辖市）	1064420	499480	23578	1089002
地区（州、盟、省辖市）	709771	254695	64104	775753
县（区、市、旗）及县以下	76801	49011	1083	78320
其他	1439382	611686	42596	1500552
按企业资质等级分组				
施工总承包	6279687	2577714	1040429	7348273
特级	851662	341670	171701	1023362
一级	3909749	1548300	841715	4755270
二级	1144110	487877	21259	1186985
三级及以下	374166	199868	5754	382656
专业承包	585364	281637	25953	618590
一级	210613	100307	3838	218407
二级	196285	91801	15430	212423
三级及以下	178467	89529	6686	187760
按控股情况分组				
国有控股	5118989	2086434	1015782	6140689
集体控股	221782	149485	12136	233919
私人控股	1347787	585187	28685	1395985
港澳台商控股	114	110		114
其他	176379	38135	9778	196157

10-3续表6 （2016年） 单位：万元

指　　标	所有者权益	#实收资本						
			国家资本	集体资本	法人资本	个人资本	港澳台资本	外商资本
总　计	**2330653**	**1520866**	**455956**	**62644**	**463202**	**538699**	**60**	**306**
国有及国有控股企业	1475471	794962	448060	19079	237809	89801		213
按登记注册类型分组								
内资企业	2330505	1520556	455956	62644	463045	538699		213
国有企业	95757	74914	58309	8686	7920			
集体企业	19426	11273		11273				
有限责任公司	1130939	690151	317743	12430	302389	57589		
国有独资公司	295463	166718	122459		40731	3528		
其他有限责任公司	835476	523433	195284	12430	261658	54061		
股份有限公司	492134	200825	79904	18287	16772	85650		213
私营企业	592248	543393		11968	135965	395460		
私营有限责任公司	590089	540087		11968	133586	394533		
私营股份有限公司	2159	3305			2379	926		
港、澳、台商投资企业	-6	60					60	
与港澳台商合资经营	-6	60					60	
港、澳、台商独资								
外商投资企业	154	250			156			94
按国民经济行业分组								
房屋工程建筑	898251	628230	171329	23407	220032	213461		
土木工程建筑	1056289	554997	256352	22019	95631	180688		306
铁路道路隧道和桥梁工程	633209	313433	158461	13132	43653	97974		213
铁路工程建筑	93602	39551	28330	7143	2008	2070		
公路工程建筑	464103	201434	103661	4989	30992	61579		213
市政道路工程建筑	55012	56451	19471	1000	7935	28045		
其他道路、隧道和桥梁工程建筑	20492	15998	7000		2718	6280		
水利和内河港口工程建筑	215456	100888	78604	3404	2120	16760		
海洋工程建筑								
工矿工程建筑	26001	20841	5058	82	7460	8240		
架线和管道工程建筑	161017	98778	5279	5400	40225	47875		
架线及设备工程建筑	129314	78699	1500	5400	29348	42451		
管道工程建筑	31703	20079	3779		10877	5423		
其他土木工程建筑	20607	21057	8950		2173	9840		94

10-3续表7 （2016年） 单位：万元

指　　标	所有者权益	#实收资本	国家资本	集体资本	法人资本	个人资本	港澳台资本	外商资本
建筑安装业	242993	215398	21395	7533	106242	80228		
电气安装	151322	122511	18582	5731	51452	46747		
管道和设备安装	60160	60566	1000	1800	37767	19999		
其他建筑安装业	31512	32321	1814	2	17023	13482		
建筑装饰业	64654	55539	3653		19090	32736	60	
其它建筑业	68466	66702	3225	9686	22206	31585		
工程准备活动	52577	49329	3225	8686	18073	19345		
建筑物拆除活动	20759	20759	1375		14533	4851		
其他工程准备活动	31818	28570	1850	8686	3540	14494		
提供施工设备服务	987	1000				1000		
其它未列明的建筑业	14902	16373		1000	4133	11240		
按隶属关系分组								
中央	842271	468672	271438	12855	155023	29144		213
省（自治区、直辖市）	283216	189680	107027	1046	65325	16222	60	
地区（州、盟、省辖市）	413935	199150	72189	12071	47359	67531		
县（区、市、旗）及县以下	38638	17751	1053	5417	8144	3136		
其他	752594	645613	4248	31255	187351	422666		94
按企业资质等级分组								
施工总承包	1942456	1219241	433399	46509	360204	378917		213
特级	274351	149327	30209		69486	49631		
一级	1075842	554836	322576	17771	132143	82132		213
二级	350645	290974	69416	16593	80793	124172		
三级及以下	241618	224105	11197	12144	77783	122981		
专业承包	388197	301625	22557	16135	102997	159782	60	94
一级	98942	65454	7670	672	32229	24882		
二级	96115	76274	11031	6988	19462	38794		
三级及以下	193140	159897	3856	8475	51306	96106	60	94
按控股情况分组								
国有控股	1460045	782139	435238	19079	237809	89801		213
集体控股	61265	30166	2000	16861	9356	1950		
私人控股	729396	647643	5108	21348	183894	437200		94
港澳台商控股	-6	60					60	
其他	79952	60857	13610	5357	32143	9748		

10-3续表8　（2016年）　单位：万元

指　　标	营业收入	#主营业务收入	营业成本	#主营业务成本	营业税金及附加	#主营业务税金及附加
总　计	**7055374**	**6859686**	**6549628**	**6363232**	**39374**	**37950**
国有及国有控股企业	4918473	4747800	4582761	4432058	13521	12738
按登记注册类型分组						
内资企业	7055301	6859613	6549590	6363194	39373	37949
国有企业	575293	558203	538846	524273	4035	3927
集体企业	76671	76173	69267	69222	910	910
有限责任公司	3935414	3776590	3683014	3542934	14493	13834
国有独资公司	717594	634230	660737	587197	2802	2751
其他有限责任公司	3217821	3142360	3022277	2955736	11691	11084
股份有限公司	1075914	1072808	970955	969921	2109	1979
私营企业	1392007	1375839	1287509	1256845	17827	17299
私营有限责任公司	1387752	1371583	1283467	1252803	17792	17272
私营股份有限公司	4256	4256	4041	4041	35	27
港、澳、台商投资企业	30	30	15	15		
与港澳台商合资经营	30	30	15	15		
港、澳、台商独资						
外商投资企业	43	43	23	23	1	1
按国民经济行业分组						
房屋工程建筑	3505373	3477040	3308465	3283651	13467	13044
土木工程建筑	2783588	2636726	2559415	2431490	17584	16976
铁路道路隧道和桥梁工程	1407564	1390663	1280351	1268853	8181	8139
铁路工程建筑	275782	273269	257854	256292	2398	2394
公路工程建筑	1005514	1002068	907747	907062	4487	4487
市政道路工程建筑	84362	73420	76758	67552	1032	994
其他道路、隧道和桥梁工程建筑	41906	41906	37991	37948	264	264
水利和内河港口工程建筑	695101	651466	659215	618195	4556	4258
海洋工程建筑						
工矿工程建筑	165519	85906	147750	77744	-293	-365
架线和管道工程建筑	462857	456407	423781	418382	4427	4231
架线及设备工程建筑	384675	378396	354399	349096	3381	3184
管道工程建筑	78182	78011	69382	69286	1047	1047
其他土木工程建筑	52548	52285	48319	48316	713	713

10-3续表9　（2016年）　单位：万元

指　标	营业收入	#主营业务收入	营业成本	#主营业务成本	营业税金及附加	#主营业务税金及附加
建筑安装业	479926	464743	423816	393967	5566	5236
电气安装	347334	341226	303126	288699	3836	3529
管道和设备安装	76640	67751	70369	55004	794	771
其他建筑安装业	55952	55766	50322	50264	935	935
建筑装饰业	121035	118778	106841	105120	1536	1500
其它建筑业	165451	162400	151091	149006	1222	1195
工程准备活动	143642	140591	131893	129808	1033	1013
建筑物拆除活动	20932	20656	19499	19364	231	231
其他工程准备活动	122711	119935	112395	110445	802	783
提供施工设备服务	696	696	653	653	6	6
其它未列明的建筑业	21113	21113	18544	18544	183	176
按隶属关系分组						
中央	3482652	3347915	3284928	3163258	8044	7618
省(自治区、直辖市)	893387	884986	826452	817934	4675	4546
地区(州、盟、省辖市)	798459	782642	710298	700882	3606	3466
县(区、市、旗)及县以下	84112	84066	74052	73066	657	657
其他	1796764	1760077	1653899	1608091	22392	21662
按企业资质等级分组						
施工总承包	6133793	5958648	5716848	5561648	29624	28720
特级	554955	554740	525049	524502	-8336	-8437
一级	3823100	3678250	3563460	3434704	22057	21553
二级	1194909	1180159	1109061	1095030	10225	10096
三级及以下	560828	545499	519278	507411	5677	5509
专业承包	921581	901038	832781	801585	9750	9230
一级	355771	352177	327199	323827	3063	3033
二级	257240	247005	231638	224220	2902	2725
三级及以下	308570	301856	273943	253537	3786	3472
按控股情况分组						
国有控股	4907222	4746562	4574411	4431597	13402	12657
集体控股	273850	267679	253388	250566	3050	2937
私人控股	1758749	1740492	1622883	1590046	22200	21672
港澳台商控股	30	30	15	15		
其他	115523	104924	98931	91008	722	685

10-3续表10　　（2016年）　　单位：万元

指　　标	其他业务利润	销售费用	管理费用	#税金	财务费用	#利息收入	利息支出
总　计	**6089**	**13728**	**253153**	**6447**	**65810**	**56353**	**88698**
国有及国有控股企业	930	4415	157646	3593	56355	55513	80409
按登记注册类型分组							
内资企业	6089	13728	253100	6447	65810	56353	88698
国有企业	294	426	20086	977	1816	3731	5516
集体企业	457		4055	127	-49	3	38
有限责任公司	4730	4747	133403	3288	43799	42541	58338
国有独资公司	-148	328	30917	791	3909	2975	6691
其他有限责任公司	4878	4419	102487	2497	39891	39567	51646
股份有限公司	-316	1425	31485	504	14024	9738	19355
私营企业	924	7130	64071	1552	6220	339	5451
私营有限责任公司	924	7130	63760	1549	6216	339	5451
私营股份有限公司			310	3	4		
港、澳、台商投资企业			14				
与港澳台商合资经营			14				
港、澳、台商独资							
外商投资企业			39				
按国民经济行业分组							
房屋工程建筑	2934	3220	100795	2371	37757	41761	52860
土木工程建筑	1860	4417	100957	2697	23037	13938	31724
铁路道路隧道和桥梁工程	1275	2576	52860	984	15074	12969	23369
铁路工程建筑	824	328	9491	165	747	395	1272
公路工程建筑	357	2071	33548	644	13455	11739	20898
市政道路工程建筑	94	177	7302	116	447	791	735
其他道路、隧道和桥梁工程建筑			2519	58	425	45	464
水利和内河港口工程建筑		263	16254	247	6271	213	6227
海洋工程建筑							
工矿工程建筑	-15	494	7602	252	1445	28	1373
架线和管道工程建筑	600	739	21545	1029	36	724	675
架线及设备工程建筑	579	669	16613	770	-139	708	481
管道工程建筑	20	70	4932	259	174	16	194
其他土木工程建筑		346	2695	185	211	3	80

10-3续表11　　　　（2016年）　　　　单位：万元

指　　标	其他业务利润	销售费用	管理费用		财务费用		
				#税金		#利息收入	利息支出
建筑安装业	1060	4403	34232	1221	3413	617	2769
电气安装	1467	3310	23931	910	1680	551	2172
管道和设备安装	-407	295	6338	138	1557	63	449
其他建筑安装业		798	3963	173	175	3	148
建筑装饰业	118	609	7419	84	129	11	33
其它建筑业	117	1080	9750	74	1475	27	1312
工程准备活动	117	816	8239	57	1356	22	1249
建筑物拆除活动	83	257	2334	12	160	11	123
其他工程准备活动	34	560	5905	45	1196	11	1126
提供施工设备服务			37				
其它未列明的建筑业		264	1474	17	119	4	63
按隶属关系分组							
中央	370	3003	100747	2265	48238	50930	68649
省（自治区、直辖市）	-355	809	37475	938	3857	3872	5644
地区(州、盟、省辖市)	1162	557	29679	1120	5353	625	7309
县（区、市、旗）及县以下		1120	4982	60	341	355	138
其他	4912	8239	80270	2065	8021	571	6958
按企业资质等级分组							
施工总承包	4187	8356	199381	4856	63426	55421	85904
特级	-331		17045	138	1473	8021	9501
一级	1799	3003	115511	2344	52961	45001	67869
二级	1140	2020	44823	1194	7051	2255	7329
三级及以下	1579	3333	22002	1180	1941	144	1206
专业承包	1902	5372	53773	1591	2384	932	2794
一级	230	780	16219	578	692	693	1375
二级	1374	962	14318	287	519	220	622
三级及以下	298	3630	23236	726	1173	18	797
按控股情况分组							
国有控股	930	4415	155558	3581	56355	55513	80409
集体控股	3211		10168	356	-61	188	281
私人控股	1874	8739	80488	1880	8749	623	7326
港澳台商控股			14				
其他	74	574	6925	630	767	28	682

10-3续表12 （2016年） 单位：万元

指　标	营业利润	营业外收入	补贴收入	营业外支出	利润总额	应交所得税
总　计	**117587**	**35487**	**9089**	**9569**	**143473**	**31823**
国有及国有控股企业	86804	30785	6727	7195	110361	24007
按登记注册类型分组						
内资企业	117607	35487	9089	9569	143493	31823
国有企业	9073	3962	6	538	12497	761
集体企业	2504	268		86	2686	665
有限责任公司	48502	24647	6415	4927	68189	12003
国有独资公司	12425	3266	388	1224	14467	2135
其他有限责任公司	36077	21381	6027	3703	53722	9868
股份有限公司	47968	4835	1969	2440	50364	15324
私营企业	9561	1775	699	1577	9758	3071
私营有限责任公司	9695	1772	699	1577	9890	3071
私营股份有限公司	-134	2			-132	
港、澳、台商投资企业	1				1	
与港澳台商合资经营	1				1	
港、澳、台商独资						
外商投资企业	-21				-21	
按国民经济行业分组						
房屋工程建筑	38550	16968	4308	4153	51332	12474
土木工程建筑	64344	11202	2248	2796	72751	14722
铁路道路隧道和桥梁工程	34325	3673	1135	1614	36384	12996
铁路工程建筑	4835	138	1	202	4771	849
公路工程建筑	31242	3328	1134	1345	33224	11840
市政道路工程建筑	-2459	204		59	-2313	145
其他道路、隧道和桥梁工程建筑	707	4		8	703	161
水利和内河港口工程建筑	8113	5132	1095	505	12740	139
海洋工程建筑						
工矿工程建筑	8179	1754	17	147	9787	150
架线和管道工程建筑	13463	592		245	13810	1388
架线及设备工程建筑	10887	572		175	11284	787
管道工程建筑	2577	20		71	2526	601
其他土木工程建筑	264	51	1	285	30	49

10-3续表13　　(2016年)　　单位：万元

指　　标	营业利润	营业外收入	补贴收入	营业外支出	利润总额	应交所得税
建筑安装业	8503	6560	2533	2195	12868	3581
电气安装	11596	2451	1250	1506	12541	2910
管道和设备安装	-2965	3314	704	260	90	480
其他建筑安装业	-128	795	580	430	237	191
建筑装饰业	4483	202		37	4649	463
其它建筑业	1706	555		387	1874	584
工程准备活动	1254	550		377	1426	466
建筑物拆除活动	-1105	169		41	-977	10
其他工程准备活动	2358	381		336	2403	455
提供施工设备服务	-2				-2	
其它未列明的建筑业	455	5		11	449	119
按隶属关系分组						
中央	35903	22249	5611	3129	54992	6178
省(自治区、直辖市)	11827	6121	1114	2378	15570	4429
地区(州、盟、省辖市)	42181	2939	1	1986	43134	14663
县(区、市、旗)及县以下	4136	803	720	20	4919	973
其他	23539	3375	1644	2056	24858	5580
按企业资质等级分组						
施工总承包	98709	32408	7880	8207	122878	28468
特级	22330	2001	981	108	24223	5478
一级	46708	25793	5185	4542	67959	14995
二级	21307	3937	1565	3024	22220	5958
三级及以下	8364	677	148	533	8476	2038
专业承包	18878	3079	1209	1362	20595	3355
一级	8011	1257	593	298	8970	890
二级	6428	1002	501	297	7134	1611
三级及以下	4439	820	115	768	4492	854
按控股情况分组						
国有控股	86804	30785	6727	7195	110361	24007
集体控股	7262	749	5	217	7794	1945
私人控股	16590	3600	2236	2135	18055	4508
港澳台商控股	1				1	
其他	6930	354	122	22	7262	1363

10-3续表14　　（2016年）　　单位：万元

指　　标	资产减值损失	公允价值变动收益	投资收益	应付职工薪酬	建筑业企业在境外完成的营业收入	应交增值税
总　　计	**28636**	**-37**	**12276**	**883711**	**670964**	**106286**
国有及国有控股企业	27673		11396	660074	663177	75370
按登记注册类型分组						
内资企业	28636	-37	12276	883683	670964	106285
国有企业	915		597	73214		9712
集体企业	-421		-407	9771		370
有限责任公司	18036		9594	569339	467786	59735
国有独资公司	7198		722	75679		19105
其他有限责任公司	10838		8872	493661	467786	40630
股份有限公司	10103	-37	2193	111951	203178	20359
私营企业	4		301	119408		16110
私营有限责任公司	4		301	118925		16040
私营股份有限公司				484		70
港、澳、台商投资企业				8		1
与港澳台商合资经营				8		1
港、澳、台商独资						
外商投资企业				19		
按国民经济行业分组						
房屋工程建筑	12396	-37	8328	476924	460001	40705
土木工程建筑	15083		1934	328308	203178	52390
铁路道路隧道和桥梁工程	15815		2312	143988	203178	33853
铁路工程建筑	128			23313		15460
公路工程建筑	15263		2298	105475	203178	17090
市政道路工程建筑	424		14	12444		960
其他道路、隧道和桥梁工程建筑	0			2756		342
水利和内河港口工程建筑	429			120296		8064
海洋工程建筑						
工矿工程建筑	381		29	13410		3193
架线和管道工程建筑	-1542		-407	43839		6695
架线及设备工程建筑	-1542		-407	37832		6485
管道工程建筑				6007		211
其他土木工程建筑				6776		585

10-3续表15　　(2016年)　　单位：万元

指　　标	资产减值损失	公允价值变动收益	投资收益	应付职工薪酬	建筑业企业在境外完成的营业收入	应交增值税
建筑安装业	171		173	56348	7786	9808
电气安装	-78		61	39453	7786	8001
管道和设备安装	249			11057		1093
其他建筑安装业			113	5838		715
建筑装饰业	18			11104		1406
其它建筑业	969		1841	11027		1977
工程准备活动	893		1841	9156		1667
建筑物拆除活动	815		1259	3984		941
其他工程准备活动	78		582	5172		727
提供施工设备服务				124		25
其它未列明的建筑业	76			1746		284
按隶属关系分组						
中央	10941		9151	573766	663177	57206
省(自治区、直辖市)	10195		1903	59148		8910
地区(州、盟、省辖市)	6553		464	39166	7786	16547
县(区、市、旗)及县以下	-191			12207		1201
其他	1137	-37	759	199424	2	22423
按企业资质等级分组						
施工总承包	27966	-37	10256	774768	670964	90839
特级	3457		6062	31618		9767
一级	23338	-37	3975	606516	663177	57682
二级	942		229	93329	2	15789
三级及以下	230		-10	43305	7786	7602
专业承包	671		2020	108943		15447
一级	395		582	46526		6710
二级	68		-408	37720		4298
三级及以下	209		1846	24697		4440
按控股情况分组						
国有控股	27673		11396	657635	663177	75370
集体控股	-302		-345	52380		7515
私人控股	761	-37	700	166615	2	21661
港澳台商控股				8		1
其他	504		526	7073	7786	1740

10—4　劳务分包建筑企业生产经营情况

（2016年）

单位：万元

指　　标	企业个数（个）	#有工作量	建筑业总产值	#装饰装修	资产总计	固定资产原价
总　计	**56**	**44**	**315840**	**14817**	**119734**	**3996**
国有及国有控股企业	6	2	6041		498	90
按登记注册类型分组						
内资企业	56	44	315840	14817	119734	3996
国有企业	1	1	29		199	89
集体企业						
有限责任公司	8	3	85142		15161	41
私营企业	47	40	230670	14817	104374	3866
按国民经济行业分组						
房屋建筑业	10	5	81764		18178	402
土木工程建筑业	2	2	7686		2684	57
铁路道路隧道和桥梁工程	1	1	6872		236	19
架线和管道工程建筑	1	1	814		2448	38
其他土木工程建筑						
建筑安装业	17	15	26412	1014	31156	2075
电气安装	1	1	13765		16805	557
管道和设备安装	13	11	11970	1014	11776	1188
其他建筑安装业	3	3	677		2575	329
建筑装饰业	9	9	94772	7014	30846	427
其他建筑业	18	13	105207	6788	36871	1035
工程准备活动	2					
提供施工设备服务	7	7	62237	6323	20085	492
其它未列明的建筑活动	9	6	42970	465	16786	544
按隶属关系分组						
中央	4					
省（自治区、直辖市）	1	1	6012		299	1
地区（州、盟、省辖市）						
县（区、市、旗）	1	1	29		199	89
其他	50	42	309799	14817	119236	3906
按企业资质等级分组						
劳务分包	56	44	315840	14817	119734	3996
一级	5	3	45477	379	14740	220
二级	22	15	159151	13423	39224	1057
三级及以下	29	26	111212	1014	65771	2718
按控股情况分组						
国有控股	6	2	6041		498	90
集体控股	1	1	78961		14299	32
私人控股	48	40	230670	14817	104374	3866
其他	1	1	169		563	8

10-4续表1 （2016年） 单位：万元、人

指　　标	本年折旧	负债总计	实收资本	建筑业企业期末人数	从事建筑业活动的平均人数
总　计	**672**	**99036**	**17340**	**27761**	**24442**
国有及国有控股企业	1	579	48	6	6
按登记注册类型分组					
内资企业	672	99036	17340	27761	24442
国有企业		201	-2	4	4
集体企业					
有限责任公司	-18	13388	853	19858	14436
私营企业	690	85447	16490	7899	10002
按国民经济行业分组					
房屋建筑业	-10	15581	1036	19974	14437
土木工程建筑业	19	2277	250	1309	1516
铁路道路隧道和桥梁工程	19	105	50	1200	1400
架线和管道工程建筑		2172	200	109	116
其他土木工程建筑					
建筑安装业	375	20752	10529	829	220
电气安装	149	12465	4051	28	28
管道和设备安装	168	7296	4831	770	166
其他建筑安装业	58	991	1647	31	26
建筑装饰业	179	27943	2812	109	2191
其他建筑业	109	32484	2713	5540	6078
工程准备活动					
提供施工设备服务	63	17269	1483	1559	1645
其它未列明的建筑活动	45	15215	1230	3981	4433
按隶属关系分组					
中央					
省(自治区、直辖市)	1	378	50	2	2
地区(州、盟、省辖市)					
县(区、市、旗)		201	-2	4	4
其他	671	98457	17292	27755	24436
按企业资质等级分组					
劳务分包	672	99036	17340	27761	24442
一级	16	13874	500	3948	4404
二级	169	34299	3298	3586	5307
三级及以下	487	50863	13542	20227	14731
按控股情况分组					
国有控股	1	579	48	6	6
集体控股	-25	12950	300	19794	14312
私人控股	690	85447	16490	7899	10002
其他	6	60	503	62	122

10-4续表2　　（2016年）　　单位：万元

指　　标	营业收入合计	#主营业务收入	营业成本合计	#主营业务成本	营业税金及附加	#主营业务税金及附加
总　计	**318118**	**317952**	**311035**	**310912**	**3817**	**3767**
国有及国有控股企业	6041	6041	5943	5943	20	20
按登记注册类型分组						
内资企业	318118	317952	311035	310912	3817	3767
国有企业	28	29	17	17	1	1
集体企业						
有限责任公司	85142	85142	83251	83251	923	923
私营企业	232948	232782	227767	227644	2893	2843
按国民经济行业分组						
房屋建筑业	81764	81764	79830	79830	1048	1048
土木工程建筑业	7686	7686	7438	7438	116	116
铁路道路隧道和桥梁工程	6872	6872	6711	6711	104	104
架线和管道工程建筑	814	814	727	727	12	12
其他土木工程建筑						
建筑安装业	26446	26366	25112	25069	375	325
电气安装	13765	13765	13087	13087	269	269
管道和设备安装	11928	11924	11441	11437	89	39
其他建筑安装业	753	677	583	544	17	17
建筑装饰业	94855	94772	93142	93077	938	938
其他建筑业	107367	107364	105513	105498	1341	1340
工程准备活动						
提供施工设备服务	62236	62237	60770	60759	1069	1069
其它未列明的建筑活动	45131	45127	44743	44739	272	272
按隶属关系分组						
中央						
省（自治区、直辖市）	6012	6012	5926	5926	19	19
地区（州、盟、省辖市）						
县（区、市、旗）	29	29	17	17	1	1
其他	312077	311911	305091	304968	3797	3747
按企业资质等级分组						
劳务分包	318118	317952	311035	310912	3817	3767
一级	45477	45477	44730	44730	354	354
二级	159151	159151	155997	155986	1958	1911
三级及以下	113490	113324	110307	110195	1505	1501
按控股情况分组						
国有控股	6041	6041	5943	5943	20	20
集体控股	78961	78961	77181	77181	899	899
私人控股	232948	232782	227767	227644	2893	2843
其他	168	169	143	143	5	5

10-4续表3　　　　（2016年）　　　　单位：万元

指　　标	销售费用	管理费用	#税金	财务费用	营业利润	利润总额	应交增值税
总　计	**19**	**3642**	**73**	**160**	**-316**	**368**	**5093**
国有及国有控股企业		48	3		79	93	190
按登记注册类型分组							
内资企业	19	3642	73	160	-316	368	5093
国有企业		18			-7	7	1
集体企业							
有限责任公司		361	3	-3	659	656	1945
私营企业	19	3263	70	163	-968	-295	3147
按国民经济行业分组							
房屋建筑业		417	9	-3	575	567	1773
土木工程建筑业		143	12		-11	-11	126
铁路道路隧道和桥梁工程		27	0		29	29	103
架线和管道工程建筑		116	12		-40	-40	23
其他土木工程建筑							
建筑安装业	13	1607	24	112	-735	-24	408
电气安装		350		57	2	1	82
管道和设备安装		1114	23	49	-727	-29	322
其他建筑安装业	13	144	1	5	-10	4	5
建筑装饰业	5	594	4		234	225	861
其他建筑业		882	25	52	-380	-389	1924
工程准备活动							
提供施工设备服务		333	8	-1	96	94	749
其它未列明的建筑活动		549	17	52	-477	-484	1176
按隶属关系分组							
中央							
省（自治区、直辖市）		31	3		86	86	189
地区（州、盟、省辖市）							
县（区、市、旗）		18			-7	7	1
其他	19	3594	70	160	-396	275	4903
按企业资质等级分组							
劳务分包	19	3642	73	160	-316	368	5093
一级		178	15	51	164	162	1156
二级	5	1003	24	-1	270	283	1648
三级及以下	13	2461	34	111	-750	-78	2289
按控股情况分组							
国有控股		48	3		79	93	190
集体控股		322		-3	561	558	1752
私人控股	19	3263	70	163	-968	-295	3147
其他		9			12	12	3

10—5 乌鲁木齐市建筑业一级资质企业一览表

（2016年）

企 业 名 称	经济类型	控股情况	隶属关系	所属行业
中建新疆建工(集团)有限公司	其他有限责任公司	国有控股	中央	房屋工程建筑
新疆城建(集团)股份有限公司工程分公司	股份有限公司	国有控股	乌鲁木齐市	房屋工程建筑
新疆路桥建设集团有限公司	股份有限公司	国有控股	中央	公路工程建筑
新疆生产建设兵团建设工程集团第一建筑安装工程有限责任公司	其他有限责任公司	国有控股	中央	房屋工程建筑
新疆通汇建设集团有限公司	私营有限责任公司	私人控股	其他	房屋工程建筑
中建新疆建工集团第四建筑工程有限公司	国有独资公司	国有控股	自治区	房屋工程建筑
新疆宏泰建工集团有限公司	私营有限责任公司	私人控股	其他	房屋工程建筑
中建新疆建工集团第五建筑工程有限公司	国有独资公司	国有控股	自治区	房屋工程建筑
新疆维吾尔自治区冶金建设公司	国有	国有控股	自治区	房屋工程建筑
新疆维泰开发建设(集团)股份有限公司	股份有限公司	国有控股	乌鲁木齐市	公路工程建筑
新疆七星建设科技股份有限公司	股份有限公司	私人控股	其他	房屋工程建筑
中建新疆建工(集团)第二建筑工程有限公司	其他有限责任公司	国有控股	中央	房屋工程建筑
新疆兵团第四建筑安装工程公司	国有	国有控股	中央	房屋工程建筑
新疆天一建工投资集团有限责任公司	其他有限责任公司	私人控股	其他	房屋工程建筑
乌鲁木齐市建工(集团)第一建筑工程有限责任公司	其他有限责任公司	私人控股	乌鲁木齐市	房屋工程建筑
新疆中油建筑安装工程有限责任公司	国有	国有控股	自治区	房屋工程建筑
新疆忠泰工程有限责任公司	其他有限责任公司	私人控股	其他	房屋工程建筑
乌鲁木齐恒信民生建筑安装有限公司	其他有限责任公司	国有控股	乌鲁木齐市	房屋工程建筑
新疆昆仑工程建设有限责任公司	国有	国有控股	自治区	公路工程建筑
中建新疆建工集团第一建筑工程有限公司	其他有限责任公司	国有控股	中央	房屋工程建筑
乌鲁木齐市建工(集团)有限责任公司	其他有限责任公司	私人控股	乌鲁木齐市	房屋工程建筑
新疆有色金属工业(集团)全鑫建设有限公司	其他有限责任公司	国有控股	自治区	房屋工程建筑

10-5续表1 （2016年）

企业名称	经济类型	控股情况	隶属关系	所属行业
新疆交通建设(集团)有限责任公司	国有独资公司	国有控股	自治区	公路工程建筑
中铁二十一局集团第一工程有限公司	国有独资公司	国有控股	中央	铁路工程建筑
新疆汇通水利电力工程建设有限公司	私营有限责任公司	私人控股	其他	水源及供水设施工程
葛洲坝新疆工程局(有限公司)	其他有限责任公司	国有控股	中央	水源及供水设施工程
新疆电力建设有限公司	国有	国有控股	中央	电力安装
新疆兵团水利水电工程集团有限公司	其他有限责任公司	国有控股	中央	水源及供水设施工程
乌鲁木齐市朗阁消防有限公司	私营有限责任公司	私人控股	其他	电气安装
中建新疆安装工程有限公司	其他有限责任公司	国有控股	中央	管道和设备安装
新疆地质工程公司	国有	国有控股	中央	其他工程准备活动
新疆新工勘岩土工程勘察设计院有限公司	私营有限责任公司	私人控股	其他	其他建筑业
新疆建工装饰工程有限责任公司	私营有限责任公司	私人控股	其他	建筑装饰业
新疆北新路桥集团股份有限公司	其他有限责任公司	国有控股	自治区	房屋工程建筑
新疆现代国际建筑工程有限公司	私营有限责任公司	私人控股	其他	其他建筑安装业
新疆得源山防水防腐保温有限公司	私营有限责任公司	私人控股	其他	其他建筑安装业
新疆新海装饰工程有限公司	私营有限责任公司	私人控股	其他	建筑装饰业
新疆成飞装饰工程有限公司	私营有限责任公司	私人控股	其他	建筑装饰业
新疆羚羊建筑装饰企业有限公司	私营有限责任公司	私人控股	其他	建筑装饰业
新疆平安装饰工程有限公司	私营有限责任公司	私人控股	其他	建筑装饰业
新疆城市建筑装饰工程有限公司	私营有限责任公司	私人控股	其他	建筑装饰业
新疆凌云设计工程有限公司	私营有限责任公司	私人控股	其他	建筑装饰业
新疆恒顺消防工程有限公司	私营有限责任公司	私人控股	其他	电气安装
新疆利安消防工程有限公司	私营有限责任公司	私人控股	其他	电气安装
新疆消防设施安装维护有限公司	私营有限责任公司	私人控股	其他	电气安装

10-5续表2　　　　　　　　　　　　（2016年）

企业名称	经济类型	控股情况	隶属关系	所属行业
新疆云鹏消防工程有限公司	私营有限责任公司	私人控股	其他	电气安装
新疆消防工程有限责任公司	其他有限责任公司	其他	自治区	电气安装
新疆九鑫河建设工程有限公司	私营有限责任公司	私人控股	其他	电气安装
中城多路建设集团有限公司	私营有限责任公司	私人控股	其他	机械设备的安装
新疆安能爆破工程有限公司	其他有限责任公司	私人控股	其他	建筑物拆除活动
新疆众诚铁保智能工程有限公司	私营有限责任公司	私人控股	其他	电气安装
新疆中移通信技术工程有限公司	国有独资公司	国有控股	自治区	架线及设备工程
新疆维吾尔自治区送变电工程公司	国有	国有控股	中央	架线及设备工程
新疆诚信德实业发展有限公司	私营有限责任公司	私人控股	其他	其他建筑安装业
中建新疆建工集团装饰工程有限公司	私营有限责任公司	国有控股	自治区	建筑装饰业
新疆生产建设兵团建设工程(集团)有限责任公司	其他有限责任公司	国有控股	中央	房屋工程建筑
新疆建化实业有限责任公司	国有独资公司	国有控股	中央	房屋工程建筑
新疆建工集团建设工程有限责任公司	私营有限责任公司	私人控股	其他	房屋工程建筑
新疆环境工程技术有限责任公司	其他有限责任公司	私人控股	社区	其他建筑安装业
新疆城建洪源市政园林有限公司	私营有限责任公司	私人控股	其他	公路工程建筑
新疆兵团建工昆鹏建筑装饰工程有限公司	其他有限责任公司	国有控股	其他	建筑装饰业
新疆北新岩土工程勘察设计有限公司	其他有限责任公司	国有控股	自治区	房屋工程建筑
乌鲁木齐绿宝石城市建筑装饰装修有限责任公司	私营有限责任公司	私人控股	其他	建筑装饰业
乌鲁木齐久安消防工程有限公司	私营有限责任公司	私人控股	其他	电气安装
乌鲁木齐市盛贯劳务有限公司	私营有限责任公司	私人控股	其他	房屋工程建筑
新疆天一建筑劳务有限责任公司	私营有限责任公司	私人控股	其他	其他未列明建筑业
乌鲁木齐顺庆建筑劳务公司	私营有限责任公司	私人控股	其他	提供施工设备服务
乌鲁木齐住乐劳务服务有限责任公司	其他有限责任公司	国有控股	中央	其他工程准备活动
新疆志城天路劳务有限责任公司	其他有限责任公司	国有控股	中央	其他工程准备活动

主要统计指标解释

EXPLANATORY NOTES ON MAIN STATISTICAL INDICATORS

建筑业统计单位 指从事房屋、构筑物建造和设备安装活动的法人企业。建筑业法人企业应具有建筑业资质并能够独立核算，同时还应具备以下条件：①依法成立，有自己的名称、组织机构和场所，能够承担民事责任；②独立拥有和使用资产，承担负债，有权与其他单位签订合同；③独立核算盈亏，能够编制资产负债表。

建筑业总产值 是以货币形式表现的建筑业企业在一定时期内生产的建筑业产品和提供服务的总和。建筑业总产值包括：

（1）建筑工程产值：指列入建筑工程预算内的各种工程价值。

（2）安装工程产值：指设备安装工程价值，不包括被安装设备本身价值。

（3）其他产值：建筑业总产值中除建筑工程、安装工程以外的产值。包括房屋构筑物修理产值、非标准设备制造产值、总包企业向分包企业收取的管理费以及不能明确划分的施工活动所完成的产值。

a.房屋构筑物修理产值：指房屋和构筑物修理所完成的产值，但不包括被修理房屋、构筑物本身价值和生产设备的修理价值。

b.非标准设备制造产值：指加工制造没有定型的非标准生产设备的加工费和原材料价值（如化工厂、炼油厂用的各种罐、槽，矿井生产统一使用的各种漏斗、三角槽、阀门等）以及附属加工厂为本企业承建工程制作的非标准设备的价值。

建筑业增加值 指建筑业企业在报告期内以货币形式表现的建筑业生产经营活动的最终成果。

从2004年第一次全国经济普查开始，建筑业现价增加值按生产法和分配法(收入法)两种方法计算，以收入法的计算结果为准，即从收入的角度出发，根据生产要素在生产过程中应得的收入份额计算。具体计算方法：经济普查年度建筑业增加值按照《经济普查年度GDP核算方案》计算，非经济普查年度建筑业增加值按照《非经济普查年度GDP核算方案》计算

房屋建筑施工面积 指在报告期内施工的全部房屋建筑面积，包括本期新开工的房屋建筑面积、上期跨入本期继续施工的房屋建筑面积、上期停缓建在本期恢复施工的房屋建筑面积、本期竣工的房屋建筑面积及本期施工后又停缓建的房屋建筑面积。

房屋建筑竣工面积 指在报告期内房屋建筑按照设计要求已全部完工，达到住人和使用条件，经验收鉴定合格或达到竣工验收标准，可正式移交使用单位的各栋房屋建筑面积的总和。

交通运输、邮电通信业

TRANSPORTATION POSTAL AND TELECOMMUNICATIONS SERVICES

资料整理：刘延涛 潘世锦

11—1 历年交通运输量

年份	客运量(万人)				货运量(万吨)			
	总计	铁路	公路	民航	总计	铁路	公路	民航
1950	7.25		7	0.25	11.01		11	0.01
1951	5.63		5	0.63	52.04		52	0.04
1952	20.59		20	0.59	69.04		69	0.04
“一五”时期								
1953	22.62		22	0.62	79.05		79	0.05
1954	34.38		34	0.38	116.03		116	0.03
1955	44.43		44	0.43	179.02		179	0.02
1956	68.60		68	0.60	194.04		194	0.04
1957	108.45		108	0.45	176.04		176	0.04
“二五”时期								
1958	135.61		135	0.61	408.05		408	0.05
1959	152.04		151	1.04	582.07		582	0.07
1960	130.41		129	1.41	679.10		679	0.10
1961	217.38		216	1.38	500.06		500	0.06
1962	167.36		166	1.36	308.07		308	0.07
三年调整期								
1963	223.72	94.4	128	1.32	640.46	223.4	417	0.06
1964	244.17	89.4	153	1.77	750.42	240.3	510	0.12
1965	230.33	85.6	143	1.73	920.43	308.3	612	0.13
“三五”时期								
1966	244.04	89.7	153	1.34	1241.64	486.5	755	0.14
1967	263.27	92.3	169	1.97	882.08	333.9	548	0.18
1968	242.73	105.9	135	1.83	929.49	372.4	557	0.09
1969	221.05	112.0	107	2.05	855.41	350.3	505	0.11
1970	218.11	97.3	119	1.81	1198.32	519.2	679	0.12
“四五”时期								
1971	241.71	107.6	132	2.11	1373.70	610.6	763	0.10
1972	194.42	102.2	90	2.22	1025.36	405.3	620	0.06
1973	182.40	104.9	75	2.50	1015.76	363.7	652	0.06
1974	212.06	114.6	95	2.46	1085.27	397.2	688	0.07
1975	254.80	129.9	121	3.90	1307.30	628.2	679	0.10
“五五”时期								
1976	250.31	112.2	134	4.11	1457.80	666.7	791	0.10
1977	250.16	123.1	122	5.06	1674.20	788.1	886	0.10
1978	342.01	145.1	190	6.91	1992.30	907.2	1085	0.10
1979	365.54	170.5	186	9.04	2160.04	906.9	1253	0.14
1980	383.50	193.1	180	10.37	2190.66	883.5	1307	0.16
“六五”时期								
1981	384.81	195.9	179	9.91	2140.94	886.8	1254	0.14
1982	483.20	187.1	286	10.10	2536.34	1001.2	1535	0.14

11-1续表

年份	客运量(万人)				货运量(万吨)			
	总计	铁路	公路	民航	总计	铁路	公路	民航
1983	578.54	216.1	355	7.44	2753.71	1104.6	1649	0.11
1984	701.57	250.3	443	8.27	3264.62	1190.5	2074	0.12
1985	843.45	319.6	515	8.85	3348.21	1278.1	2070	0.11
"七五"时期								
1986	966.18	361.9	582	22.28	3351.80	1358.5	1993	0.30
1987	1067.60	376.5	657	34.10	3725.47	1437.9	2287	0.57
1988	1305.35	458.5	799	47.85	3864.52	1544.7	2319	0.82
1989	1369.53	452.5	870	47.03	3191.70	1643.9	1547	0.80
1990	1266.50	388.4	825	53.10	3654.57	1690.7	1963	0.87
"八五"时期								
1991	1339.96	383.4	900	56.56	3737.45	1707.6	2029	0.85
1992	1456.85	424.5	950	82.35	4147.74	1724.5	2422	1.24
1993	1494.87	428.9	976	89.97	3822.80	1741.4	2080	1.40
1994	1379.70	442.5	831	106.20	4008.19	1758.4	2248	1.79
1995	1977.53	456.2	1399	122.33	4441.34	1775.3	2664	2.04
"九五"时期								
1996	2052.55	469.8	1455	127.75	6114.03	1792.2	4319	2.83
1997	2308.54	483.4	1705	120.14	6613.40	1809.1	4800	4.30
1998	2642.00	497.0	2018	127.00	6969.96	1826.0	5139	4.96
1999	2057.70	510.7	1403	144.00	7570.07	1842.9	5724	3.17
2000	1496.65	524.3	805	167.35	8300.40	1859.9	6437	3.50
"十五"时期								
2001	1718.05	537.9	1023	157.15	7156.84	1876.8	5278	2.04
2002	1538.44	551.6	804	182.84	7552.40	1893.7	5656	2.70
2003	3008.00	565.2	2228	214.80	10346.76	1910.6	8434	2.16
2004	3587.20	578.8	2722	286.40	9214.02	1927.5	7284	2.52
2005	2897.06	592.5	1966	338.56	10204.43	1944.4	8257	3.03
"十一五"时期								
2006	3163.10	606.1	2193	364.00	10495.83	1961.4	8531	3.43
2007	3345.40	620.1	2414	311.30	10660.50	1978.3	8677	5.20
2008	3392.68	646.1	2411	335.58	10891.59	2199.3	8687	5.29
2009	3526.40	672.9	2521	332.50	14066.25	2074.0	11988	4.25
2010	3819.63	727.4	2676	416.23	15192.09	2047.0	13140	5.09
"十二五"时期								
2011	4435.40	956.0	2915	564.40	16539.60	2062.1	14472	5.50
2012	4909.90	1032.5	3194	683.40	18218.60	2070.3	16142	6.30
2013	5426.90	1119.2	3481	826.91	20135.47	2275.3	17853	6.97
2014	4144.67	1137.1	2170	837.57	17174.59	2316.2	14851	7.39
2015	4316.98	1349.1	2012	955.92	16657.01	1910.8	14739	7.21
"十三五"时期								
2016	4411.26	1563.6	1805	1042.66	17100.46	2155.3	14938	7.16

11—2　历年交通运输周转量

年　份	客运周转量(万人公里)				货运周转量(万吨公里)			
	总计	铁路	公路	民航	总计	铁路	公路	民航
1950	11109		10872	237	822		805	17
1951	5750		5108	642	3836		3801	35
1952	13518		12946	572	6327		6288	39
"一五"时期								
1953	12172		11423	749	7551		7491	60
1954	17120		16783	337	10798		10772	26
1955	16794		16352	442	15994		15973	21
1956	23443		22796	647	17784		17749	35
1957	25124		24700	424	15834		15796	38
"二五"时期								
1958	29413		28780	633	28625		28571	54
1959	41016		40253	763	45657		45592	65
1960	34927		34025	902	52063		51985	78
1961	41158		40362	796	43015		42964	51
1962	31965		31130	835	33900		33852	48
三年调整期								
1963	52376	29264	22270	842	100793	69254	31496	43
1964	55117	27714	26294	1109	105666	74493	31094	79
1965	52302	26536	24612	1154	135041	95573	39380	88
"三五"时期								
1966	54277	27807	25594	8764	194185	150815	43274	96
1967	55023	28613	25196	1215	140335	103509	36712	114
1968	57648	32829	23600	1219	148125	115444	32620	61
1969	57051	34720	20889	1442	139851	108593	31180	78
1970	52547	30163	21067	1317	209137	160952	48096	89
"四五"时期								
1971	58297	33356	23387	1554	243300	189286	53946	68
1972	50091	31682	16730	1679	164217	125643	38526	48
1973	49287	32519	14952	1816	149432	112747	36639	46
1974	56057	35526	18669	1862	160861	123132	37675	54
1975	69549	40269	26241	3039	246999	194742	52186	71
"五五"时期								
1976	74649	34782	36658	3209	258345	206677	51599	69
1977	84941	38161	42686	4094	310503	244311	66109	83
1978	108620	44981	58107	5532	364163	281232	82833	98
1979	113655	52855	53772	7028	372189	281139	90934	116
1980	114249	59861	46060	8328	370969	273885	96946	138
"六五"时期								
1981	117801	60729	48885	8187	363905	274908	88878	119
1982	127878	58001	61074	8803	420250	310372	109756	122

11-2续表

年份	客运周转量(万人公里)				货运周转量(万吨公里)			
	总计	铁路	公路	民航	总计	铁路	公路	民航
1983	149275	66991	75596	6688	466722	342426	124194	102
1984	174381	77593	88828	7960	509667	369055	140502	110
1985	207155	99076	99356	8723	531319	396211	135004	104
"七五"时期								
1986	255586	112189	103889	39508	572863	421135	151111	617
1987	297879	116715	110263	70901	627642	445749	180495	1398
1988	365331	142135	123562	99634	684740	478857	203902	1981
1989	374109	140275	135794	98040	655995	509609	144468	1918
1990	332433	120404	104692	107337	753710	524117	227545	2048
"八五"时期								
1991	362039	118854	122316	120869	774518	529355	243062	2101
1992	438413	131595	123003	183815	818707	534600	280957	3150
1993	447287	132956	107126	207205	779801	539845	236484	3472
1994	488350	137181	99726	251443	785763	545089	235609	5065
1995	542946	141407	104783	296756	823806	550334	267728	5744
"九五"时期								
1996	574060	145632	104215	324213	1084241	555578	522188	6475
1997	564410	149857	117629	296924	1116487	560823	548683	6981
1998	587785	154082	130203	303500	1171217	566067	597850	7300
1999	621781	158308	145573	317900	1175072	571312	594960	8800
2000	656570	162533	122237	371800	945950	576557	359593	9800
"十五"时期								
2001	683158	166758	162900	353500	981501	581801	393400	6300
2002	733383	170984	170799	391600	1097103	587046	501857	8200
2003	815190	175209	230481	409500	1280373	592290	681683	6400
2004	1015960	179434	308026	528500	1302769	597535	697834	7400
2005	1190808	183660	396815	610333	1450905	602780	840018	8107
"十一五"时期								
2006	1376185	187885	515300	673000	1584524	608024	967600	8900
2007	1326531	192231	558400	575900	1670169	613269	1043400	13500
2008	1410988	213228	576934	620826	1825140	725761	1085630	13749
2009	1478000	222100	552500	703400	2345900	684500	1649300	12100
2010	1862500	240100	586400	1036000	2569400	708200	1842100	19100
"十二五"时期								
2011	2351800	305200	642000	1404600	2805600	745600	2039300	20700
2012	2679000	334000	645000	1700000	3104000	792000	2288000	24000
2013	3185300	359700	768600	2057000	3429400	868000	2534800	26600
2014	2930981	352300	392081	2186600	2994848	845400	2121448	28000
2015	3200462	366392	338500	2495570	2901992	705909	2168765	27318
"十三五"时期								
2016	3408786	387643	299125	2722018	2966725	685438	2254158	27129

11—3　交通运输工具

指　标	2000年		2005年		2010年	
	总计	#私人	总计	#私人	总计	#私人
公路运输工具(辆)	**122932**	**44478**	**182132**	**135173**	**337225**	**193847**
#民用汽车	93056	24986	153471	58719	321347	186198
载客汽车	45386	19556	96027	56122	238969	180723
#大型	4931	147	6497	93	8750	148
#小轿车	40455	19409	81870	53360	216108	172447
普通载货汽车	42942	5399	37521	2268	65588	2218
#重型	16609	1571	13352	56	28276	49
其他汽车	2596	16	6571	273	16790	3257
摩托车	22297	12596	12001	65414	7627	7578
普通摩托车			10735	9997	7337	7289
轻便摩托车			1266	1214	290	289
农用运输车			3038	2188	16790	3257
#三轮运输车			989	343	572	544
四轮运输车			2049	1845	10525	1941
拖拉机	7579	6896	8790	8790	9239	9239
大中型			669	669	2883	2883
小　型			8121	8121	6356	6356
挂　车			4591	35	7957	7
其他类型车			241	27	294	64
铁路运输工具						
配属机车(台)	96		418		660	
客车(辆)	805		1165		1590	
民用运输工具						
民航飞机(架)	36		35		38	

11-3续表1

指　标	2011年		2012年		2013年	
	总计	#私人	总计	#私人	总计	#私人
公路运输工具(辆)	**440627**	**278813**	**557394**	**380274**	**666139**	**485613**
#民用汽车	420522	267951	522231	355018	614252	444002
载客汽车	330036	261783	425619	348360	519978	437174
#大型	9016	155	9356	173	8680	121
#小轿车	305674	252681	400496	338890	497789	428718
普通载货汽车	73669	2961	79956	3461	78389	3791
#重型	31467	65	33692	74	29777	61
其他汽车	16187	3207	16656	3197	15885	3037
摩托车	10826	10760	12673	12609	15017	14917
普通摩托车	10502	10437	12345	12282	14864	14585
轻便摩托车	324	323	328	327	333	332
农用运输车	16817	3207	2542	2542	2576	2576
#三轮运输车	416	391	802	802	813	813
四轮运输车	9924	1735	1740	1740	1763	1763
拖拉机	9570	9570	9976	9976	9038	9038
大中型	3165	3165	3606	3606	3267	3267
小　型	6405	6405	6371	6371	5771	5771
挂　车	8798	7	9594	7	9822	6
其他类型车	350	95	378	122	417	157
铁路运输工具						
配属机车(台)	667		669		671	
客车(辆)	1592		1602		1612	
民用运输工具						
民航飞机(架)	40		40		40	

11-3续表2

指　　标	2014年		2015年		2016年	
	总计	#私人	总计	#私人	总计	#私人
公路运输工具(辆)	**752402**	**567283**	**825758**	**654159**	**943126**	**777392**
#民用汽车	716217	541399	793173	632144	917304	760229
载客汽车	620269	534914	707742	625435	838303	753018
#大型	9166	227	8911	241	8869	191
#小轿车	597630	526235	686877	617747	819279	747147
普通载货汽车	82600	4330	75570	4803	71843	5570
#重型	30205	80	25929	77	23418	104
其他汽车	13348	2155	9861	1906	7158	1641
摩托车	16303	16209	15367	15281	10436	10382
普通摩托车	15970	15877	15122	15037	10363	10309
轻便摩托车	333	332	245	244	73	73
农用运输车	2265	2265	1376	1376	1347	1347
#三轮运输车	772	772	506	506	506	506
四轮运输车	1493	1493	870	870	841	841
拖拉机	7201	7201	5100	5100	5160	5160
大中型	3419	3419	3014	3014	3084	3084
小　型	3782	3782	2086	2086	2076	2076
挂　车	9947	7	10228	15	8492	18
其他类型车	459	202	514	243	387	256
铁路运输工具						
配属机车(台)	682		695		767	
客车(辆)	1628		1657		2570	
民用运输工具						
民航飞机(架)	50		82		81	

11—4 邮电事业发展情况

年 份	邮电局所数（处）	邮电业务总收入（万元）	#电信	移动电话用户数（户）	固定电话用户数（户）
1949	5				250
1950	8	33			250
1951	16	68			400
1952	19	81			408
"一五"时期					
1953	24	100			477
1954	37	117			1032
1955	27	147			1607
1956	27	192			2053
1957	25	241			2660
"二五"时期					
1958	42	263			3516
1959	62	448			4908
1960	78	657			6597
1961	65	548			7203
1962	46	516			6107
三年调整期					
1963	47	433			5922
1964	48	464			6357
1965	53	485	131		6578
"三五"时期					
1966	55	485	142		6357
1967	55	496	157		6084
1968	54	500	179		6028
1969	54	521	144		6171
1970	54	540	143		6296
"四五"时期					
1971	50	546	189		6255
1972	50	546	185		6628
1973	53	553	201		7238
1974	54	643	212		8865
1975	52	744	244		7531
"五五"时期					
1976	57	785	264		8279
1977	63	862	292		9240
1978	62	910	314		11741
1979	67	1043	445		13968
1980	63	1167	568		16441
"六五"时期					
1981	66	1198	578		21507
1982	83	1306	628		22407

11-4续表

年　　份	邮电局所数（处）	邮电业务总收入（万元）	#电信	移动电话用户数（户）	固定电话用户数（户）
1983	88	1455	748		23447
1984	103	1680	972		21698
1985	137	2078	1209		27361
“七五”时期					
1986	143	2461	1451		38168
1987	170	2937	1795		42271
1988	191	3826	2313		47029
1989	219	4300	2551		51573
1990	230	6643	4255		56729
“八五”时期					
1991	241	6917	4397		67162
1992	262	9739	6695		79910
1993	290	14181	10574		108622
1994	332	21825	17357		157160
1995	371	35592	30203	19300	207137
“九五”时期					
1996	435	52750	46860	30499	289206
1997	593	69374	63547	51160	351357
1998	364	98804	90872	92505	404595
1999	173	141930	129699	186613	459462
2000	742	191234	181934	301600	564877
“十五”时期					
2001	641	225275	205288	688000	541186
2002	646	308595	288319	980000	730073
2003	366	356900	335900	1415000	957430
2004	396	426451	405974	1576000	1187540
2005	700	487274	459847	1579000	1717504
“十一五”时期					
2006	2467	497674	471652	1879000	1587756
2007	2833	381086	352428	1939000	1970901
2008	3207	410687	380361	2204800	1874174
2009	2680	399953	366657	2374300	1535107
2010	3102	450966	420856	2436000	1551100
“十二五”时期					
2011	2548	513400	480400	3520300	1400400
2012	2110	585425	550372	4598000	1382000
2013	1972	655300	614200	4669300	1473500
2014	2315	631600	587300	4634000	1446000
2015	5962	638800	590100	4571104	1353400
“十三五”时期					
2016	6276	671375	622991	5034900	1274866

注：1. 邮电局所数含各公司代办点，2005年至2007年各指标中含网通、铁通相关数据，以前年度均不含。
　　2. 2007年以前，邮电业务总收入指标为邮电业务总量。

11—5 邮电局所及网点基本情况

单位：处、个

指　　标	2011年	2012年	2013年	2014年	2015年	2016年
邮政局所数	**180**	**180**	**181**	**188**	**188**	**167**
#邮政支局	94	94	95	96	96	98
自办邮政所	17	17	18	18	18	14
代办邮政所	69	69	69	74	74	55
#农村邮政局	15	15	15	21	21	15
#电子化局所	150	151	151	152	152	127
电信网点数	432	426	447	431	377	352
移动网点数	1847	1483	1322	1844	5359	5718
联通网点数	52	50	52	40	38	39
邮政报刊图书销售点	78	78	36	47	33	21
集邮品销售点	105	104	105	106	106	122
邮政储蓄点	93	83	83	84	84	84
电子商务网点	112	116	116	241	244	126
邮政设施						
提供邮政普遍服务营业网点总数	107	186	186	188	128	136
邮政信筒信箱	309	309	309	251	242	245

注：以上电信、移动、联通网点数均含代办网点数。

11—6　邮电业务情况

指　标	单位	1995年	2005年	2008年	2010年	2011年
邮电业务总收入	万元	35592	487274	410687	450966	513400
国外及港澳台函件	万件		19.19	2.27	0.75	0.67
包裹	万件	90.28	45.97	46.37	31.66	45.59
邮政公司代理速递业务	万件	66.70	123.30	164.26	109.55	113.57
国内汇票	万笔	166.91	120.90	128.20	140.67	157.96
订销报纸累计份数	万份	9373.60	5750.00	6288.26	6589.90	6489.57
订销杂志累计份数	万份	788.05	982.50	811.72	904.07	927.39
邮送广告	万份		731.60	389.64	181.01	615.40
固定电话用户数	万户	7.30	171.75	187.42	155.11	140.04
移动电话用户数	万户	1.93	157.90	220.48	243.60	352.03
局用交换机容量	门	376087	1242861	2235112	2305896	1387952
局用交换机实占总量	门	255661	820697	931404	1341117	870730
光纤入户端口数	万个					
互联网用户数	万户		33.30	49.90	50.50	61.70

指　标	单位	2012年	2013年	2014年	2015年	2016年
邮电业务总收入	万元	585425	655300	631600	638800	671375
国外及港澳台函件	万件	0.70	0.70	3.61	34.02	230.35
包裹	万件	56.31	58.73	39.13	28.79	28.10
邮政公司代理速递业务	万件	105.47	95.27	81.03	30.64	128.03
国内汇票	万笔	153.69	132.71	103.79	86.20	71.21
订销报纸累计份数	万份	6584.03	6649.19	6536.16	6799.21	6422.63
订销杂志累计份数	万份	811.71	708.12	578.33	444.77	321.09
邮送广告	万份	349.69	307.75	141.00	137.00	27.23
固定电话用户数	万户	138.20	147.35	144.60	135.34	127.49
移动电话用户数	万户	459.80	466.93	463.40	457.11	503.49
局用交换机容量	门	2396552	2541169	1163674	619090	
局用交换机实占总量	门	1398474	1157379	1145764	278310	
光纤入户端口数	万个					434.52
互联网用户数	万户	74.90	85.85	91.80	97.02	111.44

注：1. 2005年以后固定电话用户数和普通电话用户数中包含铁通和网通数据。
　　2. 2007年以前邮电业务总收入指标为邮电业务总量。
　　3. 数据均来源于乌鲁木齐市邮政局、各电信企业年报。

主要统计指标解释

EXPLANATORY NOTES ON MAIN STATISTICAL INDICATORS

铁路营业里程 又称营业长度，指投入客货运输营业或临时营业的线路长度。

货（客）运量 指在一定时期内，各种运输工具实际运送的货物重量（旅客数量）。该指标是反映运输业为国民经济和人民生活服务的数量指标，也是制定和检查运输生产计划、研究运输发展规模和速度的重要指标。货运按吨计算，客运按人计算。货物不论运输距离长短、货物类别，均按实际重量统计。旅客不论行程远近或票价多少，均按一人一次客运量统计；半价票、小孩票也按一人统计。

货物（旅客）周转量 指在一定时期内，由各种运输工具运送的货物（旅客）数量与其相应运输距离的乘积之总和。该指标可以反映运输业生产的总成果，也是编制和检查运输生产计划，计算运输效率、劳动生产率以及核算运输单位成本的主要基础资料。计算货物周转量通常按发出站与到达站之间的最短距离，也就是计费距离计算。计算公式为:

货物（旅客）周转量=∑（货物（旅客）运输量×运输距离）

民用汽车拥有量 指报告期末，在公安交通管理部门按照《机动车注册登记工作规范》，已注册登记领有民用车辆牌照的全部汽车数量。汽车拥有量统计的主要分类: 根据汽车结构分为载客汽车、载货汽车及其他汽车; 根据汽车所有者不同分为个人（私人）汽车、单位汽车; 根据汽车的使用性质分为营运汽车、非营运汽车; 根据汽车大小规格不同，载客汽车分为大型、中型、小型和微型，载货汽车分为重型、中型、轻型和微型。

邮电业务总量 邮电业务总量 指以货币形式表现的邮电企业为社会提供各类邮电通信服务的总数量。该指标是用于观察邮电业务发展变化总趋势的综合性总量指标，分别按邮政业务总量和电信业务总量统计。邮电业务总量是以各类业务的实物量分别乘以相应的不变单价，求出各类业务的货币量加总求得。不变单价是一定时期内计算业务总量的同度量因素，是根据基年各类邮电业务量与相对应的邮电业务收入测算的平均单价。

移动电话用户 指在电信运营企业营业网点办理开户登记手续，通过移动电话交换机进入移动电话网，占用移动电话号码的各类电话用户。包括各类签约用户、智能网预付费用户、无线上网卡用户。

互联网上网人数 指过去半年内使用过互联网的6周岁及以上中国居民人数。

固定电话用户 指在电信企业营业网点办理开户登记手续并已接入固定电话网上的全部电话用户。包括普通电话用户、无线市话用户、公用电话用户、窄带综合业务数字网（N—ISDN）用户、智能网专用接入终端用户等。

城市电话用户 指按行政区划属于中央直辖市、省辖市、地级市、县级市的市区、市郊区及县城区范围内的电话用户数。包括分布在农村地区但以县团级以上建制的独立工矿区、林区、驻军的电话用户。

农村电话用户 指按行政区划属于城市范围以外的乡(镇)、村电话用户。

住宅电话用户 指私人付费或安装在居民住宅并按照私人或住宅电话用户登记注册和收费的各类电话用户。

长途电话交换机容量 指电信企业用于接入长途电话网的电话交换机的设备额定容量。

局用交换机容量 指安装在电信运营企业内用于接续本地固定电话的电话交换机容量，包括接入网设备容量(安装在电信运营企业用于连接语音用户的远端节点的设备容量)。

国内贸易、对外经济贸易和旅游

DOMESTIC TRADE FOREIGN TRADE AND ECONOMIC COOPERATION TOURISM

资料整理：杨　丽　高怡心　刘艳梅

12—1 历年按经济类型分的社会消费品零售总额

单位：万元

年 份	社会消费品零售总额	国有经济	集体经济	其他经济
1950	3496	370		3126
1951	6011	1665		4346
1952	6466	3312		3154
"一五"时期				
1953	10293	4437		5856
1954	11907	7431	3	4473
1955	14332	10660	199	3473
1956	17679	15211	1720	748
1957	21295	18101	2323	871
"二五"时期				
1958	19095	17936	1060	99
1959	29851	27146	2624	81
1960	35023	33208	1745	70
1961	27088	25702	1329	57
1962	22734	19691	2997	46
三年调整期				
1963	19686	16559	3084	43
1964	21556	18919	2340	297
1965	22757	20453	2181	123
"三五"时期				
1966	23711	20978	2598	135
1967	22285	19997	2173	115
1968	21906	19555	2265	86
1969	28906	26281	2552	73
1970	29586	28181	1321	84
"四五"时期				
1971	31277	29407	1765	105
1972	34895	33120	1668	107
1973	36491	34681	1716	94
1974	36861	34990	1760	111
1975	33732	30883	2700	149
"五五"时期				
1976	36249	32884	3209	156
1977	40972	36556	4215	201
1978	45301	40233	4799	269
1979	52249	46411	5406	432
1980	63801	50747	10659	2395
"六五"时期				
1981	72249	59783	10150	2316
1982	77384	61405	12511	3468

12-1续表 单位：万元

年　份	社会消费品零售总额	国有经济	集体经济	其他经济
1983	91499	63642	19859	7998
1984	105144	72945	21973	10226
1985	133663	91549	26958	15156
"七五"时期				
1986	161180	105739	30068	25373
1987	187098	124387	38368	24343
1988	243183	148114	56574	38495
1989	274725	168782	48848	57095
1990	297736	185148	57355	55233
"八五"时期				
1991	358067	224826	68365	64876
1992	426819	269243	78803	78773
1993	564465	303427	68444	192594
1994	638113	329895	73249	234969
1995	810635	375986	58972	375677
"九五"时期				
1996	917254	403996	55183	458075
1997	982081	408765	54965	518351
1998	1052529	363184	59314	630031
1999	1140875	320894	61959	758022
2000	1265431	295862	57531	912038
"十五"时期				
2001	1386877	282202	37319	1067356
2002	1566088	182907	34835	1348346
2003	1773970	143954	26795	1603221
2004	2057964	142475	24603	1890886
2005	2403308	143307	30220	2229781
"十一五"时期				
2006	2811383	219237	30834	2561312
2007	3323964	387149	37107	2899708
2008	4186355	404880	44734	3736741
2009	4734172	171592	4566	4558014
2010	5636665	194985	5828	5435852
"十二五"时期				
2011	6950278	613270	5497	6331511
2012	8343507	735024	6556	7601927
2013	9700498	850423	7612	8842463
2014	10699649	935017	8366	9756266
2015	11515000	998760	9052	10507188
"十三五"时期				
2016	12366940	1060653	9522	11296765

12—2　社会消费品零售总额及构成

单位：万元

指　　标	2005年	2010年	2013年	2014年	2015年	2016年	2016年比2015年增减%	构成(%)	
								2015年	2016年
社会消费品零售总额	**2403308**	**5636665**	**9700498**	**10699649**	**11515000**	**12366940**	**7.4**	**100**	**100**
按销售地区分									
市的零售额	2340136	5636665	9700498	10699649	11515000	12366940	7.4	100	100
县以下零售额	63172								
按经济类型分									
国有经济	143307	194985	850423	935017	998760	1060653	6.2	8.7	8.6
集体经济	30220	5828	7612	8356	9052	9522	5.2	0.1	0.1
私营经济	633046	1233937	2118327	2337613	2528868	2716167	7.4	21.9	22.0
个体经济	992594	3535662	5940235	6564079	7092800	7628562	7.6	61.6	61.7
其他经济	604141	666253	783901	854584	885520	952036	7.5	7.7	7.6
按行业分									
批发零售贸易业	1965453	5029143	8679650	9597133	10283127	11003677	7.0	89.3	89.0
住宿餐饮业	355142	607522	1020848	1102516	1231873	1363263	10.7	10.7	11.0

12—3　分区县社会消费品零售总额

单位：亿元

区　　县	2015年	2016年	2016年比2015年增减%
全　市	**1151.50**	**1236.69**	**7.4**
天山区	243.75	260.59	6.9
沙依巴克区	304.73	326.57	7.2
水磨沟区	161.68	174.64	8.0
米东区	59.97	64.72	7.9
高新技术产业开发区(新市区)	312.24	335.28	7.4
经济技术开发区(头屯河区)	59.70	64.60	8.3
达坂城区	1.35	1.46	8.1
乌鲁木齐县	8.11	8.76	8.0

12—4 分区县批发和零售业商品销售额

单位：亿元

区 县 名 称	2015年	2016年	2016年比2015年增减%
全 市	**5765.53**	**5473.66**	**-5.1**
天山区	336.32	368.11	9.5
沙依巴克区	540.18	563.20	4.3
水磨沟区	598.99	648.29	8.2
米东区	238.35	264.27	10.9
高新技术产业开发区(新市区)	2127.51	1759.00	-17.3
经济技术开发区(头屯河区)	1909.53	1854.96	-2.9
达坂城区	3.79	4.16	9.7
乌鲁木齐县	10.86	11.68	7.6

12—5 分区县住宿业营业额

单位：万元

区 县 名 称	2012年	2013年	2014年	2015年	2016年	2016年比2015年增减%
全 市	**286309**	**265658**	**247009**	**264810**	**279939**	**5.7**
天山区	64375	55491	50497	52517	54524	3.8
沙依巴克区	99766	89789	81608	86913	88800	2.2
水磨沟区	25285	24880	25432	27899	30465	9.2
米东区	7570	7381	7244	7490	7640	2.0
高新技术产业开发区(新市区)	71555	70625	64615	70818	78000	10.1
经济技术开发区(头屯河区)	17076	16820	16899	18420	19700	6.9
达坂城区	296	293	316	335	380	13.4
乌鲁木齐县	387	379	398	418	430	2.9

12—6 分区县餐饮业营业额

单位：万元

区 县 名 称	2012年	2013年	2014年	2015年	2016年	2016年比2015年增减%
全 市	**846930**	**967050**	**1063384**	**1176916**	**1287646**	**9.4**
天山区	250685	270614	288204	314142	348512	10.9
沙依巴克区	155262	179483	194380	215906	238600	10.5
水磨沟区	126135	146569	164450	181645	199734	10.0
米东区	98881	115097	126953	140918	144800	2.7
高新技术产业开发区(新市区)	148702	176509	202985	229546	250000	8.9
经济技术开发区(头屯河区)	60984	71461	78321	85761	96200	12.2
达坂城区	2722	3156	3472	3889	4300	10.6
乌鲁木齐县	3560	4161	4619	5109	5500	7.7

12—7　限额以上批发和零售业法人企业基本情况

（2016年）

指　　标	法人企业数(个)	从业人员期末人数(人)	#女性
总　　计	**745**	**51933**	**27496**
批发业	**499**	**19545**	**8456**
按国民经济行业分			
农、林、牧产品批发	16	710	153
食品、饮料及烟草制品批发	39	2263	960
纺织、服装及家庭用品批发	36	2417	1691
文化、体育用品及器材批发	6	709	354
医药及医疗器材批发	34	1959	937
矿产品、建材及化工产品批发	235	7054	2910
机械设备、五金产品及电子产品批发	124	4106	1345
贸易经纪与代理	2	30	13
其他批发业	7	297	93
按登记注册类型分			
内资企业	498	19403	8421
国有企业	9	1191	502
集体企业	1	5	3
有限责任公司	93	7200	2681
股份有限公司	13	1937	807
私营企业	382	9070	4428
外商投资企业	1	142	35
按经营形式分			
独立门店	207	7126	3066
连锁总店	5	2461	1070
连锁门店	1	184	102
其他	286	9774	4218
按单位规模分			
大型	11	5231	2114
中型	131	9365	2938
小型	274	4517	2190
微型	83	432	214

注：此表不含兵团口径。

12-7续表 （2016年）

指　　标	法人企业数(个)	从业人员期末人数(人)	#女性
零售业	**246**	**32388**	**19040**
按国民经济行业分			
综合零售	24	10328	6737
食品、饮料及烟草制品专门零售	6	139	85
纺织、服装及日用品专门零售	29	2492	1999
文化、体育用品及器材专门零售	9	645	396
医药及医疗器材专门零售	17	4873	3665
汽车、摩托车、燃料及零配件专门零售	138	8774	3311
家用电器及电子产品专门零售	21	1831	987
五金、家具及室内装饰材料专门零售	1	3290	1855
货摊、无店铺及其他零售业	1	16	5
按登记注册类型分			
内资企业	234	30257	17889
国有企业	3	345	188
集体企业	1	67	56
有限责任公司	68	6961	3702
股份有限公司	8	10136	5854
私营企业	153	12734	8082
港、澳、台商投资企业	6	733	285
外商投资企业	6	1398	866
按经营形式分			
独立门店	195	17960	9410
连锁总店	17	11053	7294
其他	34	3375	2336
按单位规模分			
大型	12	16564	10437
中型	112	13369	7501
小型	88	2285	1024
微型	34	170	78

12—8　限额以上批发和零售业法人企业商品购进、销售和库存

（2016年）　　单位：万元

指　　标	商品购进额	#进口	期末商品库存额	年末零售营业面积（平方米）
总　计	**38947505**	**8956194**	**2864256**	**2625889**
批发业	**33792572**	**8835169**	**2106836**	**721452**
按国民经济行业分				
农、林、牧产品批发	760053	2998	39140	3742
食品、饮料及烟草制品批发	1945544	15824	187003	17193
纺织、服装及家庭用品批发	373922	4762	60431	12148
文化、体育用品及器材批发	269716		54134	97519
医药及医疗器材批发	660229	1065	90151	44828
矿产品、建材及化工产品批发	27174490	8774266	1223968	311868
机械设备、五金产品及电子产品批发	2506256	36254	447063	232566
贸易经纪与代理	13334		1222	144
其他批发业	89027		3723	1444
按登记注册类型分				
内资企业	33768947	8835169	2095481	682170
国有企业	1550932	10009	135515	99842
集体企业	1561	339	994	
有限责任公司	14853316	6690677	411248	106536
股份有限公司	12409375	2032829	772935	178273
私营企业	4953762	101316	774790	297519
外商投资企业	23625		11355	39282
按经营形式分				
独立门店	15729517	8690901	816270	310017
连锁总店	544190		39211	182390
连锁门店	2545		1484	450
其他	17516320	144268	1249870	228595
按单位规模分				
大型	5028912	747	266444	204325
中型	19836321	6704683	1093229	264759
小型	3515372	94301	297734	233212
微型	5411967	2035439	449428	19156

12-8续表1　　(2016年)　　单位：万元

指　　标	商品销售额	批发额	#出口	零售额
总　计	**41604317**	**35450139**	**307990**	**6154178**
批发业	**35137287**	**34820695**	**307621**	**316592**
按国民经济行业分				
农、林、牧产品批发	781951	781951		
食品、饮料及烟草制品批发	2181197	2177080	8820	4117
纺织、服装及家庭用品批发	394875	367638	50620	27237
文化、体育用品及器材批发	277364	253218		24146
医药及医疗器材批发	716006	715693		312
矿产品、建材及化工产品批发	28063429	27878710	135976	184719
机械设备、五金产品及电子产品批发	2614973	2538913	102722	76060
贸易经纪与代理	13216	13216	9484	
其他批发业	94277	94277		
按登记注册类型分				
内资企业	35109956	34793364	307621	316592
国有企业	1676422	1652492	274	23930
集体企业	1958	1958		
有限责任公司	15194153	15084422	123686	109731
股份有限公司	13041380	12975262	16700	66117
私营企业	5196044	5079231	166961	116813
外商投资企业	27331	27331		
按经营形式分				
独立门店	16153209	16067047	92374	86162
连锁总店	594141	448656		145486
连锁门店	2409	1734		675
其他	18387528	18303258	215247	84270
按单位规模分				
大型	5700759	5566991	10617	133768
中型	20185028	20072721	177586	112307
小型	3681328	3618498	113372	62830
微型	5570172	5562485	6047	7687

12-8续表2　　（2016年）　　单位：万元

指　　标	商品购进额	#进口	期末商品库存额	年末零售营业面积(平方米)
零售业	**5154933**	**121025**	**757421**	**1904437**
按国民经济行业分				
综合零售	725231		55894	956620
百货零售	547678		18916	812555
超级市场零售	177553		36977	144065
食品、饮料及烟草制品专门零售	10849		5783	1136
纺织、服装及日用品专门零售	138071		17388	144651
文化、体育用品及器材专门零售	39911		57699	14729
医药及医疗器材专门零售	1073239	1172	180171	125055
汽车、摩托车、燃料及零配件专门零售	2878240	84327	321343	547326
家用电器及电子产品专门零售	178786		31165	112780
五金、家具及室内装饰材料专门零售	107183	35525	86442	2000
货摊、无店铺及其他零售业	3424		1536	140
按登记注册类型分				
内资企业	4814766	118438	728302	1789434
国有企业	37588		24122	23048
集体企业	3508		435	5000
有限责任公司	1928673	33141	272931	287749
股份有限公司	1000821	35525	107331	787390
私营企业	1843403	49204	323386	686201
其他企业	773	568	97	46
港、澳、台商投资企业	199795	2587	16575	31310
外商投资企业	140372		12543	83693
其他企业	749432	33141	80230	139649
按经营形式分				
独立门店	3303292	84931	412790	1325750
连锁总店	948907	35525	199042	504245
其他	902734	568	145589	74442
按单位规模分				
大型	1960709	35525	290190	1066110
中型	2479954	47442	340560	691848
小型	665576	33978	118581	113286
微型	48693	4080	8089	33193
按零售业态分				
有店铺零售	5143116	120457	752512	1903566
便利店	1757		9	100
超市	34079		7439	21090
大型超市	184586		38683	198362
百货店	591319		18684	831069
专业店	2408125	3399	292040	567468
专卖店	1897657	117058	391179	264584
购物中心	17076		3759	20285
厂家直销中心	8518		720	608
无店铺零售	11816	568	4909	871

12-8续表3 （2016年） 单位：万元

指　　标	商品销售额	批发额	#出口	零售额
零售业	**6467030**	**629445**	**368**	**5837586**
按国民经济行业分				
综合零售	1197986	16269		1181717
百货零售	1002821	13664		989157
超级市场零售	195165	2605		192560
食品、饮料及烟草制品专门零售	8830	3241		5589
纺织、服装及日用品专门零售	246467	9599		236868
文化、体育用品及器材专门零售	50141	1961		48181
医药及医疗器材专门零售	1153383	250068		903316
汽车、摩托车、燃料及零配件专门零售	3194435	313887		2880548
家用电器及电子产品专门零售	296949	34420	368	262529
五金、家具及室内装饰材料专门零售	316852			316852
货摊、无店铺及其他零售业	1987			1987
按登记注册类型分				
内资企业	5984538	613514	368	5371025
国有企业	41804			41804
集体企业	3741			3741
有限责任公司	2176495	287138		1889357
股份有限公司	1593261	118367		1474894
私营企业	2167940	206710	368	1961230
其他企业	1299	1299		
港、澳、台商投资企业	243597	15931		227666
外商投资企业	238895			238895
其他企业	890113	32888		857225
按经营形式分				
独立门店	4066413	266802		3799611
连锁总店	1426992	137971		1289021
其他	973625	224672	368	748953
按单位规模分				
大型	2811918	318148		2493770
中型	2915064	179601		2735463
小型	680409	124866		555543
微型	59639	6830	368	52809
按零售业态分				
有店铺零售	6450297	622900		5827397
便利店	1962	1962		
超市	35719	14556		21163
大型超市	226826	2605		224221
百货店	1077334	3223		1074111
专业店	2785032	421542		2363490
专卖店	2294155	173501		2120654
购物中心	20326			20326
厂家直销中心	8943	5511		3432
无店铺零售	16733	6544	368	10189

12—9　限额以上住宿和餐饮业法人企业基本情况

（2016年）

指　　标	法人企业数(个)	从业人员期末人数(人)	#女性	法人所属产业活动单位数(个)	住宿和餐饮业	其他
总　计	**94**	**12975**	**7307**	**144**	**142**	**2**
住宿业	**66**	**8185**	**4437**	**33**	**31**	**2**
按住宿行业分						
旅游饭店	48	6424	3362	18	17	1
一般旅馆	18	1761	1075	15	14	1
按登记注册类型分						
内资企业	65	8164	4424	33	31	2
国有企业	16	2316	1193			
集体企业	2	80	35			
有限责任公司	19	3374	1868	15	13	2
私营企业	27	2351	1303	18	18	
外商投资企业	1	21	13			
按经营形式分						
独立门店	57	6833	3476	6	5	1
连锁总店	2	1077	802	23	22	1
连锁门店	3	150	87	4	4	
其他	4	125	72			
按星级分						
五星	7	2275	1227	11	10	1
四星	4	833	484			
三星	23	2608	1336	6	5	1
二星	3	332	294	12	12	
其他	29	2137	1096	4	4	
餐饮业	**28**	**4790**	**2870**	**111**	**111**	
按餐饮行业小类分						
正餐服务	23	2726	1555			
快餐服务	5	2064	1315	111	111	
按登记注册类型分						
内资企业	26	4109	2404	82	82	
国有企业	4	742	498			
有限责任公司	5	780	466	11	11	
私营企业	15	2264	1329	66	66	
其他企业	1	138	56			
港、澳、台商投资企业	1	20	9			
外商投资企业	1	661	457	29	29	
按经营形式分						
独立门店	19	1703	884			
连锁总店	5	2047	1340	100	100	
连锁门店	2	416	227			
其他	2	624	419	11	11	

12—10　限额以上住宿和餐饮业法人企业经营情况

（2016年）

指　标	法人企业数(个)	从业人员期末人数(人)	营业额(万元)
总　计	**94**	**12975**	**243968**
住宿业	**66**	**8185**	**152956**
按住宿行业分			
旅游饭店	48	6424	119817
一般旅馆	18	1761	33140
按登记注册类型分			
内资企业	65	8164	152741
国有企业	16	2316	35034
集体企业	2	80	1076
有限责任公司	19	3374	67607
股份有限公司	1	43	517
私营企业	27	2351	48506
外商投资企业	1	21	216
按经营形式分			
独立门店	57	6833	121040
连锁总店	2	1077	24600
连锁门店	3	150	4144
其他	4	125	3172
按单位规模分			
大型	1	830	17800
中型	20	5124	90148
小型	40	2200	41929
微型	5	31	3080
按星级分			
五星	7	2275	54131
四星	4	833	17758
三星	23	2608	34899
二星	3	332	8084
其他	29	2137	38084
餐饮业	28	4790	91012
按餐饮行业分			
正餐服务	23	2726	42990
快餐服务	5	2064	48021
按登记注册类型分			
内资企业	26	4109	68438
国有企业	4	742	5095
有限责任公司	5	780	15826
股份有限公司	1	185	4292
私营企业	15	2264	41088
其他企业	1	138	2136
港、澳、台商投资企业	1	20	229
外商投资企业	1	661	22345
按经营形式分			
独立门店	19	1703	28998
连锁总店	5	2047	49234
连锁门店	2	416	8408
其他	2	624	4372
按单位规模分			
大型	2	1592	38074
中型	11	2391	39517
小型	15	807	13421

12-10续表1　（2016年）　单位：万元

指　　标	营业额			
	客房收入	餐费收入	商品销售收入	其他收入
总　计	**80608**	**133821**	**5164**	**24376**
住宿业	**76852**	**48533**	**3919**	**23652**
按住宿行业分				
旅游饭店	54566	41155	2957	21138
一般旅馆	22286	7378	963	2513
按登记注册类型分				
内资企业	76637	48533	3919	23652
国有企业	13746	9518	134	11637
集体企业	646	343		87
有限责任公司	32178	23276	3338	8815
股份有限公司	267	198	18	34
私营企业	29800	15198	429	3079
外商投资企业	216			
按经营形式分				
独立门店	53517	42656	2978	21889
连锁总店	17636	4640	900	1424
连锁门店	3894	51	39	160
其他	1806	1186	1	179
按单位规模分				
大型	11089	4488	854	1369
中型	38494	31390	2698	17567
小型	25269	11757	366	4537
微型	2002	899	1	179
按星级分				
五星	24075	21126	3425	5505
四星	5027	2084		10646
三星	17460	13114	313	4013
二星	7455	466	46	118
其他	22835	11743	135	3370
餐饮业	**3755**	**85288**	**1245**	**724**
按餐饮行业分				
正餐服务	3538	38890	183	379
快餐服务	217	46398	1061	345
按登记注册类型分				
内资企业	3755	62719	1239	724
国有企业	2576	2418		102
有限责任公司		15719		107
股份有限公司	217	4075		
私营企业	804	38627	1239	418
其他企业	159	1881		96
港、澳、台商投资企业		223	6	
外商投资企业		22345		
按经营形式分				
独立门店	1928	26610	183	277
连锁总店	217	47610	1061	345
连锁门店		8408		
其他	1611	2659		102
按单位规模分				
大型		37495	234	345
中型	2778	35451	913	374
小型	977	12341	97	5

12-10续表2 （2016年）

指　标	客房数（间）	床位数（个）	餐位数（位）	年末餐饮营业面积（平方米）
总　计	**15066**	**24496**	**50977**	**235252**
住宿业	**14000**	**22708**	**23955**	**116891**
按住宿行业分				
旅游饭店	10266	16692	19568	88767
一般旅馆	3734	6016	4387	28124
按登记注册类型分				
内资企业	13936	22564	23955	116891
国有企业	2914	5513	4364	20857
集体企业	104	193	200	6405
有限责任公司	4490	7637	12445	50437
股份有限公司	94	159	150	400
私营企业	6334	9062	6796	38792
外商投资企业	64	144		
按经营形式分				
独立门店	9193	15921	19535	99667
连锁总店	3846	5184	3596	13056
连锁门店	610	989	208	683
其他	351	614	616	3485
按单位规模分				
大型	1526	2654	2896	10256
中型	7017	10667	11665	55251
小型	5044	8683	8839	46494
微型	413	704	555	4890
按星级分				
五星	3118	5261	10315	35178
四星	1120	2327	670	6822
三星	3379	6122	7177	41059
二星	2558	2940	791	3949
其他	3825	6058	5002	29883
餐饮业	**1066**	**1788**	**27022**	**118361**
按餐饮行业分				
正餐服务	949	1593	15490	75270
快餐服务	117	195	11532	43091
按登记注册类型分				
内资企业	1066	1788	23253	107010
国有企业	704	1165	2640	7300
有限责任公司			5149	20894
股份有限公司	117	195	1600	2000
私营企业	166	276	12484	70316
其他企业	79	152	1380	6500
港、澳、台商投资企业			140	1000
外商投资企业			3629	10351
按经营形式分				
独立门店	547	983	11280	55003
连锁总店	117	195	10872	42573
连锁门店			2432	14961
其他	402	610	2438	5824
按单位规模分				
大型			7394	29567
中型	726	1165	14150	65061
小型	340	623	5478	23733

12—11　限额以上批发业法人企业主要财务状况

（2016年）　　　　单位：万元

指　　标	法人企业数（个）	#执行《2006年企业会计准则》	年初存货	流动资产	#应收帐款	存货
总　计	**499**	**358**	**1395931**	**11605714**	**1896751**	**1489954**
按国民经济行业分						
农、林、牧产品批发	16	13	43651	373315	31456	62510
食品、饮料及烟草制品批发	39	34	156807	1094488	30018	164907
纺织、服装及家庭用品批发	36	21	63890	129584	34434	52851
文化、体育用品及器材批发	6	4	33847	155903	64887	32014
医药及医疗器材批发	34	20	66334	389145	200366	63711
矿产品、建材及化工产品批发	235	168	796346	7720273	1115783	879446
机械设备、五金产品及电子产品批发	124	90	230886	1691921	395133	230615
贸易经纪与代理	2	2	1022	13088	2343	1108
其他批发业	7	6	3148	37997	22331	2792
按登记注册类型分						
内资企业	498	357	1384626	11570105	1877864	1482587
国有企业	9	8	93377	708681	64119	105327
集体企业	1		1802	1627	253	994
有限责任公司	93	80	310552	4223459	804373	381707
股份有限公司	13	13	551582	3700340	350033	573500
私营企业	382	256	427312	2935998	659086	421059
其他企业						
外商投资企业	1	1	11305	35609	18887	7367
按经营形式分						
独立门店	207	143	739164	4844053	744118	733333
连锁总店	5	5	52575	405032	32546	44437
连锁门店	1	1	1862	5914	2464	1423
其他	286	209	602329	6350715	1117624	710761
按单位规模分						
大型	11	11	182343	2321707	373414	220852
中型	131	103	504045	5914735	782070	596166
小型	274	186	267131	1940528	413814	227645
微型	83	58	442412	1428745	327453	445291

12-11续表1　　（2016年）　　单位：万元

指　标	固定资产合计	固定资产原价	累计折旧	#本年折旧
总　计	**546202**	**846872**	**300682**	**42247**
按国民经济行业分				
农、林、牧产品批发	7581	13305	5724	763
食品、饮料及烟草制品批发	36465	70327	33862	4176
纺织、服装及家庭用品批发	6925	13728	6803	754
文化、体育用品及器材批发	16976	31844	14868	1204
医药及医疗器材批发	22216	29846	7630	2999
矿产品、建材及化工产品批发	336028	526096	190068	25803
机械设备、五金产品及电子产品批发	103232	138814	35593	5715
贸易经纪与代理	240	321	81	38
其他批发业	16539	22592	6053	795
按登记注册类型分				
内资企业	538196	834595	296411	41053
国有企业	47708	92846	45137	4194
集体企业	3	119	116	
有限责任公司	215734	353309	137575	18108
股份有限公司	149215	192426	43211	7742
私营企业	125536	195897	70372	11009
其他企业				
外商投资企业	8006	12277	4271	1194
按经营形式分				
独立门店	121523	183906	62383	13118
连锁总店	132618	209388	76770	8532
连锁门店	825	1508	683	190
其他	291236	452070	160846	20408
按单位规模分				
大型	253306	388682	135376	19732
中型	210410	314872	104474	14528
小型	71056	118337	47282	6751
微型	11429	24980	13551	1236

12-11续表2　（2016年）　单位：万元

指　　标	在建工程	资产总计	流动负债合计	#应付帐款
总　计	**129371**	**16552212**	**11037332**	**1953256**
按国民经济行业分				
农、林、牧产品批发	394	414771	395961	31333
食品、饮料及烟草制品批发	5868	1411566	359789	82118
纺织、服装及家庭用品批发		150600	111004	24012
文化、体育用品及器材批发	20329	243545	161466	111457
医药及医疗器材批发	6220	436615	307882	181403
矿产品、建材及化工产品批发	83540	11710005	8044310	1076825
机械设备、五金产品及电子产品批发	12994	2088355	1574515	423881
贸易经纪与代理		15842	11402	1207
其他批发业	25	80913	71004	21019
按登记注册类型分				
内资企业	129371	16506831	10986884	1925901
国有企业	21555	914552	241777	145455
集体企业		1630	1516	201
有限责任公司	81459	5018358	3655755	1023979
股份有限公司	11013	7118523	4406929	240689
私营企业	15345	3453768	2680907	515578
其他企业				
外商投资企业		45381	50448	27355
按经营形式分				
独立门店	12036	6074006	4945525	895747
连锁总店	27040	593170	523103	49099
连锁门店		11189	20934	2191
其他	90295	9873848	5547771	1006219
按单位规模分				
大型	92389	5101763	2081788	491264
中型	25587	7601267	5441488	1028948
小型	8657	2232163	1665616	333633
微型	2737	1617021	1848440	99412

12-11续表3 （2016年） 单位：万元

指　　标	非流动负债	负债	所有者权益
总　计	**1101414**	**12140431**	**4411781**
按国民经济行业分			
农、林、牧产品批发	265	396226	18545
食品、饮料及烟草制品批发	54077	413866	997701
纺织、服装及家庭用品批发	10451	122652	27948
文化、体育用品及器材批发	10303	171769	71776
医药及医疗器材批发	3572	311454	125161
矿产品、建材及化工产品批发	979790	9024211	2685794
机械设备、五金产品及电子产品批发	36398	1611292	477063
贸易经纪与代理	3397	14798	1043
其他批发业	3160	74163	6750
按登记注册类型分			
内资企业	1095988	12084558	4422274
国有企业	11087	252864	661689
集体企业		1516	113
有限责任公司	65558	3722509	1295849
股份有限公司	860258	5267187	1851336
私营企业	159086	2840481	613287
其他企业			
外商投资企业	5426	55874	-10493
按经营形式分			
独立门店	311564	5258395	815611
连锁总店	720	523823	69348
连锁门店	321	21255	-10066
其他	788809	6336959	3536888
按单位规模分			
大型	589767	2671554	2430208
中型	363673	5806737	1794530
小型	92395	1758122	474040
微型	55579	1904018	-286998

12-11续表4　　（2016年）　　单位：万元

指　标	实收资本	国家资本	集体资本	法人资本
总　计	**2244778**	**389958**	**90363**	**1128092**
按国民经济行业分				
农、林、牧产品批发	34136	1500	4500	24136
食品、饮料及烟草制品批发	235111	74679	200	148566
纺织、服装及家庭用品批发	31149			18434
文化、体育用品及器材批发	15019	12269		1023
医药及医疗器材批发	74527	7400	2000	43022
矿产品、建材及化工产品批发	1479767	262576	79005	818410
机械设备、五金产品及电子产品批发	359260	25562		74001
贸易经纪与代理	1001			
其他批发业	14808	5971	4658	500
按登记注册类型分				
内资企业	2237059	389958	90363	1128092
国有企业	69893	69437		456
集体企业	34		34	
有限责任公司	719508	256976	72258	262136
股份有限公司	875913	63455	18071	646403
私营企业	571711	90		219096
其他企业				
外商投资企业	7719			
按经营形式分				
独立门店	867228	33219	15071	543534
连锁总店	93473	1000		91473
连锁门店	1000			1000
其他	1283077	355739	75292	492085
按单位规模分				
大型	465287	105688	13800	344647
中型	1138276	167842	73901	473402
小型	457285	114117	1062	162833
微型	183929	2311	1600	147210

12-11续表5　　(2016年)　　单位：万元

指　　标	实收资本		
	个人资本	港澳台资本	外商资本
总　计	**626799**	**630**	**8936**
按国民经济行业分			
农、林、牧产品批发	4000		
食品、饮料及烟草制品批发	11666		
纺织、服装及家庭用品批发	12715		
文化、体育用品及器材批发	1728		
医药及医疗器材批发	22105		
矿产品、建材及化工产品批发	317929	630	1217
机械设备、五金产品及电子产品批发	251978		7719
贸易经纪与代理	1001		
其他批发业	3679		
按登记注册类型分			
内资企业	626799	630	1217
国有企业			
集体企业			
有限责任公司	128137		
股份有限公司	146137	630	1217
私营企业	352525		
其他企业			
外商投资企业			7719
按经营形式分			
独立门店	266491	630	8284
连锁总店	1000		
连锁门店			
其他	359308		652
按单位规模分			
大型	500		652
中型	414218	630	8284
小型	179274		
微型	32808		

12-11续表6　　（2016年）　　单位：万元

指　　标	营业收入	#主营业务收入	营业成本	#主营业务成本
总　计	**30432100**	**30365974**	**29318250**	**29276606**
按国民经济行业分				
农、林、牧产品批发	703786	703549	689195	689067
食品、饮料及烟草制品批发	1888994	1883830	1647251	1644824
纺织、服装及家庭用品批发	365002	364036	337378	337311
文化、体育用品及器材批发	216051	213831	191190	190936
医药及医疗器材批发	666356	664488	599920	599620
矿产品、建材及化工产品批发	24491795	24445338	23846792	23809909
机械设备、五金产品及电子产品批发	2003627	1996726	1915992	1915078
贸易经纪与代理	12673	12673	12135	12135
其他批发业	83815	81503	78398	77726
按登记注册类型分				
内资企业	30408741	30342614	29299430	29257785
国有企业	1423917	1420570	1275304	1274395
集体企业	1433	1361	2986	2986
有限责任公司	13027628	13010609	12670285	12663251
股份有限公司	11351323	11316740	10960839	10929219
私营企业	4604440	4593335	4390015	4387934
其他企业				
外商投资企业	23359	23359	18821	18821
按经营形式分				
独立门店	13876098	13866530	13510805	13508406
连锁总店	522816	518305	486403	484733
连锁门店	8448	8277	7095	7015
其他	16024739	15972862	15313948	15276453
按单位规模分				
大型	4870662	4829398	4370644	4336700
中型	17443291	17427678	17054963	17050586
小型	3286314	3279374	3170017	3167824
微型	4831833	4829525	4722626	4721496

12-11续表7 （2016年） 单位：万元

指　　标	营业税金及附加	#主营业务税金及附加	其他业务利润	销售费用
总　计	**71996**	**70299**	**15640**	**471806**
按国民经济行业分				
农、林、牧产品批发	61	61	79	8503
食品、饮料及烟草制品批发	54648	54616	2155	42193
纺织、服装及家庭用品批发	391	390	792	20836
文化、体育用品及器材批发	308	196	156	9585
医药及医疗器材批发	1198	1198	508	24793
矿产品、建材及化工产品批发	13867	12372	5980	322702
机械设备、五金产品及电子产品批发	1305	1247	4985	42332
贸易经纪与代理	2	2		231
其他批发业	217	217	986	630
按登记注册类型分				
内资企业	71932	70235	15640	469416
国有企业	1077	931	660	12925
集体企业			72	1
有限责任公司	60059	59535	4617	138603
股份有限公司	7200	6217	2160	194436
私营企业	3596	3552	8132	123450
其他企业				
外商投资企业	64	64		2390
按经营形式分				
独立门店	59730	59524	4893	105788
连锁总店	1232	995	2191	46728
连锁门店	95	95		1704
其他	10939	9685	8556	317586
按单位规模分				
大型	59500	59238	4560	240888
中型	9211	7843	6532	141532
小型	2332	2298	3951	66091
微型	953	919	597	23294

12-11续表8　　　　（2016年）　　　　单位：万元

指　　标	管理费用	#税金	资产减值损失	公允价值变动收益
总　计	**184895**	**8455**	**182298**	**-926**
按国民经济行业分				
农、林、牧产品批发	4305	316	275	0
食品、饮料及烟草制品批发	33923	1532	1612	128
纺织、服装及家庭用品批发	8330	338	87	
文化、体育用品及器材批发	8443	314	2218	
医药及医疗器材批发	17879	192	-30	160
矿产品、建材及化工产品批发	70556	4343	173199	-1215
机械设备、五金产品及电子产品批发	36118	1002	4292	
贸易经纪与代理	298	12		
其他批发业	5044	405	645	
按登记注册类型分				
内资企业	181975	8453	181444	-926
国有企业	21561	1365	1728	
集体企业	47			
有限责任公司	68830	4353	15576	-926
股份有限公司	20553	424	164423	
私营企业	70985	2311	-282	
其他企业				
外商投资企业	2920	2	854	
按经营形式分				
独立门店	70660	2212	174695	-1054
连锁总店	3797	107	-1920	
连锁门店	863	3		
其他	109576	6134	9524	129
按单位规模分				
大型	53376	2651	1532	160
中型	79751	3697	3665	-1087
小型	41042	1775	-984	
微型	10727	332	178085	

12-11续表9　　（2016年）　　单位：万元

指　　标	财务费用	#利息收入	#利息支出	投资收益
总　　计	**145732**	**51110**	**175485**	**16185**
按国民经济行业分				
农、林、牧产品批发	1350	1280	2035	-8996
食品、饮料及烟草制品批发	-6855	16564	9091	10128
纺织、服装及家庭用品批发	1629	334	1597	60
文化、体育用品及器材批发	-170	714	501	437
医药及医疗器材批发	4898	230	3501	11671
矿产品、建材及化工产品批发	134095	27905	145803	805
机械设备、五金产品及电子产品批发	9789	3869	11534	1635
贸易经纪与代理	29	119	366	
其他批发业	969	96	1057	445
按登记注册类型分				
内资企业	144745	51096	174980	16185
国有企业	-13450	14783	1248	4994
集体企业				
有限责任公司	21066	27785	44235	-2226
股份有限公司	98088	2956	90927	1491
私营企业	39041	5572	38570	11925
其他企业				
外商投资企业	987	14	505	
按经营形式分				
独立门店	69226	21177	82817	22436
连锁总店	7016	235	6649	484
连锁门店	337		153	
其他	69153	29698	85866	-6735
按单位规模分				
大型	20395	17191	32971	-10797
中型	46119	26105	56059	7265
小型	20667	5995	26765	9865
微型	58551	1818	59690	9852

12-11续表10　　　　（2016年）　　　　单位：万元

指　　标	营业利润	营业外收入	#政府补助	营业外支出
总　计	**81170**	**61192**	**47139**	**13309**
按国民经济行业分				
农、林、牧产品批发	-4382	3057	2644	84
食品、饮料及烟草制品批发	130639	4135	3379	8423
纺织、服装及家庭用品批发	-3472	724	52	93
文化、体育用品及器材批发	4916	783	550	67
医药及医疗器材批发	29521	195		347
矿产品、建材及化工产品批发	-69851	43755	38940	2171
机械设备、五金产品及电子产品批发	-4538	8290	1341	2036
贸易经纪与代理	-21	18	18	5
其他批发业	-1643	235	214	83
按登记注册类型分				
内资企业	83847	61155	47139	13290
国有企业	129766	2824	2270	8533
集体企业	-1602			
有限责任公司	55555	21485	12000	1405
股份有限公司	-89560	31582	30883	449
私营企业	-10313	5263	1986	2903
其他企业				
外商投资企业	-2677	37		20
按经营形式分				
独立门店	-87707	39431	30682	2515
连锁总店	-19956	4021	3641	23
连锁门店	-1646	2		22
其他	190479	17738	12816	10750
按单位规模分				
大型	113691	10841	9381	8953
中型	119411	41786	35935	2606
小型	-1874	3232	1751	1588
微型	-150058	5332	73	163

12-11续表11 （2016年） 单位：万元

指　　标	利润总额	应交所得税	应付职工薪酬	应交增值税
总　　计	**126062**	**76552**	**195298**	**123356**
按国民经济行业分				
农、林、牧产品批发	-6601	762	3063	268
食品、饮料及烟草制品批发	129412	32616	37665	32903
纺织、服装及家庭用品批发	-2408	264	11145	3215
文化、体育用品及器材批发	5632	2302	11305	395
医药及医疗器材批发	29417	3873	12857	7147
矿产品、建材及化工产品批发	-29279	33245	93296	57086
机械设备、五金产品及电子产品批发	1386	3242	22807	19494
贸易经纪与代理	-7	3	97	14
其他批发业	-1491	247	3063	2835
按登记注册类型分				
内资企业	128722	76552	193964	122822
国有企业	124057	30919	21103	18517
集体企业	-1602		27	
有限责任公司	66545	33082	82050	39787
股份有限公司	-55409	6365	22082	32922
私营企业	-4869	6186	68703	31595
其他企业				
外商投资企业	-2660		1334	535
按经营形式分				
独立门店	-56874	32084	89392	35761
连锁总店	-15958	127	20472	8907
连锁门店	-1666		63	120
其他	200561	44341	85370	78568
按单位规模分				
大型	115579	37138	75778	56679
中型	154105	33491	67567	40384
小型	1212	5388	46970	21636
微型	-144834	535	4983	4657

12—12 限额以上零售业法人企业主要财务状况

（2016年）

单位：万元

指标	法人企业数(个)	#执行《2006年企业会计准则》	年初存货	流动资产	#应收帐款	存货
总计	**246**	**179**	**739924**	**3065252**	**432596**	**698540**
按国民经济行业分						
综合零售	24	19	54490	425979	34495	53980
百货零售	14	11	32788	334194	15827	34320
超级市场零售	10	8	21702	91785	18668	19661
食品、饮料及烟草制品专门零售	6	4	5024	11163	772	5538
纺织、服装及日用品专门零售	29	11	21930	99791	7450	19215
文化、体育用品及器材专门零售	9	7	52477	126595	3747	51394
医药及医疗器材专门零售	17	13	156574	619211	244679	164366
汽车、摩托车、燃料及零配件专门零售	138	108	307119	1248304	87195	264823
家用电器及电子产品专门零售	21	15	15614	142748	17307	15256
按登记注册类型分						
内资企业	234	168	714579	2564919	406707	674285
国有企业	3	2	18737	38997	1796	19321
集体企业	1	1	545	1474	557	386
有限责任公司	68	59	277034	932733	273358	257613
股份有限公司	8	8	160623	563719	36073	157129
私营企业	153	98	257573	1027145	94186	239740
其他企业	1		66	852	736	97
港、澳、台商投资企业	6	5	13419	431424	5806	12254
外商投资企业	6	6	11926	68909	20083	12001
按经营形式分						
独立门店	195	146	405170	1866317	164660	362631
连锁总店	17	13	204122	699767	68635	200994
其他	34	20	130631	499168	199301	134915
按单位规模分						
大型	12	10	294382	1231584	235629	295529
中型	112	91	334016	1416329	136642	290499
小型	88	56	100285	386005	56665	105038
微型	34	22	11242	31334	3660	7474
按零售业态分						
有店铺零售	236	175	735516	3052047	429622	693777
便利店	1	1	107	1057	427	9
超市	7	4	7125	17347	2337	8351
大型超市	10	7	21957	112288	18690	20702
百货店	17	13	38274	371708	16196	36793
专业店	79	59	264294	1384465	284694	259988
专卖店	111	88	399375	1149986	104433	364691
购物中心	6	1	3551	9057	738	2359
厂家直销中心	5	2	834	6141	2107	884
无店铺零售	10	4	4408	13204	2974	4762

12-12续表1　　（2016年）　　单位：万元

指　标	固定资产合计	固定资产原价	累计折旧	#本年折旧
总　计	**571794**	**879407**	**307613**	**40024**
按国民经济行业分				
综合零售	270830	400552	129722	17055
百货零售	247636	352874	105238	14009
超级市场零售	23194	47679	24485	3047
食品、饮料及烟草制品专门零售	480	2451	1971	71
纺织、服装及日用品专门零售	29698	56902	27204	2040
文化、体育用品及器材专门零售	11486	17989	6504	826
医药及医疗器材专门零售	38207	53530	15323	3487
汽车、摩托车、燃料及零配件专门零售	164442	257020	92578	13166
家用电器及电子产品专门零售	1080	3946	2866	233
按登记注册类型分				
内资企业	524397	795020	270623	36925
国有企业	6713	14997	8284	445
集体企业	267	580	313	25
有限责任公司	115507	167791	52284	8730
股份有限公司	288224	427467	139243	16778
私营企业	113669	184078	70409	10947
其他企业	18	107	90	
港、澳、台商投资企业	31083	47299	16217	1672
外商投资企业	16314	37087	20774	1428
按经营形式分				
独立门店	414232	615860	201628	26877
连锁总店	123834	211521	87687	9665
其他	33728	52026	18298	3482
按单位规模分				
大型	378541	556347	177806	23861
中型	172042	286137	114095	13197
小型	18543	32098	13555	2778
微型	2668	4826	2157	188
按零售业态分				
有店铺零售	571518	878499	306982	39918
便利店	23	56	32	3
超市	1179	3761	2581	336
大型超市	23985	48835	24850	3277
百货店	267410	387986	120576	15063
专业店	122799	203205	80406	10205
专卖店	155683	233443	77760	10892
购物中心	375	957	583	121
厂家直销中心	64	257	193	22
无店铺零售	276	908	632	107

12-12续表2　　　　（2016年）　　　　单位：万元

指　　标	在建工程	资产总计	流动负债合计	#应付帐款
总　　计	**70436**	**4645315**	**2597892**	**553286**
按国民经济行业分				
综合零售	8911	989434	517226	137822
百货零售	8726	850884	403411	97372
超级市场零售	186	138550	113815	40451
食品、饮料及烟草制品专门零售		12776	16305	842
纺织、服装及日用品专门零售	412	142101	85886	29602
文化、体育用品及器材专门零售	1806	151544	46443	14261
医药及医疗器材专门零售	2115	678311	444827	225066
汽车、摩托车、燃料及零配件专门零售	55140	1901760	1081257	76907
家用电器及电子产品专门零售		153029	113338	25563
按登记注册类型分				
内资企业	26047	3722063	2244667	515053
国有企业	1806	54316	28819	10226
集体企业		1772	1585	1131
有限责任公司	8913	1110627	734436	226870
股份有限公司	10378	1295657	642820	116259
私营企业	4950	1258821	836506	160565
其他企业		870	501	2
港、澳、台商投资企业	43064	825987	297005	21852
外商投资企业	1326	97265	56220	16381
按经营形式分				
独立门店	62456	3022059	1627216	246866
连锁总店	5885	1070591	628360	135997
其他	2096	552664	342316	170424
按单位规模分				
大型	14492	2117796	1170065	314130
中型	52281	2057486	1116182	174552
小型	3532	433071	286754	59323
微型	132	36961	24891	5282
按零售业态分				
有店铺零售	70436	4631831	2588921	548956
便利店		1080	815	18
超市		19064	14910	7666
大型超市	186	161239	130601	46463
百货店	8925	914711	425216	100038
专业店	52176	1971389	1064544	271902
专卖店	9150	1546892	937348	118759
购物中心		11190	11773	2359
厂家直销中心		6268	3713	1750
无店铺零售		13484	8972	4331

12-12续表3　（2016年）　单位：万元

指　　标	非流动负债合计	负债合计	所有者权益合计
总　计	**342375**	**2964489**	**1216746**
按国民经济行业分			
综合零售	208337	725563	263871
百货零售	208334	611745	239139
超级市场零售	3	113817	24732
食品、饮料及烟草制品专门零售		16305	-3529
纺织、服装及日用品专门零售	4771	114879	27222
文化、体育用品及器材专门零售	58183	104626	46918
医药及医疗器材专门零售	1075	445902	232409
汽车、摩托车、燃料及零配件专门零售	62180	1143437	294242
家用电器及电子产品专门零售	3047	116385	36644
按登记注册类型分			
内资企业	292599	2561487	696496
国有企业	5883	34701	19615
集体企业		1585	187
有限责任公司	2106	736542	374085
股份有限公司	190765	833585	-2008
私营企业	93845	954573	304248
其他企业		501	369
港、澳、台商投资企业	45000	342006	483981
外商投资企业	4777	60996	36269
按经营形式分			
独立门店	325126	1976564	1045496
连锁总店	16175	644535	-38024
其他	1075	343390	209274
按单位规模分			
大型	211843	1381908	271808
中型	76934	1217338	840148
小型	53612	340366	92706
微型	-13	24878	12084
按零售业态分			
有店铺零售	342375	2955517	1212234
便利店		815	265
超市		14910	4154
大型超市	3	130604	30634
百货店	208334	657772	256939
专业店	69580	1134124	373184
专卖店	64458	1001807	545085
购物中心		11773	-584
厂家直销中心		3713	2556
无店铺零售		8972	4512

12-12续表4　　（2016年）　　单位：万元

指　　标	实收资本	国家资本	集体资本	法人资本
总　计	876562	46091	9521	203708
按国民经济行业分				
综合零售	94415	5095	7521	26664
百货零售	75794	5095	1841	24494
超级市场零售	18621		5680	2170
食品、饮料及烟草制品专门零售	3651			3201
纺织、服装及日用品专门零售	22317			6231
文化、体育用品及器材专门零售	18368	1499		15369
医药及医疗器材专门零售	38210	10995		23703
汽车、摩托车、燃料及零配件专门零售	604908	2207	2000	115929
家用电器及电子产品专门零售	28198			12611
按登记注册类型分				
内资企业	404329	45111	9521	190529
国有企业	1599	1499		100
集体企业	95		95	
有限责任公司	122543	12495	7680	97509
股份有限公司	102202	31118		3850
私营企业	177639		1746	88820
其他企业	250			250
港、澳、台商投资企业	449383			6577
外商投资企业	22851	980		6602
按经营形式分				
独立门店	708316	7886	3841	150298
连锁总店	118803	27593	5680	29968
其他	49443	10612		23441
按单位规模分				
大型	149312	39411	1746	18180
中型	631358	5596	7775	129331
小型	80537	584		52202
微型	15355	500		3995
按零售业态分				
有店铺零售	872762	46091	9521	202577
便利店	265			
超市	7005		95	6100
大型超市	18781		5680	2789
百货店	78622	5095	1746	22192
专业店	552659	14200	1500	74161
专卖店	207246	26796	500	96784
购物中心	5450			400
厂家直销中心	2735			150
无店铺零售	3800			1131

12-12续表5 （2016年） 单位：万元

指 标	实收资本		
	个人资本	港澳台资本	外商资本
总 计	**155577**	**442306**	**19359**
按国民经济行业分			
综合零售	44333		10801
百货零售	43343		1020
超级市场零售	990		9781
食品、饮料及烟草制品专门零售	450		
纺织、服装及日用品专门零售	13286	800	2000
文化、体育用品及器材专门零售	1500		
医药及医疗器材专门零售	3512		
汽车、摩托车、燃料及零配件专门零售	40799	441506	2468
家用电器及电子产品专门零售	15587		
按登记注册类型分			
内资企业	155077		4090
国有企业			
集体企业			
有限责任公司	4860		
股份有限公司	63144		4090
私营企业	87073		
其他企业			
港、澳、台商投资企业	500	442306	
外商投资企业			15269
按经营形式分			
独立门店	102997	437806	5488
连锁总店	41691		13871
其他	10890	4500	
按单位规模分			
大型	76104		13871
中型	40861	442306	5488
小型	27752		
微型	10860		
按零售业态分			
有店铺零售	152908	442306	19359
便利店	265		
超市	810		
大型超市	530		9781
百货店	48569		1020
专业店	26552	434246	2000
专卖店	68548	8060	6558
购物中心	5050		
厂家直销中心	2585		
无店铺零售	2669		

12-12续表6　　（2016年）　　单位：万元

指　　标	营业收入	#主营业务收入	营业成本	#主营业务成本
总　计	**5757394**	**5615404**	**4997021**	**4953780**
按国民经济行业分				
综合零售	1018881	950025	811797	807698
百货零售	834204	786268	666567	663234
超级市场零售	184677	163757	145230	144464
食品、饮料及烟草制品专门零售	8308	8271	6209	6181
纺织、服装及日用品专门零售	219272	214015	175873	175099
文化、体育用品及器材专门零售	49242	49021	35232	35154
医药及医疗器材专门零售	996637	992017	899180	898836
汽车、摩托车、燃料及零配件专门零售	2894279	2846224	2685599	2657400
家用电器及电子产品专门零售	290721	283030	253799	249621
按登记注册类型分				
内资企业	5313256	5195691	4617505	4584446
国有企业	41023	40415	30629	30626
集体企业	3316	3316	2554	2554
有限责任公司	1935047	1925314	1773741	1772970
股份有限公司	1335775	1276092	1031530	1015703
私营企业	1996797	1949256	1778401	1761943
其他企业	1299	1299	651	651
港、澳、台商投资企业	235001	215599	202627	195577
外商投资企业	209137	204114	176890	173757
按经营形式分				
独立门店	3643209	3555666	3240370	3217203
连锁总店	1263108	1215518	982046	963571
其他	851077	844221	774605	773007
按单位规模分				
大型	2418234	2325754	1981766	1960366
中型	2641965	2595801	2366494	2345441
小型	642005	638805	596759	596052
微型	55191	55045	52002	51922
按零售业态分				
有店铺零售	5740921	5599062	4982959	4939798
便利店	1962	1962	1855	1855
超市	32197	32001	28712	28626
大型超市	214086	189906	168098	167082
百货店	903056	855200	719332	715907
专业店	2499764	2452238	2271519	2243803
专卖店	2059147	2038758	1767943	1757381
购物中心	20518	18805	16604	16302
厂家直销中心	10192	10192	8897	8841
无店铺零售	16474	16343	14062	13982

12-12续表7　　（2016年）　　单位：万元

指　标	营业税金及附加	#主营业务税金及附加	其他业务利润	销售费用
总　计	**22667**	**21699**	**35779**	**353923**
按国民经济行业分				
综合零售	9423	9399	16487	88541
百货零售	8647	8626	9505	62036
超级市场零售	776	773	6982	26505
食品、饮料及烟草制品专门零售	40	40	7	1079
纺织、服装及日用品专门零售	1538	1530	2714	21377
文化、体育用品及器材专门零售	567	567	142	7012
医药及医疗器材专门零售	2076	2076	3888	29298
汽车、摩托车、燃料及零配件专门零售	5804	4867	9374	96501
家用电器及电子产品专门零售	636	636	1453	26013
按登记注册类型分				
内资企业	20687	20121	27641	328547
国有企业	495	495	98	4334
集体企业	10	10		
有限责任公司	4498	4464	8153	61233
股份有限公司	9756	9261	1744	151185
私营企业	5918	5880	17646	111285
其他企业	9	9		510
港、澳、台商投资企业	1112	710	542	9884
外商投资企业	868	868	7596	15491
按经营形式分				
独立门店	15079	14606	23071	156828
连锁总店	5799	5304	8981	171991
其他	1789	1789	3728	25104
按单位规模分				
大型	13510	13015	16356	207732
中型	8210	7746	18075	124356
小型	835	830	1279	20247
微型	112	108	69	1588
按零售业态分				
有店铺零售	22643	21675	35728	352627
便利店	2	2		22
超市	59	56	851	3812
大型超市	910	901	10523	29001
百货店	9627	9615	7688	66822
专业店	5813	4913	10682	103779
专卖店	6110	6074	5934	147075
购物中心	95	87	50	1843
厂家直销中心	27	27		273
无店铺零售	24	24	52	1296

12-12续表8　　　　(2016年)　　　　单位：万元

指　　标	管理费用	#税金	资产减值损失	公允价值变动收益
总　计	**239239**	**7860**	**5210**	**-163**
按国民经济行业分				
综合零售	126546	4261	4200	-157
百货零售	114345	4110	4213	-157
超级市场零售	12201	151	-13	
食品、饮料及烟草制品专门零售	917	14	3	
纺织、服装及日用品专门零售	16892	376	3	
文化、体育用品及器材专门零售	4074	140	172	
医药及医疗器材专门零售	21803	776	83	-6
汽车、摩托车、燃料及零配件专门零售	38922	1865	663	
家用电器及电子产品专门零售	8226	116	76	
按登记注册类型分				
内资企业	221838	7376	5195	-163
国有企业	4002	102	75	
集体企业	786	18	84	
有限责任公司	28488	1546	606	-6
股份有限公司	117618	3680	4168	-157
私营企业	70834	2030	262	
其他企业	110	1		
港、澳、台商投资企业	8604	172	15	
外商投资企业	8796	312		
按经营形式分				
独立门店	175010	6389	4897	-157
连锁总店	49498	860	182	
其他	14731	611	130	-6
按单位规模分				
大型	149993	5087	4179	-163
中型	70688	2390	900	
小型	16700	345	130	
微型	1858	38		
按零售业态分				
有店铺零售	238403	7857	5210	-163
便利店	49			
超市	1243	26	84	
大型超市	14628	161	-13	
百货店	119968	4229	4135	-157
专业店	43674	1729	294	-6
专卖店	54803	1694	711	
购物中心	3440	7		
厂家直销中心	600	11		
无店铺零售	835	4		

12-12续表9　　（2016年）　　单位：万元

指　标	财务费用	#利息收入	#利息支出	投资收益
总　计	**49676**	**5125**	**38667**	**15590**
按国民经济行业分				
综合零售	17111	1721	13818	4196
百货零售	15913	1062	13343	4256
超级市场零售	1198	658	475	-60
食品、饮料及烟草制品专门零售	-14	28	7	
纺织、服装及日用品专门零售	2918	40	1911	62
文化、体育用品及器材专门零售	3091	281	3327	186
医药及医疗器材专门零售	5848	527	5652	562
汽车、摩托车、燃料及零配件专门零售	13915	2404	10119	10274
家用电器及电子产品专门零售	657	54	117	40
按登记注册类型分				
内资企业	49313	2936	37113	8930
国有企业	-161	258		186
集体企业	2			
有限责任公司	11489	648	9488	1512
股份有限公司	20144	274	15124	4431
私营企业	17839	1756	12501	2801
其他企业				
港、澳、台商投资企业	1022	802	1261	6660
外商投资企业	-658	1387	293	
按经营形式分				
独立门店	36783	3648	29345	14591
连锁总店	8104	1291	4540	433
其他	4789	186	4782	566
按单位规模分				
大型	26376	1436	20118	5095
中型	16774	3187	13279	10490
小型	6130	469	5194	5
微型	397	33	75	
按零售业态分				
有店铺零售	49671	5120	38659	15590
便利店	21		20	
超市	166	2	149	
大型超市	1291	669	473	-60
百货店	17896	1107	14880	4317
专业店	9268	1962	8599	8647
专卖店	20784	1359	14462	2685
购物中心	194	4	48	
厂家直销中心	51	17	29	1
无店铺零售	5	5	7	

12-12续表10　　(2016年)　　单位：万元

指　　标	营业利润	营业外收入	#政府补助	营业外支出
总　计	**105104**	**12160**	**2878**	**4457**
按国民经济行业分				
综合零售	-34698	2131	1221	1589
百货零售	-33418	1608	1221	643
超级市场零售	-1280	523		946
食品、饮料及烟草制品专门零售	74	199	199	2
纺织、服装及日用品专门零售	701	1532	17	87
文化、体育用品及器材专门零售	-716	949	870	68
医药及医疗器材专门零售	38905	462	220	66
汽车、摩托车、燃料及零配件专门零售	63197	4599	8	2142
家用电器及电子产品专门零售	1353	1841	3	315
按登记注册类型分				
内资企业	78957	11771	2878	3466
国有企业	1835	934	879	31
集体企业	-120	3		2
有限责任公司	56545	1799	409	839
股份有限公司	5649	3357	1408	1095
私营企业	15029	5678	182	1498
其他企业	18			
港、澳、台商投资企业	18397	194		267
外商投资企业	7750	195		724
按经营形式分				
独立门店	28618	6683	1446	2229
连锁总店	45921	3405	1232	2191
其他	30565	2072	200	37
按单位规模分				
大型	39610	4064	1760	2327
中型	64972	5689	916	1877
小型	1238	2375	202	222
微型	-716	32		31
按零售业态分				
有店铺零售	104824	12160	2878	4457
便利店	14			
超市	-1879	46		27
大型超市	112	526		1006
百货店	-30626	3048	1238	590
专业店	74061	6076	1094	1059
专卖店	64407	2437	545	1731
购物中心	-1658	25		44
厂家直销中心	392	1		
无店铺零售	280			1

12-12续表11　　（2016年）　　单位：万元

指　　标	利润总额	应交所得税	应付职工薪酬	应交增值税
总　计	**110801**	**25867**	**229689**	**89208**
按国民经济行业分				
综合零售	-32351	2697	61644	16284
百货零售	-31176	1701	53352	14253
超级市场零售	-1175	997	8291	2030
食品、饮料及烟草制品专门零售	271	260	683	10
纺织、服装及日用品专门零售	389	848	11709	8068
文化、体育用品及器材专门零售	157	681	6385	2112
医药及医疗器材专门零售	39301	6757	24489	14342
汽车、摩托车、燃料及零配件专门零售	65272	8640	67790	34295
家用电器及电子产品专门零售	1214	617	10150	5021
按登记注册类型分				
内资企业	85276	21783	213576	78569
国有企业	2728	584	5076	812
集体企业	-119	14	324	37
有限责任公司	57295	9792	49240	32411
股份有限公司	7869	5466	102317	15762
私营企业	17484	5925	56557	29471
其他企业	18	3	62	77
港、澳、台商投资企业	17876	2826	7889	7272
外商投资企业	7650	1258	8223	3367
按经营形式分				
独立门店	31772	13789	118582	50913
连锁总店	48102	6670	90569	26496
其他	30927	5409	20537	11799
按单位规模分				
大型	41347	11908	131407	32240
中型	68303	12249	85394	51207
小型	1867	1616	11954	5050
微型	-716	94	934	711
按零售业态分				
有店铺零售	110531	25802	228997	89019
便利店	14		31	16
超市	-1013	17	1612	258
大型超市	162	1134	9865	2596
百货店	-29114	2436	56799	16691
专业店	76768	11407	65771	36476
专卖店	64929	10685	93292	32670
购物中心	-1610	12	1242	236
厂家直销中心	393	111	385	76
无店铺零售	270	65	692	189

12—13 限额以上住宿和餐饮业法人企业主要财务状况

（2016年） 单位：万元

指 标	法人企业数（个）		年初存货	流动资产		
		#执行《2006年企业会计准则》			#应收帐款	存货
总 计	**94**	**67**	**12143**	**199228**	**14113**	**10531**
住宿业	**66**	**46**	**7103**	**168258**	**10810**	**7361**
按住宿行业分						
旅游饭店	48	36	6246	153860	7585	6639
一般旅馆	18	10	857	14398	3226	723
按登记注册类型分						
内资企业	65	45	7093	168077	10804	7351
国有企业	16	13	1751	55220	1272	1702
集体企业	2	2	39	397	89	33
有限责任公司	19	11	2976	61220	5966	3045
股份有限公司	1	1	17	237		17
私营企业	27	18	2310	51003	3477	2555
外商投资企业	1	1	10	181	6	10
按经营形式分						
独立门店	57	38	6403	155439	9089	6691
连锁总店	2	2	479	10356	1657	486
其他	4	4	146	1454	5	138
按星级分						
五星	7	5	2816	64075	4666	2578
四星	4	3	917	27278	482	742
三星	23	14	1975	45558	2023	2243
二星	3	2	54	3525	97	52
其他	29	22	1341	27822	3543	1746
餐饮业	**28**	**21**	**5040**	**30971**	**3302**	**3169**
按餐饮行业分						
正餐服务	23	17	2180	22330	2894	1963
快餐服务	5	4	2860	8640	408	1206
按登记注册类型分						
内资企业	26	20	3775	29557	3302	2718
国有企业	4	3	737	8140	1320	677
有限责任公司	5	3	445	4738	794	511
私营企业	15	12	1602	14361	994	1302
其他企业	1	1		92		
港、澳、台商投资企业	1		249	340		234
外商投资企业	1	1	1016	1074		217
按经营形式分						
独立门店	19	14	1412	14667	1247	1222
连锁总店（总部）	5	5	2842	8709	407	1193
连锁门店	2	2	110	1336	502	124
其他	2		676	6259	1147	630

12-13续表1　　（2016年）　　单位：万元

指　　标	固定资产合计	固定资产原价	累计折旧	#本年折旧
总　　计	**207662**	**369497**	**161835**	**15473**
住宿业	**147285**	**290406**	**143120**	**12911**
按住宿行业分				
旅游饭店	141727	278090	136363	11952
一般旅馆	5558	12316	6758	958
按登记注册类型分				
内资企业	147285	290383	143098	12909
国有企业	27226	47609	20383	1398
集体企业	1830	3669	1839	196
有限责任公司	85105	172726	87621	5827
股份有限公司	17	213	197	3
私营企业	33108	66166	33059	5486
外商投资企业		23	23	2
按经营形式分				
独立门店	141128	278348	137220	11295
连锁总店	2947	5479	2532	619
其他	2849	5371	2522	844
按星级分				
五星	83092	164219	81127	6002
四星	17806	42403	24597	1576
三星	24184	44019	19834	1672
二星	1072	2662	1590	108
其他	21131	37103	15972	3554
餐饮业	**60377**	**79091**	**18714**	**2563**
按餐饮行业分				
正餐服务	41067	53453	12386	1394
快餐服务	19310	25638	6328	1169
按登记注册类型分				
内资企业	57300	73809	16509	2141
国有企业	33476	38447	4972	409
有限责任公司	2923	4425	1502	334
私营企业	10776	20713	9937	1373
其他企业	26	123	98	26
港、澳、台商投资企业	1822	2032	209	37
外商投资企业	1254	3251	1997	384
按经营形式分				
独立门店	14389	21820	7431	790
连锁总店（总部）	19488	25925	6437	1256
连锁门店	62	578	516	119
其他	26438	30768	4330	398

12-13续表2 （2016年） 单位：万元

指　　标	在建工程	资产总计	流动负债合计	#应付帐款
总　计	**82834**	**604665**	**190978**	**32568**
住宿业	**1922**	**409430**	**142270**	**24676**
按住宿行业分				
旅游饭店	1662	382518	123671	15977
一般旅馆	260	26912	18600	8699
按登记注册类型分				
内资企业	1922	409249	142402	24808
国有企业	910	104309	44296	3094
集体企业		44476	361	63
有限责任公司	873	161835	38270	11783
股份有限公司		391	389	18
私营企业	139	98239	59087	9850
外商投资企业		181	-132	-132
按经营形式分				
独立门店	1625	383620	120803	16554
连锁总店	168	16984	9989	7589
其他	129	4576	8567	278
按星级分				
五星	727	163542	33381	10045
四星		51462	16325	806
三星	910	117091	32662	5200
二星		7014	5376	2373
其他	285	70321	54526	6252
餐饮业	**80912**	**195235**	**48708**	**7892**
按餐饮行业分				
正餐服务	78966	151798	37883	5857
快餐服务	1947	43437	10824	2035
按登记注册类型分				
内资企业	80790	186808	44230	7697
国有企业	75522	117148	2863	1319
有限责任公司	3435	15011	10746	1270
私营企业	1763	39348	29281	4644
其他企业		118	24	
港、澳、台商投资企业		2162	2048	59
外商投资企业	122	6266	2429	135
按经营形式分				
独立门店	3487	40124	33584	4622
连锁总店(总部)	1906	42195	9591	1614
连锁门店		2909	1240	625
其他	75519	110008	4293	1030

12-13续表3 （2016年） 单位：万元

指　　标	非流动负债合计	负债合计	所有者权益合计
总　计	**57227**	**256118**	**348547**
住宿业	**54123**	**204307**	**205123**
按住宿行业分			
旅游饭店	54087	185671	196847
一般旅馆	36	18636	8276
按登记注册类型分			
内资企业	54123	204439	204811
国有企业	1549	45845	58464
集体企业	33891	34252	10224
有限责任公司	1884	40154	121681
股份有限公司	138	527	-136
私营企业	16661	83661	14577
外商投资企业		-132	312
按经营形式分			
独立门店	54123	182840	200780
连锁总店		9989	6995
其他		8567	-3991
按星级分			
五星	15615	48997	114545
四星	1700	18025	33437
三星	36101	76676	40415
二星	671	6047	967
其他	36	54562	15759
餐饮业	**3104**	**51811**	**143424**
按餐饮行业分			
正餐服务	2619	40502	111296
快餐服务	485	11309	32128
按登记注册类型分			
内资企业	2641	46871	139936
国有企业	40	2903	114246
有限责任公司	1	10747	4265
私营企业	2600	31881	7467
其他企业		24	93
港、澳、台商投资企业		2048	114
外商投资企业	463	2892	3373
按经营形式分			
独立门店	2260	35844	4279
连锁总店(总部)	843	10433	31761
连锁门店		1240	1670
其他	1	4294	105714

12-13续表4　　(2016年)　　单位：万元

指　标	实收资本	国家资本	集体资本	法人资本
总　计	**336561**	**225033**	**1708**	**75137**
住宿业	**191529**	**110936**	**1673**	**67835**
按住宿行业分				
旅游饭店	178113	101713	1076	66849
一般旅馆	13416	9223	598	986
按登记注册类型分				
内资企业	191449	110936	1673	67835
国有企业	31001	23290		7711
集体企业	556		556	
有限责任公司	123717	87594	598	35266
股份有限公司	52	52		
私营企业	36123		520	24858
外商投资企业	80			
按经营形式分				
独立门店	178984	102636	1673	65485
连锁总店	8350	8300		50
其他	1995			1300
按星级分				
五星	137326	82971		54355
四星	13400	5800		1600
三星	25831	17525	556	7051
二星	250	50		200
其他	14722	4590	1118	4629
餐饮业	**145032**	**114098**	**35**	**7302**
按餐饮行业分				
正餐服务	123675	114098	35	7008
快餐服务	21357			295
按登记注册类型分				
内资企业	142412	114098	35	5302
国有企业	114028	114028		
有限责任公司	1390	70	35	778
私营企业	13441			4525
其他企业				
港、澳、台商投资企业	2000			2000
外商投资企业	621			
按经营形式分				
独立门店	17488	8611	35	6308
连锁总店(总部)	21827			765
连锁门店	200			200
其他	105517	105487		30

12-13续表5　　　　（2016年）　　　　单位：万元

指　　标	实收资本		
	个人资本	港澳台资本	外商资本
总　计	**33982**		**701**
住宿业	**11005**		**80**
按住宿行业分			
旅游饭店	8395		80
一般旅馆	2610		
按登记注册类型分			
内资企业	11005		
国有企业			
集体企业			
有限责任公司	260		
股份有限公司			
私营企业	10745		
外商投资企业			80
按经营形式分			
独立门店	9110		80
连锁总店			
其他	695		
按星级分			
五星			
四星	6000		
三星	620		80
二星			
其他	4385		
餐饮业	**22977**		**621**
按餐饮行业分			
正餐服务	2535		
快餐服务	20442		621
按登记注册类型分			
内资企业	22977		
国有企业			
有限责任公司	507		
私营企业	8917		
其他企业			
港、澳、台商投资企业			
外商投资企业			621
按经营形式分			
独立门店	2535		
连锁总店（总部）	20442		621
连锁门店			
其他			

12-13续表6　　（2016年）　　单位：万元

指　　标	营业收入	#主营业务收入	营业成本	#主营业务成本
总　计	**247404**	**238190**	**105981**	**104433**
住宿业	**156669**	**149850**	**64927**	**64400**
按住宿行业分				
旅游饭店	123835	117401	46141	45692
一般旅馆	32834	32449	18786	18709
按登记注册类型分				
内资企业	156458	149639	64927	64400
国有企业	37542	35945	15672	15663
集体企业	1111	1111	480	480
有限责任公司	67350	66200	34169	34037
股份有限公司	517	483	276	273
私营企业	49938	45900	14331	13948
外商投资企业	211	211		
按经营形式分				
独立门店	124907	120570	49133	48785
连锁总店	24600	22651	14059	13918
其他	2961	2956	494	494
按星级分				
五星	53882	52962	29897	29819
四星	17598	17565	5172	5167
三星	37871	35027	12115	11983
二星	8067	6204	1414	1283
其他	39252	38092	16330	16149
餐饮业	**90735**	**88341**	**41054**	**40033**
按餐饮行业分				
正餐服务	43443	42271	19665	19517
快餐服务	47292	46069	21389	20516
按登记注册类型分				
内资企业	68162	66232	30157	29512
国有企业	5607	4864	2082	2038
有限责任公司	15693	15573	6387	6382
私营企业	40622	39648	17589	17041
其他企业	2134	2040	962	914
港、澳、台商投资企业	228	228	146	146
外商投资企业	22345	21881	10751	10375
按经营形式分				
独立门店	28788	28353	14953	14805
连锁总店（总部）	48504	47282	21640	20767
连锁门店	8408	8408	2951	2951
其他	5035	4298	1511	1511

12-13续表7　　(2016年)　　单位：万元

指　　标	营业税金及附加	#主营业务税金及附加	其他业务利润	销售费用
总　计	**6020**	**5755**	**3861**	**78704**
住宿业	**4123**	**3967**	**3544**	**45649**
按住宿行业分				
旅游饭店	3418	3280	3373	40404
一般旅馆	706	687	171	5245
按登记注册类型分				
内资企业	4120	3964	3544	45572
国有企业	976	958	955	12014
集体企业	47	47		817
有限责任公司	2021	1934	260	9855
股份有限公司	9	9	31	1
私营企业	1068	1016	2298	22884
外商投资企业	3	3		77
按经营形式分				
独立门店	3474	3351	2498	37994
连锁总店	492	492	108	3963
其他	60	60	5	2457
按星级分				
五星	1575	1504	108	6361
四星	663	663		4309
三星	785	769	2087	15756
二星	159	159	22	4222
其他	942	874	1328	15001
餐饮业	**1897**	**1788**	**317**	**33055**
按餐饮行业分				
正餐服务	959	850	347	17307
快餐服务	938	938	-31	15749
按登记注册类型分				
内资企业	1428	1319	317	26983
国有企业	112	99	129	3117
有限责任公司	375	279		6263
私营企业	834	833	94	16518
其他企业	48	48	94	1085
港、澳、台商投资企业	12	12		236
外商投资企业	457	457		5836
按经营形式分				
独立门店	669	658	218	8587
连锁总店(总部)	938	937	-31	16978
连锁门店	194	108		4688
其他	97	84	129	2802

12-13续表8　　（2016年）　　单位：万元

指　　标	管理费用	#税金	资产减值损失	公允价值变动收益
总　计	53025	1858	283	
住宿业	40329	1765	283	
按住宿行业分				
旅游饭店	35335	1717	16	
一般旅馆	4994	48	266	
按登记注册类型分				
内资企业	40271	1765	283	
国有企业	9438	498	5	
集体企业	333			
有限责任公司	17597	687	9	
股份有限公司	228			
私营企业	12675	580	269	
外商投资企业	59			
按经营形式分				
独立门店	34726	1319	16	
连锁总店	3474	370	-3	
其他	651	55		
按星级分				
五星	13796	502	9	
四星	4661	313		
三星	10228	355	5	
二星	2464	364		
其他	9181	232	269	
餐饮业	12696	93		
按餐饮行业分				
正餐服务	8450	75		
快餐服务	4246	18		
按登记注册类型分				
内资企业	10284	88		
国有企业	3105	3		
有限责任公司	1776	18		
私营企业	4834	66		
其他企业				
港、澳、台商投资企业	138	1		
外商投资企业	2274	5		
按经营形式分				
独立门店	5494	56		
连锁总店（总部）	4199	19		
连锁门店	43	17		
其他	2960	2		

12-13续表9　　(2016年)　　单位：万元

指　　标	财务费用	利息收入	利息支出	投资收益
总　计	**3205**	**717**	**3018**	**8311**
住宿业	**2222**	**668**	**2258**	**8310**
按住宿行业分				
旅游饭店	2107	646	2216	8330
一般旅馆	115	23	42	-20
按登记注册类型分				
内资企业	2222	668	2258	8310
国有企业	-427	465	8	76
集体企业	291	6	290	7217
有限责任公司	94	183	44	1037
股份有限公司	2			
私营企业	2262	14	1915	-20
外商投资企业				
按经营形式分				
独立门店	2074	653	2191	8330
连锁总店	71	14		
其他	2	1		
按星级分				
五星	1059	144	992	1037
四星	-321	409	57	76
三星	763	91	783	7217
二星	66		31	
其他	656	24	394	-20
餐饮业	**983**	**49**	**761**	**1**
按餐饮行业分				
正餐服务	887	18	642	1
快餐服务	96	30	119	
按登记注册类型分				
内资企业	989	38	761	1
国有企业	-5	14	1	
有限责任公司	313	2	283	
私营企业	596	20	415	1
其他企业	21			
港、澳、台商投资企业	2			
外商投资企业	-8	11		
按经营形式分				
独立门店	473	4	350	1
连锁总店(总部)	114	30	119	
连锁门店	405		291	
其他	-10	14		

12-13续表10　　（2016年）　　单位：万元

指　　标	营业利润	营业外收入	政府补助	营业外支出
总　计	**8195**	**5220**	**3234**	**1045**
住宿业	**7129**	**2284**	**1090**	**297**
按住宿行业分				
旅游饭店	4399	2131	1090	274
一般旅馆	2730	153		23
按登记注册类型分				
内资企业	7057	2284	1090	297
国有企业	-59	1581	1070	54
集体企业	6361	6		4
有限责任公司	4676	624	20	171
股份有限公司	2	1		2
私营企业	-3922	73		68
外商投资企业	72			
按经营形式分				
独立门店	5503	2257	1090	269
连锁总店	2544	11		13
其他	-703	15		2
按星级分				
五星	2224	443	20	75
四星	3190	34		127
三星	5090	324	89	16
二星	-258	1		3
其他	-3117	1482	981	76
餐饮业	**1067**	**2936**	**2144**	**748**
按餐饮行业分				
正餐服务	-3809	2151	1976	112
快餐服务	4875	785	168	636
按登记注册类型分				
内资企业	-2272	2324	2144	190
国有企业	-3401	2085	1955	81
有限责任公司	582	26	6	65
私营企业	251	176	154	38
其他企业	18	7		6
港、澳、台商投资企业	306			1
外商投资企业	3033	613		557
按经营形式分				
独立门店	-777	73	21	27
连锁总店(总部)	4636	786	168	582
连锁门店	128	4		4
其他	-2920	2073	1955	135

12-13续表11 （2016年） 单位：万元

指　　标	利润总额	应交所得税	应付职工薪酬	应交增值税
总　计	**12176**	**2762**	**56952**	**5466**
住宿业	**9430**	**1421**	**38149**	**4103**
按住宿行业分				
旅游饭店	6571	1283	33490	3249
一般旅馆	2859	138	4659	854
按登记注册类型分				
内资企业	9359	1421	38082	4098
国有企业	1468	617	11386	738
集体企业	6363		580	
有限责任公司	5320	544	15331	1952
股份有限公司	1		228	12
私营企业	-3793	260	10557	1396
外商投资企业	71		67	5
按经营形式分				
独立门店	8029	1406	35006	3260
连锁总店	2317		1543	724
其他	-689	15	887	68
按星级分				
五星	2784	458	10222	1585
四星	3097	518	6819	525
三星	5748	139	11029	809
二星	-485		1182	223
其他	-1713	306	8896	962
餐饮业	**2746**	**1341**	**18803**	**1363**
按餐饮行业分				
正餐服务	-2384	231	13732	779
快餐服务	5129	1110	5071	584
按登记注册类型分				
内资企业	-37	564	15694	1019
国有企业	-1397	1	5496	97
有限责任公司	647	159	3677	376
私营企业	386	315	5258	400
其他企业	19	10	571	76
港、澳、台商投资企业	-307		131	
外商投资企业	3090	777	2979	344
按经营形式分				
独立门店	-1346	199	7002	589
连锁总店（总部）	4840	1108	5168	566
连锁门店	128	32	1657	111
其他	-877	2	4976	96

12—14 限额以上批发和零售业产业活动单位(个体户)经营情况

(2016年)

单位：万元

指 标	商品销售额	批发额	零售额	期末商品库存额
总 计	**835922**	**780232**	**55690**	**27885**
批发业	**782291**	**780232**	**2059**	**23341**
按行业分				
食品、饮料及烟草制品批发	129700	127641	2059	2023
纺织、服装及家庭用品批发	162737	162737		10227
矿产品、建材及化工产品批发	357308	357308		7085
机械设备、五金产品及电子产品批发	132546	132546		4005
按登记注册类型分				
内资企业	229956	229956		
国有企业				
股份有限公司	229956	229956		
私营企业				
港、澳、台商投资企业	145782	145782		7192
外商投资企业	199396	197337	2059	6824
个体经营	207156	207156		9325
按经营形式分				
独立门店	313086	311027	2059	21158
其他	469205	469205		2183
零售业	**53631**		**53631**	**4545**
按行业分				
综合零售	7020		7020	3732
纺织、服装及日用品专门零售	45235		45235	385
汽车、摩托车、燃料及零配件专门零售	966		966	31
家用电器及电子产品专门零售	409		409	397
按登记注册类型分组				
内资企业	7986		7986	3763
私营企业	7986		7986	3763
外商投资企业	45235		45235	385
个体经营	409		409	397
按经营形式分组				
独立门店	53631		53631	4545
其他				
按零售业态分				
有店铺零售	53631		53631	4545
超市	5950		5950	892
百货店	1070		1070	2840
专业店	409		409	397
专卖店	46202		46202	416

12—15 限额以上住宿和餐饮业产业活动单位(个体户)经营情况

(2016年)

指　　标	法人企业数(个)	从业人员期末人数(人)	营业额(万元)
总　计	**80**	**10083**	**157588**
住宿业	**34**	**4885**	**83075**
按住宿行业分			
旅游饭店	24	4433	77266
一般旅馆	10	452	5809
按登记注册类型分			
内资企业	28	4295	75045
国有企业	8	1347	20405
有限责任公司	4	799	18677
股份有限公司	2	266	3560
私营企业	14	1883	32403
外商投资企业	1	299	4738
个体经营户	5	291	3291
按经营形式分			
独立门店	32	4454	78157
其他	2	431	4918
星级评定情况分			
五星	5	1698	24089
四星	5	1061	15826
三星	9	701	17676
其他	15	1425	25485
餐饮业	**46**	**5198**	**74513**
按餐饮行业分			
正餐服务	41	3960	63508
快餐服务	5	1238	11005
按登记注册类型分			
内资企业	9	2812	52408
国有企业	1	30	402
私营企业	7	2684	48516
其他企业	1	98	3490
个体经营户	37	2386	22105
按经营形式分			
独立门店	46	5198	74513
其他			

12-15续表1　　（2016年）　　单位：万元

指　　标	营业额			
	客房收入	餐费收入	商品销售收入	其他收入
总　计	**44565**	**104593**	**1757**	**6673**
住宿业	**36064**	**40457**	**284**	**6270**
按住宿行业分				
旅游饭店	31484	39492	278	6011
一般旅馆	4580	965	6	259
按登记注册类型分				
内资企业	32214	37673	265	4893
国有企业	8148	9888	151	2219
有限责任公司	6157	11467		1054
股份有限公司	1661	1346		553
私营企业	16248	14973	114	1068
外商投资企业	1624	1882		1232
个体经营户	2226	903	19	144
按经营形式分				
独立门店	34427	37813	259	5658
其他	1637	2644	25	612
星级评定情况分				
五星	10501	11128	102	2359
四星	7523	6446	50	1807
三星	5810	11150	45	671
其他	12231	11733	88	1433
餐饮业	**8501**	**64135**	**1473**	**404**
按餐饮行业分				
正餐服务	8225	54056	823	404
快餐服务	276	10079	650	
按登记注册类型分				
内资企业	7446	44174	486	302
国有企业		402		
私营企业	5963	41766	486	302
其他企业	1484	2006		
个体经营户	1055	19961	987	102
按经营形式分				
独立门店	8501	64135	1473	404
其他				

12-15续表2 （2016年）

指　　标	客房数(间)	床位数(个)	餐位数(位)	年末餐饮营业面积(平方米)
总　计	**6734**	**11097**	**40087**	**220079**
住宿业	**5597**	**9383**	**15257**	**107773**
按住宿行业分				
旅游饭店	4637	7760	14179	102216
一般旅馆	960	1623	1078	5557
按登记注册类型分				
内资企业	4822	8083	13771	100556
国有企业	1276	2300	3062	36842
有限责任公司	856	1519	2506	17381
股份有限公司	328	551	2200	3944
私营企业	2362	3713	6003	42389
外商投资企业	263	427	446	3660
个体经营户	512	873	1040	3557
按经营形式分				
独立门店	5317	8897	14317	97473
其他	280	486	940	10300
星级评定情况分				
五星	1406	2248	2651	35013
四星	1157	2052	4046	17722
三星	1129	2101	3164	22933
其他	1905	2982	5396	32105
餐饮业	**1137**	**1714**	**24830**	**112306**
按餐饮行业分				
正餐服务	1077	1624	20946	100410
快餐服务	60	90	3884	11896
按登记注册类型分				
内资企业	823	1188	12446	48190
国有企业			220	660
私营企业	535	818	11016	44530
其他企业	288	370	1210	3000
个体经营户	314	526	12384	64116
按经营形式分				
独立门店	1137	1714	24830	112306
其他				

12—16　批发和零售业连锁企业基本情况

单位：个

指　　标	连锁总店数	门店总数	
		2016年	2015年
总　　计	**25**	**1359**	**1287**
按登记注册类型分			
内资企业	24	1355	1283
国有企业	3	128	128
有限责任公司	4	214	203
股份有限公司	3	125	121
私营企业	13	859	798
其他企业	1	29	33
外商投资企业	1	4	4
按行业分			
批发业	2	153	153
矿产品、建材及化工产品批发	2	153	153
零售业	23	1206	1134
综合零售	8	252	275
文化、体育用品及器材专门零售	1	8	9
医药及医疗器材专门零售	8	685	608
汽车、摩托车、燃料及零配件专门零售	1	80	80
家用电器及电子产品专门零售	4	82	77
五金、家具及室内装饰材料专门零售	1	99	85
按批发零售连锁业态分			
便利店	1	167	169
超市	2	14	17
大型超市	3	11	10
百货店	1	37	35
专业店	17	1031	971
#加油站	3	233	233
专卖店	1	99	85

12-16续表1 单位：个

指　　标	门店总数			
	直营店		加盟店	
	2016年	2015年	2016年	2015年
总　计	**1102**	**1016**	**257**	**271**
按登记注册类型分				
内资企业	1098	1012	257	271
国有企业	128	128		
有限责任公司	214	203		
股份有限公司	125	121		
私营企业	604	529	255	269
其他企业	27	31	2	2
外商投资企业	4	4		
按行业分				
批发业	153	153		
矿产品、建材及化工产品批发	153	153		
零售业	949	863	257	271
综合零售	99	121	153	154
文化、体育用品及器材专门零售	8	9		
医药及医疗器材专门零售	581	491	104	117
汽车、摩托车、燃料及零配件专门零售	80	80		
家用电器及电子产品专门零售	82	77		
五金、家具及室内装饰材料专门零售	99	85		
按批发零售连锁业态分				
便利店	22	23	145	146
超市	6	9	8	8
大型超市	11	10		
百货店	37	35		
专业店	927	854	104	117
#加油站	233	233		
专卖店	99	85		

12-16续表2

单位：人

指　标	年末从业人员数					
	2016年	2015年	直营店		加盟店	
			2016年	2015年	2016年	2015年
总　计	**20801**	**21796**	**19148**	**20387**	**1653**	**1409**
按登记注册类型分						
内资企业	20046	20969	18393	19560	1653	1409
国有企业	1199	1213	1199	1213		
有限责任公司	4256	5052	4256	5052		
股份有限公司	6806	7142	6806	7142		
私营企业	7710	7442	6061	6037	1649	1405
其他企业	75	120	71	116	4	4
外商投资企业	755	827	755	827		
按行业分						
批发业	1202	1215	1202	1215		
矿产品、建材及化工产品批发	1202	1215	1202	1215		
零售业	19599	20581	17946	19172	1653	1409
综合零售	9385	9992	8066	8748	1319	1244
文化、体育用品及器材专门零售	258	272	258	272		
医药及医疗器材专门零售	3987	3472	3653	3307	334	165
汽车、摩托车、燃料及零配件专门零售	1169	1069	1169	1069		
家用电器及电子产品专门零售	1510	1671	1510	1671		
五金、家具及室内装饰材料专门零售	3290	4105	3290	4105		
按批发零售连锁业态分						
便利店	560	574	134	136	426	438
超市	1535	1412	642	606	893	806
大型超市	1697	1943	1697	1943		
百货店	5386	5784	5386	5784		
专业店	8333	7978	7999	7813	334	165
#加油站	2371	2284	2371	2284		
专卖店	3290	4105	3290	4105		

12-16续表3　　　　单位：平方米

指　　标	年末零售营业面积					
	2016年	2015年	直营店		加盟店	
			2016年	2015年	2016年	2015年
总　计	**1675371**	**1540282**	**1607168**	**1479409**	**68203**	**60873**
按登记注册类型分						
内资企业	1646629	1511540	1578426	1450667	68203	60873
国有企业	149422	150465	149422	150465		
有限责任公司	196314	138659	196314	138659		
股份有限公司	919597	894864	919597	894864		
私营企业	378702	325072	310699	264379	68003	60693
其他企业	2594	2480	2394	2300	200	180
外商投资企业	28742	28742	28742	28742		
按行业分						
批发业	150674	150674	150674	150674		
矿产品、建材及化工产品批发	150674	150674	150674	150674		
零售业	1524697	1389608	1456494	1328735	68203	60873
综合零售	898236	870760	837073	816067	61163	54693
文化、体育用品及器材专门零售	7470	8670	7470	8670		
医药及医疗器材专门零售	111161	85063	104121	78883	7040	6180
汽车、摩托车、燃料及零配件专门零售	215607	215607	215607	215607		
家用电器及电子产品专门零售	124044	106759	124044	106759		
五金、家具及室内装饰材料专门零售	168179	102749	168179	102749		
按批发零售连锁业态分						
便利店	29830	23741	7300	7681	22530	16060
超市	71530	79670	32897	41037	38633	38633
大型超市	103965	94320	103965	94320		
百货店	690399	669499	690399	669499		
专业店	611468	570303	604428	564123	7040	6180
#加油站	366281	366281	366281	366281		
专卖店	168179	102749	168179	102749		

12-16续表4

单位：万元

指　标	连锁门店商品购进总额					
	2016年	2015年	直营店		加盟店	
			2016年	2015年	2016年	2015年
总　计	**1952738**	**2187498**	**1900003**	**2111523**	**52735**	**75975**
按登记注册类型分						
内资企业	1917551	2129575	1864816	2053600	52735	75975
国有企业	372451	376067	372451	376067		
有限责任公司	201324	279766	201324	279766		
股份有限公司	889216	954436	889216	954436		
私营企业	453656	518255	400948	442310	52708	75945
其他企业	904	1050	877	1020	27	30
外商投资企业	35186	57923	35186	57923		
按行业分						
批发业	424086	436004	424086	436004		
矿产品、建材及化工产品批发	424086	436004	424086	436004		
零售业	1528652	1751494	1475917	1675519	52735	75975
综合零售	616976	671492	567312	599672	49664	71820
文化、体育用品及器材专门零售	22659	22626	22659	22626		
医药及医疗器材专门零售	154265	131052	151194	126898	3071	4155
汽车、摩托车、燃料及零配件专门零售	410510	452752	410510	452752		
家用电器及电子产品专门零售	217059	298114	217059	298114		
五金、家具及室内装饰材料专门零售	107183	175459	107183	175459		
按批发零售连锁业态分						
便利店	16795	29364	3466	4473	13329	24892
超市	53735	69967	17400	23039	36335	46929
大型超市	117465	128596	117465	128596		
百货店	422078	438556	422078	438556		
专业店	1235482	1345556	1232411	1341401	3071	4155
#加油站	834596	888756	834596	888756		
专卖店	107183	175459	107183	175459		

12-16续表5 单位：万元

指　　标	#统一配送商品购进额					
	2016年	2015年	直营店		加盟店	
			2016年	2015年	2016年	2015年
总　计	**1846553**	**2078554**	**1793818**	**2015768**	**52735**	**62787**
按登记注册类型分						
内资企业	1811367	2020631	1758632	1957845	52735	62787
国有企业	349793	353441	349793	353441		
有限责任公司	198065	275900	198065	275900		
股份有限公司	889216	954436	889216	954436		
私营企业	373389	435804	320681	373047	52708	62757
其他企业	904	1050	877	1020	27	30
外商投资企业	35186	57923	35186	57923		
按行业分						
批发业	424086	436004	424086	436004		
矿产品、建材及化工产品批发	424086	436004	424086	436004		
零售业	1422467	1642550	1369732	1579764	52735	62787
综合零售	533450	585174	483786	526542	49664	58632
文化、体育用品及器材专门零售						
医药及医疗器材专门零售	154265	131052	151194	126898	3071	4155
汽车、摩托车、燃料及零配件专门零售	410510	452752	410510	452752		
家用电器及电子产品专门零售	217059	298114	217059	298114		
五金、家具及室内装饰材料专门零售	107183	175459	107183	175459		
按批发零售连锁业态分						
便利店	16795	15624	3466	3921	13329	11703
超市	50476	66101	14141	19173	36335	46929
大型超市	37198	59885	37198	59885		
百货店	422078	438555	422078	438555		
专业店	1212823	1322930	1209752	1318775	3071	4155
#加油站	834596	888756	834596	888756		
专卖店	107183	175459	107183	175459		

12-16续表6

单位：万元

指　　标	#自有配送商品购进额(万元)					
	2016年	2015年	直营店		加盟店	
			2016年	2015年	2016年	2015年
总　计	**1035366**	**1210833**	**994269**	**1168883**	**41097**	**41950**
按登记注册类型分						
内资企业	1031748	1206027	990651	1164077	41097	41950
国有企业						
有限责任公司	198065	275900	198065	275900		
股份有限公司	476758	524538	476758	524538		
私营企业	356021	404540	314952	362620	41070	41920
其他企业	904	1050	877	1020	27	30
外商投资企业	3619	4806	3619	4806		
按行业分						
批发业	75063	83491	75063	83491		
矿产品、建材及化工产品批发	75063	83491	75063	83491		
零售业	960303	1127342	919206	1085392	41097	41950
综合零售	72302	71111	34276	33315	38026	37795
文化、体育用品及器材专门零售						
医药及医疗器材专门零售	153495	130124	150425	125969	3071	4155
汽车、摩托车、燃料及零配件专门零售	410510	452752	410510	452752		
家用电器及电子产品专门零售	216813	297898	216813	297898		
五金、家具及室内装饰材料专门零售	107183	175459	107183	175459		
按批发零售连锁业态分						
便利店	6733	6473	1409	1609	5324	4864
超市	45428	46166	12727	13235	32702	32931
大型超市	3619	4806	3619	4806		
百货店	9619	8657	9619	8657		
专业店	862784	969272	859713	965118	3071	4155
#加油站	485573	536243	485573	536243		
专卖店	107183	175459	107183	175459		

12-16续表7

单位：万元

指　　标	非自有配送商品购进额					
	2016年	2015年	直营店		加盟店	
			2016年	2015年	2016年	2015年
总　　计	**811187**	**867575**	**799549**	**846759**	**11638**	**20817**
按登记注册类型分						
内资企业	779619	814458	767981	793642	11638	20817
国有企业	349793	353316	349793	353316		
有限责任公司						
股份有限公司	412459	429899	412459	429899		
私营企业	17368	31244	5730	10427	11638	20817
其他企业						
外商投资企业	31568	53117	31568	53117		
按行业分						
批发业	349023	352513	349023	352513		
矿产品、建材及化工产品批发	349023	352513	349023	352513		
零售业	462164	515062	450526	494246	11638	20817
综合零售	461148	514044	449510	493227	11638	20817
文化、体育用品及器材专门零售						
医药及医疗器材专门零售	770	803	770	803		
汽车、摩托车、燃料及零配件专门零售						
家用电器及电子产品专门零售	246	216	246	216		
五金、家具及室内装饰材料专门零售						
按批发零售连锁业态分						
便利店	10062	9152	2057	2312	8005	6839
超市	5048	19915	1414	5937	3634	13977
大型超市	33580	55079	33580	55079		
百货店	412458	429897	412458	429897		
专业店	350039	353532	350039	353532		
#加油站	349023	352513	349023	352513		
专卖店						

12-16续表8　　单位：万元

指　标	连锁门店商品销售额					
	2016年	2015年	直营店		加盟店	
			2016年	2015年	2016年	2015年
总　计	**2757212**	**2720930**	**2673398**	**2637470**	**83814**	**83460**
按登记注册类型分						
内资企业	2709778	2663453	2625964	2579993	83814	83460
国有企业	406690	409456	406690	409456		
有限责任公司	424799	356072	424799	356072		
股份有限公司	1276631	1332728	1276631	1332728		
私营企业	600124	563586	516356	480156	83768	83430
其他企业	1534	1611	1488	1581	46	30
外商投资企业	47434	57478	47434	57478		
按行业分						
批发业	463945	470497	463945	470497		
矿产品、建材及化工产品批发	463945	470497	463945	470497		
零售业	2293267	2250434	2209453	2166974	83814	83460
综合零售	947740	976960	867822	897982	79918	78978
文化、体育用品及器材专门零售	22513	21168	22513	21168		
医药及医疗器材专门零售	177108	150930	173213	146448	3896	4482
汽车、摩托车、燃料及零配件专门零售	527901	565226	527901	565226		
家用电器及电子产品专门零售	301152	289411	301152	289411		
五金、家具及室内装饰材料专门零售	316852	246739	316852	246739		
按批发零售连锁业态分						
便利店	20688	17818	4506	5061	16182	12757
超市	84502	91442	20766	25221	63736	66221
大型超市	144630	150112	144630	150112		
百货店	675201	704373	685201	704373		
专业店	1505339	1510446	1501444	1505965	3896	4482
#加油站	991847	1035723	991847	1035723		
专卖店	316852	246739	316852	246739		

12-16续表9

单位：万元

指　　标	#零　售　额					
	2016年	2015年	直营店		加盟店	
			2016年	2015年	2016年	2015年
总　计	**2245169**	**2174821**	**2167729**	**2097983**	**77440**	**76838**
按登记注册类型分						
内资企业	2197735	2117343	2120295	2040506	77440	76838
国有企业	89690	73306	89690	73306		
有限责任公司	383918	312371	383918	312371		
股份有限公司	1165875	1197922	1165875	1197922		
私营企业	556719	532133	479324	455325	77394	76808
其他企业	1534	1611	1488	1581	46	30
外商投资企业	47434	57478	47434	57478		
按行业分						
批发业	106064	90646	106064	90646		
矿产品、建材及化工产品批发	106064	90646	106064	90646		
零售业	2139105	2084176	2061665	2007338	77440	76838
综合零售	939790	968260	866245	895904	73544	72356
文化、体育用品及器材专门零售	22513	21168	22513	21168		
医药及医疗器材专门零售	177108	150930	173213	146448	3896	4482
汽车、摩托车、燃料及零配件专门零售	417145	430421	417145	430421		
家用电器及电子产品专门零售	265697	266659	265697	266659		
五金、家具及室内装饰材料专门零售	316852	246739	316852	246739		
按批发零售连锁业态分						
便利店	20688	17818	4506	5061	16182	12757
超市	76552	82741	19189	23142	57362	59599
大型超市	144630	150112	144630	150112		
百货店	685201	704374	685201	704374		
专业店	1001246	973037	997351	968555	3896	4482
#加油站	523209	521066	523209	521066		
专卖店	316852	246739	316852	246739		

12—17　住宿和餐饮业连锁企业基本情况

单位：个

指　标	连锁总店数	门店总数					
		2016年	2015年	直营店		加盟店	
				2016年	2015年	2016年	2015年
总　计	**6**	**143**	**144**	**116**	**116**	**27**	**28**
按登记注册类型分							
内资企业	5	118	120	91	92	27	28
有限责任公司	1	11	11	11	11		
股份有限公司	1	57	58	57	58		
私营企业	3	50	51	23	23	27	28
外商投资企业	1	25	24	25	24		
按行业分							
住宿业	2	25	24	24	24	1	
餐饮业	4	118	120	92	92	26	28

12-17续表1

单位：人

指　标	年末从业人员数					
	2016年	2015年	直营店		加盟店	
			2016年	2015年	2016年	2015年
总　计	**3300**	**3635**	**2707**	**2935**	**593**	**700**
按登记注册类型分						
内资企业	2639	3002	2046	2302	593	700
有限责任公司	830	906	830	906		
股份有限公司	890	1039	890	1039		
私营企业	919	1057	326	357	593	700
外商投资企业	661	633	661	633		
按行业分						
住宿业	1077	1166	1054	1166	23	
餐饮业	2223	2469	1653	1769	570	700

12-17续表2　　单位：平方米

指　标	年末餐饮营业面积					
	2016年	2015年	直营店		加盟店	
			2016年	2015年	2016年	2015年
总　计	**47197**	**51468**	**41997**	**45868**	**5200**	**5600**
按登记注册类型分						
内资企业	36846	41908	31646	36308	5200	5600
有限责任公司	10256	14898	10256	14898		
股份有限公司	19216	19436	19216	19436		
私营企业	7374	7574	2174	1974	5200	5600
外商投资企业	10351	9560	10351	9560		
按行业分						
住宿业	10906	15548	10906	15548		
餐饮业	36291	35920	31091	30320	5200	5600

12-17续表3　　单位：间

指　标	客　房　数					
	2016年	2015年	直营店		加盟店	
			2016年	2015年	2016年	2015年
总　计	**3846**	**3786**	**3786**	**3786**	**60**	
按登记注册类型分						
内资企业	3846	3786	3786	3786	60	
有限责任公司	1526	1526	1526	1526		
股份有限公司						
私营企业	2320	2260	2260	2260	60	
外商投资企业						
按行业分						
住宿业	3846	3786	3786	3786	60	
餐饮业						

12-17续表4　　单位：张

指　　标	床　位　数					
	2016年	2015年	直营店		加盟店	
			2016年	2015年	2016年	2015年
总　计	**5184**	**5104**	**5104**	**5104**	**80**	
按登记注册类型分						
内资企业	5184	5104	5104	5104	80	
有限责任公司	2654	2654	2654	2654		
股份有限公司						
私营企业	2530	2450	2450	2450	80	
外商投资企业						
按行业分						
住宿业	5184	5104	5104	5104	80	
餐饮业						

12-17续表5　　单位：位

指　　标	餐　位　数					
	2016年	2015年	直营店		加盟店	
			2016年	2015年	2016年	2015年
总　计	**14088**	**14332**	**11988**	**11932**	**2100**	**2400**
按登记注册类型分						
内资企业	10459	10982	8359	8582	2100	2400
有限责任公司	2896	3052	2896	3052		
股份有限公司	3765	3846	3765	3846		
私营企业	3798	4084	1698	1684	2100	2400
外商投资企业	3629	3350	3629	3350		
按行业分						
住宿业	3596	3752	3596	3752		
餐饮业	10492	10580	8392	8180	2100	2400

12-17续表6 单位：万元

指　　标	连锁门店商品购进额					
	2016年	2015年	直营店		加盟店	
			2016年	2015年	2016年	2015年
总　计	**24932**	**23487**	**23062**	**21537**	**1870**	**1950**
按登记注册类型分						
内资企业	18866	17536	16996	15586	1870	1950
有限责任公司	8584	8516	8584	8516		
股份有限公司	7365	5986	7365	5986		
私营企业	2917	3034	1047	1084	1870	1950
外商投资企业	6066	5952	6066	5952		
按行业分						
住宿业	9164	9096	9164	9096		
餐饮业	15768	14391	13898	12441	1870	1950

12-17续表7 单位：万元

指　　标	#统一配送商品购进额					
	2016年	2015年	直营店		加盟店	
			2016年	2015年	2016年	2015年
总　计	**16348**	**14971**	**14478**	**13021**	**1870**	**1950**
按登记注册类型分						
内资企业	10282	9019	8412	7069	1870	1950
有限责任公司						
股份有限公司	7365	5986	7365	5986		
私营企业	2917	3034	1047	1084	1870	1950
外商投资企业	6066	5952	6066	5952		
按行业分						
住宿业	580	580	580	580		
餐饮业	15768	14391	13898	12441	1870	1950

12-17续表8　　　　单位：万元

指　　标	#自有配送商品购进额					
	2016年	2015年	直营店		加盟店	
			2016年	2015年	2016年	2015年
总　计	**8403**	**8405**	**6533**	**6455**	**1870**	**1950**
按登记注册类型分						
内资企业	2337	2454	467	504	1870	1950
有限责任公司						
股份有限公司						
私营企业	2337	2454	467	504	1870	1950
外商投资企业	6066	5952	6066	5952		
按行业分						
住宿业						
餐饮业	8403	8405	6533	6455	1870	1950

12-17续表9　　　　单位：万元

指　　标	连锁门店营业额					
	2015年	2015年	直营店		加盟店	
			2016年	2015年	2016年	2015年
总　计	**69600**	**67986**	**62921**	**61537**	**6679**	**6449**
按登记注册类型分						
内资企业	47719	45675	41040	39226	6679	6449
有限责任公司	17300	14655	17800	14655		
股份有限公司	15729	16302	15729	16302		
私营企业	14190	14717	7511	8268	6679	6449
外商投资企业	21881	22311	21881	22311		
按行业分						
住宿业	24488	21564	24050	21564	438	
餐饮业	45112	46422	38871	39973	6241	6449

12-17续表10

单位：万元

指　　标	#餐费收入					
	2016年	2015年	直营店		加盟店	
			2016年	2015年	2016年	2015年
总　计	**49641**	**51273**	**43400**	**44824**	**6241**	**6449**
按登记注册类型分						
内资企业	27760	28962	21519	22513	6241	6449
有限责任公司	4488	4816	4488	4816		
股份有限公司	15150	15578	15150	15578		
私营企业	8122	8568	1881	2119	6241	6449
外商投资企业	21881	22311	21881	22311		
按行业分						
住宿业	5108	5575	5108	5575		
餐饮业	44533	45698	38292	39248	6241	6449

12-17续表11

单位：万元

指　　标	#商品销售额					
	2016年	2015年	直营店		加盟店	
			2016年	2015年	2016年	2015年
总　计	**1124**	**1033**	**1124**	**1033**		
按登记注册类型分						
内资企业	1124	1033	1124	1033		
有限责任公司	854	757	854	757		
股份有限公司						
私营企业	270	276	270	276		
外商投资企业						
按行业分						
住宿业	1124	1033	1124	1033		
餐饮业						

12—18　亿元以上商品交易市场一览表

（2016年）

市场名称	年末营业面积（平方米）	总摊位数（个）	成交额（万元）
新疆边疆宾馆商贸市场	40000	2000	95054
新疆赛博数码广场有限公司	10698	360	8896
新疆财苑股份有限公司(红旗路电脑城)	9100	326	10860
乌鲁木齐市长征市场开发股份有限责任公司	8650	500	123000
新疆德汇商业管理有限公司	57000	2053	20130
新疆明珠花业有限责任公司(新疆明珠花开市场)	30000	400	22000
乌鲁木齐市仓房沟农工商贸公司月明楼小商品市场	9000	673	134344
新疆凌庆果品有限公司粮油批发市场	25000	208	37000
新疆国际商贸城有限责任公司(新疆国际商贸城服装批发市场)	78216	2800	95566
新疆小商品城商贸有限公司	6000	405	14679
新疆凌庆蔬菜果品有限公司(新疆凌庆蔬菜批发市场)	23000	280	34000
乌鲁木齐北园春(集团)有限责任公司北园春市场	78800	1598	424405
新疆亚中机电销售租赁股份有限公司(新疆亚中机电市场)	72000	1200	500000
中亚国际钢材交易中心	20000	230	48000
新疆赛博特国际汽车城有限公司	121304	507	620000
新疆新怡发中润物资有限公司华南机械设备交易市场	133334	230	30732
新疆亚中物流商务网络有限责任公司广汇美居物流园(新疆亚中建材、家具市场)	371834	2375	89387
新疆华凌工贸集团有限公司华凌综合市场	1328959	17034	1067884
华凌畜牧产业基地(华凌畜产品市场)	858064	72	211696
新疆华凌建材出口基地	3862800	7285	690260
新疆华隆美特市场	18164	463	19550
新疆通汇市场有限公司	14000	856	241155
新疆皮毛绒商会(新疆皮毛绒市场)	60000	35	44920
新疆皇牛畜产品发展有限公司(新疆皇牛畜产品市场)	12000	20	19681
海鸿国际食品物流港	100000	955	50000

12—19 亿元以上商品交易市场分类值成交额

（2016年）

指　　标	年末出租摊位数(个)	成交额(万元)
总　计	**41474**	**4653199**
粮油、食品类	3962	843776
#粮油类	258	46189
肉禽蛋类	561	300659
水产品类	619	108224
蔬菜类	1141	155498
干鲜果品类	868	192716
饮料类	184	26771
烟酒类	647	47788
服装、鞋帽、针纺织品类	6742	315988
服装类	4410	166461
鞋帽类	1207	60644
针纺织品类	1125	88883
化妆品类	283	21598
金银珠宝类	4006	103906
日用品类	1240	72313
#儿童玩具类	48	4986
五金、电料类	2596	155273
体育、娱乐用品类	169	6060
书报杂志类	207	1012
电子出版物及音像制品类	1	9
家用电器和音像器材类	270	15914
中西药品类	4	1115
文化办公用品类	954	66766
#计算机及其配套产品	590	18976
家具类	2146	236330
通讯器材类	195	12100
木材及制品类	448	24886
化工材料及制品类	86	2303
金属材料类	1826	146843
建筑及装潢材料类	8211	629316
机电产品及设备类	4089	873535
汽车类	1185	819001
种子饲料类	15	330
其他类	2008	230266

12—20　亿元以上商品交易市场摊位分类情况

（2016年）

指　　标	市场数量（个）	总摊位数（个）	年末出租摊位数（个）	营业面积（平方米）	成交额（万元）
总　计	**25**	**42865**	**41474**	**7347923**	**4653199**
按市场类别分					
综合市场	**5**	**22143**	**22143**	**1806757**	**1735570**
综合贸易市场	5	22143	22143	1806757	1735570
生产资料综合市场	1	2375	2375	371834	89387
农产品综合市场	2	2061	2061	96964	443955
其他综合市场	2	17707	17707	1337959	1202228
专业市场	**20**	**20722**	**19331**	**5541166**	**2917629**
生产资料市场	4	9571	8621	3968800	1479415
建材市场	1	7285	6532	3862800	690260
金属材料市场	1	230	33	20000	48000
机械设备市场	1	1200	1200	72000	500000
其他生产资料市场	1	856	856	14000	241155
农产品市场	6	1570	1398	1078064	397297
粮油市场	1	208	175	25000	37000
肉禽蛋市场	2	92	92	870064	231377
蔬菜市场	1	280	270	23000	34000
其他农产品市场	1	35	35	60000	44920
纺织、服装、鞋帽市场	4	7353	7242	183866	333750
日用品及文化用品市场	1	405	387	6000	14679
电器、通讯器材、电子设备市场	2	686	630	19798	19756
汽车、摩托车及零配件市场	2	737	653	254638	650732
花、鸟、鱼、虫市场	1	400	400	30000	22000
按经营方式分					
以批发为主	21	41209	39874	7188657	3993893
以零售为主	4	1656	1600	159266	659306
按经营环境分					
露天式	6	3462	3452	196800	898505
封闭式	18	32118	31490	3288323	3064434
其他	1	7285	6532	3862800	690260

12—21 主要年份进出口贸易情况

单位：万美元

年份	进出口总额	进口额	出口额
1995	87277	33132	54145
1996	87524	54777	32747
1997	83956	39197	44759
1998	82078	34743	47335
1999	59442	22949	36493
2000	55846	19582	36264
2001	45567	19529	26038
2002	50871	14843	36029
2003	96182	53974	42208
2004	165287	73530	91757
2005	240147	95859	144288
2006	239157	36564	202593
2007	381681	32340	349341
2008	522894	42445	480449
2009	368299	71415	296884
2010	598534	154839	443695
2011	902984	233395	669589
2012	1039689	233291	806398
2013	779800	139800	639900
2014	828458	106788	721670
2015	584312	103194	481118
2016	490258	69638	420620

12—22　主要年份旅游人数和旅游收入

年　　份	国际旅游人数（人）	国际旅游收入（万元）	国内旅游人数（万人）	国内旅游收入（亿元）
1984	13623	486		
1985	19932	599		
1986	25805	1175		
1987	35706	2056		
1988	40081	2698		
1989	25697	1632		
1990	39501	4930		
1991	54380	7829		
1992	80427	11598		
1993	71325	10895		
1994	60312	6854		
1995	66128	13468		
1996	81968	19689		
1997	103579	24383		
1998	105136	25053		
1999	107477	25542		
2000	134413	31962		
2001	115100	26124	363.74	40.12
2002	102677	24462	384.98	45.72
2003	78592	18681	383.48	44.21
2004	115657	27034	447.83	56.02
2005	176906	41270	464.85	58.27
2006	191772	44720	502.98	65.26
2007	195110	45490	589.46	71.53
2008	200396	46756	519.32	62.57
2009	211478	49359	429.05	53.41
2010	264170	61662	465.57	68.37
2011	396000	110507	681.60	102.74
2012	365600	129821	811.50	215.15
2013	352000	135033	902.40	239.55
2014	316000	118387	879.30	235.01
2015	312900	117487	957.70	256.14
2016	317900	120100	1093.41	293.05

12—23　A级景区(景点)接待情况

指　　标	单位	2015年	2016年	2016年较2015年增长%
A级景区	家	27	27	
2A级	家	8	8	
3A级	家	10	10	
4A级	家	8	8	
5A级	家	1	1	
营业收入	万元	23447	27845	18.8
#门票收入	万元	6175	7381	19.5
利润总额	万元	1358	-1549	
资产总计	万元	200710	239249	19.2
从业人员	人	3710	3046	-17.9
接待人数	万人	3041	3943	29.7
#境外人数	人	10341	17227	67.0
本年实际完成投资额	万元	12121	15925	31.4
基础设施建设	万元	3530	12987	267.9
设备购置	万元	6095	738	-87.9
其　　他	万元	2496	2200	-11.9

12—24　主要年份人民币对美元平均汇率

年　　份	100美元	年　　份	100美元
1985	293.66	2005	819.17
1990	478.32	2006	797.18
1995	835.10	2007	760.40
1996	831.42	2008	694.51
1997	828.98	2009	683.10
1998	827.91	2010	676.95
1999	827.83	2011	645.88
2000	827.84	2012	631.25
2001	827.70	2013	619.32
2002	827.70	2014	621.66
2003	827.70	2015	622.84
2004	827.68	2016	664.23

12—25 近年实际利用外资

单位：万美元

年　份	实际利用外资
1995	3272
1996	4628
1997	2465
1998	5598
1999	2141
2000	431
2001	1690
2002	1506
2003	1400
2004	1520
2005	2520
2006	5198
2007	6671
2008	10000
2009	12500
2010	13900
2011	16000
2012	19000
2013	22300
2014	25800
2015	28700
2016	23700

12—26　分行业私营企业基本情况

行　业	户数(户)		从业人数(人)		注册资金(万元)	
	2015年	2016年	2015年	2016年	2015年	2016年
合　计	**77728**	**91095**	**549817**	**558899**	**46089759**	**62793211**
农林牧渔业	694	768	4608	4931	336362	429770
采矿业	163	184	1455	1310	167373	261050
制造业	4170	4380	44997	45702	2066638	2577424
电力、燃气及水的生产和供应业	251	288	1870	1987	597951	664149
建筑业	4398	5220	28969	33778	2785087	5506291
批发和零售业	37207	43584	225814	250431	12175021	15600798
交通运输、仓储和邮政业	2286	2375	16459	15507	831901	1024597
住宿和餐饮业	594	752	3352	4588	150210	253430
信息传输、软件和信息技术服务业	3705	4596	20064	23549	1230100	1850231
金融业	636	796	5089	5220	2569417	3485409
房地产业	2774	2938	20695	20359	2959136	3515458
租赁和商务服务业	12963	14926	86704	94265	16305361	20298022
科学研究和技术服务业	5064	6704	30639	36715	3017954	5822364
水利、环境和公共设施管理业	375	427	2575	2825	234203	493873
居民服务、修理和其他服务业	1588	1879	50739	10098	274437	443978
教育业	80	143	460	728	14762	44062
卫生和社会工作	139	167	2113	2178	43726	61493
文化、体育和娱乐业	546	875	2703	4266	249105	380385
其他	95	93	512	462	81017	80427

12—27 分行业个体工商户基本情况

行　　业	户数(户)		从业人数(人)		注册资金(万元)	
	2015年	2016年	2015年	2016年	2015年	2016年
合　计	**174563**	**196902**	**349107**	**396450**	**865153**	**1096559**
农、林、牧、渔业	743	843	1349	1493	24861	31319
采矿业	66	66	474	415	3845	3648
制造业	8988	9789	23677	25776	60611	68036
电力、热力、燃气及水生产和供应业	8	9	15	20	79	81
建筑业	91	124	298	386	1058	2011
批发和零售业	112956	126626	195402	220205	443200	564123
交通运输、仓储和邮政业	1493	1395	2543	2518	10176	10229
住宿和餐饮业	22158	25889	67107	77975	164059	210250
信息传输、软件和信息技术服务业	855	928	1514	1652	14019	18293
房地产业	376	492	876	1312	2584	3786
租赁和商务服务业	3805	4455	6920	8238	29364	40600
科学研究和技术服务业	415	344	773	626	1802	1725
水利、环境和公共设施管理业	28	12	50	21	298	139
居民服务、修理和其他服务业	18910	22520	39006	47171	71674	99708
教育业	759	16	1800	50	5001	120
卫生和社会工作	928	1049	2507	2831	5080	5830
文化、体育和娱乐业	1650	2111	3828	5002	25485	36351
其他	334	234	968	759	1957	310

12—28　分区县私营企业基本情况

（2016年）

区　县	户数（户）	比上年增减%	年末从业人员(人)	#投资者人数	比上年增减%	注册资金（万元）	比上年增减%
合　计	**91095**	**17.2**	**558899**	**192696**	**1.7**	**62793211**	**36.2**
市　属	**67689**	**13.9**	**366539**	**132690**	**-4.9**	**34410027**	**37.2**
天山区	16208	34.1	51614	21410	21.3	6476177	129.5
沙依巴克区	18627	29.2	104812	36675	39.2	9414323	182.2
新市区	12799	14.6	78780	31364	12.4	3662074	43.9
水磨沟区	8225	21.7	45154	17493	-44.5	2274816	70.1
头屯河区	2823	30.7	17975	5158	25.7	1580798	65.2
达坂城区	402	31.8	3462	586	45.1	767748	148.9
乌鲁木齐县	401	21.9	2187	629	9.6	352066	52.6
市局注册处	8204	-32.8	62555	19375	-35.9	9882025	-27.0
高新技术产业开发区	**10280**	**21.1**	**77491**	**26565**	**13.3**	**13462701**	**34.3**
经济技术开发区	**7094**	**34.6**	**47761**	**18275**	**21.1**	**11209639**	**30.0**
米东区	**6032**	**32.7**	**67108**	**15166**	**18.9**	**3710844**	**56.7**

12—29　分区县个体工商户基本情况

（2016年）

区县	户数（户）	比上年增减%	从业人员（人）	比上年增减%	注册资金（万元）	比上年增减%
合　计	**196902**	**12.8**	**396450**	**13.6**	**1096559**	**26.7**
市　属	**155394**	**10.5**	**305226**	**10.6**	**738195**	**23.1**
天山区	48725	9.7	89037	9.8	150939	24.0
沙依巴克区	44924	11.0	88456	10.5	127440	15.9
新市区	25946	10.2	55767	10.0	169954	12.8
水磨沟区	23260	13.0	49260	13.7	222784	32.8
头屯河区	8887	8.5	16528	8.6	40837	25.2
达坂城区	1241	−17.6	2578	−3.7	4497	9.0
乌鲁木齐县	2411	25.6	3600	27.4	21744	68.9
高新技术产业开发区	**7581**	**14.1**	**18687**	**21.0**	**84992**	**26.9**
经济技术开发区	**6277**	**21.5**	**14319**	**19.5**	**30743**	**15.2**
米东区	**27650**	**25.0**	**58218**	**27.1**	**242629**	**41.2**

主要统计指标解释

EXPLANATORY NOTES ON MAIN STATISTICAL INDICATORS

批发业　指向其他批发或零售单位（含个体经营者）及其他企事业单位、机关团体等批量销售生活用品、生产资料的活动，以及从事进出口贸易和贸易经纪与代理的活动，包括拥有货物所有权，并以本单位(公司)的名义进行交易活动,也包括不拥有货物的所有权，收取佣金的商品代理、商品代售活动；还包括各类商品批发市场中固定摊位的批发活动，以及以销售为目的的收购活动。

零售业　指百货商店、超级市场、专门零售商店、品牌专卖店、售货摊等主要面向最终消费者（如居民等）的销售活动，以互联网、邮政、电话、售货机等方式的销售活动，还包括在同一地点，后面加工生产，前面销售的店铺（如面包房）；谷物、种子、饲料、牲畜、矿产品、生产用原料、化工原料、农用化工产品、机械设备（乘用车、计算机及通信设备除外）等生产资料的销售不作为零售活动；多数零售商对其销售的货物拥有所有权，但有些则是充当委托人的代理人，进行委托销售或以收取佣金的方式进行销售。

住宿业　指为旅行者提供短期留宿场所的活动，有些单位只提供住宿，也有些单位提供住宿、饮食、商务、娱乐一体的服务，不包括主要按月或按年长期出租房屋住所的活动。

餐饮业　指通过即时制作加工、商业销售和服务性劳动等，向消费者提供食品和消费场所及设施的服务。

社会消费品零售总额　指批发和零售业、住宿和餐饮业、新闻出版业、邮政业和其他服务业等，售予城乡居民用于生活消费的商品和社会集团用于公共消费的商品之总量。社会消费品零售总额包括：

一、批发和零售业企业（单位）售予城乡居民用于生活消费和社会集团用于公共消费的商品。包括：

1. 售予城乡居民的各种生活消费品。

2. 售予入境旅游得到外国人、华侨、港澳台同胞的各类商品。

3. 售予行政事业单位、社会团体、军队和武警等机构的商品，以及以零售方式售予各类企业的商品。具体包括：用于非生产和社会交往的办公用品，如通讯设备、计算器具和设备、电讯网络设备、文印设备、音像视听器材和设备、纸张、本册、文具及装订文印材料、家具、日用电器、针纺织品、清洁卫生用品、文体用品、奖品、纪念品、礼品等；供内部人员乘坐的交通工具和燃料；用于办公设施修缮的各类配件、材料、工具等；用于取暖和防暑降温的设备、燃料、材料及食品等；专用于教学的用品和设备；非营利医疗机构的中、西药品、中药材和医疗设备器材；军队、武警用于其人员生活的衣着品和个人用品；其他各类非生产性设备和用品。

二、餐饮业出售的主食、菜肴、烟酒饮料和其他商品。

三、新闻出版业、邮政业售予城乡居民、企事业单位、军队和武警等机构的书报杂志、音像制品、邮品等。

四、其他服务业出售的食品、烟酒饮料、服装鞋帽、日常生活用品、医药保健用品、艺术品、工艺美术品、玩具、殡葬用品以及其他消费品。

批发和零售业商品购进、销售、库存额　指各种登记注册类型的批发和零售业企业（单位）以本企业（单位）为总体的，从国内、国外市场购进的商品总量，销售和出口的商品总量、库存的商品总量等情况。该指标可以反映商品流转过程中商品的购进、销售、库存之间的比例关系和存在的问题。

营业额　指住宿和餐饮业单位在经营活动中因提供服务或销售商品等取得的收入。包括：客房收入、餐费收入、商品销售额（含增值税）和其他收入。其中，客房收入指住宿和餐饮业单位在经营活动中因提供住宿服务取得的收入。餐费收入指本单位为顾客提供就餐服务取得的收入，包括：经烹饪、调制加工后出售的各种食品，如主食、炒菜、凉拌菜等的收入。

连锁总店（总部）　指负责连锁企业资源（商号、商誉、经营模式、服务标准、管理模式等等）的开发、配置、控制或使用等功能的企业核心管理机构。连锁经营是指经营同类商品或服务，使用统一商号的若干店铺，在同一总店（总部）的管理下，采取统一采购或特许经营等方式，实现规模效益的组织形式，包括直营连锁、特许连锁和自愿连锁三种形式。其中，直营连锁是指连锁店铺由连锁公司全资或控股开设，在总部的直接控制下，开展统一经营的连锁经营形式；特许连锁是指拥有注册商标、企业标志、专利、专有技术等经营资源的企业（特许人），以合同形式将其拥有的经营资源许可其他经营者（被特许人）使用，被特许人按合同约定在统一的经营模式下开展经营，并向特许人支付特许经营费用的连锁经营形式；自愿连锁是指若干个店铺或企业自愿组合起来，在不改变各自资产所有权关系的情况下，以同一个品牌形象面对消费者，以共同进货为纽带开展的连锁经营形式。

亿元以上商品交易市场 指年成交额在亿元及以上的商品交易市场。商品交易市场是指经有关部门和组织批准设立，有固定场所、设施，有经营管理部门和监管人员，若干市场经营者入内，常年或实际开业三个月以上，集中、公开、独立地进行生活消费品、生产资料等现货商品交易以及提供相关服务的交易场所，包括各类消费品市场、生产资料市场等。

货物进出口总额 指实际进出我国国境的货物总金额。包括对外贸易实际进出口货物，来料加工装配进出口货物，国家间、联合国及国际组织无偿援助物资和赠送品，华侨、港澳台同胞和外籍华人捐赠品，租赁期满归承租人所有的租赁货物，进料加工进出口货物，边境地方贸易及边境地区小额贸易进出口货物(边民互市贸易除外)，中外合资企业、中外合作经营企业、外商独资经营企业进出口货物和公用物品，到、离岸价格在规定限额以上的进出口货样和广告品(无商业价值、无使用价值和免费提供出口的除外)，从保税仓库提取在中国境内销售的进口货物，以及其他进出口货物。该指标可以观察一个国家在对外贸易方面的总规模。我国规定出口货物按离岸价格统计，进口货物按到岸价格统计。

外商直接投资 是指外国投资者在我国境内通过设立外商投资企业、合伙企业、与中方投资者共同进行石油资源的合作勘探开发以及设立外国公司分支机构等方式进行投资。外国投资者可以用现金、实物、无形资产、股权等投资，还可以用从外商投资企业获得的利润进行再投资。

入境游客 指报告期内来中国（大陆）观光、度假、探亲访友、就医疗养、购物、参加会议或从事经济、文化、体育、宗教活动的外国人、港澳台同胞等游客（即入境旅游人数）。统计时，入境游客按每入境一次统计1人次。入境旅游人数包括入境过夜游客和入境一日游游客。

出境人数 指中国（大陆）居民因公或因私出境前往其他国家、中国香港特别行政区、澳门特别行政区和台湾省观光、度假、探亲访友、就医疗养、购物、参加会议或从事经济、文化、体育、宗教活动的人数（即出境游客）。统计时，出境游客按每出境一次统计1人次。

国内游客 指在报告期内在中国（大陆）观光游览、度假、探亲访友、就医疗养、购物、参加会议或从事经济、文化、体育、宗教活动的中国（大陆）居民人数，其出游的目的不是通过所从事的活动谋取报酬。统计时，国内游客按每出游一次统计1人次。

国际旅游（外汇）收入 指入境游客在中国（大陆）境内旅行、游览过程中用于交通、参观游览、住宿、餐饮、购物、娱乐等全部花费。

国内旅游收入 指国内游客在国内旅行、游览过程中用于交通、参观游览、住宿、餐饮、购物、娱乐等全部花费。

13

规模以上服务业

SERVICE ENTERPRISES ABOVE DESIGNATED SIZE

资料整理：凯丽比努尔·拜克都拉　史　霁

13—1 按登记注册类型分的规模以上服务业主要经济指标

（2016年） 单位：万元

指 标	单位数（个）	资产总计	流动资产合计	固定资产原价	本年折旧	负债合计
总 计	**517**	**58217972**	**13072505**	**19113959**	**995289**	**26319330**
按登记注册类型分						
内资企业	510	57908208	13029184	18642190	958310	26102325
国有企业	45	3177501	1768467	1838473	43450	2039585
集体企业	11	261257	148439	19979	807	120428
股份合作						
联营						
国有联营						
集体联营						
国有与集体联营						
其他联营						
有限责任公司	196	50244760	9555421	15435158	828576	21131880
国有独资公司	30	22718938	3920063	4138885	278986	12569184
其他有限责任公司	166	27525821	5635359	11296273	549590	8562696
股份有限公司	17	974385	388049	595128	41503	438871
私营企业	239	3248947	1167661	752885	43931	2369210
私营独资企业						
私营有限责任公司	233	3083091	1059557	718674	41853	2284829
私营股份有限公司	6	165856	108104	34211	2078	84381
其他企业	2	1358	1146	568	45	2352
港、澳、台商投资企业	5	290784	36980	438404	36164	183965
合资经营企业	4	57701	23022	52538	3593	37222
合作经营						
港、澳、台商独资经营						
港、澳、台商投资股份有限公司						
其他港、澳、台商投资	1	233083	13958	385866	32571	146743
外商投资企业	2	18980	6341	33366	815	33040
中外合资经营企业	1	17883	5248	33331	810	33036
中外合作经营企业						
外资企业						
外商投资股份有限公司						
其他外商投资	1	1097	1093	35	5	4

13-1续表1　　（2016年）　　单位：万元

指　　标	所有者权益合　　计	营业收入	#主营业务收　　入	营业成本	#主营业务成　　本	营业税金及附加
总　计	**31898642**	**8178396**	**7975989**	**6095383**	**5957594**	**78536**
按登记注册类型分						
内资企业	31805883	8044761	7845439	5976502	5842718	78211
国有企业	1137916	1915607	1903474	1802095	1734506	20243
集体企业	140829	25050	24425	17918	17918	241
股份合作						
联营						
国有联营						
集体联营						
国有与集体联营						
其他联营						
有限责任公司	29112880	4760253	4678226	3352855	3300236	41592
国有独资公司	10149755	805514	781940	933719	923482	9192
其他有限责任公司	18963125	3954738	3896287	2419135	2376754	32400
股份有限公司	535514	335429	332746	183687	182402	1921
私营企业	879737	1006491	904637	618907	606615	14170
私营独资企业						
私营有限责任公司	798262	902112	801223	531458	519169	13519
私营股份有限公司	81475	104380	103414	87449	87446	651
其他企业	-994	1931	1931	1042	1042	44
港、澳、台商投资企业	106819	122289	119204	111578	107574	242
合资经营企业	20479	19070	18605	39909	39840	21
合作经营						
港、澳、台商独资经营						
港、澳、台商投资股份有限公司						
其他港、澳、台商投资	86340	103219	100599	71669	67734	221
外商投资企业	-14060	11346	11346	7302	7302	83
中外合资经营企业	-15153	4538	4538	753	753	83
中外合作经营企业						
外资企业						
外商投资股份有限公司						
其他外商投资	1093	6808	6808	6549	6549	

13-1续表2 （2016年） 单位：万元

指　　标	#主营业务税金及附加	销售费用	管理费用	#税金	财务费用	投资收益
总　计	**71931**	**319964**	**609173**	**19852**	**585322**	**252639**
按登记注册类型分						
内资企业	71692	301389	599078	19406	584308	252639
国有企业	19128	25601	100084	1257	12164	6102
集体企业	241	1632	2947	89	-264	265
股份合作						
联营						
国有联营						
集体联营						
国有与集体联营						
其他联营						
有限责任公司	38670	95365	292080	9673	506184	187744
国有独资公司	6625	43276	90650	5076	393479	65905
其他有限责任公司	32045	52089	201430	4597	112705	121839
股份有限公司	1909	30158	37801	927	1197	5505
私营企业	11701	148269	165471	7457	65026	53023
私营独资企业						
私营有限责任公司	11050	146175	158561	7214	62657	53023
私营股份有限公司	651	2094	6910	243	2368	
其他企业	44	364	695	3		
港、澳、台商投资企业	156	16963	7064	202	998	
合资经营企业	21	54	3719	61	992	
合作经营						
港、澳、台商独资经营						
港、澳、台商投资股份有限公司						
其他港、澳、台商投资	135	16909	3345	141	6	
外商投资企业	83	1612	3031	245	16	
中外合资经营企业	83	1612	2876	245	19	
中外合作经营企业						
外资企业						
外商投资股份有限公司						
其他外商投资			155		-3	

13-1续表3　　（2016年）　　单位：万元

指　　标	营业利润	利润总额	应　交所得税	应付职工薪　酬	应　交增值税	从业人员平均人数(人)
总　计	**680386**	**1408167**	**217983**	**1380044**	**293472**	**135772**
按登记注册类型分						
内资企业	696978	1396896	217534	1343747	289899	132202
国有企业	-41017	1796	21934	515083	69682	43613
集体企业	-3914	-3442	-1409	7795	709	1256
股份合作						
联营						
国有联营						
集体联营						
国有与集体联营						
其他联营						
有限责任公司	638196	1266775	181723	565037	185753	50242
国有独资公司	-602640	-116413	-15684	258494	-9011	20148
其他有限责任公司	1240836	1383188	197407	306543	194765	30094
股份有限公司	84507	85364	3852	61043	9105	5791
私营企业	19419	46617	11427	193684	24567	31019
私营独资企业						
私营有限责任公司	15590	40726	10477	187278	22394	30213
私营股份有限公司	3829	5891	950	6406	2173	806
其他企业	-213	-213	7	1106	83	281
港、澳、台商投资企业	-15893	11962	416	34185	3568	3239
合资经营企业	-25626	580	416	28474	-910	3078
合作经营						
港、澳、台商独资经营						
港、澳、台商投资股份有限公司						
其他港、澳、台商投资	9733	11382		5711	4478	161
外商投资企业	-699	-691	32	2112	5	331
中外合资经营企业	-804	-795		2049	5	326
中外合作经营企业						
外资企业						
外商投资股份有限公司						
其他外商投资	105	104	32	63		5

13—2　按规模分的规模以上服务业主要经济指标

（2016年）　　　　单位：万元

指　　标	总　　计	大型企业	中型企业	小型企业	微型企业
单位数(个)	517	29	101	322	65
资产总计	58217972	11021471	13420669	25793474	7982359
#流动资产合计	13072505	-50437	4933893	7657526	531522
固定资产原价	19113959	12304826	2827828	954669	3026636
本年折旧	995289	644785	158054	67391	125060
负债合计	26319330	3430934	8200371	13524163	1163861
所有者权益合计	31898642	7590536	5220298	12269311	6818498
营业收入	8178396	4171763	1216977	1940221	849435
#主营业务收入	7975989	4134940	1183165	1888480	769405
营业成本	6095383	3219983	953250	1549845	372304
#主营业务成本	5957594	3136039	922954	1530408	368194
营业税金及附加	78536	46192	10295	18520	3530
#主营业务税金及附加	71931	42934	9393	16130	3475
销售费用	319964	80610	98724	58765	81866
管理费用	609173	190132	182019	188684	48339
#税金	19852	4732	8711	6060	350
财务费用	585322	-5114	253686	430741	-93991
投资收益	252639	40004	181906	30836	-106
营业利润	680386	664287	-126945	-287211	430256
利润总额	1408167	841817	-6714	140600	432463
应交所得税	217983	112354	15208	22696	67724
应付职工薪酬	1380044	736533	341286	267123	35102
应交增值税	293472	232171	30938	26624	3649
从业人员平均人数(人)	135772	60706	33361	35424	2902

13—3 按行业分的规模以上服务业主要经济指标

（2016年） 单位：万元

指 标	单位数（个）	资产总计	流动资产合计	固定资产原价	本年折旧	负债合计
总 计	**517**	**58217972**	**13072505**	**19113959**	**995289**	**26319330**
按国民经济行业大类分						
铁路运输业	5	965534	182248	762168	13337	365445
道路运输业	31	2116022	1193593	1803096	63957	845998
水上运输业						
航空运输业	4	1278277	241376	1100723	44649	310655
管道运输业	3	13736582	232947	10142216	505971	790287
装卸搬运和运输代理业	34	202663	152368	61018	4579	115423
仓储业	7	273077	192448	84904	5178	209118
邮政业	6	217191	172802	54200	3047	191321
电信、广播电视和卫星传输服务	11	623401	-1740743	3637487	279555	2112062
互联网和相关服务	3	11392	8066	1846	170	3489
软件和信息技术服务业	39	266442	221255	27292	2619	122824
物业管理	71	480790	290547	98409	4676	381254
房地产中介服务	1	509	470	158	3	161
自有房地产经营活动	3	172106	34777	89342	4260	131228
其他房地产业	1	8668	2106	401	51	5859
租赁业	7	1812881	446314	35101	4547	1198654
商务服务业	117	33273761	10151602	832904	32522	17746342
研究和试验发展	2	9369	9140	306	44	1721
专业技术服务业	99	1810241	830181	177033	12866	1239926
科技推广和应用服务业	4	14398	13985	2642	216	6368
水利管理业	2	570583	236461	56970	2088	315574
生态保护和环境治理业	1	6881	1862	10647	548	4281
公共设施管理业	11	103303	58906	33069	2692	61338
居民服务业	6	7528	5903	2261	120	9804
机动车、电子产品和日用产品修理业	5	14982	5814	7802	452	13265
其他服务业	5	20960	19142	2645	101	9652
教育	2	2346	1038	3184	1549	2183
卫生	19	60891	26158	47082	4015	44613
社会工作						
新闻和出版业	7	120753	60312	24972	786	40058
广播、电视、电影和影视录音制作业	9	32125	19060	13502	656	18409
文化艺术业						
体育	1	3734	2030	330	30	21402
娱乐业	1	583	338	252	8	616

13-3续表1 （2016年） 单位：万元

指　　标	所有者权益合计	营业收入	#主营业务收　入	营业成本	#主营业务成　本	营业税金及附加
总　计	**31898642**	**8178396**	**7975989**	**6095383**	**5957594**	**78536**
按国民经济行业大类分						
铁路运输业	600090	132224	131414	145652	145445	1132
道路运输业	1270025	1856301	1778761	1783014	1717722	17136
水上运输业						
航空运输业	967622	249482	240947	242088	238309	3268
管道运输业	12946295	2116805	2116805	926451	926451	21003
装卸搬运和运输代理业	87240	290894	282040	263121	255218	626
仓储业	63959	218866	217609	208245	208032	189
邮政业	25870	157074	156332	150464	136622	909
电信、广播电视和卫星传输服务	-1488662	662846	653436	721503	712238	4262
互联网和相关服务	7903	8117	8117	5897	5897	73
软件和信息技术服务业	143619	215858	214618	162396	159771	1672
物业管理	99536	204110	194467	125872	122625	5019
房地产中介服务	348	1026	1026			18
自有房地产经营活动	40878	18548	17878	3972	3972	734
其他房地产业	2808	2312	2269	1413	1413	55
租赁业	614228	186214	169883	63042	52522	1364
商务服务业	15527419	864950	825308	553215	544678	14447
研究和试验发展	7648	5922	5922	2494	2494	37
专业技术服务业	570315	684706	680706	516740	515783	4093
科技推广和应用服务业	8030	17429	17429	13714	13714	124
水利管理业	255009	22832	7420	14538	7809	261
生态保护和环境治理业	2600	2125	2058	158	156	16
公共设施管理业	41965	78489	78252	61898	61742	958
居民服务业	-2276	5630	5495	2444	2333	122
机动车、电子产品和日用产品修理业	1717	3964	3270	2916	2797	107
其他服务业	11308	11524	11522	9170	9170	145
教育	163	2793	2764	1055	1033	41
卫生	16279	78247	77528	53900	53212	31
社会工作						
新闻和出版业	80695	55774	51834	48420	45268	249
广播、电视、电影和影视录音制作业	13717	17249	15081	11194	10772	385
文化艺术业						
体育	-17668	5564	5278	62	62	61
娱乐业	-33	523	523	336	336	1

13-3续表2　　　　（2016年）　　　　单位:万元

指　　标	#主营业务税金及附加	销售费用	管理费用	#税金	财务费用	投资收益
总　计	**71931**	**319964**	**609173**	**19852**	**585322**	**252639**
按国民经济行业大类分						
铁路运输业	1132		4157	177	8510	1266
道路运输业	16010	90143	60523	744	-4146	853
水上运输业						
航空运输业	3268	3641	22691	3574	222	2756
管道运输业	21003	154	70468	15	-103870	
装卸搬运和运输代理业	612	9674	10451	489	2896	74
仓储业	189	4163	8138	366	6360	-261
邮政业	906	1675	17144	289	1322	-3
电信、广播电视和卫星传输服务	1658	91420	63996	1174	5308	1987
互联网和相关服务	73	655	511	3	58	
软件和信息技术服务业	1669	8394	23665	117	155	-193
物业管理	4856	10093	32081	1700	3967	291
房地产中介服务	18	103	861	0	0	
自有房地产经营活动	734	1606	6325	717	3439	605
其他房地产业	55		1002	1	0	
租赁业	1282	15193	8265	127	568	34864
商务服务业	12032	35004	129889	8481	639865	163072
研究和试验发展	37		798	3	-34	
专业技术服务业	4024	18185	97846	1156	17172	33509
科技推广和应用服务业	124	608	2757	11	50	
水利管理业	154		2412	245	2177	7713
生态保护和环境治理业	16	398	2218		0	
公共设施管理业	958	2791	5154	101	434	555
居民服务业	122	1774	1772	28	104	
机动车、电子产品和日用产品修理业	104	378	1356	78	356	83
其他服务业	145	569	1578	25	-24	
教育	41	80	1257	11	12	
卫生	31	5152	16274	72	364	-17
社会工作						
新闻和出版业	249	5922	10879	41	-141	5481
广播、电视、电影和影视录音制作业	370	1720	3708	64	192	
文化艺术业						
体育	59	10429	723	43	6	6
娱乐业	1	43	275		2	

13-3续表3　　（2016年）　　单位：万元

指　　标	营业利润	利润总额	应　交 所得税	应付职工 薪酬	应　交 增值税	从业人员平 均人数(人)
总　计	**698806**	**1408167**	**217983**	**1380044**	**319337**	**135772**
按国民经济行业大类分						
铁路运输业	-26473	-26362	50	5860	15584	444
道路运输业	-88764	38320	20067	491557	71006	47233
水上运输业						
航空运输业	-20435	-3570	1751	104642	5125	5709
管道运输业	1202599	1280794	162378	73621	135208	3265
装卸搬运和运输代理业	3922	5976	1770	17969	3775	2444
仓储业	-8459	642	465	5155	677	442
邮政业	-14428	-13355	78	34598	1517	3940
电信、广播电视和卫星传输服务	-226231	-226667	-24007	99168	9472	5969
互联网和相关服务	809	1063	129	1503	301	296
软件和信息技术服务业	18060	20716	3838	26289	5519	3107
物业管理	27151	33513	6286	72881	7332	13853
房地产中介服务	44	44		641	38	77
自有房地产经营活动	1651	1697	297	1467	246	228
其他房地产业	-156	-157		139	51	34
租赁业	114165	125138	15702	6061	21383	979
商务服务业	-359864	83002	10854	204562	13189	24578
研究和试验发展	2543	2562	389	1646	135	126
专业技术服务业	62810	63131	11767	159686	24163	13633
科技推广和应用服务业	175	225	60	1568	161	268
水利管理业	11157	11358	2779	4263	1015	303
生态保护和环境治理业	-666	-690		908	54	190
公共设施管理业	7792	8142	1147	9226	1071	1706
居民服务业	-585	-494	46	2460	42	537
机动车、电子产品和日用产品修理业	-1065	-1066	2	1336	144	208
其他服务业	88	86	12	2923	210	523
教育	350	-516	7	826	57	156
卫生	2483	2498	503	20879	162	2927
社会工作						
新闻和出版业	-4074	7175	1349	16835	1063	2054
广播、电视、电影和影视录音制作业	47	595	265	2307	471	410
文化艺术业						
体育	-5708	-5498		8949	168	106
娱乐业	-134	-133		119		27

13—4 按隶属关系分的规模以上服务业主要经济指标

（2016年）

单位：万元

指　　标	单位数(个)	资产总计	流动资产合计	固定资产原价	本年折旧	负债合计
总　计	**517**	**58217972**	**13072505**	**19113959**	**995289**	**26319330**
按隶属关系分						
中央	36	17406715	1806546	13387841	604913	3155181
省(自治区、直辖市)	64	10942867	2674668	1499770	70262	5070494
地(区、市、州、盟)	47	13540196	3919541	670306	51169	7265218
县(区、市、旗)	25	5468108	2449038	64074	6032	2856428
街道	1	4038	3550	604	45	2853
镇						
乡						
居委会(社区)	1	1924	1891	121	7	1560
村委会						
其他	343	10854125	2217272	3491242	262862	7967596

指　　标	所有者权益合计	营业收入	#主营业务收入	营业成本	#主营业务成本	营业税金及附加
总　计	**31898642**	**8178396**	**7975989**	**6095383**	**5957594**	**78536**
按隶属关系分						
中央	14251534	4082987	4074736	2902213	2838149	41108
省(自治区、直辖市)	5872372	785749	745716	705653	688681	6903
地(区、市、州、盟)	6274978	642140	635868	489902	486830	3467
县(区、市、旗)	2611680	336389	324335	211033	203617	3914
街道	1185	4438	4438	3344	3344	34
镇						
乡						
居委会(社区)	364	4279	4279	3564	3564	7
村委会						
其他	2886529	2322414	2186616	1779675	1733408	23102

13-4续表　　（2016年）　　单位：万元

指　　标	#主营业务税金及附加	销售费用	管理费用	#税金	财务费用	投资收益
总　计	**71931**	**319964**	**609173**	**19852**	**585322**	**252639**
按隶属关系分						
中央	39956	16970	146630	1177	-91601	-52866
省（自治区、直辖市）	6787	14751	117620	5771	57826	86136
地（区、市、州、盟）	3452	39010	51600	1694	333962	8573
县（区、市、旗）	3855	4326	17602	149	38705	16949
街道	34		596	6	-1	
镇						
乡						
居委会（社区）	7	448	198	1	57	
村委会						
其他	17840	244460	274927	11055	246373	193848

指　　标	营业利润	利润总额	应交所得税	应付职工薪　酬	应交增值税	从业人员平均人数（人）
总　计	**680386**	**1408167**	**217983**	**1380044**	**293472**	**135772**
按隶属关系分						
中央	1013431	1113435	183089	572165	212156	43752
省（自治区、直辖市）	-33199	72316	11988	297707	23016	23601
地（区、市、州、盟）	-269074	136493	6871	116301	13057	12837
县（区、市、旗）	75221	118852	4558	26424	3284	3473
街道	464	461	84	776	169	95
镇						
乡						
居委会（社区）	6	4	1	100	-6	14
村委会						
其他	-106462	-33395	11392	366571	41796	52000

主要统计指标解释

EXPLANATORY NOTES ON MAIN STATISTICAL INDICATORS

服务业 指生产和销售产品的生产部门和企业的集合。在国民经济核算中，将服务业视同为第三产业，即除农业、工业、建筑业以外的其它所有产业部门。

国家统计局规模以上服务业统计标准 辖区内年营业收入1000万元及以上，或年末从业人员50人及以上服务业法人单位。包括：交通运输、仓储和邮政业，信息传输、软件和信息技术服务业，租赁和商务服务业，科学研究和技术服务业，水利、环境和公共设施管理业，教育，卫生和社会工作；以及物业管理、房地产中介服务、自有房地产经营活动、其他房地产业等行业。辖区内年营业收入500万元及以上，或年末从业人员50人及以上服务业法人单位。包括：居民服务、修理和其他服务业，文化、体育和娱乐业。

从事服务业活动从业人员平均数 指报告期（年度、月度）平均拥有的从事服务业活动的人数。按“谁用工，谁统计”的原则实时统计，'包括参加企业服务业活动的正式人员，劳务派遣人员和临时聘用人员。不包括在本企业领取工资、股息、红利会参加服务业活动的人员。

教育、文化及科技

EDUCATION CULTURE AND SCIENCE&TECHNOLOGY

资料整理：徐晓军　高怡心　潘世锦　刘艳梅

14—1　乌鲁木齐市教育事业基本情况

年　份	学校数（个）	#普通高等学校	中等学校	小　学	在校学生数（人）	#普通高等学校
1949	32	1	10	21	9608	379
1950	31	1	7	23	12558	336
1951	31	1	7	23	13263	499
1952	36	3	7	26	16943	1582
"一五"时期						
1953	41	3	10	28	19073	1714
1954	44	3	11	30	21931	1921
1955	50	4	15	31	26772	2125
1956	60	5	18	37	35121	3445
1957	110	5	21	84	49160	3909
"二五"时期						
1958	138	8	41	89	56568	4564
1959	148	8	44	96	72034	4954
1960	182	9	39	133	81207	5126
1961	203	9	37	156	79025	5300
1962	207	8	36	162	78688	5128
三年调整期						
1963	206	5	37	163	85483	4755
1964	227	4	43	179	99669	4781
1965	345	5	57	282	120730	5360
"三五"时期						
1966	205	4	44	156	91911	5297
1967	205	4	44	156	80420	4900
1968	205	4	44	156	67740	2770
1969	208	4	43	160	85961	1774
1970	334	4	43	286	97883	331
"四五"时期						
1971	362	4	43	314	109860	
1972	336	5	46	284	118591	1341
1973	457	5	95	356	192134	2598
1974	474	5	106	362	209749	3516
1975	524	5	169	349	229620	4112
"五五"时期						
1976	520	4	166	349	248591	4292
1977	647	4	205	437	276932	5019
1978	584	5	204	374	286493	6579
1979	511	5	187	318	280299	7425
1980	597	6	208	382	296928	9453
"六五"时期						
1981	596	6	211	378	284323	10985
1982	462	6	203	252	270165	10814

14-1续表1

年　　份	学校数(个)	#普通高等学校	中等学校	小　学	在校学生数(人)	#普通高等学校
1983	440	7	210	222	255064	11015
1984	440	7	216	216	252459	13288
1985	591	9	248	333	306452	16663
“七五”时期						
1986	581	10	245	325	301856	20004
1987	597	10	257	329	289828	19705
1988	578	10	263	304	278201	19590
1989	551	11	258	281	263541	20217
1990	534	11	260	262	256550	19722
“八五”时期						
1991	529	11	262	255	248100	19920
1992	530	11	264	254	246158	21562
1993	526	11	268	246	254560	25251
1994	509	11	253	244	258670	27321
1995	487	11	250	225	277741	28136
“九五”时期						
1996	558	11	252	293	309861	27888
1997	527	11	242	272	316551	28817
1998	550	10	266	272	340408	28983
1999	539	10	245	282	361756	34202
2000	735	10	258	284	429227	45029
“十五”时期						
2001	655	9	230	247	427098	58249
2002	628	11	202	234	438416	75663
2003	617	13	193	225	459401	86107
2004	660	13	200	224	491891	88705
2005	676	13	207	218	513958	94932
“十一五”时期						
2006	648	13	200	196	534735	99119
2007	674	17	210	175	629209	112218
2008	675	18	206	154	655447	124949
2009	623	18	199	144	625816	130264
2010	630	17	192	143	632647	127139
“十二五”时期						
2011	641	17	191	145	650323	131222
2012	667	18	196	147	659862	135954
2013	670	20	192	142	662381	146066
2014	682	25	196	133	677466	172388
2015	719	25	191	132	698019	180484
“十三五”时期						
2016	752	25	191	132	710886	173847

14-1续表2

年　份	在校学生数		每一教师负担学生数(人)			
	中等学校	小　学		#普通高等学校	中等学校	小　学
1949	1164	8065	16.65	10.53	7.14	21.34
1950	1328	10894	21.92	25.85	9.35	26.06
1951	1526	11238	20.22	18.48	10.67	23.12
1952	2174	13187	18.72	7.75	11.04	26.16
“一五”时期						
1953	3424	13935	21.05	7.36	14.15	32.33
1954	4434	15576	19.69	5.86	15.56	31.09
1955	7203	17444	19.04	4.48	19.31	31.21
1956	10792	20884	15.91	4.14	17.05	28.18
1957	15724	29527	16.79	4.14	15.82	29.86
“二五”时期						
1958	17852	34152	17.15	4.89	13.97	31.42
1959	22552	44528	17.69	4.47	13.81	33.45
1960	19682	56375	16.52	3.44	14.02	27.95
1961	18272	55415	15.42	3.48	12.3	26.26
1962	15907	57613	16.60	4.54	12.58	24.6
三年调整期						
1963	17239	63414	17.20	4.44	12.71	24.92
1964	20033	74772	17.90	4.49	13.07	25.18
1965	25418	89858	19.77	4.93	14.92	27.16
“三五”时期						
1966	16082	70532	18.75	4.70	11.65	29.47
1967	8916	66604	16.45	4.35	6.51	27.83
1968		64970	13.83	2.46		27.15
1969	23115	61072	17.64	1.58	17.00	25.52
1970	20748	76804	15.77	0.30	12.42	22.48
“四五”时期						
1971	21897	87963	16.62		11.43	24.61
1972	26600	90650	17.49	1.15	13.17	25.22
1973	52070	137466	20.8	2.07	17.06	28.00
1974	62410	143823	19.64	2.66	17.18	25.21
1975	81847	143661	19.81	3.06	18.03	25.27
“五五”时期						
1976	97342	146957	20.28	3.01	19.02	25.82
1977	110858	161055	18.64	3.26	17.20	23.54
1978	114517	165127	18.74	3.90	17.18	23.91
1979	111766	160842	17.59	4.15	15.97	22.61
1980	114025	173147	18.23	4.67	15.31	25.55
“六五”时期						
1981	108442	164571	15.76	4.95	13.49	21.25
1982	110547	148432	14.35	4.04	13.36	18.94

14-1续表3

年　　份	在校学生数		每一教师负担学生数(人)			
	中等学校	小　学		#普通高等学校	中等学校	小　学
1983	109634	134010	13.70	3.41	13.13	19.16
1984	114349	124410	14.03	3.95	13.92	19.48
1985	141737	147671	13.89	4.36	13.65	18.84
“七五”时期						
1986	148594	132868	13.49	4.64	14.06	17.79
1987	150319	119387	12.10	4.14	12.81	16.11
1988	146194	112030	11.57	4.14	12.43	14.91
1989	136713	106255	11.06	4.27	11.40	15.10
1990	132418	104098	10.77	4.09	11.20	14.66
“八五”时期						
1991	121544	106327	10.58	3.96	10.85	14.86
1992	118293	106043	10.39	4.33	10.24	14.95
1993	118366	110652	10.93	5.16	10.56	15.50
1994	115180	115767	11.30	5.27	11.04	16.03
1995	121220	128112	12.01	5.30	11.77	17.16
“九五”时期						
1996	136109	145662	12.13	5.10	11.53	17.74
1997	139454	148010	12.48	5.27	12.17	17.69
1998	144804	166330	13.11	5.55	12.29	18.68
1999	164533	162783	13.32	7.00	12.90	17.30
2000	171338	169051	15.03	9.00	14.89	17.25
“十五”时期						
2001	167607	165258	14.93	10.74	14.47	17.26
2002	158681	169093	15.24	12.63	14.67	17.12
2003	167562	171245	15.14	13.13	14.36	17.26
2004	182944	181663	15.65	13.24	15.08	17.92
2005	190560	189680	16.17	14.41	15.92	17.87
“十一五”时期						
2006	198291	196471	16.15	14.06	15.55	18.58
2007	254853	197916	16.68	13.07	17.50	18.79
2008	263384	197556	17.02	13.81	17.88	18.93
2009	256600	192785	16.49	14.11	16.96	18.34
2010	257379	193869	17.07	14.43	17.59	18.69
“十二五”时期						
2011	259491	197244	17.35	14.01	17.78	19.42
2012	257118	200248	17.00	14.18	17.24	18.59
2013	251522	198708	16.99	14.13	17.00	18.80
2014	238733	202295	16.45	15.15	16.11	18.31
2015	230199	211467	16.64	15.88	15.43	18.66
“十三五”时期						
2016	230203	221390	16.57	15.14	15.41	19.08

说明：1996年以后数据含原米泉市。

14—2　各级各类学校基本情况

（2016年）

单位：所、人

指　　标	学校数	毕业生数	#民族	招生数	#民族
合　计	**752**	**166336**	**57452**	**206339**	**83934**
普通高等学校	25	37133	16124	51646	26537
普通中等职业学校	38	15846	8458	26122	13942
普通中学	153	56080	15268	55716	17931
高中	58	21866	4991	21930	5515
#双语	17	2451		2667	
#十二年一贯制	24	6202	864	5826	1051
初中	95	34214	10277	33786	12416
#双语	35	3599		5275	
#十二年一贯制		3559	809	3461	816
小学	132	30857	10358	39823	16089
#双语	48	4837		8929	
#十二年一贯制		2732	570	2294	672
盲聋哑学校	4	122	35	60	19
幼儿园	400	26298	7209	32972	9416
#双语					

指　　标	在校学生数	#民族	教职工人数	专任教师数	#民族
合　计	**710886**	**278481**	**58817**	**42893**	**12324**
普通高等学校	173847	89944	17796	11485	3690
普通中等职业学校	63006	33629	3604	2484	1101
普通中学	167197	51320	18864	12455	2688
高中	66804	16084	9258	4843	970
#双语	7553			614	
#十二年一贯制	18642	3011	3613	1320	202
初中	100393	35236	9606	7612	1718
#双语	13775			975	
#十二年一贯制	10115	2459		847	173
小学	221390	83145	8119	11603	3764
#双语	45148			2108	
#十二年一贯制	15678	3846		938	222
盲聋哑学校	425	129	187	147	28
幼儿园	85021	20314	10247	4719	1053
#双语	4135			168	

14—3 普通高等学校一览表

（2016年）

单位：人

学校名称	毕业生数	#民族	招生数	#民族	在校生数	#民族
合 计	**37133**	**16124**	**51646**	**26537**	**173847**	**89944**
新疆大学	3292	1350	4943	2497	20518	10807
新疆工程学院	429	91	2231	1175	7027	3584
新疆农业大学	3079	1316	3884	1912	15225	7871
新疆医科大学	1543	741	1917	1016	9008	4990
新疆师范大学	2579	1366	3442	1801	13627	7124
新疆财经大学	2551	1070	2743	1541	11147	6410
新疆艺术学院	738	296	1111	546	4057	2002
乌鲁木齐职业大学	3218	1236	4059	2132	12190	6511
新疆机电职业技术学院	155	151				
新疆轻工职业技术学院	3148	1133	4139	1948	11238	5048
新疆警察学院	1184	633	530	296	1827	1076
新疆建设职业技术学院	1274	361	1689	839	4451	1868
新疆能源职业技术学院	471	144	647	371	1846	777
新疆现代职业技术学院	1145	921	1387	1102	4388	3484
新疆天山职业技术学院	1226	546	1966	959	4872	2028
新疆师范高等专科学校	1574	842	2476	1602	6519	4106
新疆职业大学	2867	1267	3412	1580	10113	4900
新疆交通职业技术学院	2165	1054	3325	1580	8698	4591
新疆铁道职业技术学院	431	121	1020	496	2692	1260
新疆体育职业技术学院	116	89	90	69	383	328
新疆生产建设兵团兴新职业技术学院			920	130	2164	221
新疆大学科学技术学院	817	211	1596	747	6018	2836
新疆农业大学科学技术学院	1322	498	1623	909	5945	3224
新疆医科大学厚博学院	617	292	790	380	3696	1704
新疆财经大学商务学院	1192	395	1706	909	6198	3194

14-3续表　　（2016年）　　单位：人

学校名称	教职工	#民族	专任教师	#民族
合　计	**17796**	**5547**	**11485**	**3690**
新疆大学	3102	1176	1874	735
新疆工程学院	866	201	591	119
新疆农业大学	1542	424	987	304
新疆医科大学	1402	441	792	281
新疆师范大学	1854	613	1119	375
新疆财经大学	1301	440	810	292
新疆艺术学院	453	200	267	121
乌鲁木齐职业大学	712	202	466	139
新疆机电职业技术学院				
新疆轻工职业技术学院	799	225	570	153
新疆警察学院	611	208	342	134
新疆建设职业技术学院	415	114	274	103
新疆能源职业技术学院	145	36	103	22
新疆现代职业技术学院	251	101	180	73
新疆天山职业技术学院	433	41	364	29
新疆师范高等专科学校	818	343	534	242
新疆职业大学	564	219	368	161
新疆交通职业技术学院	494	170	366	128
新疆铁道职业技术学院	305	40	187	25
新疆体育职业技术学院	141	70	94	47
新疆生产建设兵团兴新职业技术学院	272	16	198	9
新疆大学科学技术学院	488	122	405	96
新疆农业大学科学技术学院	226	48	170	41
新疆医科大学厚博学院	143	28	89	10
新疆财经大学商务学院	459	69	335	51

14—4 中等职业学校一览表

（2016年）　　单位：人

学校名称	毕业生数	招生数	在校学生数	#民族	专任教师	#民族	聘请教师
合　计	**15846**	**26122**	**63006**	**33629**	**2484**	**1101**	**2130**
新疆科信中等职业技术学校	28						
新疆安装工程学校	22	41	74	24	35	3	16
新疆电力学校					98	33	
新疆商贸经济学校	141	349	913	779	41	21	7
新疆地质矿产勘查开发局职业中等专业学校	62	41	120	6	54	4	
新疆文化艺术学校	112	239	494	483	42	36	6
新疆特殊教育职业中专学校	41	139	313	226	63	20	19
新疆司法警官学校	347	240	585	173	144	63	
新疆钢铁学校	308	498	846	506			
新疆信息工程学校	42	74	171	171	37	6	
新疆广播影视学校	124	277	614	588	42	26	26
新疆化学工业学校	663						
新疆水利水电学校	732	1045	2352	1638	129	64	
新疆矿业中等职业学校	85	334	593	512	64	24	32
新疆对外贸易学校	19						
新疆中华会计函授学校	46	24	51	11	25	5	
新疆艺术学校（新疆艺术学院附中）	411	802	1796	1481	127	88	58
新疆民俗艺术学校	68	154	360	360	10	10	14
新疆工业经济学校（新疆经济贸易技术学校）	1283	1769	3822	2539	141	71	
新疆农业广播电视学校		4648	10455	8775	430	293	1265
新疆林业学校	215	581	895	812	109	64	1
新疆供销学校	1342	2639	3916	3407	175	104	
建工师职业技术学校	292	217	611	61	82	3	
第十二师职业技术学校	102	113	266	57	36	1	
兵团竞技体育运动学校	36	60	149	25	10		19
兵团工贸学校	623	333	1514	235	90	5	
兵团民族师范大学	80	409	671	592	71	65	
兵团农业广播电视学校		2288	6552	667	70	20	566

14-4续表　（2016年）　单位：人

学校名称	毕业生数	招生数	在校学生数	#民族	专任教师	#民族	聘请教师
新疆生产建设兵团广播电视大学	214	404	678	217			
新疆工程学院							
乌鲁木齐职业大学	721	865	2455	952			
新疆轻工职业技术学院	1842	934	2910	1215			
新疆能源职业技术学院	4	33	65	45			
新疆警察学院	421		797	433			
新疆建设职业技术学院	813	585	1387	545			
新疆现代职业技术学院	60	166	864	852			
新疆天山职业技术学院	887	1508	3489	610			
新疆交通职业技术学院	343	407	1255	1059			
新疆职业大学	1	25	181	100			
新疆体育职业技术学院	324	333	964	736			
新疆师范高等专科学校	476	373	1445	1132			
新疆铁道职业技术学院	1153	741	2176	402			
新疆维吾尔自治区广播电视大学							
乌鲁木齐市盲人学校（乌鲁木齐市推拿职业学校）	38	55	161	63			
乌鲁木齐市金剑桥学校	70	38	69	6			
乌鲁木齐市聋人学校	32	24	101	27			
乌鲁木齐米东区职业中等专业学校	282	346	882	351	59	17	19
乌鲁木齐市体育运动学校	115		279	86	72	15	
乌鲁木齐市职业中等专业学校	524	884	2290	188	112	23	
乌鲁木齐市财政会计职业学校	174	621	1277	224	40	2	19
乌鲁木齐市第二职业中专学校	113	466	1148	258	76	15	63
乌鲁木齐市西部未名实验学校	15						

14—5 成人教育基本情况

（2016年） 单位：所、人

学校名称	学校数	毕业生数	#民族	招生数	#民族	在校生数	#民族
合 计	**19**	**17899**	**5664**	**17319**	**7445**	**44968**	**17600**
普通高校	**17**	**16142**	**5457**	**16346**	**7233**	**42353**	**17050**
大学	**5**	**12107**	**4355**	**13236**	**6051**	**36769**	**14493**
新疆大学	1	3025	671	3965	1785	9237	2747
新疆农业大学	1	1534	686	1512	797	3506	980
新疆师范大学	1	2953	1608	2525	1267	5589	2554
新疆医科大学	1	2009	822	2943	1841	11557	6814
新疆财经大学	1	2586	568	2291	361	6880	1398
学院	**3**	**845**	**202**	**898**	**261**	**2282**	**812**
新疆工程学院	1	502	78	526	86	1269	190
新疆艺术学院	1	130	95	238	155	770	583
新疆生产建设兵团教育学院	1	213	29	134	20	243	39
高等专科学校	**1**	**988**	**789**	**992**	**851**	**1832**	**1541**
新疆师范高等专科学校	1	988	789	992	851	1832	1541
高等职业学校	**8**	**2202**	**111**	**1220**	**70**	**1470**	**204**
新疆建设职业技术学院	1	71	1	44	2	245	10
新疆职业大学	1	113	15	54	12	136	45
乌鲁木齐职业大学	1	246	42	226	41	438	89
新疆天山职业技术学院	1	371	35	20	1	34	3
新疆现代职业技术学院	1	27				32	14
新疆轻工职业技术学院	1	137	13	103	9	358	24
新疆交通职业技术学院	1	16	3	24	1	58	12
新疆工业职业技术学院	1	1221	2	749	4	169	7
广播电视大学	**2**	**1757**	**207**	**973**	**212**	**2615**	**550**
新疆生产建设兵团广播电视大学	1	1221	117	749	148	1916	361
新疆维吾尔自治区广播电视大学	1	536	90	224	64	699	189

14—6　研究生培养情况

（2016年）　　单位：人

学校名称	在校生数	博士	硕士	招生数	博士	硕士	毕业生数	博士	硕士
合　计	**14572**	**933**	**13639**	**4992**	**231**	**4761**	**4107**	**141**	**3966**
新疆大学	5196	418	4778	1801	98	1703	1294	54	1240
新疆农业大学	1976	209	1767	696	49	647	569	29	540
新疆医科大学	3106	247	2859	1081	59	1022	981	58	923
新疆师范大学	2220	44	2176	708	18	690	711		711
新疆财经大学	1858	15	1843	611	7	604	552		552
新疆艺术学院	216		216	95		95			

14—7　学龄儿童入学和小学、初中毕业生情况

指　　标	1995年	2005年	2010年	2011年	2012年	2013年	2014年	2015年	2016年
学龄儿童入学情况									
学龄儿童数(人)	113415	154155	168263	168928	173197	168979	173213	184046	197485
已入学学龄儿童数(人)	11815	153473	168264	168868	173197	168979	173213	184046	197485
学龄儿童入学率(%)	99.00	99.56	100.00	99.96	100.00	100.00	100.00	100.00	100.00
小学毕业生升学情况									
小学毕业生数(人)	18483	26674	32729	32311	33281	33112	31745	30388	30857
初级中学学校招生数(人)	18055	27042	35276	34940	36092	35399	34268	33189	33786
小学毕业生升学率(%)	98.00	99.44	99.98	100.00	100.00	100.00	100.00	100.00	100.00
初中毕业生升学情况									
初中毕业生数(人)	13448	27025	31571	32735	32511	33553	32882	34163	34214
高中学校招生数(人)	6281	20438	21559	22632	22435	22486	23029	23397	21930
初中毕业生升学率(%)	93.00	75.63	68.29	69.14	69.00	67.02	70.04	68.49	64.10

14—8 文化事业机构及从业人员数

（2016年） 单位：个、人

指　　标	机构数	从业人员数
图书馆业	7	132
文化馆和文化站	109	374
文化馆	10	175
文化站	99	199
文化市场经营机构	764	6135
非国有艺术表演团体	19	229
娱乐场所	188	4128
歌舞娱乐场所	178	3704
演艺娱乐场所	10	424
互联网上网服务营业场所(网吧)	539	1605
动漫企业	18	173
文化艺术科研机构		
文化产业示范(试验)园区和产业示范基地	86	
#国家级	5	
省级	56	

14—9 文化馆、文化站基本情况

（2016年）

指　　标	总计	文化馆	文化站	乡镇	街道
机构数(个)	109	10	99	22	77
全部从业人员(人)	374	175	199	61	138
举办展览个数(个)	320	68	252	53	199
组织文艺活动次数(次)	3795	788	3007	270	2737
举办训练班次(班次)	967	233	734	137	597
培训人次(人次)	50236	25712	24524	6720	17804
藏书(册)	502266	69148	433118	137900	295218
固定资产原值(万元)	51787	47896	3891	488	3403
公用房屋建筑面积(平方米)	64153	18400	45753	14130	31623

注：文化事业资料取自自治区文化厅、市文化局，不含兵团。

14—10　公共图书馆基本情况

指　　标	1995年	2000年	2005年	2010年	2011年
公共图书馆数(个)	2	2	3	4	4
从业人员人数(人)	100	107	98	108	114
总藏量(千册、件)	1026	1160	1307	2197	2758
#古籍	81	81	81	82	82
图书(千册)	675	716	891	1509	1356
报刊(千册)	269	360	407	595	600
有效借书证(千个)	2	8	24	96	79
总流通人次(千人次)	53	234	198	575	866
#书刊外借人次	34	150	72	316	406
书刊外借册次(千册次)	66	293	149	647	579
为读者服务举办各种活动次数(次)	2	42	48	97	189
本年新购藏量(千册、件)	10	5	42	150	620
固定资产原值(万元)	717	629	5402	1251	9251
指　　标	2012年	2013年	2014年	2015年	2016年
公共图书馆数(个)	6	7	7	7	7
从业人员人数(人)	137	134	131	124	132
总藏量(千册、件)	3111	3131	2518	2124	3008
#古籍	82	83	83	111	113
图书(千册)	1541	1629	1815	1762	2517
报刊(千册)	631	654	618	93	225
有效借书证(千个)	123	41	44	38	41
总流通人次(千人次)	2010	873	862	482	557
#书刊外借人次	423	368	116	245	260
书刊外借册次(千册次)	902	516	496	475	536
为读者服务举办各种活动次数(次)	245	148	172	150	155
本年新购藏量(千册、件)	102	90	95	102	90
固定资产原值(万元)	8867	9610	9903	11461	12106

14—11 文化市场管理机构基本情况

单位：个、人

指　　标	2000	2005年	2010年	2012年	2013年	2014年	2015年	2016年
一、文化市场管理机构数	**11**	**11**	**10**	**10**	**10**	**10**	**10**	**10**
管理机构从业人员	92	99	114	116	128	362	144	144
二、文化市场管理机构登记单位								
文艺表演团体				9	8	13	16	19
歌舞娱乐场所				134	163	162	148	178
游艺娱乐场所				40	32	126	29	31
网吧	335	559	545	512	477	504	504	539

14—12 宗　教　情　况

指　　标	1997年	2000年	2005年	2010年	2013年	2014年	2015年	2016年
宗教活动场所(座)	**361**	**364**	**371**	**462**	**462**	**462**	**462**	**447**
伊斯兰教清真寺	334	342	348	434	434	434	434	419
汉传佛教寺院	2	2	2	3	3	3	3	3
道教宫观	1	1	1	1	1	1	1	1
天主教教堂	1	1	1	1	1	1	1	1
基督教教堂(聚会点)	22	17	18	22	22	22	22	22
东正教教堂	1	1	1	1	1	1	1	1
宗教信教群众(万人)	**20**	**21**	**40**	**45**	**45**	**45**	**45**	**70**

注：资料取自市民宗委，2007年开始宗教数据含原米泉市数据。

14—13　规模以上工业企业科技活动情况

（2016年）

指　　标	企业数（个）	#有R&D活动	#有研发机构	从业人员期末人数（人）	从业人员平均人数（人）	出口交货值（万元）
总　计	**338**	**58**	**32**	**134399**	**138093**	**220162**
按企业规模分						
大型	21	12	9	82405	84721	179896
中型	44	11	5	26211	26975	11038
小型	237	33	18	24104	24631	29228
微型	36	2		1679	1766	
按隶属关系分						
中央	36	8	5	67154	68872	30093
省（自治区、直辖市）	42	7	6	13151	14277	8931
地（区、市、州、盟）	23	4	2	12209	12210	555
县（区、市、旗）	16	3	2	4911	4790	3587
居委会						
村委会	1	1		15	15	
其他	220	35	17	36959	37929	176995
按登记注册类型分						
内资企业	323	54	32	128851	132245	210451
国有企业	12	5	2	30980	30243	555
集体企业	3			642	678	1
有限责任公司	146	23	13	51401	54185	101629
国有独资公司	26	3		11284	11806	233
其他有限责任公司	120	20	13	40117	42379	101395
股份有限公司	28	14	13	30018	31147	61546
私营企业	134	12	4	15810	15992	46721
私营独资企业	1			248	224	
私营有限责任公司	125	8	4	12621	12860	15845
私营股份有限公司	8	4		2941	2908	30875
港、澳、台商投资企业	5	2		2662	2690	3494
合资经营企业（港或澳、台资）	3	1		781	782	
港、澳、台商独资经营企业	2	1		1881	1908	3494

14-13续表1 （2016年）

指　　标	企业数（个）	#有R&D活动	#有研发机构	从业人员期末人数(人)	从业人员平均人数(人)	出口交货值(万元)
外商投资企业	10	2		2886	3158	6217
中外合资经营企业	7	2		2316	2340	6217
中外合作经营企业	1			118	118	
按国民经济行业大类分						
采矿业	8	1	1	14118	15403	390
煤炭开采和洗选业	4	1	1	9421	10636	
石油和天然气开采业	1			4085	4119	
非金属矿采选业	2			424	456	
开采辅助活动	1			188	192	390
制造业	269	55	30	76709	79750	219772
农副食品加工业	18	1	1	2153	2095	6316
食品制造业	16	3	3	7156	7330	97266
酒、饮料和精制茶制造业	3			1301	1565	
烟草制品业	1			763	762	
纺织业	6	1	1	2024	2131	10250
纺织服装、服饰业	6			744	739	5818
木材加工和木、竹、藤、棕、草制品业	1			57	74	
家具制造业	2			212	213	
造纸和纸制品业	9			688	682	
印刷和记录媒介复制业	6			1020	1012	
文教、工美、体育和娱乐用品制造业	1			242	240	
石油加工、炼焦和核燃料加工业	5	4	2	9365	9589	
化学原料和化学制品制造业	27	13	8	11528	11768	5669
医药制造业	10	7	2	2102	2053	269
橡胶和塑料制品业	22	6	1	3196	3153	4559
非金属矿物制品业	38	5	3	6534	6709	

14-13续表2　　（2016年）

指　　标	企业数（个）	#有R&D活动	#有研发机构	从业人员期末人数（人）	从业人员平均人数（人）	出口交货值（万元）
黑色金属冶炼和压延加工业	21	1	1	10510	11686	29861
有色金属冶炼和压延加工业	5	1		3558	3941	22756
金属制品业	24		1	1674	1837	3460
通用设备制造业	3			608	633	48
专用设备制造业	9	6	3	2135	2087	2625
汽车制造业	6	2	1	1682	1694	
铁路、船舶、航空航天和其他运输设备制造业	1			123	122	
电气机械和器材制造业	22	4	1	6363	6312	30875
计算机、通信和其他电子设备制造业	1		1	69	69	
仪器仪表制造业	1	1	1	83	190	
废弃资源综合利用业	2			104	197	
金属制品、机械和设备修理业	2			689	835	
电力、热力、燃气及水生产和供应业	61	2	1	43572	42940	
电力、热力生产和供应业	53	2	1	40001	39447	
燃气生产和供应业	5			1868	1800	
水的生产和供应业	3			1703	1693	
按经济成份分						
公有经济	130	29	17	99531	102160	135345
非公有经济	208	29	15	34868	35933	84817
按企业控股情况分						
国有控股	116	27	15	93437	96112	44701
集体控股	14	2	2	6094	6048	90644
私人控股	178	25	13	25866	26484	77212
港澳台商控股	3	1		2326	2353	3494
外商控股	5			1140	1417	4111
其他	22	3	2	5536	5679	

14-13续表3 （2016年）

指　　标	R&D人员合计（人）	#参加项目人员	管理和服务人员	#女性	#研究人员	#全时人员
总　计	**3188**	**2869**	**319**	**685**	**1247**	**1931**
按企业规模分						
大型	2009	1816	193	303	749	964
中型	721	633	88	249	301	601
小型	445	407	38	131	190	354
微型	13	13		2	7	12
按隶属关系分						
中央	800	742	58	92	296	427
省（自治区、直辖市）	359	217	142	81	177	138
地（区、市、州、盟）	352	338	14	24	97	82
县（区、市、旗）	225	176	49	38	99	146
居委会						
村委会	3	3		1	2	3
其他	1449	1393	56	449	576	1135
按登记注册类型分						
内资企业	3146	2829	317	668	1230	1894
国有企业	141	131	10	23	67	74
集体企业						
有限责任公司	1010	891	119	174	368	648
国有独资公司	21	21		6	7	18
其他有限责任公司	989	870	119	168	361	630
股份有限公司	1524	1370	154	352	556	787
私营企业	471	437	34	119	239	385
私营独资企业						
私营有限责任公司	144	140	4	46	66	108
私营股份有限公司	327	297	30	73	173	277
港、澳、台商投资企业	25	23	2	12	8	21
合资经营企业(港或澳、台资)	11	9	2	4	5	8
港、澳、台商独资经营企业	14	14		8	3	13

14-13续表4 （2016年）

指 标	R&D人员合计（人）	#参加项目人员	管理和服务人员	#女性	#研究人员	#全时人员
外商投资企业	17	17		5	9	16
中外合资经营企业	17	17		5	9	16
中外合作经营企业						
按国民经济行业大类分						
采矿业	149	133	16	7	68	105
煤炭开采和洗选业	149	133	16	7	68	105
石油和天然气开采业						
非金属矿采选业						
开采辅助活动						
制造业	2969	2679	290	672	1142	1813
农副食品加工业	4	4		1	1	4
食品制造业	27	19	8	11	11	18
酒、饮料和精制茶制造业						
烟草制品业						
纺织业	14	14		8	3	13
纺织服装、服饰业						
木材加工和木、竹、藤、棕、草制品业						
家具制造业						
造纸和纸制品业						
印刷和记录媒介复制业						
文教、工美、体育和娱乐用品制造业						
石油加工、炼焦和核燃料加工业	151	123	28	48	80	110
化学原料和化学制品制造业	726	574	152	121	275	211
医药制造业	95	95		54	42	87
橡胶和塑料制品业	140	123	17	35	50	118
非金属矿物制品业	636	634	2	145	149	372

14-13续表5 （2016年）

指　　标	R&D人员合计（人）	#参加项目人员	管理和服务人员	#女性	#研究人员	#全时人员
黑色金属冶炼和压延加工业	292	267	25	50	155	263
有色金属冶炼和压延加工业	372	370	2	118	119	223
金属制品业						
通用设备制造业						
专用设备制造业	159	138	21	23	75	137
汽车制造业	25	25		4	10	23
铁路、船舶、航空航天和其他运输设备制造业						
电气机械和器材制造业	312	278	34	49	164	220
计算机、通信和其他电子设备制造业						
仪器仪表制造业	16	15	1	5	8	14
废弃资源综合利用业						
金属制品、机械和设备修理业						
电力、热力、燃气及水生产和供应业	70	57	13	6	37	13
电力、热力生产和供应业	70	57	13	6	37	13
燃气生产和供应业						
水的生产和供应业						
按经济成份分						
公有经济	2025	1795	230	361	745	1096
非公有经济	1163	1074	89	324	502	835
按企业控股情况分						
国有控股	1703	1481	222	343	662	1038
集体控股	322	314	8	18	83	58
私人控股	1059	998	61	301	451	795
港澳台商控股	14	14		8	3	13
外商控股						
其他	90	62	28	15	48	27

14-13续表6　　（2016年）

指　　标	非全时人员	R&D人员折合全时当量（人年）	#研究人员	应用研究人员	试验发展人员
总　计	**1257**	**2143**	**871**	**51**	**2092**
按企业规模分					
大型	1045	1310	531	38	1271
中型	120	520	200	6	515
小型	91	311	139	7	304
微型	1	2	1		2
按隶属关系分					
中央	373	371	167	36	335
省（自治区、直辖市）	221	328	165	2	327
地（区、市、州、盟）	270	148	46	2	146
县（区、市、旗）	79	91	27		91
居委会					
村委会		1			1
其他	314	1204	465	11	1193
按登记注册类型分					
内资企业	1252	2113	859	51	2062
国有企业	67	109	53	20	89
集体企业					
有限责任公司	362	556	234	17	539
国有独资公司	3	15	5		15
其他有限责任公司	359	541	229	17	524
股份有限公司	737	1134	411	2	1132
私营企业	86	313	161	11	302
私营独资企业					
私营有限责任公司	36	92	44	11	81
私营股份有限公司	50	221	117		221
港、澳、台商投资企业	4	13	3		13
合资经营企业（港或澳、台资）	3	1	1		1
港、澳、台商独资经营企业	1	11	2		11

14-13续表7 （2016年）

指　　标	非全时人员	R&D人员折合全时当量合计（人年）	#研究人员	应用研究人员	试验发展人员
外商投资企业	1	17	9		17
中外合资经营企业	1	17	9		17
中外合作经营企业					
按国民经济行业大类分					
采矿业	44	105	48	11	94
煤炭开采和洗选业	44	105	48	11	94
石油和天然气开采业					
非金属矿采选业					
开采辅助活动					
制造业	1156	1980	793	22	1958
农副食品加工业		4	1		4
食品制造业	9	6	3		6
酒、饮料和精制茶制造业					
烟草制品业					
纺织业	1	11	2		11
纺织服装、服饰业					
木材加工和木、竹、藤、棕、草制品业					
家具制造业					
造纸和纸制品业					
印刷和记录媒介复制业					
文教、工美、体育和娱乐用品制造业					
石油加工、炼焦和核燃料加工业	41	37	20		37
化学原料和化学制品制造业	515	462	201	4	458
医药制造业	8	54	26	6	48
橡胶和塑料制品业	22	134	47		134
非金属矿物制品业	264	431	136	6	425

14-13续表8　　　　　　　　　　　　（2016年）

指　　标	非全时人员	R&D人员折合全时当量（人年）	#研究人员	应用研究人员	试验发展人员
黑色金属冶炼和压延加工业	29	146	78		146
有色金属冶炼和压延加工业	149	372	119		372
金属制品业					
通用设备制造业					
专用设备制造业	22	61	26		61
汽车制造业	2	21	9		21
铁路、船舶、航空航天和其他运输设备制造业					
电气机械和器材制造业	92	224	118	6	219
计算机、通信和其他电子设备制造业					
仪器仪表制造业	2	16	8		16
废弃资源综合利用业					
金属制品、机械和设备修理业					
电力、热力、燃气及水生产和供应业	57	58	30	18	39
电力、热力生产和供应业	57	58	30	18	39
燃气生产和供应业					
水的生产和供应业					
按经济成份分					
公有经济	929	1331	540	40	1291
非公有经济	328	812	331	11	801
按企业控股情况分					
国有控股	665	1218	511	37	1180
集体控股	264	113	29	2	110
私人控股	264	777	316	11	766
港澳台商控股	1	11	2		11
外商控股					
其他	63	24	12		24

14-13续表9　　(2016年)　　单位：万元

指　标	R&D经费内部支出	按支出用途分				
		经常费支出	#人员劳务费	资产性支出	#土建工程支出	仪器设备
总　计	129883	115227	13508	14656	144	14512
按企业规模分						
大型	94402	86896	6345	7506	41	7465
中型	27482	21533	4941	5949	85	5864
小型	7827	6643	2166	1184	17	1167
微型	173	156	55	17		17
按隶属关系分						
中央	8438	7720	1314	718	3	715
省(自治区、直辖市)	7525	5327	1383	2198		2197
地(区、市、州、盟)	12381	11186	1012	1195	10	1185
县(区、市、旗)	7103	4874	883	2229	91	2138
居委会						
村委会	16	16	10			
其他	94420	86104	8905	8316	39	8277
按登记注册类型分						
内资企业	128072	113595	13009	14476	142	14334
国有企业	1147	985	434	161		161
集体企业						
有限责任公司	14837	11283	2634	3553	32	3522
国有独资公司	739	572	135	167		167
其他有限责任公司	14098	10711	2499	3387	32	3355
股份有限公司	65960	55683	7789	10277	101	10176
私营企业	46128	45644	2152	485	10	475
私营独资企业						
私营有限责任公司	2138	2089	756	50	3	47
私营股份有限公司	43990	43555	1396	435	7	428
港、澳、台商投资企业	280	275	132	5	1	3
合资经营企业(港或澳、台资)	53	48	25	5	1	3
港、澳、台商独资经营企业	227	227	107			

14-13续表10 （2016年） 单位：万元

指标	R&D经费内部支出	按支出用途分				
		经常费支出	#人员劳务费	资产性支出	#土建工程支出	仪器设备
外商投资企业	1531	1356	366	175		175
中外合资经营企业	1531	1356	366	175		175
中外合作经营企业						
按国民经济行业大类分						
采矿业	1236	1126	401	110		110
煤炭开采和洗选业	1236	1126	401	110		110
石油和天然气开采业						
非金属矿采选业						
开采辅助活动						
制造业	128463	113949	13039	14514	144	14370
农副食品加工业	171	171	12			
食品制造业	1032	393	69	639	15	624
酒、饮料和精制茶制造业						
烟草制品业						
纺织业	227	227	107			
纺织服装、服饰业						
木材加工和木、竹、藤、棕、草制品业						
家具制造业						
造纸和纸制品业						
印刷和记录媒介复制业						
文教、工美、体育和娱乐用品制造业						
石油加工、炼焦和核燃料加工业	2336	2104	965	233	7	226
化学原料和化学制品制造业	19656	16251	2232	3405	26	3379
医药制造业	1490	1120	425	370	1	370
橡胶和塑料制品业	3921	1921	828	2000		2000
非金属矿物制品业	23982	18670	3239	5313	3	5309

14-13续表11　　　　（2016年）　　　　单位：万元

指　　标	R&D经费内部支出	按支出用途分				
		经常费支出	#人员劳务费	资产性支出	#土建工程支出	仪器设备
黑色金属冶炼和压延加工业	4547	4178	282	369		369
有色金属冶炼和压延加工业	20598	19307	2399	1291		1291
金属制品业						
通用设备制造业						
专用设备制造业	2359	2061	620	298	79	219
汽车制造业	1321	1241	370	80		80
铁路、船舶、航空航天和其他运输设备制造业						
电气机械和器材制造业	46322	45819	1373	503	13	491
计算机、通信和其他电子设备制造业						
仪器仪表制造业	501	487	116	13		13
废弃资源综合利用业						
金属制品、机械和设备修理业						
电力、热力、燃气及水生产和供应业	183	151	68	33		33
电力、热力生产和供应业	183	151	68	33		33
燃气生产和供应业						
水的生产和供应业						
按经济成份分						
公有经济	55070	43010	7462	12061	42	12019
非公有经济	74812	72217	6046	2596	102	2493
按企业控股情况分						
国有控股	43017	32467	6840	10550	16	10534
集体控股	12053	10542	622	1511	25	1485
私人控股	69997	67634	5305	2363	90	2273
港澳台商控股	227	227	107			
外商控股						
其他	4589	4356	634	233	13	220

14-13续表12　　（2016年）　　单位：万元

指　　标	R&D经费内部支出				
	按活动类型分		按资金来源分		
	应用研究支出	试验发展支出	政府资金	企业资金	其他资金
总　计	**803**	**129080**	**3355**	**126501**	**27**
按企业规模分					
大型	349	94053	1083	93319	
中型	230	27251	1207	26275	
小型	224	7603	1008	6792	27
微型		173	57	116	
按隶属关系分					
中央	280	8158	174	8237	27
省（自治区、直辖市）	115	7410	300	7225	
地（区、市、州、盟）	69	12312	368	12013	
县（区、市、旗）		7103	289	6814	
居委会					
村委会		16		16	
其他	339	94081	2224	92197	
按登记注册类型分					
内资企业	803	127269	3248	124797	27
国有企业	166	981	236	911	
集体企业					
有限责任公司	229	14608	485	14325	27
国有独资公司		739	16	723	
其他有限责任公司	229	13869	469	13602	27
股份有限公司	69	65891	1226	64734	
私营企业	339	45789	1302	44827	
私营独资企业					
私营有限责任公司	339	1799	375	1763	
私营股份有限公司		43990	927	43063	
港、澳、台商投资企业		280	50	230	
合资经营企业（港或澳、台资）		53	50	3	
港、澳、台商独资经营企业		227		227	

14-13续表13 （2016年） 单位：万元

指　　标	R&D经费内部支出				
	按活动类型分		按资金来源分		
	应用研究支出	试验发展支出	政府资金	企业资金	其他资金
外商投资企业		1531	57	1474	
中外合资经营企业		1531	57	1474	
中外合作经营企业					
按国民经济行业大类分					
采矿业	82	1155	4	1233	
煤炭开采和洗选业	82	1155	4	1233	
石油和天然气开采业					
非金属矿采选业					
开采辅助活动					
制造业	670	127793	3351	125085	27
农副食品加工业		171		171	
食品制造业		1032	256	776	
酒、饮料和精制茶制造业					
烟草制品业					
纺织业		227		227	
纺织服装、服饰业					
木材加工和木、竹、藤、棕、草制品业					
家具制造业					
造纸和纸制品业					
印刷和记录媒介复制业					
文教、工美、体育和娱乐用品制造业					
石油加工、炼焦和核燃料加工业		2336	577	1759	
化学原料和化学制品制造业	184	19473	518	19138	
医药制造业	230	1260	397	1093	
橡胶和塑料制品业		3921	238	3683	
非金属矿物制品业	147	23835	82	23901	

14-13续表14　　（2016年）　　单位：万元

指　　标	R&D经费内部支出				
	按活动类型分		按资金来源分		
	应用研究支出	试验发展支出	政府资金	企业资金	其他资金
黑色金属冶炼和压延加工业		4547		4547	
有色金属冶炼和压延加工业		20598	360	20238	
金属制品业					
通用设备制造业					
专用设备制造业		2359	403	1929	27
汽车制造业		1321		1321	
铁路、船舶、航空航天和其他运输设备制造业					
电气机械和器材制造业	109	46213	428	45895	
计算机、通信和其他电子设备制造业					
仪器仪表制造业		501	93	408	
废弃资源综合利用业					
金属制品、机械和设备修理业					
电力、热力、燃气及水生产和供应业	51	132		183	
电力、热力生产和供应业	51	132		183	
燃气生产和供应业					
水的生产和供应业					
按经济成份分					
公有经济	464	54607	1068	53975	27
非公有经济	339	74473	2287	72526	
按企业控股情况分					
国有控股	395	42622	750	42241	27
集体控股	69	11984	319	11734	
私人控股	339	69657	2287	67710	
港澳台商控股		227		227	
外商控股					
其他		4589		4589	

14-13续表15 （2016年） 单位：万元

指　　标	R&D经费外部支出	对境内研究机构支出	对境内高等学校支出	对境内企业支出	对境外支出
总　计	**3034**	**1141**	**779**	**945**	**170**
按企业规模分					
大型	2442	820	644	846	132
中型	256	58	67	96	35
小型	336	262	68	3	3
微型					
按隶属关系分					
中央	2308	820	510	846	132
省(自治区、直辖市)					
地(区、市、州、盟)	41	41			
县(区、市、旗)	5		5		
居委会					
村委会					
其他	680	280	264	99	38
按登记注册类型分					
内资企业	3029	1137	777	945	170
国有企业	1845	833	371	641	
集体企业					
有限责任公司	672	213	122	205	132
国有独资公司	1	1			
其他有限责任公司	671	212	122	205	132
股份有限公司	230	20	210		
私营企业	281	71	74	99	38
私营独资企业					
私营有限责任公司	215	50	64	99	3
私营股份有限公司	66	21	10		35
港、澳、台商投资企业	5	3	2		
合资经营企业(港或澳、台资)	5	3	2		
港、澳、台商独资经营企业					

14-13续表16　　（2016年）　　单位：万元

指　　标	R&D经费外部支出	对境内研究机构支出	对境内高等学校支出	对境内企业支出	对境外支出
外商投资企业					
中外合资经营企业					
中外合作经营企业					
按国民经济行业大类分					
采矿业	337			205	132
煤炭开采和洗选业	337			205	132
石油和天然气开采业					
非金属矿采选业					
开采辅助活动					
制造业	864	321	407	99	38
农副食品加工业					
食品制造业	1		1		
酒、饮料和精制茶制造业					
烟草制品业					
纺织业					
纺织服装、服饰业					
木材加工和木、竹、藤、棕、草制品业					
家具制造业					
造纸和纸制品业					
印刷和记录媒介复制业					
文教、工美、体育和娱乐用品制造业					
石油加工、炼焦和核燃料加工业	103	23	43		38
化学原料和化学制品制造业	75	30	42	3	
医药制造业	376	226	54	96	
橡胶和塑料制品业	42	42			
非金属矿物制品业	15		15		

14-13续表17 （2016年） 单位：万元

指　　标	R&D经费外部支出	对境内研究机构支出	对境内高等学校支出	对境内企业支出	对境外支出
黑色金属冶炼和压延加工业	96		96		
有色金属冶炼和压延加工业	123		123		
金属制品业					
通用设备制造业					
专用设备制造业	23		23		
汽车制造业					
铁路、船舶、航空航天和其他运输设备制造业					
电气机械和器材制造业	10		10		
计算机、通信和其他电子设备制造业					
仪器仪表制造业					
废弃资源综合利用业					
金属制品、机械和设备修理业					
电力、热力、燃气及水生产和供应业	1833	820	372	641	
电力、热力生产和供应业	1833	820	372	641	
燃气生产和供应业					
水的生产和供应业					
按经济成份分					
公有经济	2371	867	526	846	132
非公有经济	663	274	253	99	38
按企业控股情况分					
国有控股	2370	867	525	846	132
集体控股	1		1		
私人控股	663	274	253	99	38
港澳台商控股					
外商控股					
其他					

14-13续表18　　　　　　　　　　　　（2016年）

指　　标	机构数（个）	机构人员合计（人）			机构经费支出（万元）	仪器和设备原价（万元）
			#博士毕业	硕士毕业		
总　计	**63**	**2051**	**71**	**473**	**33966**	**49982**
按企业规模分						
大型	22	1087	30	326	22582	23791
中型	17	554	14	67	6614	16510
小型	24	410	27	80	4771	9681
微型						
按隶属关系分						
中央	16	300	7	79	2729	8172
省（自治区、直辖市）	6	142	5	36	11452	7503
地（区、市、州、盟）	4	112	8	22	261	3154
县（区、市、旗）	4	701	15	216	7572	8352
居委会						
村委会						
其他	33	796	36	120	11953	22802
按登记注册类型分						
内资企业	63	2051	71	473	33966	49982
国有企业	2	151	2	61	676	2469
集体企业						
有限责任公司	26	579	18	65	10191	9743
国有独资公司						
其他有限责任公司	26	579	18	65	10191	9743
股份有限公司	27	1165	40	322	22256	36382
私营企业	8	156	11	25	844	1388
私营独资企业						
私营有限责任公司	8	156	11	25	844	1388
私营股份有限公司						
港、澳、台商投资企业						
合资经营企业（港或澳、台资）						
港、澳、台商独资经营企业						

14-13续表19　　(2016年)

指　　标	机构数（个）	机构人员合计（人）	#博士毕业	硕士毕业	机构经费支出（万元）	仪器和设备原价（万元）
外商投资企业						
中外合资经营企业						
中外合作经营企业						
按国民经济行业大类分						
采矿业	9	45	1	12	996	1880
煤炭开采和洗选业	9	45	1	12	996	1880
石油和天然气开采业						
非金属矿采选业						
开采辅助活动						
制造业	53	1864	68	409	32960	48050
农副食品加工业	1	16	2	2	18	15
食品制造业	3	278	2	17	5570	4935
酒、饮料和精制茶制造业						
烟草制品业						
纺织业	1	5			30	530
纺织服装、服饰业						
木材加工和木、竹、藤、棕、草制品业						
家具制造业						
造纸和纸制品业						
印刷和记录媒介复制业						
文教、工美、体育和娱乐用品制造业						
石油加工、炼焦和核燃料加工业	6	73	10	19	409	7085
化学原料和化学制品制造业	12	272	14	66	12164	10682
医药制造业	2	44	2	11	871	744
橡胶和塑料制品业	1	37	1	2	111	154
非金属矿物制品业	16	264	15	56	4013	12289

14-13续表20　　　　　　　　　　(2016年)

指　　标	机构数(个)	机构人员合计(人)	#博士毕业	硕士毕业	机构经费支出(万元)	仪器和设备原价(万元)
黑色金属冶炼和压延加工业	1	64	1	3	1006	77
有色金属冶炼和压延加工业						
金属制品业	1	19	1	3	19	2
通用设备制造业						
专用设备制造业	5	261	1	17	2596	4568
汽车制造业	1	11			85	850
铁路、船舶、航空航天和其他运输设备制造业						
电气机械和器材制造业	1	481	15	204	5397	5397
计算机、通信和其他电子设备制造业	1	15	2	5	80	50
仪器仪表制造业	1	24	2	4	590	673
废弃资源综合利用业						
金属制品、机械和设备修理业						
电力、热力、燃气及水生产和供应业	1	142	2	52	11	52
电力、热力生产和供应业	1	142	2	52	11	52
燃气生产和供应业						
水的生产和供应业						
按经济成份分						
公有经济	40	1010	32	190	23344	35624
非公有经济	23	1041	39	283	10622	14358
按企业控股情况分						
国有控股	36	733	24	161	18194	29124
集体控股	4	277	8	29	5150	6500
私人控股	21	541	23	76	5206	8959
港澳台商控股						
外商控股						
其他	2	500	16	207	5416	5399

14-13续表21 （2016年）

指　标	专利申请数(件)	#发明专利	有效发明专利数(件)	#已被实施	境外授权
总　计	**1038**	**301**	**698**	**380**	**10**
按企业规模分					
大型	884	235	334	197	3
中型	52	12	140	111	6
小型	92	54	224	72	1
微型	10				
按隶属关系分					
中央	658	115	141	77	
省(自治区、直辖市)	50	10	77	53	
地(区、市、州、盟)	49	31	37	23	2
县(区、市、旗)	76	27	72	72	1
居委会					
村委会					
其他	205	118	371	155	7
按登记注册类型分					
内资企业	1029	298	634	354	10
国有企业	145	67	71	11	
集体企业					
有限责任公司	582	101	140	108	
国有独资公司			2	1	
其他有限责任公司	582	101	138	107	
股份有限公司	188	65	295	173	9
私营企业	114	65	128	62	1
私营独资企业					
私营有限责任公司	38	26	74	8	
私营股份有限公司	76	39	54	54	1
港、澳、台商投资企业	5	2	51	25	
合资经营企业(港或澳、台资)	3	1	13	8	
港、澳、台商独资经营企业	2	1	38	17	

14-13续表22　　　　　　（2016年）

指　　标	专利申请数（件）	#发明专利	有效发明专利数（件）	#已被实施	境外授权
外商投资企业	4	1	13	1	
中外合资经营企业	3		12		
中外合作经营企业					
按国民经济行业大类分					
采矿业	30	17	1		
煤炭开采和洗选业	30	17	1		
石油和天然气开采业					
非金属矿采选业					
开采辅助活动					
制造业	871	221	663	380	10
农副食品加工业	2	2			
食品制造业	42	39	20	16	
酒、饮料和精制茶制造业					
烟草制品业					
纺织业	7	1	38	17	
纺织服装、服饰业					
木材加工和木、竹、藤、棕、草制品业					
家具制造业					
造纸和纸制品业	4	1	1	1	
印刷和记录媒介复制业					
文教、工美、体育和娱乐用品制造业					
石油加工、炼焦和核燃料加工业	18	9	60	39	1
化学原料和化学制品制造业	98	57	173	89	2
医药制造业	12	10	44	14	1
橡胶和塑料制品业	5		27	6	
非金属矿物制品业	45	15	23	22	5

14-13续表23　　(2016年)

指　　标	专利申请数(件)	#发明专利	有效发明专利数(件)	#已被实施	境外授权
黑色金属冶炼和压延加工业	453	17	54	48	
有色金属冶炼和压延加工业			64		
金属制品业	5		1		
通用设备制造业					
专用设备制造业	23	4	80	54	
汽车制造业	3		4		
铁路、船舶、航空航天和其他运输设备制造业					
电气机械和器材制造业	142	60	63	63	1
计算机、通信和其他电子设备制造业	8	2	3	3	
仪器仪表制造业	4	4	8	8	
废弃资源综合利用业					
金属制品、机械和设备修理业					
电力、热力、燃气及水生产和供应业	137	63	34		
电力、热力生产和供应业	137	63	34		
燃气生产和供应业					
水的生产和供应业					
按经济成份分					
公有经济	799	189	307	189	7
非公有经济	239	112	391	191	3
按企业控股情况分					
国有控股	719	125	260	154	5
集体控股	80	64	47	35	2
私人控股	168	81	321	143	2
港澳台商控股	2	1	38	17	
外商控股	1	1	1	1	
其他	68	29	31	30	1

14-13续表24　　　　　　　　　　　　（2016年）

指　　标	专利所有权转让及许可数（项）	专利所有权转让与许可收入（万元）	发表科技论文（篇）	拥有注册商标（件）	#境外注册	形成国家或行业标准（项）
总　计	**17**	**306**	**625**	**782**	**30**	**23**
按企业规模分						
大型	6	5	499	161	29	11
中型	3		68	209	1	4
小型	8	301	58	411		8
微型				1		
按隶属关系分						
中央	5	5	333	34		2
省（自治区、直辖市）		300	52	83	1	4
地（区、市、州、盟）			34	1		1
县（区、市、旗）	4		86	58	1	6
居委会						
村委会						
其他	8	1	120	606	28	10
按登记注册类型分						
内资企业	17	306	618	776	30	22
国有企业		300	169	1		1
集体企业						
有限责任公司	9	5	215	52	1	7
国有独资公司			5	1		
其他有限责任公司	9	5	210	51	1	7
股份有限公司	8	1	204	504	1	10
私营企业			30	219	28	4
私营独资企业						
私营有限责任公司			5	50		4
私营股份有限公司			25	169	28	
港、澳、台商投资企业			7	2		1
合资经营企业（港或澳、台资）			3	2		1
港、澳、台商独资经营企业			4			

14-13续表25　　（2016年）

指　　标	专利所有权转让及许可数（项）	专利所有权转让与许可收入（万元）	发表科技论文（篇）	拥有注册商标（件）	#境外注册	形成国家或行业标准（项）
外商投资企业				4		
中外合资经营企业				2		
中外合作经营企业						
按国民经济行业大类分						
采矿业			35			
煤炭开采和洗选业			35			
石油和天然气开采业						
非金属矿采选业						
开采辅助活动						
制造业	17	306	437	782	30	22
农副食品加工业				1		
食品制造业			13	4		3
酒、饮料和精制茶制造业				2		
烟草制品业						
纺织业			4	77	1	
纺织服装、服饰业						
木材加工和木、竹、藤、棕、草制品业						
家具制造业						
造纸和纸制品业						
印刷和记录媒介复制业						
文教、工美、体育和娱乐用品制造业						
石油加工、炼焦和核燃料加工业			6	66		
化学原料和化学制品制造业			74	16		3
医药制造业	1		15	421		1
橡胶和塑料制品业			6	32	1	2
非金属矿物制品业			69	9		3

14-13续表26　　　　　　　　　　　　　（2016年）

指　　标	专利所有权转让及许可数（项）	专利所有权转让与许可收入（万元）	发表科技论文（篇）	拥有注册商标（件）	#境外注册	形成国家或行业标准（项）
黑色金属冶炼和压延加工业	5	5	98	13		
有色金属冶炼和压延加工业			28			2
金属制品业	3	1	9			
通用设备制造业						
专用设备制造业	3	300	11	34		
汽车制造业	4					
铁路、船舶、航空航天和其他运输设备制造业						
电气机械和器材制造业	1		96	104	28	6
计算机、通信和其他电子设备制造业				2		2
仪器仪表制造业			8	1		
废弃资源综合利用业						
金属制品、机械和设备修理业						
电力、热力、燃气及水生产和供应业			153			1
电力、热力生产和供应业			153			1
燃气生产和供应业						
水的生产和供应业						
按经济成份分						
公有经济	9	305	460	158	2	8
非公有经济	8	1	165	624	28	15
按企业控股情况分						
国有控股	9	305	424	157	2	7
集体控股			36	1		1
私人控股	4		74	622	28	9
港澳台商控股			4			
外商控股				2		
其他	4	1	87			6

主要统计指标解释

EXPLANATORY NOTES ON MAIN STATISTICAL INDICATORS

普通高等学校 指按国家规定的设置标准和审批程序批准举办的，通过全国普通高等学校统一招生考试，招收高中毕业生为主要培养对象，实施高等学历教育的全日制大学、独立设置的学院、独立学院和高等专科学校、高等职业学校及其他机构（独立学院和分院、大转班）。

大学、独立设置的学院主要实施本科及本科层次以上的教育。独立学院主要实施本科层次的教育。高等专科学校、高等职业学校实施专科层次的教育。其他机构是指承担国家普通招生计划任务不计校数的机构，包括独立学院、普通高等学校分校、大专班和批准筹建的普通高等学校等。独立学院指由普通本科高校按新机制、新模式举办的本科层次的二级学院，一些普通本科高校按公办机制和模式建立的二级学院，“分校”或其他类似的二级办学机构不属此范畴。

小学学龄儿童净入学率 指调查范围内已入小学学习的学龄儿童占校内外学龄儿童总数的比重。计算公式为：

小学学龄儿童净入学率=已入学的小学学龄儿童数/校内外小学学龄儿童总数*100%

艺术表演团体 指由文化部门主办或实行行业管理（经文化行政部门审批或已申报登记并领取相关许可证），专门从事表演艺术等活动的各类专业艺术表演团体，含民间职业剧团。不包括群众业余文艺表演团体。

艺术表演场馆 指由文化部门主办或实行行业管理（经文化市场行政部门审批或已申报登记并领取相关许可证），有观众席、舞台、灯光设备，公开售票、专供文艺团体演出的文化活动场所。

文化市场经营机构 经文化市场行政部门审批或已申报登记并领取相关许可证的、从事文化经营和文化服务活动的机构。

研究与试验发展（R&D） 指在科学技术领域，为增加知识总量、以及运用这些知识去创造新的应用进行的系统的创造性的活动，包括基础研究、应用研究、试验发展三类活动。国际上通常采用R&D活动的规模和强度指标反映一国的科技实力和核心竞争力。

基础研究 指为了获得关于现象和可观察事实的基本原理的新知识（揭示客观事物的本质、运动规律，获得新发现、新学说）而进行的实验性或理论性研究，它不以任何专门或特定的应用或使用为目的。其成果以科学论文和科学著作为主要形式。用来反映知识的原始创新能力。

应用研究 指为获得新知识而进行的创造性研究，主要针对某一特定的目的或目标。应用研究是为了确定基础研究成果可能的用途，或是为达到预定的目标探索应采取的新方法（原理性）或新途径。其成果形式以科学论文、专著、原理性模型或发明专利为主。用来反映对基础研究成果应用途径的探索。

试验发展 指利用从基础研究、应用研究和实际经验所获得的现有知识，为产生新的产品、材料和装置，建立新的工艺、系统和服务，以及对已产生和建立的上述各项作实质性的改进而进行的系统性工作。其成果形式主要是专利、专有技术、具有新产品基本特征的产品原型或具有新装置基本特征的原始样机等。在社会科学领域，试验发展是指把通过基础研究、应用研究获得的知识转变成可以实施的计划（包括为进行检验和评估实施示范项目）的过程。人文科学领域没有对应的试验发展活动。主要反映将科研成果转化为技术和产品的能力，是科技推动经济社会发展的物化成果。

R&D人员 指参与研究与试验发展项目研究、管理和辅助工作的人员，包括项目（课题）组人员，企业科技行政管理人员和直接为项目（课题）活动提供服务的辅助人员。反映投入从事拥有自主知识产权的研究开发活动的人力规模。

R&D人员全时当量 指全时人员数加非全时人员按工作量折算为全时人员数的总和。例如：有两个全时人员和三个非全时人员（工作时间分别为20%、30%和70%），则全时当量为2+0.2+0.3+0.7=3.2人年。为国际上比较科技人力投入而制定的可比指标。

R&D经费支出合计 指调查单位用于内部开展R&D活动（基础研究、应用研究和试验发展）的实际支出。包括用于R&D项目（课题）活动的直接支出，以及间接用于R&D活动的管理费、服务费、与R&D有关的基本建设支出以及外协加工费等。不包括生产性活动支出、归还贷款支出以及与外单位合作或委托外单位进行R&D活动而转拨给对方的经费支出。

R&D经费支出中政府资金 指R&D经费内部支出中来自各级政府部门的各类资金，包括财政科学技术拨款、科学基金、教育等部门事业费以及政府部门预算外资金的实际支出。

R&D经费支出中企业资金　指R&D经费内部支出中来自本企业的自有资金和接受其他企业委托而获得的经费，以及科研院所、高校等事业单位从企业获得的资金的实际支出。

新产品　指采用新技术原理、新设计构思研制、生产的全新产品，或在结构、材质、工艺等某一方面比原有产品有明显改进，从而显著提高了产品性能或扩大了使用功能的产品。既包括政府有关部门认定并在有效期内的新产品，也包括企业自行研制开发，未经政府有关部门认定，从投产之日起一年之内的新产品。用来反映科技产出及对经济增长的直接贡献。

新产品产值　指报告期企业生产的新产品的产值。新产品是指采用新技术原理、新设计构思研制、生产的全新产品，或在结构、材质、工艺等某一方面比原有产品有明显改进，从而显著提高了产品性能或扩大了使用功能的产品。新产品产值、新产品销售收入既包括经政府有关部门认定并在有效期内的新产品，也包括企业自行研制开发，未经政府有关部门认定，从投产之日起一年之内的新产品。

专利　是专利权的简称，是对发明人的发明创造经审查合格后，由专利局依据专利法授予发明人和设计人对该项发明创造享有的专有权。包括发明、实用新型和外观设计。反映拥有自主知识产权的科技和设计成果情况。

发明（专利）　指对产品、方法或者其改进所提出的新的技术方案。是国际通行的反映拥有自主知识产权技术的核心指标。

实用新型（专利）　指对产品的形状、构造或者其结合所提出的适于实用的新的技术方案。反映具有一定技术含量的技术成果情况。

外观设计（专利）　指对产品的形状、图案、色彩或者其结合所作出的富有美感并适于工业上应用的新设计。反映拥有自主知识产权的外观设计成果情况。

城市公用事业及环境保护

URBAN PUBLIC UTILITIES AND ENVIRONMENT PROTECTIONS

资料整理：潘世锦　刘艳梅

15—1　城市建设事业发展情况

年　份	全年供水总量（万吨）	#居民家庭用水	建成区面积（平方公里）	年末实有道路长度（公里）	城市排水管道长度（公里）	建成区园林绿地面积（公顷）
1978	2134	1029		170	88	540
1980	2578	1692		193	133	599
1985	3460	2419	49.00	215	178	769
1990	9144	5564	63.50	402	193	2236
1991	10341	6617	65.00	425	225	1468
1992	11337	7082	66.50	429	228	2412
1993	13342	7490	66.70	459	173	2412
1994	13712	8243	67.40	460	193	2412
1995	13637	7949	83.00	886	280	5844
1996	14336	8522	84.78	905	292	5891
1997	14135	8522	83.00	923	300	5884
1998	14644	8690	86.47	962	306	6117
1999	15536	9509	90.70	991	337	6327
2000	16224	10422	139.55	994	348	6293
2001	16932	7770	166.80	1002	427	4591
2002	31241	8323	167.10	976	419	4756
2003	42331	17030	169.19	1008	514	3801
2004	15037	11331	173.26	1064	785	4141
2005	17963	11947	176.43	1072	816	4225
2006	21954	12191	235.88	1196	937	4342
2007	29074	14198	259.08	1226	1023	5575
2008	29771	16006	302.80	1546	1090	6446
2009	29771	12255	339.00	1599	1122	10601
2010	29771	12255	343.00	1632	1172	10907
2011	31034	12942	383.80	1695	1222	12731
2012	30363	14019	368.40	1740	1302	12470
2013	30826	14170	391.20	2037	1352	13574
2014	29855	13825	412.26	2159	1442	14574
2015	29805	13820	429.96	2237	1740	15910
2016	29655	13665	436.00	2314	1840	16393

注：数据取自市建委。

15-1续表

年　份	年末实有营运公共汽车(辆)	平均每万人拥有公共汽车(标台)	城市天然气供应总量(万立方米)	天然气用气人口(万人)	全年用电量(万千瓦时)	#城乡居民生活用电
1978	240	2.38			74017	
1980	626	3.11			79787	
1985	435	3.75			132403	
1990	550	6.00			173475	14859
1991	526	7.20			187730	18863
1992	644	7.80			201613	21685
1993	675	7.80			221098	26241
1994	685	14.10			245885	30403
1995	2347	17.30			275886	38092
1996	2226	15.63			325251	45357
1997	2497	17.80			341589	53950
1998	2768	18.86			358814	54177
1999	2898	19.05			381212	49673
2000	3163	20.28			426438	55220
2001	3285	16.61			467029	66264
2002	3311	12.86			448035	79391
2003	4256	8.80	13621	97.0	478085	93976
2004	4196	19.26	21407	128.4	552533	96909
2005	4110	18.37	25918	138.5	592190	96717
2006	4191	19.78	31192	170.0	687038	114239
2007	4704	20.11	39858	180.9	810397	106661
2008	3988	16.88	48280	202.4	975594	124360
2009	3862	16.35	53502	215.9	981327	126838
2010	3634	12.80	66491	250.9	1141579	132712
2011	3732	15.00	86500	265.0	1257910	138975
2012	3914	16.00	144054	275.3	1592401	131243
2013	4149	17.00	231251	285.0	1888089	149806
2014	4567	18.91	295702	288.4	1498697	183804
2015	4684	17.21	277416	291.9	1616422	184181
2016	4668	17.29	307847	292.5	2150371	190923

注：数据取自市建委。

15—2　城市公共设施水平

指　　标	1990年	1995年	2000年	2004年	2005年	2006年	2009年
城市人口密度(人/平方公里)	96	111	126	142	147	152	170
人均拥有城市维护建设资金(元)	46	145	1214	1911	1485	919	509
人均日生活用水量(升)	148.70	151.00	166.51	164.00	165.34	158.59	142.45
用水普及率(%)	92.00	100.00	99.79	99.99	99.99	99.99	99.93
每万人拥有公共交通车辆(标台)	6.00	17.30	20.28	20.00	18.37	19.78	16.35
燃气普及率(%)	79.70	99.00	98.82	99.68	99.65	99.73	86.04
人均城市道路面积(平方米)	4.20	8.00	8.40	7.00	7.28	8.16	7.97
建成区排水管道密度(公里/平方公里)		2.60	2.67	4.00	4.53	3.84	3.31
污水处理率(%)			66.56	67.21	67.21	66.70	49.92
人均公园绿地面积(平方米)	4.30	4.00	5.00	4.40	4.20	5.40	6.91
建成区绿化覆盖率(%)	21.8	21.6	20.0	25.1	25.3	21.5	34.3

指　　标	2010年	2011年	2012年	2013年	2014年	2015年	2016年
城市人口密度(人/平方公里)	176	179	187	191	194	194	194
人均拥有城市维护建设资金(元)	660	2573	2745	3684	3987	4038	1418
人均日生活用水量(升)	142.45	143.68	148.69	150.04	145.46	144.74	143.22
用水普及率(%)	99.93	99.94	99.95	99.95	99.96	99.98	99.96
每万人拥有公共交通车辆(标台)	12.80	15.00	16.00	17.00	18.91	17.21	17.29
燃气普及率(%)	99.6	99.51	99.83	99.83	99.85	99.85	99.85
人均城市道路面积(平方米)	7.18	7.42	7.45	9.57	10.08	10.34	10.71
建成区排水管道密度(公里/平方公里)	3.42	3.18	3.53	3.46	3.50	4.05	4.22
污水处理率(%)	60.65	77.38	81.89	84.81	84.90	88.75	90.38
人均公园绿地面积(平方米)	7.39	9.07	9.20	10.05	10.66	10.93	11.35
建成区绿化覆盖率(%)	34.8	36.2	37.0	37.9	38.5	40.3	40.9

注：资料取自市建委。

15—3 城 市 供 水

指　　标	1995年	1998年	2000年	2004年	2005年	2006年	2009年
全社会							
供水综合生产能力(万立方米/日)	40.60	64.40	72.64	115.80	116.80	115.80	120.38
#地下水	31.00	42.50	48.30	37.00	65.00	66.10	70.38
年末供水管道长度(公里)		587	552	781	800	860	1270
全年供水总量(万立方米)	13637	14644	16224	15037	17963	21954	29771
#生产运营用水	4893	5116	5041	3059	4959	5682	6317
居民家庭用水	7949	8690	10422	11331	11947	12191	12255
用水人口(万人)	144.50	162.70	169.98	192.94	201.48	191.54	279.00
人均日生活用水量(升)	150.71	293.00	308.00	367.15	363.28	274.26	142.45
公共供水企业							
供水综合生产能力(万立方米/日)		53.30	50.24	115.80	70.10	51.80	115.00
#地下水		27.80	27.80	37.70	35.70	46.94	65.00
供水总量(万立方米)		12536	13674	15037	17892	22000	28074
#居民家庭用水		8501	9632	9672	9552	9833	11399
用水人口(万人)		125.72	133.68	192.94	201.48	191.54	274.77

指　　标	2010年	2011年	2012年	2013年	2014年	2015年	2016年
全社会							
供水综合生产能力(万立方米/日)	120.38	125.38	125.38	145.38	145.38	147.48	147.48
#地下水	70.38	59.38	59.38	59.38	59.38	45.48	45.18
年末供水管道长度(公里)	1323	1373	1432	1498	1568	1868	1923
全年供水总量(万立方米)	29771	31034	30363	30826	29855	29805	29655
#生产运营用水	6317	6781	6481	6865	6675	6439	6434
居民家庭用水	12255	12942	14019	14170	13825	13820	13665
用水人口(万人)	279.00	290.45	298.65	304.35	307.70	311.85	312.20
人均日生活用水量(升)	142.45	143.68	148.69	150.04	145.46	144.74	143.22
公共供水企业							
供水综合生产能力(万立方米/日)	115.00	120.00	125.38	140.00	140.00	142.30	142.30
#地下水	65.00	54.00	59.38	54.00	54.00	40.30	40.00
供水总量(万立方米)	28074	29581	28910	29660	28689	28719	28569
#居民家庭用水	11399	11969	13046	13500	13155	13210	13050
用水人口(万人)	274.77	287.78	295.98	301.85	305.2	309.45	310.04

注：资料取自市建委。

15—4　城市燃气及供热

指　　标	1990年	1995年	2000年	2004年	2005年	2006年	2009年
液化石油气							
供气总量(吨)	32793	50454	94213	83998	78902	60003	19505
#家庭用量	30567	47519	86983	40008	39218	27434	18063
用气人口(万人)	83.5	117.2	115.9	53.5	51.6	26.7	18.1
天然气							
供气总量(万立方米)				21407	25918	31192	53502
#家庭用量				9772	10048	10110	16900
供气管道长度(公里)				457	485	1942	2716
用气人口(万人)				128.40	138.49	170.00	215.93
集中供热							
热水供热能力(兆瓦)		429	2440	5487	6021	5576	9074
集中供热面积(万平方米)	95	431	2174	4107	4486	5460	7329
热水管道长度(公里)				597	631	1339	1788

指　　标	2010年	2011年	2012年	2013年	2014年	2015年	2016年
液化石油气							
供气总量(吨)	19620	26853	26625	27340	31326	35563	32857
#家庭用量	18581	26150	26046	26734	31250	31712	31446
用气人口(万人)	18.4	18.0	16.0	14.0	14.0	14.5	14.4
天然气							
供气总量(万立方米)	66491	86500	144054	231251	295702	277416	307847
#家庭用量	21000	23900	27000	34200	36600	36000	41000
供气管道长度(公里)	3178	3505	4066	4475	4975	5478	5769
用气人口(万人)	250.93	265.00	275.30	285.00	288.35	291.93	292.47
集中供热							
热水供热能力(兆瓦)	9200	9575	11711	12759	13138	16553	19758
集中供热面积(万平方米)	8723	9215	9151	9023	9485	12088	15003
热水管道长度(公里)	1933	2180	2297	2649	2779	3149	4126

注：资料取自市建委。

15—5 城市公共交通

指标	1990年	1995年	2000年	2004年	2005年	2006年	2009年
公共交通运营车辆(辆)	**550**	**2347**	**3163**	**4196**	**4110**	**4191**	**3862**
#天然气燃料车CNG				1700	1978	3337	3815
#快速公交							
#BRT							
标准运营车数(标台)	633	2036	2713	3582	3566	3999	3437
客运总量(万人次)		46139	61059	49528	52744	64365	71318
出租汽车(辆)	**673**	**4554**	**6381**	**6900**	**7070**	**7151**	**7940**

指标	2010年	2011年	2012年	2013年	2014年	2015年	2016年
公共交通运营车辆(辆)	**3634**	**3732**	**3914**	**4149**	**4567**	**4684**	**4668**
#天然气燃料车CNG	3634	3732	3914	4149	4567	4684	4668
#快速公交			362	362	505	610	597
#BRT			362	362	505	597	552
标准运营车数(标台)	3979	4669	4988	5296	5889	6110	6104
客运总量(万人次)	73490	74386	85871	117571	114565	114451	114993
出租汽车(辆)	**7950**	**9963**	**10046**	**12188**	**12338**	**12338**	**12338**

注：资料取自市交通局。

15—6　城　市　用　电

单位：万千瓦时

指　　标	1990年	1995年	2000年	2005年	2010年	2011年
全社会用电合计	**173475**	**275886**	**426438**	**592190**	**1141579**	**1257910**
城乡居民生活用电	**14859**	**38092**	**55220**	**96717**	**132712**	**138975**
乡村	42	1290	2700	5975	7840	8024
城市	14817	36802	52520	90742	124872	130951
全行业用电	**158616**	**237794**	**371218**	**495473**	**1008867**	**1118935**
第一产业	8670	13861	15600	9105	10738	11671
第二产业	128700	192247	278968	389810	829645	924542
第三产业	21246	31686	76650	96558	168484	182722
分行业用电	**158616**	**237794**	**371218**	**495473**	**1008867**	**1118935**
农、林、牧、渔业	8670	13861	15600	9105	10738	11671
#排灌	6045	8984	11013	1045	4191	5320
工业	126776	188568	274288	386950	816263	907322
轻工业	25991	36279	49265	46583	65695	86754
重工业	100785	152289	225023	340367	750568	820568
#制造业				274269	703416	777806
建筑业	1924	3679	4680	2803	13382	17220
交通运输、仓储、邮政业	4665	7022	10417	11252	16666	17257
信息传输、计算机服务和软件业				4784	13572	15246
商业、住宿和餐饮业	2211	5395	44229	52680	69887	73423
金融、房地产、商务及居民服务业				11409	29493	33896
公共事业及管理组织				16485	38866	42900

15-6续表　　　　单位：万千瓦时

指　　标	2012年	2013年	2014年	2015年	2016年
全社会用电合计	**1592392**	**1851668**	**1498683**	**1616422**	**2150371**
城乡居民生活用电	**140159**	**149806**	**183798**	**184181**	**190923**
乡村	8917	9020	10663	10860	11940
城市	131242	140023	173135	173321	178983
全行业用电	**1452233**	**1738287**	**1314855**	**1432241**	**1959448**
第一产业	15777	26038	28877	19587	19144
第二产业	1231796	1475230	1016903	1107499	1606315
第三产业	204660	236384	269105	305155	333989
分行业用电	**1452233**	**1738287**	**1314855**	**1432241**	**1959448**
农、林、牧、渔业	15777	26038	28877	19587	19144
#排灌	7976	13965	16087	10381	9820
工业	1210834	1448948	985876	1074275	1570011
轻工业	90868	94667	106833	89499	81570
重工业	1119966	1354280	879043	984776	1488441
#制造业	1053989	1232406	832463	919942	1387521
建筑业	20978	24448	31044	33247	36325
交通运输、仓储、邮政业	23869	37998	38063	47922	53188
信息传输、计算机服务和软件业	16727	19123	23171	25412	28429
商业、住宿和餐饮业	76895	82852	93977	99404	106049
金融、房地产、商务及居民服务业	39620	43854	54690	65779	72085
公共事业及管理组织	47533	52557	59187	66615	74217

注：1. 2000年以前因行业分组不同，分行业用电分组与总计不相等。
2. 2016年工业用电量含自备电厂，与以前年份不可比。

15—7 市政设施及园林绿化

指　　标	1990年	1995年	2000年	2004年	2005年	2010年
市政设施						
道路长度(公里)	402	886	994	1064	1072	1632
道路面积(万平方米)	440	943	1081	1248	1320	2005
路灯盏数(盏)	5700	8578	12206	44832	66532	108024
排水管道长度(公里)	193	280	348	785	816	1172
桥梁数(座)	49	59	91	110	114	140
污水处理厂数(座)					5	7
污水年排放量(万立方米)		11591	13371	11338	13678	18388
污水日处理能力(万立方米/日)			20	36.4	36.4	41.8
污水年处理量(万立方米)		3056	8900	7620	7894	11153
污水再生利用总量(万立方米)				3483	3580	3512
园林绿化						
绿化覆盖面积(公顷)		6019	6304	4388	4478	17316
园林绿地面积(公顷)	2236	5844	6128	4388	4477	15697
公园绿地面积(公顷)	450	471	615	789	809	2063
公园个数(个)	4	18	18	27	30	26
公园面积(公顷)	191	448	454	760	751	987

注：资料取自市建委。

15-7续表

指　　标	2011年	2012年	2013年	2014年	2015年	2016年
市政设施						
道路长度(公里)	1695	1740	2037	2159	2237	2314
道路面积(万平方米)	2156	2225	2914	3101	3224	3346
路灯盏数(盏)	109024	116957	120757	127052	129090	134588
排水管道长度(公里)	1222	1302	1352	1442	1740	1840
桥梁数(座)	148	150	150	172	174	179
污水处理厂数(座)	7	8	8	8	8	8
污水年排放量(万立方米)	21839	21317	21581	20899	21129	21484
污水日处理能力(万立方米/日)	33.1	73.1	73.1	73.1	73.1	73.5
污水年处理量(万立方米)	16900	17457	17692	17133	17798	18463
污水再生利用总量(万立方米)	5276	4886	4868	4868	5110	5310
园林绿化						
绿化覆盖面积(公顷)	22399	24197	25404	26902	28712	29315
园林绿地面积(公顷)	19901	23372	24476	25931	27679	28258
公园绿地面积(公顷)	2636	2750	3061	3282	3409	3545
公园个数(个)	26	26	28	28	28	29
公园面积(公顷)	987	987	1080	1080	1080	1103

15—8　环境卫生事业基本情况

指　　标	1990年	1995年	2000年	2005年	2010年
道路清扫保洁面积(万平方米)	290	589	780	1425	1846
生活垃圾清运量(万吨)	76	82	91.9	135	104.36
无害化处理量(万吨)			96.00	59.10	91.21
餐厨垃圾清运量(万吨)					
清运粪便(万吨)	3.8	0.6	4.1	0.5	0.84
生活垃圾转运站(座)					
公共厕所(座)	415	458	518	488	701
市容环卫专用车辆总数(辆)	179	192	246	426	856

指　　标	2012年	2013年	2014年	2015年	2016年
道路清扫保洁面积(万平方米)	2225	2440	2682	3024	3311
生活垃圾清运量(万吨)	136.11	132.26	136.3	133.59	145.06
无害化处理量(万吨)	124.45	121.01	126.81	132.73	138.81
餐厨垃圾清运量(万吨)	1.58	1.13	1.12	1.84	1.99
清运粪便(万吨)	0.17	0.13	0.13	0.06	
生活垃圾转运站(座)	52	52	59	65	65
公共厕所(座)	866	932	1065	1065	969
市容环卫专用车辆总数(辆)	2085	2374	2666	2997	3279

注：资料取自市建委。

15—9 重点调查企业污染排放及处理利用情况

指　　标	2005年	2007年	2008年	2009年
被调查企业基本情况				
汇总工业企业数(个)	105	103	130	177
工业锅炉数(台/蒸吨)	342/14365	203/8166	57/2899	280/10575
工业炉窑数(座)	125	93	89	138
煤炭消费量(万吨)	827.64	1083.98	1250.8	1197.08
燃料油消费量(不含车船用,万吨)	0.32	0.83	0.46	4.54
焦炭消耗量(万吨)				
天然气消耗量(万立方米)				
用电量(亿千瓦时)				
其他燃料消耗量(万吨标准煤)				
工业废水				
工业用水总量(万吨)	188063.12	250793.33	271729.61	340062.96
#新鲜水量	8565.78	8057.14	11927.20	10577.49
重复用水量	179497.34	242736.18	259802.41	329485.47
废水治理设施处理能力(万吨/日)	29.45	37.37	69.20	91.06
废水治理设施设备运行费用(万元)	5287	18197	17735	7880
工业废水排放量(万吨)	4197.01	4602.59	5765.99	5968.32
#直接排入环境的				
排入污水处理厂的	262.94	100.73	267.75	285.45
工业废气				
工业废气排放总量(亿标立方米)	1141.87	1661.17	1845.48	1505.44
废气治理设施处理能力(万标立方米/时)	1597.78	2877.12	40423.92	3802.48
废气治理设施设备运行费用(万元)	52720	10024	9776	24411
二氧化硫排放量(吨)	87694.09	114140.92	124724.75	107971.08
烟(粉)尘排放量(吨)	51876.37	48234.11	42015.39	41873.25
工业固体废物				
工业固体废物产生量(万吨)	329.84	485.71	529.54	550.63
#危险废物产生量(万吨)	3.68	2.61	2.13	
工业固体废物综合利用量(万吨)	237.64	267.33	356.09	359.56
#危险废物综合利用量(万吨)	2.3	1.52	1.05	
工业固体废物处置量(万吨)	44.21	72.01	72.98	46.73
#危险废物处置量(万吨)	1.38	1.09	1.08	

15-9续表1

指　　标	2010年	2011年	2012年	2013年
被调查企业基本情况				
汇总工业企业数(个)	214	227	244	211
工业锅炉数(台/蒸吨)	496/25390	483/27448	379/24578	184/18252
工业炉窑数(座)	151	171	184	174
煤炭消费量(万吨)	1863.53	2358.14	2167.39	2200.64
燃料油消费量(不含车船用,万吨)	5.57	2.00	0.46	0.55
焦炭消耗量(万吨)		321.62	374.51	361.79
天然气消耗量(万立方米)		84114	111373	163991
用电量(亿千瓦时)		96.90	50.66	50.13
其他燃料消耗量(万吨标准煤)		228.08	230.81	234.03
工业废水				
工业用水总量(万吨)	362069.03	205680.98	221515.76	221928.78
#新鲜水量	22707.28	14639.64	14140.45	12231.39
重复用水量	339361.75	191041.34	207375.31	209697.39
废水治理设施处理能力(万吨/日)	71.20	79.00	74.31	30.08
废水治理设施设备运行费用(万元)	10622	14057	13654	12978
工业废水排放量(万吨)	5822.45	4820.16	5748.06	4889.15
#直接排入环境的				
排入污水处理厂的	349.50	680.78	402.11	1158.43
工业废气				
工业废气排放总量(亿标立方米)	2224.85	3267.68	3629.40	3526.67
废气治理设施处理能力(万标立方米/时)	5522.35	12504.35	6496.11	9173.95
废气治理设施设备运行费用(万元)	36920	47844	44880	74840
二氧化硫排放量(吨)	94146.40	129445.15	109801.70	74215.89
烟(粉)尘排放量(吨)	41583.30	62364.94	51108.76	52440.77
工业固体废物				
工业固体废物产生量(万吨)	691.75	1000.70	1282.08	1127.52
#危险废物产生量(万吨)			16.41	13.02
工业固体废物综合利用量(万吨)	471.76	809.87	1140.37	988.11
#危险废物综合利用量(万吨)			7.27	11.89
工业固体废物处置量(万吨)	41.07	188.44	135.38	139.39
#危险废物处置量(万吨)			0.97	1.13

15-9续表2

指　　标	2014年	2015年	2016年
被调查企业基本情况			
汇总工业企业数(个)	389	482	173
工业锅炉数(台/蒸吨)	701/27699	659/22872	153/16511
工业炉窑数(座)	194	288	168
煤炭消费量(万吨)	2158.48	1936.11	1802.95
燃料油消费量(不含车船用,万吨)	0.68	0.16	0.37
焦炭消耗量(万吨)	370.45	216.26	208.88
天然气消耗量(万立方米)	252881	95352	23964
用电量(亿千瓦时)	89.36	132.21	172.46
其他燃料消耗量(万吨标准煤)	227.54	144.27	128.03
工业废水			
工业用水总量(万吨)	212545.68	181097.96	
#新鲜水量	12529.58	10351.87	8693.26
重复用水量	200016.09	170746.08	
废水治理设施处理能力(万吨/日)	31.89	37.87	35.62
废水治理设施设备运行费用(万元)	13639	16653	13702
工业废水排放量(万吨)	4848.51	3521.14	4488.63
#直接排入环境的	4346.67	2931.52	2119.88
排入污水处理厂的	501.84	589.62	2368.76
工业废气			
工业废气排放总量(亿标立方米)	4068.36	3219.62	2789.29
废气治理设施处理能力(万标立方米/时)	9319.58	7955.39	5955.47
废气治理设施设备运行费用(万元)	78907	53235	45454
二氧化硫排放量(吨)	71250.59	58978.13	40165.66
烟(粉)尘排放量(吨)	77075.58	45969.13	34023.51
工业固体废物			
工业固体废物产生量(万吨)	962.36	778.46	762.66
#危险废物产生量(万吨)	7.82	6.89	9.57
工业固体废物综合利用量(万吨)	901.31	703.53	703.72
#危险废物综合利用量(万吨)	3.31	3.22	5.98
工业固体废物处置量(万吨)	25.30	48.58	57.42
#危险废物处置量(万吨)	4.53	3.61	3.52

注：1. 2016年重点调查企业口径有调整。2. 2016年工业用水总量、重复用水量不再统计。

主要统计指标解释

EXPLANATORY NOTES ON MAIN STATISTICAL INDICATORS

建成区面积　是指城市行政区内实际已成片开发建设、市政公用设施和公共设施基本具备的区域。对核心城市，它包括集中连篇的部分以及分散的若干个已经成片建设起来，市政公用设施和公共设施基本具备的区域；对一城多镇来说，它包括由几个连片开发建设起来的，市政公用设施和公共设施基本具备的地区组成。因此建成区范围，一般是指建成区外轮廓线所能包括的地区，也就是这个城市实际建设用地多达到的范围。

供水综合生产能力　指按供水设施取水、净化、送水、出厂输水干管等环节设计能力计算的综合生产能力。包括在原设计能力的基础上，经挖、革、改增加的生产能力。计算时，以四个环节中最薄弱的环节为主确定能力。

供水管道长度　指从送水泵至用户水表之间所有管道的长度。不包括新安装尚未使用、水厂内以及用户建筑物内的管道。

供水总量　指报告期供水企业（单位）供出的全部水量。包括有效供水量和漏损水量。

生产运营用水　指在城区范围内生产、运营的农、林、牧、渔业、工业、建筑业、交通运输业等单位在生产、运营过程中的用水。

用水普及率　指报告期末城区用水人口数与城市人口总数的比率。计算公式为：

用水普及率＝城区用水人口数（含暂住人口）／城区人口+城区暂住人口×100%

人工煤气生产能力　指报告期末人工煤气生产厂制气、净化、输送等环节的综合生产能力，不包括备用设备能力。一般按设计能力计算，当实际生产能力大于设计能力时，应按实际测定的生产能力计算。测定时应以制气、净化、输送三个环节中最薄弱的环节为主。

供气管道长度　指报告期末从气源厂压缩机的出口或门站出口至各类用户引入管之间的全部已经通气、投入使用的管道长度。不包括煤气生产厂、输配站、液化气储存站、灌瓶站、储配站、气化站、混气站、供应站等厂（站）内的管道。

供气总量　指报告期燃气企业（单位）向用户供应的燃气数量。包括销售量和损失量。

燃气普及率　指报告期末城区使用燃气的城市人口数与城市人口总数的比率。计算公式为：

燃气普及率＝城区用气人口（含暂住人口）／城区人口+城区暂住人口×100%

城市供热能力　指供热企业（单位）向城市热用户输送热源的设计能力。

供热总量　指在报告期供热企业（单位）向城市热用户输送全部蒸汽和热水的总热量。

供热管道长度　指从各类热源到热用户建筑物接入口之间的全部蒸汽和热水的管道长度。不包括各类热源厂内部的管道长度。

供热面积　指在报告期末符合集中供热标准的供热单位（企业），向城市各类房屋建筑物、构筑物及其它设施供热的建筑面积。

道路长度　指道路长度和与道路相通的桥梁、隧道的长度，按车行道中心线计算。

道路面积　指道路面积和与道路相通的广场、桥梁、隧道的面积（统计时，将人行道面积单独统计）。人行道面积按道路两侧面积相加计算。道路面积为机动车道面积与人行道面积之和。包括步行街和广场，不含人车混行的道路。

城市桥梁　指为跨越天然或人工障碍物而修建的构筑物。包括跨河桥、立交桥、人行天桥以及人行地下通道等。

排水管道长度　指所有排水总管、干管、支管、检查井及连接井进出口等长度之和。

污水日处理能力　指污水处理厂（污水处理装置）每昼夜处理污水量的设计能力。

城市绿地面积　指报告期末用作园林和绿化的各种绿地面积。包括公园绿地、生产绿地、防护绿地、附属绿地和其他绿地面积。

公园绿地　城市中向公众开放的、以游憩为主要功能，有一定的游憩设施和服务设施，同时兼有健全生态、美化景观，防灾减灾等综合作用的绿化用地。包括综合公园、社区公园、专类公园、带状公园和街旁绿地。其中综合公园、专类公园和带状公园面积之和为公园面积。

人均道路面积　指的是报告期末城区内平均每一居民拥有的的城市道路面积

道路清扫保洁面积　指报告期末对城市道路和公共场所（主要包括城市行车道、人行道、车行隧道、人行过街地下通道、道路附属绿地、地铁站、高架路、人行过街天桥、立交桥、广场、停车场及其他设施等）进行清扫保洁的面积。一天清扫多次的，按清扫保洁面积最大的一次计算。

市容环卫专用车辆设备 指用于环境卫生作业、监察的专用车辆和设备，包括用于道路清扫、冲洗、洒水、除雪、垃圾粪便清运、市容监察以及与其配套使用的车辆和设备。

生活垃圾清运量 指报告期收集和运送到各生活垃圾处理厂（场）和生活垃圾最终消纳点的生活垃圾数量。生活垃圾指城市日常生活或为城市日常生活提供服务的活动中产生的固体废物以及法律行政规定的视为城市生活垃圾的固体废物。包括：居民生活垃圾、商业垃圾、集市贸易市场垃圾、街道清扫垃圾、公共场所垃圾和机关、学校、厂矿等单位的生活垃圾。

生活垃圾无害化处理率 指报告期生活垃圾无害化处理量与生活垃圾产生量比率。在统计上，由于生活垃圾产生量不易取得，可用清运量代替。计算公式为：

生活垃圾无害化处理率=生活垃圾无害化处理量/生活垃圾产生量×100%

一般工业固体废物产生量 指未被列入《国家危险废物名录》或者根据国家规定的危险废物鉴别标准（GB5085）、固体废物浸出毒性浸出方法（GB5086）及固体废物浸出毒性测定方法（GB／T15555）鉴别方法判定不具有危险特性的工业固体废物。计算公式是：

一般工业固体废物产生量=（一般工业固体废物综合利用量-其中：综合利用往年贮存量）+一般工业固体废物贮存量+（一般工业固体废物处置量-其中：处置往年贮存量）+一般工业固体废物倾倒丢弃量

一般工业固体废物综合利用量 指报告期内企业通过回收、加工、循环、交换等方式，从固体废物中提取或者使其转化为可以利用的资源、能源和其他原材料的固体废物量（包括当年利用的往年工业固体废物累计贮存量）。如用作农业肥料、生产建筑材料、筑路等。综合利用量由原产生固体废物的单位统计。

一般工业固体废物处置量 指报告期内企业将工业固体废物焚烧和用其他改变工业固体废物的物理、化学、生物特性的方法，达到减少或者消除其危险成分的活动，或者将工业固体废物最终置于符合环境保护规定要求的填埋场的活动中，所消纳固体废物的量。

一般工业固体废物贮存量 指报告期内企业以综合利用或处置为目的，将固体废物暂时贮存或堆存在专设的贮存设施或专设的集中堆存场所内的量。专设的固体废物贮存场所或贮存设施必须有防扩散、防流失、防渗漏、防止污染大气、水体的措施。

卫生、社会福利、体育和其他

HEALTH WELFARE SPORTS AND OTHER

资料整理：高思梅　刘艳梅

16—1　乌鲁木齐市卫生事业发展情况

年　份	卫生机构数（个）	#医院	卫生技术人员数（人）	#医生	卫生机构床位数（张）	#医院
1949	2	2	68	17	165	165
1950	11	2	163	49	170	165
1951	19	2	314	75	220	165
1952	32	2	453	113	385	195
"一五"时期						
1953	49	3	744	181	471	
1954	63	5	1033	278	560	
1955	76	5	1257	431	684	
1956	93	7	1832	580	1128	
1957	99	6	2227	654	1493	1227
"二五"时期						
1958	110	9	2349	738	1828	
1959	170	15	3838	1236	3776	
1960	202	23	4028	1410	4984	
1961	273	22	5212	1758	5978	
1962	246	21	4184	1566	5027	
三年调整期						
1963	250	21	4561	1797	5270	
1964	265	21	4870	1910	5331	
1965	179	27	3307	1311	3515	2653
"三五"时期						
1966	210	31	3540	1372	4103	3107
1967	206	31	3458	1338	4025	3097
1968	229	31	3685	1484	4235	3167
1969	193	30	3919	1665	4153	3143
1970	212	45	3668	1425	4181	3457
"四五"时期						
1971	265	45	4334	1718	3909	3611
1972	358	51	5293	2096	4738	4058
1973	347	51	5435	1933	4714	3882
1974	367	46	5641	2015	4613	3785
1975	430	42	8236	2757	7205	5224
"五五"时期						
1976	460	48	8811	3006	7312	5746
1977	502	50	9759	3360	7931	6283
1978	494	51	10144	3565	7760	6195
1979	499	51	10644	3718	8149	6432
1980	478	56	11391	4098	8553	7080
"六五"时期						
1981	521	55	11970	4424	8680	7183
1982	517	58	12546	4668	9039	7570

16-1续表

年　份	卫生机构数（个）	#医院	卫生技术人员数（人）	#医生	卫生机构床位数（张）	#医院
1983	531	57	13441	5083	9423	7813
1984	530	56	13988	5601	9526	7923
1985	518	50	14172	5809	9548	8051
"七五"时期						
1986	545	50	14692	5840	10194	8470
1987	573	52	15251	6027	10555	8765
1988	574	53	15488	6577	11240	9241
1989	603	57	15680	6662	11911	9813
1990	681	59	16356	6794	12167	9847
"八五"时期						
1991	680	59	16668	7091	12029	9764
1992	681	59	17221	7260	12391	9936
1993	691	63	18083	7758	13126	10394
1994	693	75	18593	8221	13177	10766
1995	694	80	18378	8085	13587	11173
"九五"时期						
1996	907	72	18137	8120	13706	11468
1997	914	70	18319	8203	13364	11332
1998	914	71	18207	8042	13677	11533
1999	912	71	17995	7924	13828	11557
2000	1127	71	18317	8330	14114	11697
"十五"时期						
2001	1127	72	17588	8927	14204	11700
2002	832	95	13623	5682	11306	10374
2003	1084	106	18486	7950	15254	13901
2004	1450	133	20947	9513	17710	15576
2005	1478	134	19875	8723	17750	16169
"十一五"时期						
2006	1554	143	20856	9163	18765	17467
2007	1606	134	23469	10039	19399	18308
2008	1491	137	24533	10022	20829	19493
2009	1630	137	26908	10934	30617	21267
2010	1768	139	28639	11539	24204	21128
"十二五"时期						
2011	1685	143	30402	12033	25453	22504
2012	1691	143	31418	12037	25579	22589
2013	1682	136	32961	12902	25983	22835
2014	1726	142	33783	12990	27636	24834
2015	1784	148	35516	13425	28052	25256
"十三五"时期						
2016	1743	125	38326	14410	29405	26426

注：资料取自市卫生局统计年报，不含兵团。

16—2　医疗机构、床位、人员数

（2016年）

机构分类	机构个数(个)	床位数(张)	工作人员合计(人)	#卫生技术人员
总　计	**1743**	**29405**	**48414**	**38326**
医院	**125**	**26426**	**36479**	**28560**
综合医院	64	14257	21516	17151
中医医院	14	3933	4500	3700
中西医结合医院	2	525	598	442
民族医院	1	537	733	590
专科医院	44	7174	9132	6677
口腔医院	2	42	322	295
眼科医院	4	120	281	158
耳鼻喉科医院	1	100	175	126
肿瘤医院	1	1665	2306	1737
心血管病医院	1	272	564	350
胸科医院	1	527	599	469
妇产(科)医院	7	417	799	525
儿童医院	2	1230	1578	1332
精神病医院	2	1521	1262	854
传染病医院	1	400	385	237
皮肤病医院	3	124	143	98
骨科医院	1	60	35	29
康复医院	3	149	73	54
整形外科医院	3	102	70	53
美容医院	2	37	30	30
其他专科医院	10	408	510	330
基层医疗卫生机构	**1587**	**2304**	**9494**	**7983**
社区卫生服务中心(站)	303	1957	4842	3936
社区卫生服务中心	64	1637	2820	2226
社区卫生服务站	239	320	2022	1710
卫生院	27	308	506	466
乡镇卫生院	27	308	506	466
中心卫生院	6	152	196	178
乡卫生院	21	156	310	288

注：卫生技术人员不含乡镇卫生院在村卫生室工作的执业（助理）医师、注册护士数。

16-2续表1　　（2016年）　　单位：人

机构分类	卫生技术人员			其他技术人员	管理人员	工勤技能人员
	#执业（助理）医师	#执业医师	注册护士			
总　计	**14410**	**13817**	**16583**	**2406**	**2380**	**5070**
医院	**9522**	**9294**	**13476**	**1866**	**1827**	**4226**
综合医院	5663	5550	8176	1015	992	2358
中医医院	1400	1387	1655	198	284	318
中西医结合医院	104	72	176	4	48	104
民族医院	226	206	189	41	21	81
专科医院	2129	2079	3280	608	482	1365
口腔医院	169	166	99	8	14	5
眼科医院	53	52	65	17	16	90
耳鼻喉科医院	57	56	49	10	22	17
肿瘤医院	570	569	872	172	26	371
心血管病医院	119	116	187	59	21	134
胸科医院	151	151	241	79	4	47
妇产（科）医院	134	125	199	6	110	158
儿童医院	406	401	697	81	56	109
精神病医院	176	168	499	104	29	275
传染病医院	67	66	121	18	100	30
皮肤病医院	32	30	55	14	14	17
骨科医院	10	10	9		2	4
康复医院	30	29	16	6	6	7
整形外科医院	19	15	23		7	10
美容医院	8	6	19			
其他专科医院	128	119	129	34	55	91
基层医疗卫生机构	**4176**	**3838**	**2744**	**333**	**332**	**614**
社区卫生服务中心（站）	1702	1567	1446	264	285	357
社区卫生服务中心	853	776	848	181	157	256
社区卫生服务站	849	791	598	83	128	101
卫生院	210	163	138	17	7	16
乡镇卫生院	210	163	138	17	7	16
中心卫生院	78	59	42	8	4	6
乡卫生院	132	104	96	9	3	10

16-2续表2　　（2016年）

机构分类	机构个数(个)	床位数(张)	工作人员合计(人)	#卫生技术人员
村卫生室	190		298	66
门诊部	74	39	975	718
综合门诊部	39	37	664	476
中医门诊部	3		12	8
中西医结合门诊部	2		10	8
民族医门诊部				
专科门诊部	30	2	289	226
诊所、卫生所、医务室	993		2873	2797
诊所	884		2405	2360
卫生所、医务室	109		468	437
专业公共卫生机构	**29**	**484**	**2318**	**1731**
疾病预防控制中心	11		1070	799
省属	1		437	309
省辖市(地区)属	1		155	132
地辖市属	7		315	242
县属	1		36	33
其他	1		127	83
专科疾病防治院(所、站)	2	84	70	31
专科疾病防治所(站、中心)	2	84	70	31
药物戒毒所(中心)	2	84	70	31
其他				
妇幼保健院(所、站)	1	400	682	508
妇幼保健院	1	400	682	508
急救中心(站)	1		57	39
采供血机构	1		100	73
卫生监督所(中心)	10		282	250
省属	1		68	56
省辖市(地区)属	1		54	46
地辖市属	7		140	131
县属	1		20	17
计划生育技术服务机构	3		57	31
其他卫生机构	**2**	**191**	**123**	**52**
疗养院	2	191	123	52

16-2续表3 （2016年） 单位：人

机构分类	卫生技术人员 #执业（助理）医师	#执业医师	注册护士	其他技术人员	管理人员	工勤技能人员
村卫生室	53	36	13			
门诊部	413	385	223	52	40	165
综合门诊部	251	241	151	39	30	119
中医门诊部	6	5	1			4
中西医结合门诊部	5	5	2			2
民族医门诊部						
专科门诊部	151	134	69	13	10	40
诊所、卫生所、医务室	1798	1687	924			76
诊所	1542	1451	766			45
卫生所、医务室	256	236	158			31
专业公共卫生机构	**689**	**664**	**344**	**204**	**202**	**181**
疾病预防控制中心	453	437	14	109	67	95
省属	171	168	4	56	13	59
省辖市（地区）属	95	95	1	13	3	7
地辖市属	124	115	9	21	38	14
县属	19	18				3
其他	44	41		19	13	12
专科疾病防治院（所、站）	12	7	8		39	
专科疾病防治所（站、中心）	12	7	8		39	
药物戒毒所（中心）	12	7	8		39	
其他						
妇幼保健院（所、站）	164	162	261	72	62	40
妇幼保健院	164	162	261	72	62	40
急救中心（站）	16	15	22	7	6	5
采供血机构	27	27	31	8	9	10
卫生监督所（中心）				1	13	18
省属				1	3	8
省辖市（地区）属					4	4
地辖市属					6	3
县属						3
计划生育技术服务机构	17	16	8	7	6	13
其他卫生机构	23	21	19	3	19	49
疗养院	**23**	**21**	**19**	**3**	**19**	**49**

16—3　医院等级情况

（2016年）

单位：个

指　标	医　院	综合医院	中医医院	中西医结合医院	民族医院	专科医院	妇幼保健院
总　计	**125**	**64**	**14**	**2**	**1**	**44**	**1**
三级	**17**	**6**	**2**		**1**	**8**	**1**
甲等	13	5	2		1	5	1
乙等	1	1					
丙等							
未定等	3					3	
二级	**24**	**12**	**2**	**1**		**9**	
甲等	15	12	1			2	
乙等	1			1			
丙等							
未定等	8		1			7	
一级	**84**	**46**	**10**	**1**		**27**	
甲等	20	13	3			4	
乙等							
丙等							
未定等	64	33	7	1		23	

16—4 分区县卫生机构数

（2016年）

单位：个

地 区	卫生机构数	医院						
		小 计	综合医院	中医医院	中西医结合医院	民族医院	专科医院	护理院
总 计	**1743**	**125**	**64**	**14**	**2**	**1**	**44**	
天山区	418	39	15	3	1	1	19	
沙依巴克区	333	32	14	4	1		13	
高新区(新市区)	337	25	17	3			5	
水磨沟区	225	17	8	3			6	
经济区(头屯河区)	92	2	2					
米东区	235	10	8	1			1	
达坂城区	36							
乌鲁木齐县	67							

地 区	基层医疗卫生机构							
	小 计	社区卫生服务中心	社区卫生服务站	街道卫生院	乡镇卫生院	村卫生室	门诊部	诊所、卫生所、医务室、护理站
总 计	**1587**	**64**	**239**		**27**	**190**	**74**	**993**
天山区	371	17	53				23	278
沙依巴克区	297	10	38			2	26	221
高新区(新市区)	307	13	66		6	25	4	193
水磨沟区	205	8	26		1	5	13	152
经济区(头屯河区)	87	5	16			4	2	60
米东区	222	7	39		7	80	6	83
达坂城区	34	4	1		5	21		3
乌鲁木齐县	64				8	53		3

16-4续表 （2016年） 单位：个

地　区	专业公共卫生机构								
	小　计	疾病预防控制中心（防疫站）	专科疾病防治院（所、站）	健康教育所、站	妇幼保健院（所、站）	急救中心（站）	采供血机构	卫生监督所	计划生育技术服务机构
总　计	**29**	**11**	**2**		**1**	**1**	**1**	**10**	**3**
天山区	6	2			1			2	1
沙依巴克区	4	1				1	1	1	
高新区（新市区）	5	2	1					2	
水磨沟区	3	1	1					1	
经济区（头屯河区）	3	2						1	
米东区	3	1						1	1
达坂城区	2	1						1	
乌鲁木齐县	3	1						1	1

地　区	其他公共卫生机构					
	小　计	疗养院	医学科研机构	医学在职培训机构	统计信息中心	其他
总　计	**2**	**2**				
天山区	2	2				
沙依巴克区						
高新区（新市区）						
水磨沟区						
经济区（头屯河区）						
米东区						
达坂城区						
乌鲁木齐县						

16—5 医疗机构诊疗人次及诊疗情况

（2016年）

机 构	总诊疗人次数（人次）	#门、急诊	观察室留观病例数（例）	健康检查人数（人）	急诊病死率（%）
总 计	**23175488**	**22688711**	**122225**	**1570995**	**0.05**
医院	**15198981**	**14865149**	**99781**	**798479**	**0.06**
综合医院	9240948	8936096	58475	417600	0.07
中医医院	2850060	2846465	25101	137788	0.11
中西医结合医院	203471	203376			
民族医院	211360	196625	27	2570	
专科医院	2693142	2682587	16178	240521	0.01
口腔医院	217783	217259	10		
眼科医院	82933	82933	520	1600	
耳鼻喉科医院	120817	120817		3223	
肿瘤医院	347459	347459	57	39958	
心血管病医院	58572	58572	165	33395	0.11
胸科医院	110293	110293	148	13458	
妇产（科）医院	188267	188138	4284	14681	
儿童医院	1138462	1138462	8325	105666	0.01
精神病医院	217148	217148		13406	
传染病医院	67709	67709		726	
皮肤病医院	8050	7923	413		
骨科医院	4187	3605			
康复医院	11778	11481		696	
整形外科医院	4696	4696	215		
美容医院	10048	4823	64	3710	
其他专科医院	104940	101269	1977	10002	
基层医疗卫生机构	**7412661**	**7259716**	**22422**	**769012**	**0.07**
社区卫生服务中心（站）	2517470	2443433	10597	426908	0.09
社区卫生服务站	1710734	1660609	11043	177732	
卫生院	382605	369790	782	109546	
村卫生室	340374	334164			
门诊部	445017	440641		54826	
诊所、卫生所、医务室	2016461	2011079			
专业公共卫生机构	**524265**	**524265**	**22**	**3272**	
专科疾病防治院（所、站）	11496	11496		185	
妇幼保健院（所、站）	456517	456517	22	3087	
急救中心（站）	56252	56252			
其他卫生机构	**39581**	**39581**		**232**	
疗养院	39581	39581		232	

16—6　医疗机构床位利用及服务情况

（2016年）

机　　构	平均开放病床数（张）	病床使用率（%）	出院者平均住院日（天）	病床周转次数（次）	病床工作日（日）
总　计	**28710**	**87.79**	**9.77**	**31.23**	**320.45**
医院	**25941**	**91.72**	**9.91**	**32.20**	**334.78**
综合医院	14035	88.36	9.50	33.30	322.53
中医医院	3933	113.48	10.29	40.14	414.21
中西医结合医院	406	94.06	11.75	29.21	343.32
民族医院	537	112.41	13.64	27.44	410.30
专科医院	7030	84.54	10.21	26.10	308.55
口腔医院	42	17.66	5.05	12.48	64.45
眼科医院	119	55.48	5.95	33.73	202.51
耳鼻喉科医院	80	81.65	7.68	38.68	298.03
肿瘤医院	1665	107.01	9.28	39.38	390.59
心血管病医院	272	91.87	10.30	32.40	335.34
胸科医院	527	99.66	13.68	26.41	363.77
妇产（科）医院	416	29.88	5.19	17.58	109.06
儿童医院	1230	86.01	6.93	45.25	313.95
精神病医院	1402	109.36	28.31	8.20	399.15
传染病医院	400	102.01	16.13	22.42	372.35
皮肤科医院	123	23.07	12.11	6.95	84.19
骨科医院	59	66.67	14.05	9.92	243.33
康复医院	149	7.24	13.17	2.01	26.42
整形外科医院	102	1.88	4.31	1.59	6.85
美容医院	37	25.45	6.57	14.05	92.90
其他专科医院	407	8.31	7.28	4.08	30.34
基层医疗卫生机构	**2093**	**49.98**	**9.24**	**18.33**	**182.41**
社区卫生服务中心（站）	1518	54.23	9.78	18.87	197.94
社区卫生服务站	271	29.66	8.69	9.65	108.27
卫生院	304	46.84	7.27	23.36	170.97
专业公共卫生机构	**484**	**74.51**	**5.57**	**47.51**	**271.96**
疾病预防控制中心	84	43.03	2.90	49.70	157.06
妇幼保健院（所、站）	400	81.12	6.16	47.05	296.09
其他卫生机构	**191**	**2.66**	**32.00**	**0.30**	**9.72**
疗养院	191	2.66	32.00	0.30	9.72

16—7 区(县)基层组织情况

(2016年)

单位：个、人

地 区	社区居(村委会)委会	居民1000户以下	居民1000户至3000户	居民3000户以上	社区居委会(村委会)成员人数	#党员	#女性
乌鲁木齐市	**1042**	**445**	**521**	**76**	**6402**	**1982**	**2956**
天山区	196	52	137	7	1463	748	957
沙依巴克区	185	49	118	18	1547	437	894
高新区(新市区)	207	101	97	9	994	195	278
水磨沟区	161	49	82	30	888	328	469
经济区(头屯河区)	53	23	21	9	323	149	208
米东区	147	79	65	3	753	55	57
达坂城区	38	37	1		177	70	66
乌鲁木齐县	55	55			257		27

16—8 区(县)城市居民最低生活保障情况

(2016年)

单位：人

地 区	城市居民最低生活保障人数	分类施保情况		低保对象分类				
				成年人			未成年人	
		#残疾人	#老年人	灵活就业人员	登记失业人员	未登记失业人员	在校生	其他
乌鲁木齐市	**18039**	**5507**	**2634**	**468**	**876**	**9261**	**2828**	**1909**
天山区	3949	1199	785	47	115	2065	587	344
沙依巴克区	5703	1654	859	82	165	3099	970	511
高新区(新市区)	1628	882	162	14	322	808	177	139
水磨沟区	3318	738	395	39	96	1733	550	484
经济区(头屯河区)	1628	527	203	18	85	821	242	250
米东区	1272	389	145	251	49	464	243	117
达坂城区	139	57	29	8	8	60	20	13
乌鲁木齐县	402	61	56	9	36	211	39	51

16—9　社会保险参保人数

单位：人

年　　份	城镇职工基本养老保险参保人数	城镇职工基本医疗保险参保人数	失业保险参保人数	工伤保险参保人数	生育保险参保人数
2002	305700	309700	373106		
2003	322500	365400	39600		
2004	342268	405822	403799		
2005	369151	459334	410592	300536	313458
2006	406248	529894	434440	369562	339011
2007	444506	609857	467389	424329	371865
2008	513668	689570	519978	484828	415958
2009	567319	780247	562917	532964	455557
2010	649110	862571	608231	587574	502816
2011	749630	991334	679901	661387	575884
2012	821997	1061161	720815	712703	615243
2013	1074564	1113154	751354	750198	642520
2014	1109545	1146075	766382	760205	657012
2015	1123974	1185750	780521	765623	670384
2016	1241706	1197128	788476	771025	691213

16—10 优抚、救济情况

指 标	1995年	2000年	2005年	2010年	2011年
优抚对象优待抚恤情况					
定期抚恤金人数(人)	135	115	153	462	195
烈属	97	54	72	313	68
牺牲军人家属			34	51	57
病故军人家属			47	98	70
定期补助人数(人)	261	307	301	1280	1188
优待优抚对象户数(户)			2562	3391	3096
#优待军属户数			1377	1482	1055
优待总金额(万元)	12	61	175	1129	963
#固定优待军属总额			135	593	444
城镇社会救济情况					
城镇居民最低生活保障人数(人)			26627	19858	21605
在职人员			674	244	233
灵活就业			1226	2138	1996
老年人			509	4247	3238
登记失业人员			3118	2183	2066
其他人员			21100	11046	14072
城镇居民最低生活保障家庭数(户)			11438	11557	13166

指 标	2012年	2013年	2014年	2015年	2016年
优抚对象优待抚恤情况					
定期抚恤金人数(人)	223	198	216	218	194
烈属	86	67	71	73	54
牺牲军人家属	60	61	61	61	55
病故军人家属	77	70	84	84	85
定期补助人数(人)	1175	1241	1257	1261	1263
优待优抚对象户数(户)	3264	2279	2039	1487	935
#优待军属户数	1278	1050	996	823	689
优待总金额(万元)	1917	1278	1234	1201	1002
#固定优待军属总额	1291	286	660	523	416
城镇社会救济情况					
城镇居民最低生活保障人数(人)	19764	19917	19955	18880	18039
在职人员	163	135	123	74	63
灵活就业	1497	1149	838	583	468
老年人	2641	2583	2552	2598	2634
登记失业人员	1665	1398	1271	931	876
其他人员	13798	14652	15171	14694	13998
城镇居民最低生活保障家庭数(户)	12639	12994	13170	12874	12588

16—11 按项目分等级运动员、裁判员发展人数

单位：枚、人

指　标	2005年	2009年	2010年	2011年	2012年	2013年	2014年	2015年	2016年
省级比赛获奖情况									
金牌	94	35	238	90	151	181	375	189	185
银牌	79	25	129	37	88	202	173	170	168
铜牌	83	23	87	41	106	223	134	132	135
当年新增等级裁判员	**206**	**197**	**78**	**109**	**140**	**229**	**532**	**251**	
# 女	57	14	23	23	21	50	247	91	
# 二级	206	197	78	109	140	229	532	251	
等级运动员	**58**	**185**	**395**	**236**	**385**	**425**	**271**	**232**	**254**
田径	22	57	193	69	144	144	87	73	72
游泳	16	7	32	6	9	8	10	7	12
速度滑冰	10		7	1	1	5	3	5	6
射击	6	1	10	4		9	4	4	5
射箭	4	6	11		4	9	5	5	3
篮球		35		63	104	114	64	57	56
乒乓球		7	19	25	19	35	8		15
武术		23	12	18	16	18	4	14	12
柔道		1	14	4		2	9	6	8
跆拳道		6	49	4	27	7	5	11	5
国际摔跤		2	39	5	6	24	12	11	21
足球		20		10	34	41	20	14	16
健美操		12		3				5	
排球		8		7			2	6	5
拳击			9	1	7	5	9	8	11
举重				8					
沙滩排球		1		6	6	4	4	6	
围棋				1					
中国式摔跤				7					
网球				2	8		15		5
航空模型									2

注：资料取自市体育局，为乌鲁木齐市属口径。

16—12 律师工作情况

单位：件

指　　标	1995年	2000年	2005年	2006年	2007年	2008年	2009年
刑事诉讼辩护及代理合计	**1206**	**633**	**676**	**661**	**2383**	**842**	**1087**
#公诉案件辩护							
被告人委托辩护	921	441	499	470	272	494	227
法律援助辩护	57	53	27	15	88	205	63
民事诉讼代理合计	**1649**	**1377**	**4155**	**4588**	**5468**	**6517**	**5684**
#合同纠纷							2711
侵权纠纷							
婚姻家庭纠纷	348	389	514	701	468	504	317
继承权纠纷	82	32	93	222	153	129	52
劳动争议案件							
涉及农民工案件							
知识产品案件							
其他							
行政诉讼代理合计	**57**	**106**	**84**	**86**	**106**	**194**	
常年法律顾问(家)	**498**	**322**	**460**	**537**	**529**	**646**	**546**
非诉讼法律事务	**1836**	**853**	**1434**	**724**	**329**	**1042**	**689**
咨询和代理文书(人次)	**8010**	**13301**	**23288**	**21501**	**17971**	**21036**	**15600**
代写法律文书	2327	2719	6344	6178	3245	4628	1806
法律咨询	5683	10582	16944	15323	14726	16408	13794
仲裁业务							
提供法律援助							
参加公益事业和社会活动							

16-12续表　　　　单位：件

指　　标	2010年	2011年	2012年	2013年	2014年	2015年	2016年
刑事诉讼辩护及代理合计	**1060**	**958**	**1634**	**1206**	**1510**	**1221**	**797**
#公诉案件辩护	187	107	296	121	328	207	207
被告人委托辩护	354	459	780	181	462	346	296
法律援助辩护	119	110	190	51	248	272	163
民事诉讼代理合计	**6020**	**5557**	**3864**	**4626**	**7680**	**9099**	**8462**
#合同纠纷	2994	2648	1418	2103	3547	4107	4909
侵权纠纷	628	679	670	481	695	820	670
婚姻家庭纠纷	471	432	431	305	546	617	532
继承权纠纷	131	157	90	134	144	134	12
劳动争议案件	676	967	512	400	972	1236	1037
涉及农民工案件	21	12	114	149	74	66	29
知识产品案件	24	501	17	42	20	25	10
其他	1075	17	612	1012	1682	2119	1248
行政诉讼代理合计	**431**	**72**	**30**	**78**	**137**	**733**	**164**
常年法律顾问(家)	**585**	**690**	**442**	**1257**	**997**	**1006**	**1383**
非诉讼法律事务	**639**	**453**	**418**	**3086**	**1108**	**744**	**2646**
咨询和代理文书(人次)	**15987**	**26225**	**13148**	**14581**	**24588**	**20321**	**13405**
代写法律文书	2225	2835	3801	1966	3235	2894	1566
法律咨询	13762	23390	9347	12615	17133	15465	11839
仲裁业务	**450**	**543**	**251**	**236**	**417**	**684**	**527**
提供法律援助	**252**	**697**	**119**	**376**	**1018**	**1096**	**587**
参加公益事业和社会活动	**4192**	**7015**	**2479**	**4869**	**5303**	**7589**	**2726**

16—13　律师执业机构基本情况

单位：个

指　　标	1995年	2000年	2005年	2011年	2012年	2013年	2014年	2015年	2016年
律师事务所	**25**	**31**	**43**	**74**	**75**	**81**	**93**	**109**	**118**
按组织形式分									
合伙所	4	17		51	49	49	54	59	64
合伙人3至10人所				45	47	46	52	47	40
合伙人11至50人所				6	2	3	2	12	24
国资所	1	14		1	1				
个人开业所	20			22	25	32	39	50	54
按规模分									
律师30人以下所			25	72	71	78	88	103	110
律师31-50人所			18	2	3	3	2	3	5
律师51-100人所					1		3	36	3

16—14　执业律师基本情况

单位：人

指　　标	1995年	2000年	2005年	2011年	2012年	2013年	2014年	2015年	2016年
律师合计	**227**	**386**	**496**	**784**	**875**	**927**	**1075**	**1197**	**1271**
#女性	39	75		212	277	635	358	463	490
按类别分									
专职律师	178	307	458	713	831	877	1005	1127	1183
兼职律师	49	79	38	63	34	35	48	48	57
公务律师						5	14	14	21
法律援助律师				8	10	10	8	8	9
军队律师									1
按文化程度分									
博士		3		16	32	32	14	16	15
硕士、双学位	1	8		152	80	87	108	117	129
法律专业本科	44	77		514	621	632	880	1020	910
其他专业本科	15	18		22	121	113	30	23	157
法律专业专科	83	158		39	15	15	33	16	57
其他专业专科	28	37			1	1	9	4	2
专科以下	7	6		41	5	5	1	1	1

注：律师执业机构、执业律师情况资料取自市司法局，为乌鲁木齐市属口径。

主要统计指标解释

EXPLANATORY NOTES ON MAIN STATISTICAL INDICATORS

医疗卫生机构　指从卫生行政部门取得《医疗机构执业许可证》、《计划生育技术服务许可证》，或从民政、工商行政、机构编制管理部门取得法人单位登记证书，为社会提供医疗保健、疾病控制、卫生监督服务或从事医学科研和医学在职培训等工作的单位。医疗卫生机构包括医院、基层医疗卫生机构、专业公共卫生机构、其他医疗卫生机构。

医院　包括综合医院、中医医院、中西医结合医院、民族医院、各类专科医院和护理院，不包括专科疾病防治院、妇幼保健院和疗养院。

基层医疗卫生机构　包括社区卫生服务中心、社区卫生服务站、街道卫生院、乡镇卫生院、村卫生室、门诊部、诊所（医务室）。

专业公共卫生机构　包括疾病预防控制中心、专科疾病防治机构、妇幼保健机构（含妇幼保健计划生育服务中心）、健康教育机构、急救中心（站）、采供血机构、卫生监督机构、取得《医疗机构执业许可证》或《计划生育技术服务许可证》的计划生育技术服务机构。

其他医疗卫生机构　包括疗养院、临床检验中心、医学科研机构、医学在职教育机构、医学考试中心、农村改水中心、人才交流中心、统计信息中心等卫生事业单位。

卫生人员　指在医院、基层医疗卫生机构、专业公共卫生机构及其他医疗卫生机构工作的职工，包括卫生技术人员、乡村医生和卫生员、其他技术人员、管理人员和工勤人员。一律按支付年底工资的在岗职工统计，包括各类聘任人员（含合同工）及返聘本单位半年以上人员，不包括临时工、离退休人员、退职人员、离开本单位仍保留劳动关系人员、本单位返聘和临聘不足半年人员。

卫生技术人员　包括执业医师、执业助理医师、注册护士、药师（士）、检验技师（士）、影像技师、卫生监督员和见习医（药、护、技）师（士）等卫生专业人员。不包括从事管理工作的卫生技术人员（如院长、副院长、党委书记等）。

执业医师　指《医师执业证》“级别”为“执业医师”且实际从事医疗、预防保健工作的人员，不包括实际从事管理工作的执业医师。执业医师类别分为临床、中医、口腔和公共卫生四类。

执业助理医师　指《医师执业证》“级别”为“执业助理医师”且实际从事医疗、预防保健工作的人员，不包括实际从事管理工作的执业助理医师。执业助理医师类别分为临床、中医、口腔和公共卫生四类。

参加新农合人数　指根据本地新农合实施方案到年内新农合筹资截止时已缴纳新农合资金的人口数。

城市居民最低生活保障人数　指在报告期末家庭平均收入在当地规定的最低生活保障线以下的城镇居民数。包括“三无”对象，失业人员和在职、下岗、退休人员等。

农村居民最低生活保障人数　指报告期末在建立农村最低生活保障制度的地区，得到当地政府或集体给予最低生活保障的农业人口家庭人数。

参保职工人数　指报告期末按照国家法律、法规和有关政策规定参加基本养老保险并在社保经办机构已建立缴费记录档案的职工人数。包括中断缴费但未终止养老关系的职工人数，不包括只登记未建立缴费记录档案的人数。

基本医疗保险参保人数　指报告期末按国家有关规定参加相应基本医疗保险的人数。

失业保险参保人数　指报告期末按照国家法律、法规和有关政策规定参加了失业保险的城镇企业、事业单位的职工及地方政府规定参加失业保险的其他人员的人数。

工伤保险参加保险人数　指报告期末依据国家有关规定参加工伤保险的职工人数和有雇工的个体工商户的雇工数。

生育保险参保人数　指报告期末依据有关规定参加生

育保险的人数。

律师 指依法取得律师执业证书，担任法律顾问，民事（刑事、行政）案件代理人、刑事案件辩护人、办理非诉讼业务，解答法律询问，代写法律事务文书等，为社会提供法律服务的人员。

公证文书 指公证处根据当事人申请，依照事实和法律，按照法定程序制作的，具有法律效力的司法证明文书。

调解民间纠纷 指调解委员会按照法律规定，根据自愿原则，用说服教育的方法调解民间发生的有关民事权利和义务争执的件数，包括调解成功数和调解未成功数。该指标主要反映人民调解委员会的工作量。

17

MAIN ECONOMIC INDICATORS OF DISTRICT COUNTIES

资料整理：张海燕　靳雪梅　郑雪箐　王尚立
王　琰　李东晖　王丽华　黄　姗
马永刚

17—1　区县主要经济指标

（2016年）

指　　标	单位	天山区	沙依巴克区	高新区（新市区）	水磨沟区
一、综合					
行政区划面积	平方公里	171.0	422.5	262.5	277.6
年末总人口	万人	56.88	56.37	63.10	22.45
#城镇人口	万人	48.90	47.91	53.65	21.59
#少数民族人口	万人	23.53	11.06	9.46	4.95
人口自然增长率	‰	6.99	7.03	8.40	6.25
人口密度	人/平方公里	3326	1334	2404	808
从业人员（劳资口径）	万人	12.03	8.69	19.04	6.85
第一产业	万人	0.03	0.02	0.02	
第二产业	万人	1.29	1.32	5.29	3.28
第三产业	万人	10.71	7.35	13.73	3.57
地方财政收入	亿元	25.06	20.4	101.70	28.48
增长速度	%	0.2	1.0	1.0	15.8
地方财政支出	亿元	28.63	23.76	67.70	31.08
增长速度	%	11.0	0.8	-25.6	12.3
国税收入	万元	419183	277425	784958	240140
#国有经济	万元	12311	50418	507933	27928
集体经济	万元	331	689	1087	175
私营经济	万元	67005	84563	173426	42750
个体经济	万元	18238	26977	77741	45491
国税收入增长速度	%	14.0	15.6	19.0	22.9
地税收入	万元	222745	219993	557991	167866
#国有经济	万元	15424	20171	45488	7132
集体经济	万元	689	3219	1812	222
私营经济	万元	19626	38394	475294	28020
个体经济	万元	15576	26977	15820	9589
地税收入增长速度	%	-8.1	-14.4	-5.5	-10.2
二、核算					
地区生产总值	亿元	307.94	311.99	906.90	259.00
第一产业	亿元	0.36		3.50	0.39
第二产业	亿元	36.79	31.50	162.40	104.93
#工业	亿元	10.07	12.00	133.00	80.44
第三产业	亿元	270.79	280.49	741.00	153.68
地区生产总值增长速度	%	6.7	6.7	8.1	7.7
第一产业	%	1.2		-6.5	
第二产业	%	-0.5	6.5	1.3	-2.4
#工业	%	-18.0	7.9	0.1	-5.0
第三产业	%	7.9	6.7	10.2	16.3
三、投资、建筑					
固定资产投资完成额	亿元	90.85	108.16	391.20	251.47

17-1续表1　　(2016年)

指　标	单位	经济区(头屯河区)	米东区	达坂城区	乌鲁木齐县
一、综合					
行政区划面积	平方公里	275.6	3407.4	4759.2	4141.0
年末总人口	万人	22.38	26.47	4.03	6.30
#城镇人口	万人	18.21	17.59	1.70	
#少数民族人口	万人	4.42	9.37	2.33	4.05
人口自然增长率	‰	7.70	9.25	4.09	10.20
人口密度	人/平方公里	812	78	8	15
从业人员(劳资口径)	万人	11.70	5.29	0.83	0.41
第一产业	万人		0.01	0.03	0.01
第二产业	万人	6.40	2.98	0.46	0.02
第三产业	万人	5.30	2.30	0.34	0.37
地方财政收入	亿元	100.50	42.86	3.04	11.54
增长速度	%	0.1	5.3	-29.8	4.8
地方财政支出	亿元	68.20	47.22	6.73	19.90
增长速度	%	-4.1	0.2	-17.2	-22.0
国税收入	万元	771658	961697	17467	27531
#国有经济	万元	316006	3185	195	527
集体经济	万元	2024	2642	162	17
私营经济	万元	77127	33024	1965	3078
个体经济	万元	37799	25678	1527	426
国税收入增长速度	%	141.0	-14.1	16.0	65.4
地税收入	万元	497626	283072	12823	35625
#国有经济	万元	46343	20331	212	688
集体经济	万元	1499	1530	74	65
私营经济	万元	86572	30279	525	1811
个体经济	万元	15664	11662	1558	834
地税收入增长速度	%	0.8	8.0	-63.3	-22.3
二、核算					
地区生产总值	亿元	428.20	237.70	20.62	20.90
第一产业	亿元	6.90	8.50	1.58	7.05
第二产业	亿元	175.20	150.00	10.56	3.85
#工业	亿元	120.00	140.30	9.82	2.97
第三产业	亿元	246.10	79.20	8.48	10.0
地区生产总值增长速度	%	8.2	0.5	7.0	6.5
第一产业	%	6.3	5.0	4.9	3.0
第二产业	%	5.5	-5.6	5.0	-6.2
#工业	%	1.8	-6.6	4.0	-8.3
第三产业	%	10.4	16.8	12.0	15.8
三、投资、建筑					
固定资产投资完成额	亿元	389.50	201.00	41.84	59.90

17-1续表2　　(2016年)

指　　标	单位	天山区	沙依巴克区	高新区(新市区)	水磨沟区
增长速度	%	0.8	0.3	0.2	0.8
#房地产开发	亿元	57.55	39.50	35.30	39.85
增长速度	%	-17.8	-14.1	-59.4	2.5
建筑业企业单位数	个	86	84	108	50
建筑业企业年平均从业人员	人	64032	24919	34881	36373
建筑业总产值	万元	1336414	611212	834715	1148951
四、农业					
农业总产值	万元	10595		62379	5113
农业产值	万元	8029		37880	1685
林业产值	万元			6916	
牧业产值	万元	2566		13463	3428
渔业产值	万元			4120	
农林牧渔服务业	万元				
农业总产值增长速度	%	2.3		-10.9	3.0
农作物播种面积	公顷	2107		6654	569
主要农产品产量					
谷物产量	吨	2870		8326	999
蔬菜产量(含薯类)	吨	19115		224016	3520
水果产量	吨			2307	6
肉类总产量	吨	23			669
蛋类总产量	吨			1760	11
水产品产量	吨			3470	
年末牲畜存栏头数	万头(只)	1.61		4.90	2.02
五、工业					
全部工业总产值	亿元	26.93	67.59	373.20	448.94
规模以上工业企业数	个	12	17	87	10
规模以上工业总产值	亿元	24.65	62.15	339.20	441.25
轻工业	亿元	0.93	8.04	32.20	2.84
重工业	亿元	23.72	54.11	307.00	438.41
内资企业	亿元	24.65	62.15	334.40	441.25
国有企业	亿元	10.40	0.80	4.00	427.10
集体企业	亿元				
股份合作企业	亿元				
联营企业	亿元				
有限责任公司	亿元	12.37	53.68	29.20	11.61
股份有限公司	亿元		3.11	276.50	1.64
私营企业	亿元	1.88	4.56	24.60	0.90
其他企业	亿元				
港澳台商投资企业	亿元			2.40	

17-1续表3 （2016年）

指　　标	单位	经济区(头屯河区)	米东区	达坂城区	乌鲁木齐县
增长速度	%	0.8	0.5	0.4	19.8
#房地产开发	亿元	99.10	25.00		2.03
增长速度	%	22.9	60.8		26.9
建筑业企业单位数	个	72	21	1	3
建筑业企业年平均从业人员	人	33982	14421	55	492
建筑业总产值	万元	137	435756	1859	27609
四、农业					
农业总产值	万元	127026	149123	36832	125147
农业产值	万元	83098	52910	12440	47781
林业产值	万元	11218	1092	195	3412
牧业产值	万元	17317	88065	24197	71718
渔业产值	万元	2582	2646		186
农林牧渔服务业	万元	12811	4410		2050
农业总产值增长速度	%	-48.8	5.0	4.9	5.7
农作物播种面积	公顷	4132	14303	5477	10771
主要农产品产量					
谷物产量	吨	1184	66451	2198	4468
蔬菜产量(含薯类)	吨	215404	120681	28020	184153
水果产量	吨	45072	3683		101
肉类总产量	吨	2940	42051	5375	15337
蛋类总产量	吨	20	5200	20	1051
水产品产量	吨	1720	2431		60
年末牲畜存栏头数	万头(只)	4.00	23.36	16.92	31.49
五、工业					
全部工业总产值	亿元	640.40	450.12	22.89	6.32
规模以上工业企业数	个	115	68	21	4
规模以上工业总产值	亿元	626.40	389.48	19.05	2.93
轻工业	亿元	150.70	132.71		
重工业	亿元	475.70	256.77	19.05	2.93
内资企业	亿元	588.90	389.48	19.05	2.93
国有企业	亿元	2.90			2.51
集体企业	亿元	1.90			
股份合作企业	亿元				
联营企业	亿元				
有限责任公司	亿元	234.60	114.28	18.35	
股份有限公司	亿元	106.80	274.60		
私营企业	亿元	242.70	0.60	0.70	0.42
其他企业	亿元				
港澳台商投资企业	亿元	7.40			

17-1续表4　　　　　　　　　　（2016年）

指　　标	单位	天山区	沙依巴克区	高新区(新市区)	水磨沟区
外商投资企业	亿元			2.4	
规模以上工业企业利润总额	亿元	-4.29	13.01	-23.30	-0.65
规模以下工业企业总产值	亿元	2.28	5.44	34.00	2.68
主要产品产量					
#原煤产量	万吨				
家具产量	万件				
水泥产量	万吨	40.04	108.52	11.00	
发电量	亿千瓦时	49.94		68.20	51.58
六、贸易					
社会消费品零售总额	亿元	260.59	326.57	335.28	174.64
#批发、零售贸易业	亿元	195.47	293.10	284.00	101.31
住宿和餐饮业	亿元	65.12	33.47	51.30	48.91
其他	亿元				24.42
社会消费品零售总额增长速度	%	6.9	7.2	7.4	8.0
限额以上批零业商品销售总额	亿元	329.03	563.20	1640.80	105.89
七、人民生活					
农村居民人均可支配收入	元	15108	16400	16400	16884
增长速度	%	9.0	9.2	9.2	9.5
城镇登记失业率	%	2.47	2.95	3.70	2.7
八、教育					
普通中学					
学校数	个	28	22	32	13
在校生数	人	43784	27537	34342	11773
专任教师	人	3216	1977	3074	872
小学					
学校数	个	25	28	14	17
在校生数	人	55718	39708	44850	20847
专任教师	人	2686	2230	2323	1075
幼儿园					
学校数	个	53	68	88	56
在校生数	人	15298	15149	17433	10222
专任教师	人	837	913	1074	572
九、医疗					
卫生机构数	个	418	333	337	225
#医院	个	39	32	25	17
卫生技术人员	人	16720	7329	11086	3245
#医生	人	4963	3008	7190	1199
卫生机构床位数	张	10365	6232	8440	2089
#医院床位数	张	9176	5691	8026	1931

17-1续表5　　　　　　　　　　　　　　(2016年)

指　　标	单位	经济区(头屯河区)	米东区	达坂城区	乌鲁木齐县
外商投资企业	亿元	30.10			
规模以上工业企业利润总额	亿元	19.20	17.34	-1.52	0.46
规模以下工业企业总产值	亿元	17.50	60.64	3.59	3.39
主要产品产量					
#原煤产量	万吨		2621.69	138.19	
家具产量	万件		3.79		
水泥产量	万吨		74.64		
发电量	亿千瓦时	8.90	49.28	22.64	7.21
六、贸易					
社会消费品零售总额	亿元	64.60	64.72	1.46	8.76
#批发、零售贸易业	亿元	49.80	57.82		7.87
住宿和餐饮业	亿元	0.40	6.90		0.89
其他	亿元	14.40			
社会消费品零售总额增长速度	%	8.3	7.9	8.1	8.0
限额以上批零业商品销售总额	亿元	1467.70	109.41	0.30	
七、人民生活					
农村居民人均可支配收入	元	17865	19340	15169	17402
增长速度	%	9.2	9.5	9.3	10.2
城镇登记失业率	%	2.50	3.70	3.70	
八、教育					
普通中学					
学校数	个	8	20	5	9
在校生数	人	9348	22172	1585	2176
专任教师	人	707	2347	161	232
小学					
学校数	个	8	21	4	11
在校生数	人	12731	28455	2258	4014
专任教师	人	649	789	248	376
幼儿园					
学校数	个	30	65	13	10
在校生数	人	7389	13062	1286	1558
专任教师	人	419	644	64	107
九、医疗					
卫生机构数	个	95	235	36	67
#医院	个	2	10		
卫生技术人员	人	1305	1926	84	134
#医生	人	528	742	29	81
卫生机构床位数	张	568	1373	175	75
#医院床位数	张	537	971	120	75

注：农业、教育、医疗为地方数据，不含兵团。

附　录

APPENDIX

资料整理：潘世锦　刘艳梅

附录—1 全疆各地州市主要经济指标

地州市	年末总人口(万人)		地区生产总值(亿元)	
	2016年	增长%	2016年	增长%
乌鲁木齐市	267.87	0.4	2458.98	7.6
昌吉州	140.10	0.6	1118.24	8.2
石河子市	57.38	-9.3	306.47	2.3
克拉玛依市	30.45	1.6	620.90	2.3
吐鲁番市	63.27	0.1	221.57	5.5
哈密地区	56.16	-8.9	403.68	8.9
伊犁州	297.32	-1.0	781.99	8.3
阿勒泰地区	67.20	0.6	217.30	9.7
塔城地区	101.69	-0.7	562.98	9.2
博州	47.75	-0.5	277.55	10.1
巴州	122.94	-11.8	904.89	6.0
阿克苏地区	250.83	-0.9	792.80	10.3
克州	60.29	1.1	100.33	10.1
喀什地区	451.47	0.3	759.86	11.5
和田地区	244.98	5.4	236.33	10.3

地州市	第一产业(亿元)		第二产业(亿元)	
	2016年	增长%	2016年	增长%
乌鲁木齐市	28.14	0.8	704.08	2.0
昌吉州	223.24	3.6	544.28	10.0
石河子市	10.06	-4.7	176.40	-3.3
克拉玛依市	5.30	0.2	431.90	5.0
吐鲁番市	50.02	6.4	92.10	7.3
哈密地区	3.88	4.7	215.16	10.6
伊犁州	186.16	4.2	228.85	6.6
阿勒泰地区	49.32	6.7	67.97	10.6
塔城地区	215.22	5.9	149.38	13.0
博州	61.60	4.5	79.55	11.2
巴州	199.28	6.1	440.25	3.9
阿克苏地区	233.30	6.7	253.80	13.1
克州	15.02	4.6	33.73	14.5
喀什地区	260.03	6.5	191.34	12.7
和田地区	64.69	3.0	36.52	13.9

附录—1续表1

地　州　市	第三产业(亿元)		规模以上工业增加值(亿元)	
	2016年	增长%	2016年	增长%
乌鲁木齐市	1726.76	10.4	508.44	-2.0
昌吉州	350.72	8.5	298.89	10.6
石河子市	120.00	12.5	136.16	5.9
克拉玛依市	183.80	-3.2	462.30	2.4
吐鲁番市	79.44	3.3	64.72	2.0
哈密地区	149.68	7.3	90.51	7.1
伊犁州	366.98	11.6	57.16	6.0
阿勒泰地区	100.01	10.4	38.99	10.6
塔城地区	198.38	9.4	50.60	14.5
博州	136.39	12.1	35.85	18.9
巴州	265.36	10.7	350.04	2.0
阿克苏地区	305.70	10.6	161.00	14.5
克州	51.58	9.2	16.99	13.3
喀什地区	308.49	15.3	29.31	9.4
和田地区	135.12	12.9	7.16	13.6

地　州　市	固定资产投资(亿元)		社会消费品零售总额(亿元)	
	2016年	增长%	2016年	增长%
乌鲁木齐市	1607.78	持平	1236.69	7.4
昌吉州	1536.94	9.6	243.93	8.4
石河子市	232.26	-10.3	100.28	8.6
克拉玛依市	196.10	-35.8	62.72	6.6
吐鲁番市	369.33	6.2	45.88	5.0
哈密地区	393.16	-21.6	85.96	6.5
伊犁州	361.53	-29.3	206.11	7.7
阿勒泰地区	207.89	1.9	68.31	10.6
塔城地区	384.60	16.7	79.01	5.9
博州	249.00	22.0	40.46	8.8
巴州	762.22	10.8	165.03	13.7
阿克苏地区	803.60	6.3	201.26	11.4
克州	146.82	9.3	20.08	9.7
喀什地区	919.25	13.8	175.60	9.6
和田地区	307.10	17.5	37.59	8.8

附录—1续表2

地州市	进出口总额(海关数,亿美元)		出口总额(亿美元)	
	2016年	增长%	2016年	增长%
乌鲁木齐市	49.03	-16.1	42.06	-12.6
昌吉州	11.41	-19.9	10.15	-18.5
石河子市	3.76	-68.7	3.58	-69.1
克拉玛依市	1.32	38.4	0.63	7.0
吐鲁番市	0.21	-48.9	0.19	-0.5
哈密地区	5.46	26.0	5.13	27.8
伊犁州	45.15	-3.7	44.05	-3.3
阿勒泰地区	9.49	9.6	8.69	9.7
塔城地区	5.69	47.7	5.39	52.3
博州	10.76	-50.5	5.30	-71.9
巴州	3.93	6.5	1.46	8.1
阿克苏地区	1.55	-44.8	1.38	-50.5
克州	3.05	8.2	2.68	6.3
喀什地区	28.63	81.8	28.23	83.6
和田地区	0.19	90.8	0.18	135.1

地州市	一般公共预算收入(亿元)		一般公共预算支出(亿元)	
	2016年	增长%	2016年	增长%
乌鲁木齐市	369.67	0.3	417.56	-6.5
昌吉州	121.40	9.9	274.97	27.1
石河子市	38.88	5.6	49.86	11.8
克拉玛依市	79.14	5.5	99.56	11.0
吐鲁番市	32.79	8.4	76.21	6.3
哈密地区	56.71	4.0	112.04	11.3
伊犁州	73.18	8.8	274.47	8.2
阿勒泰地区	31.36	3.1	142.30	18.1
塔城地区	43.83	8.5	156.45	14.2
博州	20.07	17.2	86.94	14.7
巴州	75.08	7.2	212.94	18.4
阿克苏地区	84.84	10.2	286.88	13.5
克州	11.59	5.7	119.07	18.1
喀什地区	63.76	11.1	490.30	16.7
和田地区	21.09	13.3	253.60	8.8

附录—1续表3

地 州 市	金融机构存款余额(亿元)		金融机构贷款余额(亿元)	
	2016年末	增长%	2016年末	增长%
乌鲁木齐市	7406.60	6.0	5287.20	6.7
昌吉州	1246.07	20.0	1033.12	15.1
石河子市	613.14	13.8	365.88	-2.3
克拉玛依市	1079.65	-16.1	594.50	16.6
吐鲁番市	255.93	12.0	171.89	0.3
哈密地区	556.45	7.0	529.35	15.0
伊犁州	1353.32	12.4	1002.46	5.7
阿勒泰地区	394.03	12.1	260.60	14.5
塔城地区	525.45	5.5	339.03	14.0
博州	338.11	12.6	190.54	30.7
巴州	1150.24	17.6	655.50	10.4
阿克苏地区	1206.21	12.2	707.40	12.7
克州	200.23	21.8	85.19	17.1
喀什地区	1468.82	21.8	728.13	28.9
和田地区	602.69	25.2	227.62	34.0

地 州 市	城镇居民人均可支配收入(元)		农村居民人均可支配收入(元)	
	2016年	增长%	2016年	增长%
乌鲁木齐市	34190	8.2	16351	9.0
昌吉州	27955	8.1	16439	5.2
石河子市	34619	8.6		
克拉玛依市	35770	7.0		
吐鲁番市	28201	9.0	11226	8.8
哈密地区	30456	8.9	14215	9.8
伊犁州	26144	8.0	11433	8.0
阿勒泰地区	25707	9.5	10162	8.4
塔城地区	26628	6.1	14461	6.5
博州	27019	9.1	14145	7.8
巴州	28804	8.6	16690	6.5
阿克苏地区	26098	8.8	10632	8.1
克州	24487	9.0	6001	10.4
喀什地区	22732	10.0	7918	10.0
和田地区	24466	8.5	6883	8.5

附录—2　全国省会城市主要经济指标

（2016年）

城　市	年末总人口		地区生产总值	
	万人	增长%	亿元	增长%
西部省会城市				
乌鲁木齐	267.87	0.4	2458.98	7.6
西　安	824.93	1.1	6257.18	8.5
成　都	1398.90	13.9	12170.20	7.7
南　宁	751.74	1.6	3703.39	7.0
昆　明	559.79	1.0	4300.43	8.5
贵　阳	469.68	1.6	3157.70	11.7
兰　州	324.23	0.7	2264.23	8.3
银　川	219.11	1.2	1617.28	8.1
西　宁	233.37	1.0	1248.16	9.8
呼和浩特	308.90	0.9	3173.60	7.7
其他省会城市				
沈　阳	734.40	0.6	7644.00	3.0
福　州	757.00	0.9	6197.77	8.5
广　州	870.49	1.9	19610.94	8.2
海　口	224.60	1.0	1257.67	7.7
哈尔滨	962.10	0.1	6101.60	7.3
武　汉	833.84	0.5	11912.61	7.8
南　京	662.79	1.4	10503.00	8.0
长　春	753.40	−0.1	5928.50	7.8
杭　州	736.00	1.7	11050.49	9.5
济　南	632.83		6536.10	7.8
南　昌	522.79	0.5	4354.99	9.0
长　沙	696.00		9323.70	9.4
合　肥	729.83	1.7	6274.30	9.8
太　原	434.44	0.6	2955.60	7.5
郑　州	972.40	1.6	7994.20	8.4
石家庄			5857.80	6.8

附录—2续表1 （2016年）

城　市	第一产业		第二产业	
	亿元	增长%	亿元	增长%
西部省会城市				
乌鲁木齐	28.14	0.8	704.08	2.0
西　安	232.01	3.8	2197.81	8.6
成　都	474.90	4.0	5232.00	6.7
南　宁	400.67	3.9	1427.16	5.8
昆　明	200.51	6.0	1660.46	7.6
贵　阳	137.14	5.9	1218.79	12.1
兰　州	60.36	6.0	790.09	4.3
银　川	58.61	4.3	825.46	6.6
西　宁	39.15	5.2	595.64	10.6
呼和浩特	113.50	3.0	884.40	8.7
其他省会城市				
沈　阳				
福　州	492.65	4.1	2598.31	7.0
广　州	240.04	-0.2	5925.87	6.0
海　口	67.68	3.3	233.22	5.8
哈尔滨	691.20	6.1	1896.70	6.7
武　汉	390.62	3.4	5227.05	5.7
南　京	252.50	1.0	4117.20	5.3
长　春	323.50	3.7	2926.20	7.0
杭　州	304.84	1.9	3977.39	4.7
济　南	317.30	4.1	2368.90	6.9
南　昌	181.77	3.9	2307.24	8.3
长　沙	370.95	3.0	4513.23	7.3
合　肥	270.20	2.2	3189.30	8.9
太　原	38.22	2.6	1068.04	7.3
郑　州	156.40	3.0	3780.70	5.9
石家庄	480.90	0.9	2638.00	4.4

附录—2续表2

（2016年）

城市	第三产业		人均地区生产总值	
	亿元	增长%	元	增长%
西部省会城市				
乌鲁木齐	1726.76	10.4	69865	3.2
西　安	3827.36	8.8	71357	6.5
成　都	6463.30	9.0	76960	6.2
南　宁	1875.57	8.5	52724	5.9
昆　明	2439.46	9.3	64162	7.6
贵　阳	1801.77	11.9	67771	10.1
兰　州	1413.78	10.9	61207	7.7
银　川	733.21	10.3	74269	6.6
西　宁	613.37	9.3	53800	8.8
呼和浩特	2175.70	7.7	103235	6.7
其他省会城市				
沈　阳				
福　州	3106.81	10.7	82253	7.5
广　州	13445.03	9.4	145254	
海　口	956.77	8.5	56284	6.6
哈尔滨	3513.80	7.9	63445	8.7
武　汉	6294.94	9.9	111469	6.2
南　京	6133.30	10.2	127264	
长　春	2678.80	9.4	78667	7.9
杭　州	6768.26	13.0	121394	7.7
济　南	3849.90	8.7	90999	6.5
南　昌	1865.98	10.3	81598	7.6
长　沙	4439.52	12.4	123681	7.0
合　肥	2814.80	11.6	80136	
太　原	1849.34	7.7	68234	6.9
郑　州	4057.10	11.1	82872	6.4
石家庄	2738.90	10.3	54526	5.9

附录—2续表3

（2016年）

城　　市	工业增加值		固定资产投资额	
	亿元	增长%	亿元	增长%
西部省会城市				
乌鲁木齐	535.26	-0.2	1607.78	持平
西　安	1396.69	9.5	5097.00	3.4
成　都	4508.60	6.9	8370.50	14.3
南　宁	1063.14	5.6	3824.73	13.6
昆　明	1039.41	4.5	3920.07	12.1
贵　阳	771.30	9.9	3380.73	20.5
兰　州	526.83	2.8	1990.95	10.4
银　川	603.74	8.0	1723.31	11.8
西　宁	479.39	9.3	1399.30	10.0
呼和浩特			1849.20	14.2
其他省会城市				
沈　阳			1631.60	-69.4
福　州	1982.80	6.9	5184.36	6.8
广　州	5369.40	6.2	5703.59	8.0
海　口	134.90	2.4	1271.73	25.7
哈尔滨	1285.40	5.4	5040.10	9.7
武　汉	4238.78	4.9	7093.17	-2.6
南　京	3581.70	4.8	5533.60	2.0
长　春	2470.30	6.9	4710.60	10.0
杭　州	3578.67	5.2	5842.42	5.1
济　南		6.9	3974.30	13.7
南　昌	1708.30	9.0	4540.26	13.5
长　沙	3727.18	7.5	6693.32	13.9
合　肥	2562.60	9.8	6501.17	11.1
太　原			2027.71	0.1
郑　州	3315.10	5.7	6998.60	11.3
石家庄			5916.00	5.4

附录—2续表4 （2016年）

城　市	#工业投资		房地产开发投资额	
	亿元	增长%	亿元	增长%
西部省会城市				
乌鲁木齐	310.70	-24.5	306.16	-4.4
西　安	949.27	-12.0	1955.82	6.8
成　都	2246.20	41.0	2638.90	6.5
南　宁	999.60	4.0	854.00	30.0
昆　明	629.50	-2.5	1530.50	5.5
贵　阳	661.50	13.5	927.32	7.7
兰　州	405.64	11.3	391.15	15.4
银　川	717.46	18.9	474.94	16.1
西　宁	405.99	-18.9	316.50	12.9
呼和浩特	357.40	10.2	520.50	2.3
其他省会城市				
沈　阳	433.60	-79.5	709.70	-46.9
福　州	1397.55	13.0	1679.44	21.6
广　州	713.92	-5.4	2540.85	18.9
海　口	38.27	63.4	551.09	20.7
哈尔滨	1720.90	-0.5	512.10	-12.0
武　汉	2117.10	-16.3	2517.44	-2.5
南　京	1761.70	-14.4	1845.60	29.2
长　春	2310.00	10.0	596.60	17.9
杭　州	883.95	-5.0	2606.41	5.4
济　南	1237.40	7.8	1163.90	14.8
南　昌	1625.86	4.7	674.60	39.0
长　沙	2073.63	10.7	1260.55	26.5
合　肥	2195.01	13.7	1352.59	7.4
太　原	375.36	-16.7	681.90	12.9
郑　州	1485.30	0.9	2778.90	38.9
石家庄	2663.90	6.3	1036.30	5.1

附录—2续表5

（2016年）

城　市	社会消费品零售总额		进出口总额	
	亿元	增长%	亿元	增长%
西部省会城市				
乌鲁木齐	1236.69	7.4	323.73	-10.6
西　安	3730.70	9.6	1828.46	3.8
成　都	5647.40	10.4	2708.04	10.8
南　宁	1980.36	10.8	416.23	14.2
昆　明	2310.09	12.1	441.17	-42.2
贵　阳	1195.34	12.7	259.31	-54.1
兰　州	1263.35	9.7		
银　川	514.19	7.7	164.42	-12.6
西　宁	513.07	11.1	85.08	-25.4
呼和浩特	1481.50	9.5	86.50	-32.6
其他省会城市				
沈　阳	3985.90	2.5	748.16	-14.0
福　州	3763.14	11.6	2082.20	1.8
广　州	8706.49	9.0	8566.92	3.1
海　口	653.89	9.8	258.18	-4.6
哈尔滨	3744.20	10.3	262.15	-11.8
武　汉	5610.59	10.0	1570.10	-10.2
南　京	5088.20	10.9	3315.19	0.3
长　春	2650.30	9.8	935.04	8.0
杭　州	5176.20	10.5	4485.97	8.7
济　南	3764.80	10.4	639.70	13.0
南　昌	1868.00	11.8	619.70	-12.2
长　沙	4117.40	11.6	726.71	-9.8
合　肥	2445.70	12.0	1233.97	-2.1
太　原	1666.24	8.1	879.17	33.0
郑　州	3665.80	11.3	3633.83	2.8
石家庄	2975.20	10.5	765.70	1.5

附录—2续表6　　（2016年）

城　市	一般公共预算收入		一般公共预算支出	
	亿元	增长%	亿元	增长%
西部省会城市				
乌鲁木齐	369.67	0.3	417.56	-6.5
西　安	641.07	11.1	942.52	2.8
成　都	1175.40	7.0	1597.20	9.5
南　宁	312.76	5.3	587.07	10.9
昆　明	530.00	5.5	689.14	9.1
贵　阳	366.32	4.4	525.61	4.4
兰　州	215.48	16.4	424.16	23.3
银　川	173.20	13.0	331.07	15.0
西　宁	75.22	9.7	287.81	2.8
呼和浩特	269.70	9.0	420.90	16.5
其他省会城市				
沈　阳	620.90	2.4	829.40	2.6
福　州	598.91	11.7	831.24	14.5
广　州	1393.85	5.2	1943.68	12.5
海　口	115.51	11.2	206.17	20.5
哈 尔 滨	376.20	7.5	876.30	6.2
武　汉	1322.10	10.1	1523.10	13.8
南　京	1142.60	12.0	1173.80	12.3
长　春	415.50	7.0	770.60	0.6
杭　州	1402.38	13.2	1404.31	16.4
济　南	641.20	9.9	741.00	12.5
南　昌	402.18	3.3	587.69	8.2
长　沙	743.70	3.4	1041.43	12.6
合　肥	614.85	7.6	859.85	11.3
太　原	282.69	3.1	424.07	0.9
郑　州	1011.20	14.3	1321.60	19.1
石 家 庄	410.70	9.5	746.10	9.3

附录—2续表7 （2016年）

城市	金融机构人民币存款余额		金融机构人民币贷款余额	
	亿元	增长%	亿元	增长%
西部省会城市				
乌鲁木齐	7406.60	6.0	5287.20	6.7
西　安	19073.96	7.2	15282.65	11.4
成　都	31434.00	6.7	25009.00	13.8
南　宁	8901.72	7.8	9423.79	14.5
昆　明	12655.68	6.8	13520.32	13.2
贵　阳	9928.30	11.6	9153.20	14.0
兰　州	8623.11	10.5	8401.56	21.9
银　川	3343.40	9.7	4076.57	11.6
西　宁	3756.01	5.9	4633.43	13.1
呼和浩特	6178.80	15.2	7051.80	16.1
其他省会城市				
沈　阳	14242.80	2.7	12569.60	10.8
福　州	12076.50	11.0	12124.69	14.0
广　州	45937.34	9.5	28885.54	9.5
海　口	4851.25	22.7	4178.05	14.4
哈尔滨	9804.00	1.2	9048.70	6.6
武　汉	21792.80	14.4	19386.30	21.0
南　京	27633.55	6.7	21681.28	19.0
长　春	11034.50	12.0	9921.80	11.0
杭　州	32514.64	12.1	25464.83	13.7
济　南	15032.80	10.9	11370.20	17.5
南　昌	9503.00	13.9	8604.57	16.7
长　沙				
合　肥	13150.95	19.9	11550.60	19.9
太　原	11070.04	4.5	10103.36	11.9
郑　州	19000.74	12.2	15422.39	21.8
石家庄	11077.90	11.5	7175.90	14.7

附录—2续表8

（2016年）

城　　市	城镇居民人均可支配收入		农村居民人均可支配收入	
	元	增长%	元	增长%
西部省会城市				
乌鲁木齐	34190	8.2	16351	9.0
西　安	35630	7.4	15191	8.0
成　都	35902	8.1	18605	9.4
南　宁	30728	7.7	11398	9.5
昆　明	36739	8.2	12555	9.7
贵　阳	29502	8.3	12967	8.8
兰　州	29661	9.5	10391	8.0
银　川	30478	7.8	12037	8.0
西　宁	27539	9.1	9678	9.2
呼和浩特	40220	7.7	14517	7.6
其他省会城市				
沈　阳	39135	6.8	14445	7.1
福　州	37833	8.2	16346	7.5
广　州	50941	9.0	21449	11.0
海　口	30775	7.9	12679	9.0
哈尔滨	33190	7.1	14439	8.0
武　汉	39737	9.1	19152	8.1
南　京	49997	8.4	21156	8.6
长　春	31069	6.8	12576	7.0
杭　州	52185	8.0	27908	8.5
济　南	43052	7.9	15346	7.8
南　昌	34619	8.4	14952	9.2
长　沙	43294	8.3	25448	7.8
合　肥	34852	9.0	17059	8.4
太　原	29632	6.9	14591	7.1
郑　州	33214	6.8	18426	7.6
石家庄	30459	8.1	12345	7.9

附录—2续表9　　（2016年）

城　市	实际利用外资		居民消费价格总指数	
	亿美元	增长%	%	增长%
西部省会城市				
乌鲁木齐	2.37	-17.4	101.5	1.5
西　安	45.04	14.0	100.9	0.9
成　都	86.20	14.5	102.2	2.2
南　宁	7.70	9.8	101.4	1.4
昆　明	7.40	54.7	101.7	1.7
贵　阳	11.20	20.8	101.1	1.1
兰　州			100.8	0.8
银　川	0.36	78.7	101.7	1.7
西　宁			102.1	2.1
呼和浩特	13.10	-36.7	101.4	1.4
其他省会城市				
沈　阳	8.20	-23.1	101.7	1.7
福　州	18.14	8.1	102.3	2.3
广　州	57.01	5.3	102.7	2.7
海　口	0.40	-87.7	103.0	3.0
哈尔滨	32.10	7.1	101.8	1.8
武　汉	85.23	16.1	102.4	2.4
南　京	34.79	4.3	102.7	2.7
长　春	65.00	14.7	101.4	1.4
杭　州	72.09	1.4	102.6	2.6
济　南	17.01	7.6	102.7	2.7
南　昌	30.65	13.3	102.1	2.1
长　沙	48.14	9.3	101.9	1.9
合　肥	28.08	12.0	102.6	2.6
太　原	4.62	-45.7	101.2	1.2
郑　州	40.30	5.4	102.3	2.3
石家庄	12.20	7.1	101.6	1.6

中国统计出版社最新图书简目

(仅供参考,以实际出版为准)

统计资料

中国统计年鉴 中国统计摘要 中国发展报告
中国经济普查年鉴 国际统计年鉴 金砖国家联合统计手册
中国-东盟国家统计手册 中国农村统计年鉴 中国县域统计年鉴
中国城市统计年鉴 中国对外直接投资统计公报 中国地区经济监测报告
中国贸易外经统计年鉴 中国零售和餐饮连锁企业统计年鉴 中国商品交易市场统计年鉴
大中型批发零售和住宿餐饮企业统计年鉴 中国农产品价格调查年鉴 中国住户调查年鉴
中国价格统计年鉴 中国能源统计年鉴 全国农产品成本收益资料汇编
中国环境统计年鉴 中国建筑业统计年鉴 国外资源、能源和环境统计资料汇编
中国工业统计年鉴 中国城乡建设统计年鉴 中国县城建设统计年鉴
中国城市建设统计年鉴 中国科技统计年鉴 中国房地产统计年鉴
中国证券期货统计年鉴 中国劳动统计年鉴 中国第三产业统计年鉴
工业企业科技活动资料 中国社会统计年鉴 中国高技术产业统计年鉴
中国人才资源统计报告 中国教育统计年鉴 中国人口和就业统计年鉴
文化及相关产业统计概览 中国文化及相关产业统计年鉴 中国教育经费统计年鉴
中国民族统计年鉴 中国残疾人事业统计年鉴 中国民政统计年鉴
中国乡镇街道行政区域简册 中国基本单位统计年鉴 中国妇女儿童状况统计资料(英)

省级综合统计年鉴系列

北京 天津 河北 山西 内蒙古 辽宁 吉林 黑龙江 上海 江苏 浙江 安徽 福建 江西 山东 河南 湖北 湖南 广东 广西 海南 重庆 四川 贵州 云南 西藏 陕西 甘肃 青海 宁夏 新疆 新疆生产建设兵团

市(县)级综合统计年鉴系列

滨海新区 石家庄 唐山 邯郸 保定 沧州 邢台 廊坊 承德 衡水 秦皇岛 张家口 太原 大同 阳泉 长治 晋城 朔州 晋中 运城 忻州 临汾 吕梁 呼和浩特 呼和浩特新城区 鄂尔多斯 包头 沈阳 大连 长春 吉林 延吉 四平 通化 松原 哈尔滨 齐齐哈尔 黑龙江垦区 上海浦东新区 南京 无锡 徐州 常州 苏州 南通 连云港 淮安 盐城 扬州 镇江 泰州 宿迁 江阴 丹阳 海门 杭州 宁波 温州 嘉兴 湖州 绍兴 金华 衢州 舟山 台州 丽水 合肥 安庆 马鞍山 福州 厦门 宁德 漳州 龙岩 南昌 九江 上饶 新余 抚州 萍乡 赣州 吉安 景德镇 济南 青岛 潍坊 枣庄 日照 滕州 郑州 洛阳 平顶山 三门峡 商丘 信阳 济源 汝州 武汉 十堰 荆州 宜昌 荆门 咸宁 长沙 广州 深圳 惠州 东莞 汕尾 南宁 柳州 桂林 来宾 河池 防城港 海口 三亚 成都 贵阳 黔南 毕节 昆明 西安 咸阳 延安 宝鸡 安康 铜川 汉中 榆林 兰州 庆阳 银川 乌鲁木齐 兵团一师 兵团十师

调查年鉴系列

天津 山西 内蒙古 辽宁 吉林 上海 福建 江西 河南 湖北 湖南 广西 重庆 四川 云南 甘肃 宁夏 新疆

统计方法应用/实用手册

实用SAS统计分析教程 马克威统计分析与数据挖掘应用案例 统计公文知识问答
乡镇统计人员岗位知识培训系列教材:辅助调查员岗位基础知识 乡镇统计人员岗位基础知识
县级统计人员岗位知识培训系列教材:Excel在统计工作中的应用 简明统计分析
地市级统计人员岗位知识培训系列教材:统计报告与演示 Excel在统计工作中的应用

统计通俗读物/统计科普图书

国家统计局核心统计指标变迁 货架上的统计 账本里的统计

重点图书

砥砺奋进的五年——从十八大到十九大 新编英汉汉英统计大词典 中华医学统计百科全书
新常态下的中国服务业:理论与实践 新动能新产业发展报告-2017
挑大学选专业2018—考研择校指南 挑大学选专业2018—高考志愿填报指南

新疆吐鲁番欢乐盛典文化投资有限

Turpan cultural festival joy Investment C